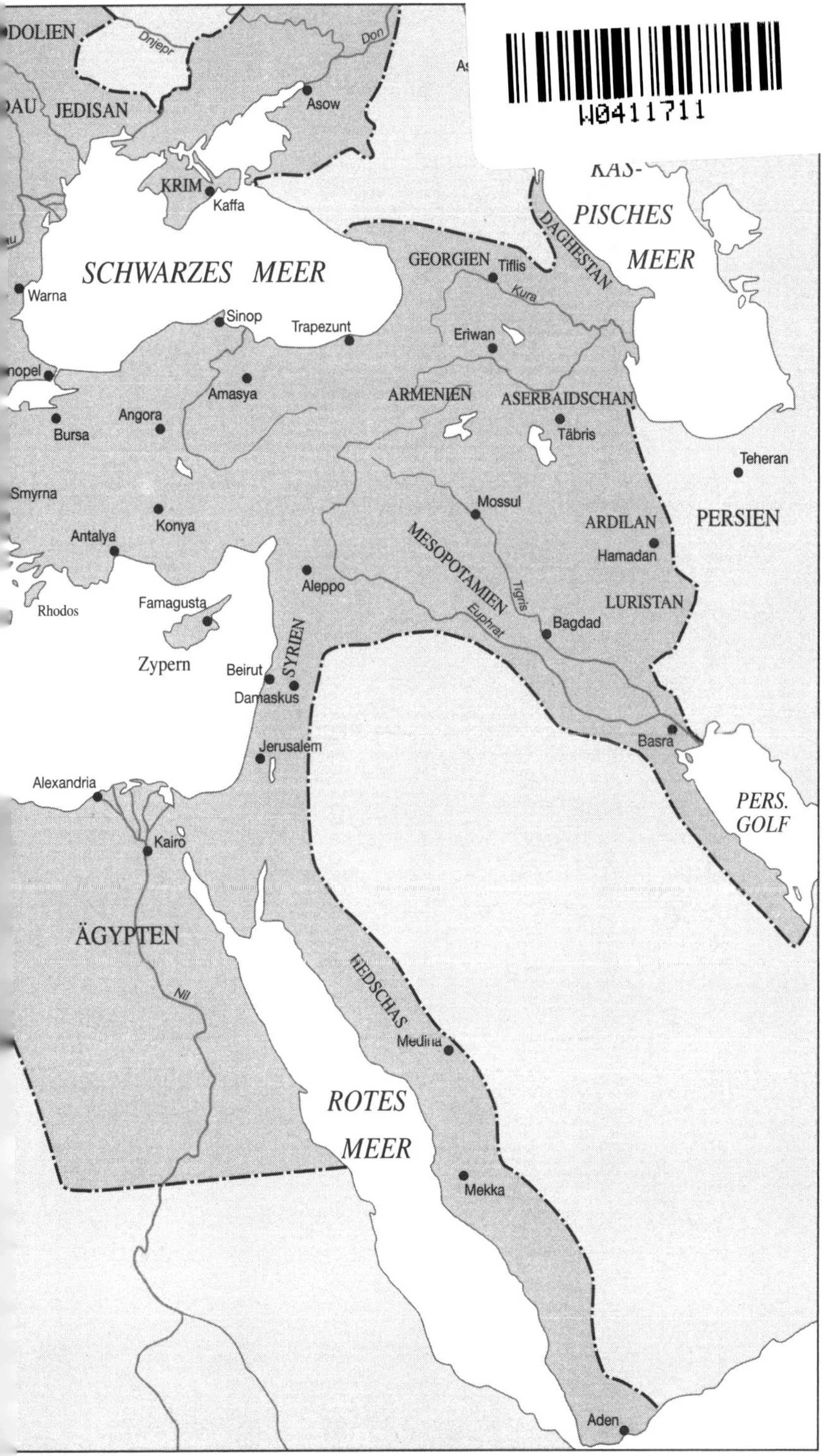

DOLIEN
Dnjepr
Don
DAU
JEDISAN
Asow
KRIM
Kaffa
KAS-
PISCHES
MEER
DAGHESTAN
SCHWARZES MEER
GEORGIEN
Tiflis
Kura
Warna
Sinop
Trapezunt
Eriwan
nopel
Amasya
ARMENIEN
ASERBAIDSCHAN
Bursa
Angora
Täbris
Teheran
Smyrna
Mossul
Konya
ARDILAN
PERSIEN
Antalya
MESOPOTAMIEN
Hamadan
Aleppo
Tigris
Rhodos
Famagusta
LURISTAN
Euphrat
Bagdad
SYRIEN
Zypern
Beirut
Damaskus
Basra
Jerusalem
Alexandria
PERS.
GOLF
Kairo
ÄGYPTEN
HEDSCHAS
Nil
Medina
ROTES
MEER
Mekka
Aden

Geschichte des Osmanischen Reichs

WOLFGANG GUST

Geschichte des Osmanischen Reichs

Das Imperium der Sultane

Weltbild

Genehmigte Lizenzausgabe für Verlagsgruppe Weltbild GmbH,
Steinerne Furt, 86167 Augsburg

Die Originalausgabe erschien unter dem Titel
Das Imperium der Sultane.
Umschlaggestaltung: Studio Höpfner-Thoma, Gräfelfing
Umschlagmotiv: Corbis
Gesamtherstellung: Clausen & Bosse GmbH,
Birkstraße 10, 25917 Leck
Printed in Germany

ISBN 3-8289-0562-5

2006 2005 2004
Die letzte Jahreszahl gibt die aktuelle Lizenzausgabe an.

Inhalt

1
Europa wird sich niemals gegen uns zusammenschließen

Die Anfänge

Als einfacher Soldat verkleidet schlich sich der mächtige Sultan durch die Straßen seiner Hauptstadt Adrianopel. Wer ihn erkannte und grüßte, mußte auf der Stelle sterben. Denn der Herrscher wollte inkognito die Meinung des Volkes erkunden und herausfinden, ob seine Untertanen bereit seien, sein größtes und schwierigstes Vorhaben zu unterstützen: die Eroberung von Konstantinopel, dem heutigen Istanbul.

Das Osmanische Reich, auf dem besten Wege, eines der mächtigsten Imperien der damaligen Welt zu werden, rüstete zum Sturm auf die heimliche Hauptstadt des Ostchristentums. Die türkischen Invasoren griffen nach einer der schönsten Städte der damaligen Welt, der Metropole des Byzantinischen Reichs. Nachdem im 4. Jahrhundert das tausendjährige Weströmische, lateinischsprachige Reich im Oströmischen, griechischsprachigen Reich seinen Nachfolger gefunden hatte, neigte sich auch dessen mehr als tausendjährige Geschichte dem Ende zu.

Sultan Mehmed II. hatte im April des Jahres 1453 die größte Streitmacht zusammengezogen, die bis dahin unter der Fahne eines osmanischen Herrschers aufmarschiert war: Über 100 000 Soldaten – einige Zeitgenossen sprachen sogar von 400 000 –, dazu weitere Hilfstruppen. Die Verteidiger hingegen konnten nur knapp 7000 wehrfähige Männer aufbringen.

Während der Feind mit einem wohlausgerüsteten Heer zum Sturm bereit stand, stritten sich die Hauptstädter aufs heftigste. Die Venezianer in Konstantinopel legten sich mit den Genuesen an, die auf dem anderen Ufer des Goldenen Horns eine eigene Siedlung besaßen – Galata, das heutige Beyoglu. Alle Ausländer wiederum mißtrauten den Byzantinern, und die waren untereinander völlig zerstritten über religiöse Fragen.

Denn der byzantinische Kaiser Konstantin XI. Palaiologos Dragases, gleichzeitig Herrscher über die orthodoxe Christenheit, hatte sich kurz zuvor – in der Hoffnung auf militärischen Beistand – dem römischen Papst unterworfen. Als die Entscheidung um das Schicksal der ältesten Christenmetropole anstand, bekriegten sich Papstfeinde und Papstfreunde aufs Messer. Die Quittung bekamen die Christen am 29. Mai 1453, als die Osmanen Konstantinopel stürmten.

Sieger Mehmed ließ das abgeschlagene Haupt Konstantins mit Stroh ausstopfen und schickte die Trophäe an die Herrscherhöfe der islamischen Welt, um zu beweisen, daß ein christlicher Gott gefallen war. Die Kapitale des Oströmischen Reichs, das Symbol abendländischer Herrschaft am äußersten Rand Europas, wurde Hauptstadt des Osmanischen Imperium, der nunmehr mächtigsten Macht des Morgenlands.

Die letzte große Ausbildung der Universalität
Die Bedeutung des Osmanischen Reichs

Der Sieg der Osmanen war nicht der erste, aber der symbolträchtigste. Mit ihm stieg das Osmanische Reich endgültig zu einem der bedeutendsten Imperien der Weltgeschichte auf. Es prägte nicht nur das Gebiet der heutigen Türkei und die arabische Welt, sondern strahlte weit nach Europa aus und hinterließ vor allem auf dem Balkan seine Spuren. Der heutige Bosnienkrieg ist nur eine der Spätfolgen dieser Eroberungen.

Aber die Türken unterwarfen sich nicht nur die Völker des Westens, sondern hatten auch nicht geringen Anteil daran, daß die Welt des orthodoxen Christentums erhalten blieb. Noch heute zeigen die Schriftgrenzen zwischen lateinischem und griechischem oder kyrillischem Alphabet wie auch die Religionsgrenzen zwischen Katholizismus und Orthodoxie an, wo jahrhundertelang die Grenze zwischen Morgenland und Abendland verlief. Auch den Orient prägte das Osmanische Reich, denn unter seiner Ägide entstanden viele der modernen arabischen Staaten, auch wenn erst die europäischen Kolonisatoren die Grenzen der neuen Staaten bestimmen sollten.

Doch gerade das Osmanische Reich ist auch ein Beispiel dafür, daß Religionsgemeinschaften und Völker lange Zeit in relativem Frieden miteinander leben konnten. Nicht wenige Europäer und noch mehr Orientalen sehen einen Grund dafür in der damaligen Toleranz der islamischen Religion.

Konstantinopel stieg nach der Eroberung durch die Türken zum Sammelbecken von Völkern und Religionen auf, wurde aber nie zu einem Schmelztiegel. In der Hauptstadt der Sultane residierten neben dem obersten Hüter des Islam auch die Patriarchen der orthodoxen Kirchen und residieren zum Teil noch heute dort. Für die dritte große Religionsgemeinschaft, die jüdische, war das Osmanische Reich jahrhundertelang fast ein Paradies, denn die Sultane nahmen nicht nur die in Europa verfolgten Juden auf, sondern gewährten ihnen auch Rechte wie nirgendwo sonst auf der Welt.

Jedenfalls konnte den Osmanen Rassismus nicht nachgesagt werden. Zum Islam übergetretene Christen stellten die Mehrzahl der höheren Beamten im Osmanischen Reich und dienten Sultanen, die fast ausschließlich christliche Mütter hatten. Von 47 Großwesiren – dem wichtigsten Amt nach dem des Herrschers, vergleichbar dem eines Premierministers – der Glanzjahre 1453 bis 1623 waren nur fünf Türken, aber elf Slawen, elf Albaner, sechs Griechen und je einer Tscherkesse, Armenier und Italiener. »Nur selten«, berichtete 1458 ein christlicher Kriegsgefangener, »wird die türkische Sprache in der Umgebung des Sultans gehört, weil der ganze Hof und der größte Teil der Magnaten aus Renegaten besteht« – und damit Griechisch sprach oder ein slawisches Idiom, Italienisch oder Armenisch. Nur die Ämter der Geistlichen und Richter waren Türken vorbehalten.

Das Osmanische Reich umfaßte während seiner größten Ausdehnung Südosteuropa, Südrußland, Westasien, den Nahen Osten, Ägypten sowie große Teile der arabischen Halbinsel und Nordafrikas. Der größte Teil des Mittelmeers und fast das gesamte Schwarze Meer waren von osmanischen Territorien umgeben. In ihnen lebten Griechen, Serben, Bulgaren, Rumänen, Ungarn, Kroaten, Albaner, Armenier, Tataren, Berber und Araber, und natürlich auch Türken, obgleich sie erst in der Schlußphase des Imperiums die Mehrheit stellten. Das Osmanische Reich, schreibt der britische Historiker libanesischer Abstammung Albert Hourani, »war die letzte große Ausbildung der Universalität der islamischen Welt.«

Durch Verbreitung von Furcht und Schrecken den Feind lähmen

Die türkische Einwanderung in Anatolien

Über die Ursprünge der Osmanen ist wenig bekannt. Denn »die frühen Türken waren zu sehr mit dem Schwert beschäftigt«, so der amerikanische Historiker Leften S. Stavrianos, »als daß sie Zeit für die Feder hatten.« Erst im 15. und 16. Jahrhundert notierten Hofschreiber die Geschichte des Weltreichs, und da hatten »Fabeln den Platz von Fakten eingenommen.«

Von den Byzantinern wurden die Türken anfangs zumeist Perser oder auch Ungarn genannt, vermutlich eine Verwechslung mit den Uiguren im nördlichen China. Denn ursprünglich siedelten die nomadischen Turkstämme im Gebiet der heutigen Äußeren Mongolei, wo die Chinesen im 5. Jahrhundert ein Volk von vielleicht 500 Familien erstmals »Tu küe« – Türken – nannten, deren Name von einem helmförmigen Berg herrührte, an dessen Fuße sie siedelten. Auf der Suche nach Weideplätzen zogen die Turkstämme schließlich westwärts und gründeten 522 n. Chr. das erste Türken-Reich, das sich zwar vom Schwarzen Meer bis zum Pazifischen Ozean ausdehnte, aber nur ein loser Verband nomadischer Stämme war. Schon bald zerfiel er in ein östliches und ein westliches Reich.

Bereits im Jahr 568 schlossen die Byzantiner ein Schutzbündnis mit dem westlichen Türken-Khan, doch die Berührungen waren lange Zeit gering, bis 970 der Türkenführer Seldschuk den Islam annahm und in persische Dienste eintrat. Seine Krieger terrorisierten auf ihren Zügen gen Westen bewußt die Bevölkerung, um, so der deutsche Historiker Ernst Werner in seinem Werk über die Frühzeit, »durch Verbreitung von Furcht und Schrecken die Widerstandskraft des Feindes zu lähmen.«

Als 1055 der Nachfolger Seldschüks, Toghrilbeg, auf Bitten des Abbasidenkalifen Al Karim als Verbündeter in Bagdad einzog und sich den Titel Sultan verleihen ließ, war das erste große türkische Reich, das der Seldschuken, geboren.

Nachfolger Alp Arslan schlug am 19. August 1071 in einer der größten Schlachten der Geschichte bei Manzikert (heute Malazgirt) nördlich des ostanatolischen Sees Van die Byzantiner. Ausschlaggebend war, daß von den Byzantinern angeworbene turkstämmige Hilfstruppen zu Arslan überliefen. Die türkischen Helfer waren aber die einzigen, die mit weittragenden Bogen umgehen konnten, während die Byzantiner noch mit Schwert, Speer und Keule auf relativ kurze Distanz kämpften. So fielen die Truppen des christlichen Kaisers, noch ehe sie richtig in den Kampf eingriffen.

Der siegreiche Arslan setzte dem unterlegenen oströmischen Kaiser Romanos IV. Diogenes symbolisch den Fuß auf den Nacken, ließ ihn sodann aber frei, weil er sich dessen Neutralität für seine Expansion im Süden erkaufen wollte. Doch mit der Niederlage fiel eine Grenze, die erst West- und dann Oströmer mehr als ein Jahrtausend lang leidlich erfolgreich gehalten hatten. Schon bald eroberten die Seldschuken den südlichen Teil Zentralanatoliens und begründeten die Dynastie der anatolischen Seldschuken mit der Hauptstadt Ikonion, das heutige Konya. Nördlich setzte sich ein anderer Turkmene fest: Danischmand, der um Sivas das erste türkische Emirat auf kleinasiatischem Boden bildete und es »Rum« nannte, nach dem sagenhaften Rom des Westens.

Im 12. Jahrhundert hatte sich etwa eine Million türkstämmiger Einwanderer in Anatolien festgesetzt und die politische Führung besonders auf dem flachen Land übernommen. Widersetzten sich die Bürger der Städte der Völkerflut, hungerten die Nomaden sie systematisch aus. Die Turkmenen »hielten sich weder an Friedensschlüsse noch Verträge und Abmachungen«, schreibt Werner. Allerdings gab es große Unterschiede zwischen den türkischsprachigen Nomaden und den nur Persisch und Arabisch sprechenden Seldschuken um Konya, und bald kam es zu einem regelrechten Krieg zwischen den Türken Anatoliens, den die Seldschuken für sich entschieden.

Doch 1243 unterlagen sie den Mongolen. Im folgenden Jahrhundert gab es – unter mongolischer Oberherrschaft – bis zu 18 turkmenische Fürstentümer in Kleinasien. Die lokalen

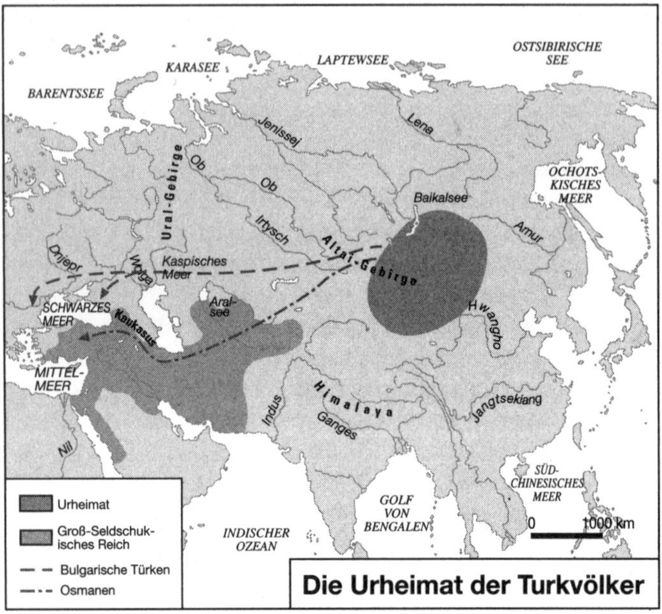

Die Urheimat der Turkvölker

Herrscher waren Vorsteher großer Familienverbände, die sich Emire nannten, oder auch Beys oder Begs. Sie machten ihre türkische Volkssprache zur Amtssprache, ehe schließlich im (arabisch geschriebenen) Osmanischen Türkisch, Persisch und Arabisch zu einer Sprache zusammenwuchsen.

Für die Türkisierung Anatoliens spielten die Derwische, die bei den Arabern »Fakire« hießen, eine überragende Rolle, denn sie kamen den eher mystischen Empfindungen der Türken sehr entgegen. Die meisten dieser Anhänger eines moslemischen Mystizismus neigten zur schiitischen Variante des Islam, die auch die Mehrheit der ländlichen türkischen Bevölkerung bevorzugte. Oft verbanden die Derwische auch Elemente mehrerer Religionen. »Wir sind wie eine Flöte«, sagte einer von ihnen, der Ordensgründer Galalu din Rumi, »die in ihrer Weise mit 200 Religionen übereinstimmt.« Das imponierte vielen Christen, die sich auch deshalb bekehren ließen. Freilich gab es auch militante Derwische, die den Heiligen Krieg gegen die Christen propagierten.

Die neuen Herren Anatoliens waren zwar Moslems, aber

noch tief Vorstellungen verhaftet, die sie aus ihrer asiatischen Heimat mitgebracht hatten. Sie hingen einer Kriegertradition nach, die noch heute den Türken sehr zu schaffen macht.

Wir sind nun mal die Wölfe und ihr seid die Schafe
Die Ghasis

Schon früh in der Geschichte, so will es die Legende oder auch die Wahrheit, haben Türken sich darüber Gedanken gemacht, welche Religion für sie die beste sei. Ein Kommandant Tanyukuk, genannt »der alte Wolf«, soll in einem Disput über Buddhismus und Taoismus gesagt haben: »Buddha und Lao-Tse lehren die Menschen Weichheit und Nachgiebigkeit. Diese Lehre ist nichts für Krieger.« Für Krieger hielten sich die Türken seit eh und je, und noch nach dem Golfkrieg 1992 verkündete der damalige türkische Staatschef Turgut Özal: »Wir sind ein Volk von Kriegern.« »Es ist vielleicht kein Zufall«, schreibt der türkische Gewaltforscher Taner Akçam, »daß wir Türken den Islam wählten.«

Die eine Seele in der Brust der osmanischen Krieger war zerstörerisch, oft brutal, immer auf Beute und Gewinn bedacht. Die andere Seele war islamisch-ritterlich, oft fanatisch, immer auf die Ausbreitung der moslemischen Religion gerichtet oder zumindest auf die Beherrschung der Andersgläubigen. Das sichtbare Zeichen dieser Synthese war der Ghasi, der Glaubenskrieger typisch osmanischer Prägung: In ihm verbindet sich türkisches Kriegertum mit der islamischen Ideologie vom Heiligen Krieg.

Nach der Auffassung des Islam zerfällt die Welt in das »Haus des Islam« (Dar Al Islam) und in das Gebiet der Ungläubigen, das im Islam »Haus des Krieges« (Dar Al Harb) heißt. Die Moslems sind nach ihrem Glauben verpflichtet, das Haus des Krieges in ein Haus des Islam zu verwandeln. Dabei galt es nach alter Tradition Regeln zu beachten: Die besiegten Ungläubigen mußten vor die Wahl gestellt werden, den Islam anzunehmen oder – wenn sie als sogenannte »Besitzer des Buches« Angehörige der christlichen oder jüdischen Religion waren – sich als Schutzbefohlene den Moslems zu unterwerfen. Dann kamen sie mit einer Kopf- und Grundsteuer davon, entgingen aber der Sklaverei, durften ihre bewegliche Habe behalten und weiterhin ihre Religion ausüben.

Dieser islamische Grundsatz aber stand fast im Gegensatz zur typisch türkischen Kriegsführung, die darauf ausgerichtet war, die Bevölkerung durch Terror in die Flucht zu schlagen. Von diesem Grundsatz künden mehrere frühtürkische Berichte. In der Walachei, wie Südrumänien im Mittelalter hieß, ließ ein Ghasi namens Urma vor den Augen seiner Feinde Gefangene und Schafe gleichzeitig abschlachten, um den Eindruck zu erwecken, »daß seine Krieger Menschenfleisch verzehrten«, wie Historiker Werner schreibt. Sodann schickte er einige Gefangene in ihre Heimat zurück, damit sie von den Greueltaten berichteten. Die Roheit türkischer Eroberer der Frühzeit wird auch von türkischen Autoren beschrieben. »Die Erbauung der Welt ist ein Merkmal der Griechen«, bemerkte der Derwisch Galalu din Rumi, »demgegenüber ist die Vernichtung der gleichen Welt den Türken vorbehalten.« Für den klassisch-moslemischen Theologen al-Ghasali waren die Türken »rohe Tiere in Menschengestalt«.

In der frühen türkischen Gesellschaft herrschte eine Spielart des Schamanismus vor, nach der selbst Mord den Menschen im Himmel nützlich ist. Diese extreme Einstellung zu Leben und Tod war gepaart mit einer völligen Verachtung von Intelligenz. Sobald die frühen Türken, so ein türkischer Historiker, »auf einen Menschen trafen, der durch Intelligenz und Wissen auffiel, legten sie ihm einen Strick um den Hals und hängten ihn am nächsten Baum auf, weil eine solche Person besser Gott dienen soll.« Die Ghasis zerstörten nicht nur die Kirchen, um an ihrer Stelle Moscheen zu errichten, sondern verfolgten auch mit besonderer Härte die Priester, weil sie in ihnen die geistigen Führer sahen.

Diese türkischen Glaubenskrieger betrachteten ihre Beutezüge als spontane Kriege, die weder angekündigt werden mußten noch ritterlichen Regeln unterlagen. »Wir sind nun mal die Wölfe und ihr seid die Schafe«, sagt in einem Volksroman der Ghasi Sayyid Battal, der legendäre Stammvater Danischmands, und fragt: »Hat jemals ein Wolf auf den Genuß eines Schafes verzichtet?« Die Danischmaniden, die nomadischen Lokalherrscher der türkischen Frühzeit Anatoliens, besaßen weder Land noch hatten sie feste Einkünfte und suchten deshalb im Krieg ihren Lebensunterhalt. Mit eigener Hand soll Danischmand 60 Mönche umgebracht haben, und ein Epos berichtet von ihm: »Er zerhackte sie, wie der Fleischer trockenes Fleisch in zwei Teile zerhackt.«

Erst langsam bildete sich eine Aufgabenteilung heraus, die bis ins 20. Jahrhundert Bestand hatte: Die Christen bearbeiteten den Boden, stellten die handwerklichen Güter her und trieben Handel; die moslemischen Ghasis führten Krieg und beschützten ihre Untertanen – Botmäßigkeit vorausgesetzt.

Als Nachlaß Löffel, Salzfaß, Rock und Kopftuch
Die Ursprünge der Osmanen

Osman I., der bis 1326 regierte und von dem nur überliefert ist, daß er von dunkler Hautfarbe war und ungewöhnlich lange Arme hatte, war einer der turkmenischen Lokalherrscher Anatoliens. Sein Großvater war aus dem asiatischen Kornland eingewandert. Zwei Brüder seines Vaters kehrten in die Steppen zurück, während sein Vater Ertoghrul – so die Legende – als Anführer einer Kompanie von 444 Reitern in den Westen weiterzog und sich nordöstlich von Angora (dem heutigen Ankara) niederließ.

Osman bedeutete »Knochenbrecher« – so hieß im Morgenland seit dem alten Ägypten der Königsgeier, das Symbol von Herrschaft und Macht. Der erste Herrscher des Osmanischen Reichs machte seinem Namen alle Ehre, als er nach einer Ratsitzung eigenhändig mit dem Pfeil seinen Onkel Dindar niederstreckte, weil der sich gegen weitere Eroberungen ausgesprochen hatte. Der Mord unter Angehörigen sollte zu einem Markenzeichen der Osmanen werden.

Der Turkmenenchef betrachtete sich nach dem ältesten osmanischen Chronisten, Aschikpaschasade, als Ghasi. In einer anonymen osmanischen Chronik berichtet der Schreiber, daß Osmans Heer nur sehr klein gewesen sei. Deshalb hätten die frühen Osmanen befestigte Plätze nur einnehmen können, indem sie die Bauern, die die Städte mit Lebensmittel belieferten, umbrachten oder vertrieben.

Das Reich Osmans hatte allen anderen turkmenischen Stämmen gegenüber einen großen Vorteil: Es besaß nur Landgrenzen mit dem geschwächten Byzantinischen Reich, während die übrigen, zum Teil erheblich größeren Emirate bereits die Küste erreicht hatten und sich mangels seemännischer Ausrüstung und Erfahrung nicht weiter ausdehnen konnten. Die Osmanen erweiterten ihr kleines Reich zwar auch zu Lasten einiger türkischer Begs, vor allem aber zu Lasten der byzantinischen Provinz Bithynien südöstlich des Marmarameers. Die befestigte Regionalhauptstadt Prusa (das heutige Bursa) belagerten sie zehn Jahre lang und hungerten sie schließlich aus.

Dynastiegründer Osman brach mit der Nomadentradition seiner Vorfahren. Zwar stand für ihn das Kriegführen obenan, doch förderte er auch nach Kräften die Landwirtschaft – ein Schritt, den die Mongolen und andere reine Nomadenstämme niemals getan hatten. Ihre Reiche zerfielen denn auch schnell, wenn die Führerpersönlichkeit verschwand. Die Osmanen hingegen schickten sich an, das Fundament für einen dauerhaften und starken Staat zu legen.

Die Eroberung Bursas durch seinen Sohn Orhan im Jahr 1326 erfuhr Dynastiegründer Osman noch auf dem Sterbebett. Für 30 000 Golddukaten hatten die Osmanen die besiegten christlichen Stadtbewohner ziehen lassen – eine Summe, die symbolischen Wert bekam und fortan von christlichen Unterlegenen für Freiheit und Leben verlangt wurde, anfangs einmalig, später jährlich. Bursa machten die Osmanen zu ihrer ersten Hauptstadt, und sie blieb noch lange Zeit der Ort ihrer Familiengruft. Osmans Nachlaß erfaßten die Geschichtsschreiber gewissenhaft: Ein Löffel, ein Salzfaß, ein Rock, ein Kopftuch aus Leinen, eine Fahne aus rotem Tuch, ein Stall guter Pferde, einige Rinder und drei Schafherden.

Sohn Orhan, der im Gegensatz zu seinem Vater blonde Haare und helle Augen hatte, festigte die Herrschaft seiner Krieger mit einer epochalen Erneuerung: Gut hundert Jahre vor dem ersten europäischen Land, Frankreich, führte er ein festbesoldetes stehendes Heer ein, das aus der Reiterei, den Müsselem, und der Fußtruppe der Piaden bestand. Doch die Infanteristen erwiesen sich bald im Kampf als undiszipliniert und mußten fortan die Straßen instandhalten. Sie waren das

Vorbild der europäischen Pioniere, denen sie den Namen gaben. Auch in der Verwaltung führte Orhan Neuerungen ein und machte seinen Sohn Suleiman zum Wesir, was soviel wie »Lastträger« heißt, zu einer Art Regierungschef. Der erließ die ersten politischen Gesetze des Reiches, den sogenannten Kanun, der das islamische Recht der Scharia ergänzte.

Wie seinen Vater trieb es Orhan in Richtung Westen. Die Osmanen standen nun am äußersten Zipfel Asiens. Auf der anderen Seite der Meerengen lag Europa vor ihnen und damit das Kernland des Byzantinischen Reichs. Zwar hatten osmanische Truppen schon 1321, noch unter Osman, erstmals die Dardanellen, den südlichen Teil der Meerengen, überquert und zogen in der Folgezeit weitere 15 mal nach Europa – doch immer als Hilfstruppen, mal der Byzantiner, mal der Serben. Selbst in Konstantinopel hatten sie schon kampiert, waren aber auf Anordnung der Byzantiner stets wieder aufs asiatische Festland zurückgekehrt.

Schadenfreude beim Papst
Das Byzantinische Reich unter dem Ansturm der Türken

Geschichtliche Zäsuren haben es an sich, daß sie im Augenblick ihres Entstehens in der Regel gar nicht erkannt werden. Das war so, als der römische Kaiser Konstantin der Große sich 330 n. Chr. endgültig in der damaligen Kleinstadt Byzantion niederließ, sie zum neuen Ostrom ausbaute und ihr seinen Namen gab. Es hatte schon lange zwei römische Kaiser gegeben, einen des Westens und einen des Ostens. Das war auch so, als sich im Jahr 1054 west- und oströmische Geistliche nicht darüber einigen konnten, wer über die Diözesen der byzantinischen Besitzungen in Süditalien die Gerichtsbarkeit ausüben durfte. Legitimiert durch einen Papst, der bereits zwei Monate tot war, schleuderte der Erzbischof von Sizilien, Humbert, einen Bannfluch gegen die Oströmer. Es war nicht die erste Bulle, aber diese führte zum endgültigen Bruch der beiden Kirchen.

Anders war es da schon mit der Krönung des karolingischen Herrschers Karls des Großen im Jahr 800 zum römischen Kaiser, wo es doch bereits einen (ost)römischen gab.

Das sahen die Zeitgenossen sofort als historische Wende an und es dauerte lange, bis sich der byzantinische Kaiser dazu herabließ, den Emporkömmling in Aachen als seinen »Bruder« zu bezeichnen. Denn die Pracht und die Herrlichkeit residierten in Konstantinopel, und niemand in Europa stellte die intellektuelle Vorherrschaft der Oströmer in Frage. Sie bewahrten nicht nur griechische Wissenschaft und Kultur, sondern brachten auch das römische Recht zur höchsten Blüte. Und Byzanz war das erste Reich Christi auf Erden – die Kaiser sahen sich als sichtbare Offenbarung Gottes.

Mit ihrer ungeheuren Prunkentfaltung weckten die Byzantiner Begehrlichkeiten bei den armen Brüdern im Westen. Das rächte sich, als 1204 die Kreuzritter statt über die Moslems im Heiligen Land über die Christen Konstantinopels herfielen und die damals reichste Stadt der Welt gnadenlos ausplünderten. Nur wenige Prunkstücke byzantinischer Kunst gelangten in sichere westliche Hände, so die vier Bronzepferde auf den Dogenpalast in Venedig. Machtpolitisch verheerender war, daß die lateinischen Eroberer die europäischen Besitzungen der Byzantiner unter sich aufteilten und die Oströmer nach Anatolien vertrieben, wo diese sich auch noch in mehrere Königreiche aufspalteten. Erst 1261 gelang es dem Herrscher von Nizäa (heute: Iznik), Michael VIII. Palaiologos, Konstantinopel zurückzuerobern und die letzte byzantinische Kaiserdynastie zu gründen. Aber da hatten die ersten türkischen Heerzüge schon die Meerengen erreicht. Von einigen kleineren Besitzungen in Anatolien und auf dem Balkan abgesehen, war den Oströmern nur das Kernland um Konstantinopel geblieben.

Hilfe aus dem Westen konnte nur vom Papst kommen, und der verlangte dafür die Unterwerfung unter den Primat des römischen Pontifex. Denn die geistlichen Herrscher Roms waren gegenüber dem Byzantinischen Reich immer unversöhnlicher geworden. Schon bei der Christianisierung der Germanen und besonders der Slawen, die zum Mittelmeer vorgedrungen waren, konkurrierten Rom und Konstantinopel – mit Folgen, die noch Ende des 20. Jahrhunderts zu Kriegen führen sollten. So waren die Kroaten und Slowenen zum katholischen Glauben bekehrt worden, Serben und Bulgaren hingegen zum orthodoxen. Eines der Ziele des Vatikans war seither die Rückkehr des orthodoxen Balkans zum vermeintlich wahren christlichen Glauben. Einige byzantinische Kaiser waren dazu bereit, nicht aber die Gläubigen und ihre Priester.

So mußten sich die Byzantiner mit den Türken arrangieren, denn ihre militärische Macht war inzwischen gering. 1349 bestand ihre gesamte Armee nur noch aus knapp 3000 Mann. Deshalb versuchte der neue byzantinische Kaiser Johannes VI. Kantakuzenos, Osmanen-Sohn Orhan durch die Heirat mit seiner Tochter Theodora auf seine Seite zu ziehen. Zwar eilten die Osmanen den Byzantinern zu Hilfe, als die gegen die Serben kämpften, deren Herrscher Stephan Dusan Anspruch auf Konstantinopel erhob. Doch das Bündnis hin-

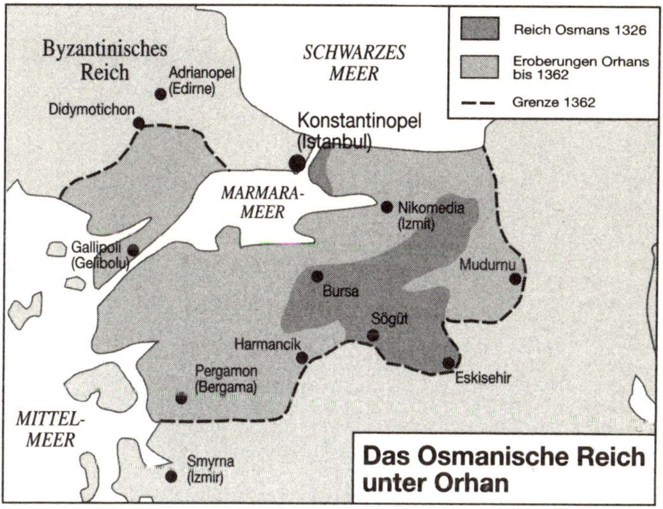

Das Osmanische Reich unter Orhan

derte die Truppen Orhans nicht, das Land anschließend gründlich auszuplündern.

1353 kamen die Osmanen dann ungerufen. Auf zwei Flößen überquerte Orhans Sohn Suleiman mit 39 Getreuen die Dardanellen, eroberte das Schloß Tzympe nördlich von Gallipoli (der heutigen Stadt Gelibolu) und setzte sich erstmals auf Dauer in Europa fest. Sie nahmen im Jahr darauf einen Küstenstreifen von Gallipoli bis nach Rodosto (dem heutigen Tekirdag) in Besitz. Erstmals gingen Siegesbriefe an die türkischen Bruderstämme – Schreiben, die »mit immer steigendem Schwulste« (so der deutsche Historiker Joseph von Hammer-Purgstall in seinem im 19. Jahrhundert erschienenen zehnbändigen Monumentalwerk über das Osmanische Reich) künftig die Kanzleien Asiens und Europas überfluten sollten.

So kochte dort, durch Gottes Wunderkräfte, dickes Pech
Die europäischen Gegenspieler der Osmanen

Die Osmanen hatten sich in Europa festgesetzt und sollten es nie wieder verlassen. Und immer mehr Türken kamen nach. »Viele Leute vom Volk des Islam waren erforderlich, das Land zu besiedeln«, schrieb der osmanische Geschichtsschreiber Aschikpaschasade. Nie wieder strömten so viele Türken nach Europa wie in der zweiten Hälfte des 14. Jahrhunderts. Widerstand gab es kaum, denn auf dem Balkan lagen die Reiche der Griechen, Serben und Bulgaren in Agonie, nachdem sie sich jahrhundertelang erbittert bekämpft hatten.

Griechenland in antiken oder heutigen Grenzen gab es nicht. Von Griechen bewohnte Lande waren größtenteils Bestandteil des Byzantinischen Reichs, aber Griechen, das Staatsvolk der Byzantiner, gab es überall im orthodoxen Gottesreich. Sie verstanden sich nicht als Griechen, sondern nannten sich fast ein Jahrtausend lang Romaioi (Romäer) und waren stolz auf ihre römische Herkunft. Als dann jedoch Europa – durch ausgewanderte byzantinische Gelehrte gefördert – das antike Griechenland wiederentdeckte und das Zeitalter der Renaissance anbrach, nannten sich die Bewohner des untergehenden Oströmischen Reichs immer häufiger Hellenen. Allerdings waren viele von ihnen der Meinung, daß ihr orthodoxes Griechentum unter der Fahne des Propheten besser aufgehoben sei als unter dem katholischen Zepter der verhaßten Lateiner.

Die Hellenen siedelten zum Teil in weit auseinander liegenden Städten und Territorien – auch außerhalb des Byzantinischen Reichs. Smyrna (das heutige Izmir) war eine griechische Stadt, aber auch der Schwarzmeerhafen Trapezunt (das heutige Trabzon). Griechen bewohnten die genuesischen und venezianischen Inseln des Mittelmeers von Zypern über Kreta bis zu den Eilanden der Ägäis und besiedelten, zusammen mit albanischen und walachischen Hirten, das heutige griechische Festland. Das Byzantinische Reich freilich bestand zum Zeitpunkt der osmanischen Eroberungen nur noch aus Konstantinopel und Umgebung, der Stadt Saloniki (heute: Thessaloniki) und dem während des Mittelalters »Morea« genannten Peloponnes.

Im Norden des Balkans stießen die Osmanen bei ihren Raubzügen sozusagen auf Brüder – die Bulgaren. Unter ihrem Khan Asparuch hatte dieses turko-tatarische Volk auf seinem Zug gen Westen im Jahr 679 die Donau erreicht und ließ sich in Mösien nieder, wie Römer und Byzantiner die heutige Dobrudscha nannten. Schon die ersten Scharmützel mit den Bulgaren endeten mit Niederlagen der Byzantiner, und 705 stand erstmals ein bulgarisches Heer vor Konstantinopel. Zwar gelang es dem byzantinischen Kaiser Michael III., seinen bulgarischen Kollegen Boris 864 zur Annahme des orthodoxen Christentums zu bewegen, doch hinderte das beide Seiten nicht an häufigen Kriegszügen gegeneinander. Schließlich unterlag das letzte bulgarische Reich am 28. Juli 1330 in der Schlacht bei Welbaschd (dem heutigen Kjustendil) den aufstrebenden Serben und war bereits in drei Staaten zerbrochen, als die Osmanen erschienen.

Die Serben waren im 7. Jahrhundert aus ihrer Urheimat im tiefen Rußland an die dalmatinische Küste gezogen, fielen aber sehr bald unter bulgarische oder byzantinische Oberherrschaft. Erst Ende des 12. Jahrhunderts erstritt sich der Großfürst Stephan Nemanja die Unabhängigkeit, die der Papst prompt mit der Verleihung der Königswürde an Nemanjas Sohn Stephan belohnte. Dennoch setzte sich nicht die lateinische, sondern die byzantinische Kirche durch.

Unter Stephan Dusan, der am 16. April 1345 als »Kaiser der Serben und Griechen, der Bulgaren und Albaner« gekrönt wurde, erreichte das Serbische Reich seine größte Ausdehnung und schloß fast das ganze moderne Griechenland ein. Hauptstadt war Skopje in der heutigen Republik Mazedonien, während die derzeitige Serben-Metropole Belgrad noch zu Ungarn gehörte. Als die Osmanen sich in Europa auf Dauer einrichteten, wandte sich Serbenherrscher Dusan 1354 an den Papst und bat um finanzielle und militärische

Unterstützung. Dafür sei Serbien bereit, den römischen Primat anzuerkennen. Doch nach dem Tod Dusans 1355 zerfiel das noch ungefestigte Serbenreich, dem am ehesten ein erfolgreicher Kampf gegen die Osmanen zuzutrauen war, in mehrere kleine Feudalstaaten.

Das war die Lage auf dem Balkan, den die Türken seit Jahren bereits beutesuchend durchstreiften. Doch die Meerengen hielten den großen Troß noch zurück, denn nur wenige der Turkmenenreiche in Anatolien hatten eine Flotte – wenn auch lediglich Piratenschiffe –, mit denen sie nach Europa übersetzen konnten. Die Osmanen hatten keine. Sie waren auf die Hilfe der Europäer angewiesen, wenn sie mit größeren Truppenkontingenten übersetzen wollten, und die fanden sie bei den maritimen Großmächten Genua und Venedig.

Für die Seemächte Genua und Venedig gab es nichts Wichtigeres auf der Welt als Handel und Geldverdienen. »Der Wunsch, reich zu werden«, schrieb ein Venezianer noch im 16. Jahrhundert, »ist uns so sehr angeboren, wie der Wunsch zu leben.« Wo immer venezianische Schiffe anlegten, gab es auch Kontore der Republik. Die schärfsten Konkurrenten kamen ebenfalls aus Italien: anfangs noch die Bürger Pisas und Amalfis, dann aber hauptsächlich die Genuesen.

Die Stadtrepublik Genua hielt so wichtige griechische Inseln wie Imbros, Lemnos, Samothrake und Lesbos, besonders aber das reiche Chios. Noch bedeutender waren die Handelskontore Genuas an der anatolischen und nördlichen Küste des Schwarzen Meers, allen voran Kaffa (das heutige Feodosija) auf der Krim. Auf der Konstantinopel gegenüberliegenden Landseite des Goldenen Horns hatten die Genuesen ihre Kolonie Galata zu einer Festung ausgebaut. Die räumlich kleine Genuesenstadt vis-à-vis der Weltmetropole war inzwischen wirtschaftlich ein Riese: Ihre Jahreseinkünfte waren siebenmal so groß wie die Konstantinopels.

Die Seemacht des Mittelmeers schlechthin aber war zur Zeit der osmanischen Eroberungen Venedig. Mit etwa 3000 Galeeren verfügte die Republik über mehr Schiffe als jede andere Nation der damaligen Welt. Bei einer Gesamtbevölkerung von etwa 150000 beschäftigte der Stadtstaat an der nördlichen Adria 36000 Seeleute. Und Venedig war eine Wirtschaftsmacht ersten Ranges. Seine Jahreseinnahmen aus Handel und Steuern waren höher als das damalige Staatsbudget Frankreichs oder Englands.

Ursprünglich regierte ein byzantinischer Dux (Herzog) – von dem der venezianische Doge seinen Namen herleitete – die oströmische Dependance. Doch schon bald wuchs Venedig aus der Rolle des Juniorpartners heraus und nahm 1204 am Kreuzzug teil, der Konstantinopel verwüstete. Seither herrschte eine Art Haßliebe zwischen den beiden Staaten, wobei die Liebe zur Mutter überwog: Als 1223 ein schweres Erdbeben Venedig fast völlig zerstörte, diskutierten die Bewohner ernsthaft den Plan, geschlossen nach Konstantinopel überzusiedeln.

Anfangs hatten sich die Venezianer eine Reihe von Häfen an der dalmatinischen Küste zugelegt sowie die Inseln Korfu und Kefallinia im Ionischen Meer und weitere in der Ägäis, denn ihre Schiffe segelten nur tagsüber und mußten nachts anlegen. Nach der Eroberung Konstantinopels heimste die Republik eine Reihe byzantinischer Besitzungen ein, zumeist auf dem Peloponnes, sowie die von ihnen Negroponte genannte Insel Euböa und besonders die Insel Kreta.

An der Spitze des Stadtstaates stand der in der Regel erst in hohem Alter gewählte Doge. Doch war er nur ein gut bezahlter Regierungsbeamter und durfte ohne Genehmigung die Stadt nicht verlassen. Die Geschicke Venedigs bestimmte der Senat, zu dem nur registrierte Patrizier Zugang hatten. Berüchtigste Einrichtung war die Geheimpolizei, die sich wie eine Krake über die Stadt ausbreitete und deren sichtbares Zeichen steinerne Löwenköpfe waren, das Symbol Venedigs. In ihre Mäuler konnten die Bürger Denunziationsbriefe werfen.

Eine Institution der Weltbürger am Canale Grande stellte alles in den Schatten: Die »Arsenal« genannte staatseigene Werft – der größte Industriekomplex der damaligen Welt. Von Dante, der die Schiffsbaustelle 1300 besuchte, in seiner *Göttlichen Komödie* der Hölle zugerechnet (»So kochte dort, durch Gottes Wunderkräfte, dickes Pech, das beide Ufer klebrig überzog«), konnten im Arsenal zu seiner Blütezeit 116 Kriegsgaleeren gleichzeitig gebaut werden. Die Arbeit war nach dem Fließbandmuster organisiert. Etwa 250 Werftarbeiter benötigten kaum mehr als eine Woche, um eine Galeere zu bauen. So brauchte Venedig in Friedenszeiten nur eine kleine Kriegsmarine zu unterhalten, zumal immer mehrere Galeeren in Einzelteile zerlegt in Bereitschaft lagen.

Schiffsbau und Handel waren die Grundlagen der Macht Venedigs, aber noch wirkungsvoller war vielleicht ein anderes Instrument, auch wenn es wenig spektakulär war: die Diplomatie. Venedig war die erste Macht der Welt, die feste Botschafter, die Bailos (vom Lateinischen baiulus, Lastträger) als politische Speerspitzen einsetzte. Mit ihrem Verhandlungsgeschick trugen sie oft mehr zu Erfolgen bei als die Marine. »Die venezianische Regierung war in ganz Europa die rationalste und berechnendste«, schreibt der amerikanische Historiker Paul Coles. Als die Türken sich zur endgültigen Überquerung der Meerengen anschickten, lieferten sich Genuesen und Venezianer im Bosporus einen Seekrieg. Orhan schlug sich auf Seiten der Genuesen, die dafür dem Eroberer Schiffe für den Sprung nach Europa zur Verfügung stellten.

Von Wissen und Weisheit ungetrübt
Die Herrschaft Murads I.

»Niemals konnte er genug Blut fließen sehen«, behauptete der byzantinische Geschichtsschreiber Laonikos Chalkokondyles über ihn, und der persische Dichter Asis ibn Ardaschir Astarabadi nannte ihn, »von Wissen und Weisheit ungetrübt«: den neuen Osmanenherrscher Murad I.

Er war nach dem Tod Orhans 1359 an die Macht gekommen, weil seine älteren Brüder Suleiman und Chalil bereits vor dem Vater gestorben waren. Murad aber war 30 Jahre lang nach orientalischer Sitte in Untertänigkeit gegenüber seinen älteren Brüdern erzogen worden. Doch der neue Herrscher erwies sich als äußerst tatkräftig und keineswegs nur grausam. Selbst Chalkokondyles mußte sein Urteil schließlich revidieren und nannte Murad »maßvoll und edel«.

In Kleinasien unterwarf sich Murad I. Angora, das nicht nur wegen der seidenen Haare seiner Ziegen berühmt war, sondern mehr noch durch seine starke Befestigung. Dann widmete er sich wieder Europa: 1361 nahmen seine Truppen die zweitgrößte byzantinische Stadt Adrianopel (das heutige

Edirne) ein und machten sie zu ihrer Hauptstadt. Der europäische Teil des Osmanischen Reichs war nunmehr größer als der anatolische.

Während Byzanzherrscher Johannes Kantakuzenos die Osmanen durch Zugeständnisse von Europa fernzuhalten gehofft hatte, warf sich sein Mitregent und Nachfolger Johannes V. Palaiologos dem Papst in die Arme. Er hatte ihm als Gegenleistung für 20 Schiffe und 1500 Soldaten, um die er den Heiligen Vater bat, seine sofortige Bekehrung zum katholischen Glauben zugesagt. Immerhin setzte Papst Innozenz VI. daraufhin einen Kreuzzug an, an dem auch die Ungarn teilnahmen. Dankbar reiste Johannes V. nach Rom, ließ sich katholisch taufen und schwor den angeblichen Irrtümern seines orthodoxen Glaubens ab. Doch kein Vertreter des byzantinischen Klerus war dem Kaiser gefolgt. Alle hielten seine Taufe für eine Privatsache, die den byzantinischen Staat nichts anginge.

Unterdessen zementierten die Osmanen mit militärischen Siegen über das Abendland ihre Landnahme. 1364 fand die erste von mehreren historischen Schlachten zwischen dem Türkenreich und Europa statt, die auf Jahrhunderte die Furcht der Europäer vor den Türken begründete. Papst Urban V. schickte eine Streitmacht aus Ungarn, Serben, Bosniaken und Walachen, um Adrianopel wiederzuerobern. Aber die Osmanen schlugen die Europäer am Maritza-Fluß. Weil die katholischen – ungarischen Söldner im orthodoxen Bulgarien grausam gehaust und die Franziskaner brutal missioniert hatten, lieferten sich die in mehrere Religionsgruppen aufgespaltenen Bulgaren den Türken aus. Sultan Murad I. machte den Bulgaren-Herrscher 1366 zum Vasallen. Das erste Balkanreich hatte kapituliert.

Das zweite folgte nur wenige Jahre später. Im Herbst 1371 hatten die Serben die Türken auf ihrem Vormarsch am Maritzafluß gestoppt und verfolgten die fliehenden osmanischen Truppen fast bis Adrianopel. Dort freilich ließen sich die serbischen Truppen von einem zahlenmäßig unterlegenen osmanischen Heer überrumpeln. Ihre Niederlage war so vernichtend, daß der dem Schlachtfeld nächste Ort bis heute »Sirpsindigi« (der Serben Untergang) heißt.

Der byzantinische Kaiser Johannes änderte nach diesen

Niederlagen der Europäer seine Taktik und bot sich Murad ebenfalls als Vasall an. Es kam zu einer seltsamen Allianz der beiden Potentaten. Der älteste Sohn des byzantinischen Kaisers, Andronikos, hatte sich mit dem Sohn Murads, Sandschi, verbündet, und beide eroberten mehrere Städte in Europa. Daraufhin schlossen sich auch die Väter zusammen und schworen sich, ihre Söhne gefangenzunehmen und zu blenden. In der griechischen Stadt Didymotichon überwältigten die Heere der Väter die der Söhne, und Murad ließ vertragsgemäß seinem Sohn die Augen ausstechen und ihn darüber hinaus enthaupten. Dann verlangte er vom byzantinischen Kaiser die Einlösung des Versprechens, und der ließ seinem Sohn siedenden Essig in die Augen gießen. »Seine Augen waren fortan wie Rosinen«, schrieb ein christlicher Chronist. Immerhin konnte Andronikos später wieder ein wenig sehen.

Auf Murad, der weder lesen noch schreiben konnte, geht die traditionelle Unterschrift eines Sultans unter ein Dokument zurück: eine stilisierte Hand. 1365 tunkte er zur Unterzeichnung eines Vertrages mit der Handelsstadt Ragusa (dem heutigen Dubrovnik) seine ganze Hand in die Tinte und setzte sie als Siegel an den Anfang des Dokuments.

Unter Murad entstanden die Grundzüge der osmanischen Verwaltung. Er setzte als obersten Rechtshüter einen Heeresrichter ein, der sich immer in seiner Nähe befand. Für den obersten Heerführer schuf er den Posten eines Beglerbegs, eines Begs (Herrn) aller Begs. Seit 1385 gab es sogar deren zwei: einen für die neueroberten Gebiete Europas, Rumelien genannt, und einen für Anatolien. Mit den Regierungsgeschäften betraute Murad erstmals einen Großwesir, der nicht mehr nur noch den Sultan beraten mußte, sondern auch Regierungsgeschäfte übernahm. Seine Provinzen teilte Murad in Sandschaks auf, nach den Standarten seiner Armee; wie denn auch die militärische und zivile Organisation lange Zeit identisch waren.

Osmanische Truppen drangen im Süden bis an die Grenze Albaniens vor, und 1387 öffnete schließlich die zweitgrößte byzantinische Stadt, Saloniki, den Osmanen freiwillig die Tore, die daraufhin nach islamischer Tradition die Stadt weder plünderten noch ihre Bewohner vertrieben. Programmatischen Charakter hatte die Verlegung der Hauptstadt vom anatolischen Bursa ins europäische Adrianopel. Freilich dienten die Städte dem Sultan vorerst nur zur Repräsentation. Nach Nomadentradition lebte er weiterhin in Zelten, auch im Winter.

Nach ihren Eroberungen im Westen führten die Osmanen, von Truppen ihrer europäischen Vasallen unterstützt, im Osten Krieg gegen die Karamanen, die Nachfahren der Rum-Seldschuken, und eroberten deren Hauptstadt Konya. Murad hatte Befehl gegeben, die türkische Landbevölkerung zu schonen, doch die christlichen Hilfstruppen hielten sich nicht daran. Serben, Bulgaren und Albaner, so geht aus einem Brief des byzantinischen Kaisers Manuel II. hervor, hätten jeden Muslim erschlagen und dabei ausgerufen, sie seien Rächer Christi. Murad ließ einige serbische Soldaten hinrichten. Daraufhin sagte sich Serbenherrscher Lazar von den Osmanen los.

Die Strafe ließ nicht lange auf sich warten in Form eines neuen Osmanenheers, das zum ersten Mal jenes Schlachtfeld betrat, welches bis heute Bestandteil der serbischen Legende geblieben ist: Kosovo Polje, das Amselfeld nahe der heutigen serbischen Stadt Pristina. In dem breiten Becken erlitten die vereinten serbischen und bosnischen Christen mit ihren kroatischen, albanischen, bulgarischen und walachischen Hilfstruppen am 15. Juni 1389 (so will es jedenfalls die Legende), dem Veits-Tag, dem Gedenktag des im Mittelalter besonders verehrten römisch-christlichen Märtyrers und Heiligen, die entscheidende Niederlage gegen die Osmanen.

Den ersten Teil der Schlacht gewannen die zahlenmäßig überlegenen Christen, wenngleich einige Hilfsvölker gar nicht in den Kampf eingegriffen haben sollen. »Sie sahen durch die Finger«, berichtete der serbische Janitschar Konstantin aus Ostroviza, »und schauten dem Kampfe tatenlos zu«. In der Notre Dame zu Paris ließ König Karl VI. bereits das Te Deum singen. Doch dann überrumpelten die Truppen des Sultans die westlichen Krieger, nahmen Serbenführer Lazar gefangen und führten ihn vor den Sultan. In diesem Augenblick, so die Legende, näherte sich der montenegrinische Ritter Milos Obilic dem Zelt des Sultans und warf sich dem Großherrn zu Füßen. Als der Osmanenherrscher sich über den scheinbar reuigen Feind beugte, zog der ein Messer und erstach den Sultan.

Und noch einen Toten gab es gleich nach der Schlacht: Murads Sohn Jakub, der am linken Flügel gekämpft hatte, wurde mit einer Bogensehne erwürgt. Damit war der Weg frei für seinen Bruder Bayasid, der in der Schlacht gegen die Serben den rechten Flügel der Truppen angeführt hatte. Der neue Sultan nahm sofort grausame Rache für den Tod seines Vaters: Er ließ alle Gefangenen vor dem aufgebahrten Leichnam Murads töten, auch Serbenfürst Lazar.

Serbien verlor endgültig seine Unabhängigkeit. Bayasid heiratete eine Schwester des Serbenfürsten Lazar, und die Serben stellten ihm künftig 5000 Soldaten, die in den folgenden Jahren nicht nur höchst wirkungsvoll gegen asiatische Heere kämpften, sondern auch gegen die christlichen Kreuzritter.

Die Türken eröffneten den Völkern neue Horizonte
Der Balkan und der Heilige Krieg der Christen

Es war nicht einmal ein halbes Jahrhundert vergangen, seitdem erstmals türkische Truppen über die Meerengen gezogen waren, und die drei Großreiche im äußersten Südosten Europas – Byzanz, Serbien und Bulgarien – waren zu Vasallen der Osmanen degradiert. Vor den Türken lagen nun kleinere Staaten – Walachei, Moldau, Albanien und Bosnien –, die erst seit kurzem eine staatliche Organisation aufgebaut hatten. Aber auch ein Riese – Ungarn, die Großmacht des Balkans schlechthin – wartete auf die Osmanen und mit ihm der Papst. Und mitten unter ihnen gab es mit Ragusa einen Exoten. Dem Kleinstaat sollte ein Kunststück gelingen: Niemals von Osmanen besetzt zu werden, obgleich es bald völlig von türkischen Territorien eingeschlossen war – eine Art Hongkong für die Osmanen.

Der Stadtstaat Ragusa an der Adriaküste war militärisch völlig unbedeutend, aber wirtschaftlich eine regionale Macht. Die Mehrzahl der etwa 30000 Einwohner Ragusas waren Slawen, blieben aber stets dem Westen, insbesonders Italien verbunden. Das zeigte sich auch in den Sprachen der Republik: Slawisch, Italienisch und Lateinisch. Jeder zehnte

Ragusäer lebte außerhalb der Stadt auf dem Balkan, hauptsächlich in den großen Handelsstädten. Die Auslandsragusäer unterstanden ausschließlich dem Recht ihrer Heimatstadt, zahlten keine Steuern und nur geringe Zölle. Der Handel machte Ragusa, das nach Venedig die zweitgrößte Flotte in der Adria unterhielt, zu einem wichtigen Partner. Die Kaufleute des dalmatinischen Stadtstaates – sie exportierten hauptsächlich Silber aus den Bergwerken Bosniens, oft mehr als 1000 Tonnen pro Jahr – vermittelten den Balkanvölkern, besonders den Bosniern, aber auch moderne europäische Handelstechniken und verschafften den Osmanen Zugang zu Europa, gelegentliche Spione eingeschlossen.

Nördlich der Donau hatten sich die erst 1859 zu einem Teil des heutigen Rumäniens vereinten Gebiete Walachei (zwischen den Südkarpaten und der Donau) und Moldau (zwischen Ostkarpaten und Donau) gerade von Ungarn gelöst. Die Bewohner beider Staaten waren Nachfolger der Daker, sprachen aber einen lateinischen Dialekt, den Vorläufer des Rumänischen.

Die Walachen waren urkundlich erstmals im Jahr 1020 in einem Brief des byzantinischen Kaisers Basileios II. als Bewohner Bulgariens aufgetaucht. Sie waren ursprünglich Hirten, zur Zeit der Osmanenvorstöße aber seßhaft geworden. Weil sie oft dunkle Hautfarbe hatten, sahen einige Zeitgenossen in ihnen Nachkommen maurischer Legionäre des Römischen Reichs. Viele flohen vor den Türken, und so hießen im Mittelalter manchmal die Balkanflüchtlinge allgemein Walachen.

Erst Anfang des 14. Jahrhunderts organisierten sich die Walachen um ihre Herren, die Bojaren, zu einem losen Staatsverband beiderseits des Olt-Flusses und schüttelten die ungarische Lehnshoheit ab. Unter ihrem Fürsten Mircea dem Alten erreichten sie Ende des 14. Jahrhunderts ihre größte Ausdehnung, bevor sie sich den vorrückenden Osmanen unterwarfen und Tribut zahlten. Nördlich von ihnen organisierten sich die Bewohner der Moldau, die ihre Grenzen bis zum Dnjestr und zum Schwarzen Meer ausdehnten. Unter ihrem Fürsten Stephan dem Großen widerstanden sie selbst den Mongolen, mußten aber nach nicht einmal eineinhalb Jahrhunderten Eigenstaatlichkeit ebenfalls den Osmanen weitere relative Freiheit mit Tributen abkaufen. Nur wenig staatliche Einheit konnten im Süden der Walachei die noch in Sippen organisierten Albaner aufweisen, die zumeist vor den Osmanen flüchteten und einen Teil der Bevölkerung des griechischen Festlands stellten.

Bosnien war zwar ein Königreich, zerfiel aber in Teilreiche, deren Adlige den Staatsverband jederzeit verlassen konnten. Außerdem spaltete die Religion das Land, denn die slawischen Bosnier hingen dem orthodoxen oder dem katholischen Glauben an, wenn sie sich nicht zu den Bogomilen zählten, einer Sekte, die Hierarchie und Sakramente verwarf und für die alles Irdische böse war. Die Katholiken verfolgten sie als Ketzer und verkauften die Gefangenen als Sklaven – besonders an die Venezianer, die mit ihnen das durch eine Pestepidemie entvölkerte Kreta wieder auffüllten.

Von einem ganz anderen Kaliber war Ungarn, eine Reiternation par excellence, die den mitteleuropäischen Mächten sehr zugesetzt hatte und erst seit relativ kurzer Zeit ins europäische Konzert eingebunden war. Viele Türken empfanden die Ungarn als Brüder, weil sie vermeintlich gleichen Ursprungs waren. Zwar sollte Ungarn zum erbittertsten Gegner der Osmanen werden, gleichzeitig aber von großen Sultanen für eine Sonderrolle ausgesucht werden – als Verbündeter im Kampf gegen die Deutschen.

Über die Herkunft der Magyaren wird bis heute gerätselt. Sicher ist, daß sie Ende des 9. Jahrhunderts aus dem Nordosten in ihre heutige Heimat einströmten. Anthropologen stellten bei den Ungarn auffallende türkische Merkmale fest, und im Mittelalter führten die ungarischen Chronisten ihre Herkunft stets auf Attila und seine Hunnen zurück. Die Sprachwissenschaftler fanden hingegen eine große Verwandtschaft zum Finnischen und orteten die gemeinsame finnisch-ugrische Heimat beiderseits des mittleren Ural. Während der finnische Zweig des Urvolks gen Norden zog, siedelten die Vorfahren der Ungarn im heutigen Baschkirien am südlichen Ural. Dort fand der ungarische Dominikanermönch Julian bei der Suche nach den Ursprüngen seines Volkes noch im Jahr 1235 Menschen vor, deren Sprache er sehr gut verstehen konnte. Doch dann rückten die Mongolen an, und der Mönch floh. Als er zwei Jahre später zum

Volk seiner Väter zurückkehren wollte, fand er niemanden mehr.

Manche ungarische Philologen und Mediävisten bezeichnen die Ungarn deshalb als »Turkvolk mit finno-ugrischer Sprache«. Ob sie nun mit den Türken verwandt waren oder auch nicht, die Neuen im Karpatenbecken setzten den Alten in Europa mächtig zu und entrissen Bulgaren, Franken und Mähren große Gebiete. Doch dann brachte ihnen der deutsche König und spätere Begründer des Heiligen Römischen Reichs, Otto I., im August 955 auf dem Lechfeld bei Augsburg eine schwere Niederlage bei. Die Ungarn suchten künftig ein gutes Einvernehmen mit Deutschen oder Byzantinern und nahmen das Christentum an – im Westen den Katholizismus, im siebenbürgischen Osten den orthodoxen Glauben.

Im Jahr 1000 schickte der Papst dem ungarischen König Stephan jene Krone, die bis heute eine Art Nationalheiligtum ist und bald ihrem Besitzer so etwas wie das natürliche Recht auf die höchste Würde Ungarns verschaffte. Ungarn stieg zu einer europäischen Macht auf, machte sich zeitweise Kroaten, Dalmatiner, Bosniaken, Serben, Bulgaren, Walachen und Moldauer zu Vasallen und führte zwei Jahrhunderte lang mit dem mächtigen Venedig Krieg.

Nachdem das urungarische Königshaus der Arpaden im Jahr 1301 in männlicher Linie ausgestorben war, sicherten sich Franzosen, Burgunder, Luxemburger, Polen, Böhmen und vor allem Deutsche durch Heirat mit ungarischen Prinzessinnen Besitzrechte auf das Land, das mehr und mehr zum Spielball europäisch-dynastischer Politik wurde. Aber noch für Jahrhunderte blieb Ungarn der bedeutendste Staat auf dem Balkan.

Denn Ungarn war auch wirtschaftlich eine Großmacht. Der arabische Kaufmann Abu Hamid nannte im 12. Jahrhundert Ungarn »eines der Länder, wo Wohlstand und Überfluß am besten gedeihen.« Nicht nur Reitpferde machten den Reichtum des Landes aus, sondern besonders die Gold- und Silberminen. Der ungarische Goldgulden blieb für mehrere Jahrhunderte das stabilste Zahlungsmittel in ganz Europa.

Eine Sonderstellung nahm Siebenbürgen ein. Die Mehrzahl der Bevölkerung bestand zwar aus Rumänen, wurde aber von den ungarischen Adligen beherrscht. Die geschlossen siedelnden Szekler – möglicherweise Abkömmlinge der abziehenden Hunnen –, sowie die Sachsen – zumeist Deutsche, aber auch Holländer – waren bereits seit dem 13. Jahrhundert als »Ständenation« organisiert und bestimmten gemeinsam mit den ungarischen Magnaten die Geschicke des Landes.

Westlich von Ungarn lagen die zentraleuropäischen Mächte – Polen, das Deutsche Reich, Burgund, Frankreich und die italienischen Stadtstaaten –, die ganz mit sich beschäftigt waren. Solange die Magyaren als Wall vor den Osmanen lagen, scherten sie sich wenig um den aufsteigenden Halbmond. Ganz anders der Vatikan. Die Päpste versuchten immer wieder, die Europäer zu Kreuzzügen wider die Türken anzutreiben – freilich mit immer geringerem Erfolg.

Als die Osmanen auftauchten, war die Zeit der eigentlichen Kreuzzüge längst vorbei. 1303 hatte der Templer-Orden die letzte Kreuzzugs-Besitzung im Heiligen Land aufgeben müssen. Übriggeblieben waren einige lateinische Stützpunkte in Griechenland und im Mittelmeer, besonders Rhodos. Im Vorstoß der Türken sahen die Päpste nunmehr eine Möglichkeit, die Europäer unter dem Banner Christi zu einigen und sich damit verlorene Macht zurückzuerobern. Tatsächlich war die Kreuzzugsideologie die einzige alle Europäer noch einigende Idee, aber nur noch selten kamen kampferfahrene Truppen zusammen.

Allerdings gab es hin und wieder Einzelkämpfer, die nicht nur Abenteuerlust in die Ferne trieb, sondern auch ein neues Ideal, das im 14. Jahrhundert in Literatur und Kunst Furore machte: der Ruhm. Nicht mehr die Furcht vor dem Fegefeuer, wie zu den großen Zeiten der Kreuzzüge, mobilisierte die christlichen Kämpfer, sondern das Verlangen nach ideeller Unsterblichkeit. Besonders burgundische und französische Ritter griffen zu den Waffen, um Ruhm zu erwerben.

Für Frankreichs König Geschenke aus Menschenleder
Schwere Niederlage gegen das Brudervolk

Nach der Niederlage auf dem Amselfeld war es besonders Sigismund der Luxemburger, 1387 zum König Ungarns und später zum deutschen Kaiser gekrönt, der auf einen neuen

Kreuzzug gegen die Türken drängte. Von einem Erfolg versprach er sich auch einen Machtzuwachs seiner ungarischen Besitzungen. Gerade deshalb lehnte Venedig anfangs ab, machte aber schließlich mit, als auch die Franzosen zusagten, ebenfalls mit dem Hintergedanken, in Ungarn Fuß zu fassen. Und wie schon fast zwei Jahrhunderte zuvor, sahen viele der Teilnehmer den Feind nicht in den moslemischen Osmanen, sondern hauptsächlich in den orthodoxen Abweichlern vom vermeintlich wahren christlichen Glauben.

Europa schickte eine Streitmacht, der viele der bekanntesten Ritter des Abendlands angehörten. Die zumeist jugendlichen Abenteurer plünderten auf ihrem Vormarsch gnadenlos die orthodoxen Balkanchristen aus und trafen am 25. September 1396 zusammen mit mindestens 20000, möglicherweise bis zu 100000 Kämpfern aus französischen, englischen, deutschen, österreichischen, polnischen und ungarischen Landen, und ironischerweise mit finanzieller Unterstützung aus Byzanz, in der Nähe der Stadt Nikopolis (dem heutigen bulgarischen Nikopol) auf die numerisch überlegene Streitmacht Bayasids.

Die Europäer hatten die Osmanen gröblichst unterschätzt und waren die Schlacht zum Teil mit weinschweren Köpfen angegangen. Wie die Schlacht verlief und was mit den europäischen Gefangenen geschah, berichtete der bayrische Edelmann Johannes Schiltberger, der als 16jähriger Knappe mit seinem Herrn an der Schlacht teilnahm, in einem Buch, das im Mittelalter – allerdings erst ein Vierteljahrhundert nach dem Tod des Autors erschienen – beinahe den Erzählungen Marco Polos den Rang ablief. Denn der junge Bayer hatte 31 Jahre seines Lebens als Gefangener im Osmanischen Reich verbracht und konnte erstmals in deutschen Landen aus eigener Anschauung über das Geschehen im fernen Osten berichten.

Erst hätten sich die europäischen Adligen darüber gestritten, wer den ersten Angriff reiten dürfte, berichtete er von der Schlacht, dann sei der Herzog von Burgund vorgeprescht, obgleich Sigismund den Vortritt lieber seinen Ungarn gelassen hätte, denn die kannten die Osmanen bereits. Sehr bald habe die Hälfte der französischen Ritter ihre Pferde verloren, weil sie die türkische Kriegstaktik nicht kannten, nicht auf die Reiter, sondern auf die Pferde zu schießen. Als sie sich dann zurückziehen wollten, seien sie umzingelt und gefangengenommen worden.

Nunmehr habe sich der ungarische König selbst ins Getümmel gestürzt und kurzerhand auf den Hügel des Sultans zugehalten. »Als der Türkenkönig sah«, berichtete Schiltberger, »daß König Sigismund gegen ihn zog, wollte er sich zur Flucht wenden.« Doch dann sei Serbenfürst Stephan Lazarevic dem Sultan mit »15 000 guten Soldaten« zu Hilfe gekommen und habe das königliche Banner erobert. Daraufhin floh Sigismund auf ein Donau-Schiff, und auch die einfachen Soldaten versuchten, sich auf Boote zu retten. »Doch waren diese bald so voll«, so der junge Edelmann, »daß kein Platz mehr war. Versuchten doch noch welche, auf ein Schiff zu kommen, so schlugen ihnen die, die schon darin saßen, die Hände ab, so daß sie ertranken.«

Die meisten europäischen Krieger kamen in Gefangenschaft, darunter auch Schiltberger. Den Herzog von Burgund befahl der Sultan anderntags an seine Seite, »damit er mitansehe, wie der König (Bayasid) für seine getöteten Männer Rache nehme.« Dann hätten die Türken den Gefangenen die Köpfe abgeschlagen, berichtete Schiltberger, der selbst nur davon kam, weil keiner hingerichtet werden durfte, der noch nicht 20 Jahre alt war. Das Massaker habe »vom Morgen bis zum Abend« gedauert, dann seien Berater des Sultans vor ihm niedergekniet und »baten ihn, um Gottes Willen seinen Zorn zu vergessen. Des Blutvergießens sei jetzt genug, sonst könnte auch ihn Gottes Rache treffen. Der König befahl, mit dem Töten aufzuhören.« Dem ungarischen Oberbefehlshaber Sigismund gelang die Flucht per Schiff über die Donau, das Schwarze Meer und die Meerengen ins Mittelmeer. Als er die Dardanellen durchfuhr, woran ihn die Osmanen nicht hindern konnten, weil sie keine Flotte besaßen, ließ Sultan Bayasid auf beiden Ufern die überlebenden Gefangenen der Schlacht zur Schau stellen.

Nach dem Sieg über die Europäer verlieh der in Kairo residierende abbasidische Kalif Al Mutawakkil II. (der keinerlei Macht ausübte), dem siegreichen Osmanenherrscher den Sultan-Titel für das Römerland (Rum), wie der europäische Teil des Sultan-Reichs nunmehr allgemein hieß.

Mehr als die Osmanen feierten die Orthodoxen des Balkans die Niederlage der Kreuzritter, denn sie sahen darin ein Gottesgericht für die Verwüstungen in ihren Ländern. Für den Sultan war wichtig, daß es zum ersten Kontakt mit Europas Führungsmacht Frankreich kam, denn nur die Könige an der Seine schienen noch vom alten Kreuzzugsgeist beseelt zu sein. Allerdings waren die Franzosen geschockt, als Bayasid seinen Geschenken sechs Bogen beifügte, deren Sehnen aus Menschenleder gedreht worden waren. Die Franzosen sahen das Geschenk als Anspielung auf die verlorene Schlacht an, und Frankreichs Herrscher verbot seinen Untertanen unter Androhung von Kerker, über die Niederlage zu sprechen.

Ich bin ein Herr wie Du
Militärisches Fiasko in Anatolien

Yilderim, »der Blitz«, hieß Sultan Bayasid bei seinen Anhängern, weil er häufig und schnell vom europäischen zum asiatischen Schlachtfeld wechselte. In Asien hatten die Osmanen durch geschickte Heiratspolitik ihr Besitztum erweitert und besiegten nunmehr das bedeutende Emirat von Karaman. Bayasid drängte das Ghasitum und die Vorherrschaft der zumeist schiitischen Derwische zurück, und der sunnitische Hochislam setzte sich als dominierende Religionsauffassung des Hofes durch. Doch der Sultan war alles andere als ein religiöser Eiferer. Er mißtraute nicht nur dem turkmenischen Adel, sondern auch moslemischen Emporkömmlingen. Viele leitende Posten, selbst die von Provinzgouverneuren, vergab er an Christen und Juden. Zum Ärger seiner türkischen Landsleute nahm er auch nicht-moslemische Prinzessinnen in seinen Harem auf. Vor allem aber kämpfte er gegen die türkischen Lokalherrscher – oft mit Hilfe serbischer und griechischer Truppen. Es waren bittere Siege, wie sich bald herausstellte.

Denn die vom Sultan vertriebenen Türken suchten Hilfe bei einem Mann, der die östliche Welt bereits mit Gemetzel nie gesehener Art überzogen hatte: beim Tatarenherrscher Timur-Leng, dem lahmen Timur (weil er nach einem Unfall hinkte). Er stammte aus dem Geschlecht des wenig geachteten Tatarenstammes Berlas, und hatte vom zentralasiatischen Samarkand aus eines der größten Reiche der Geschichte erobert, das von Moskau im Norden bis Damaskus und Bagdad im Süden, von Indien im Westen bis zur kleinasiatischen Stadt Sivas reichte. Seine Truppen waren Tataren, Türken aus Turkmenistan und Mongolen, zu denen Timur fälschlicherweise oft gezählt wird, zumal er sich selbst als Enkel Dschingis-Khans ausgegeben hatte. Der Tatarenkhan strebte die Weltherrschaft an, getreu seinem Wahlspruch: Wie es im Himmel nur einen Gott gibt, darf es auf Erden nur einen Herrscher geben. Obgleich er sich als Moslem gab, scherte er sich nicht um religiöse Gesetze und ging gegen Moslems mit nie gesehener Grausamkeit vor. Sein Markenzeichen waren zu Pyramiden aufgetürmte Köpfe der von ihm hingerichteten Gefangenen und Zivilisten. In Bagdad verpesteten die Schädelstätten dermaßen die Stadt, daß die Überlebenden sie verließen.

Als Timur Bayasid aufforderte, den türkischen Fürsten ihre Gebiete in Anatolien zurückzuerstatten und den Sultan auch noch »meinen Sohn« nannte, was Bayasid als eine Geringschätzung betrachtete, ließ der Sultan den Gesandten des Tatarenchefs die Bärte abrasieren – für Orientalen eine Demütigung – und Timur ausrichten: »Meldet Eurem Herrn, daß er rasch kommen möge, damit ich ihn gebührend empfangen kann.«

Bayasid fühlte sich stark genug, gegen seinen entfernten Bruder anzutreten, obgleich er nur etwa 70 000 Mann aufbringen konnte im Vergleich zu 160 000 Soldaten Timurs. Verhängnisvoll wirkte sich aus, daß Bayasid seine Soldaten nicht mehr regelmäßig entlohnt hatte und daß sein Gegner auch noch durch Emissäre besonders die tatarischen Hilfstruppen der Osmanen auf die Blutsverwandtschaft mit dem Herrscher aus der asiatischen Steppe hinweisen ließ.

Am 28. Juli 1402 kam es dann nordöstlich Ankaras zur Entscheidungsschlacht. Timur hatte über Nacht den Fluß umleiten lassen, aus dem sich die osmanische Armee mit Trinkwasser versorgte. Unbegreiflicherweise ließ Bayasid seine Janitscharen an dem besonders heißen Tag bis zum Abend auf einem Hügel ausharren und schickte sie dann völlig verdurstet in den Kampf. Kriegsentscheidend aber war, daß viele der türkischen Hilfstruppen zu ihren Blutsbrüdern überliefen, vermutlich ein Viertel der gesamten Armee. Zwar hielten die Christen – hauptsächlich Serben und Bulgaren – loyal zu den Osmanen, doch sie konnten das Blatt nicht wenden.

Erst kurz vor dem Untergang seiner Armee versuchte Bayasid zu fliehen, doch tatarische Reiter holten ihn ein und schleppten ihn vor das Zelt Timurs, der seinen besiegten Gegner mit größter Hochachtung empfing und ihm drei luxuriös ausgestattete Zelte zuwies. Als Bayasid jedoch erneut zu fliehen versuchte, soll ihn Timur Leng jeden Abend fesseln und nur in einer vergitterten Sänfte reisen haben lassen – aber Sänften waren zu jener Zeit stets vergittert. Acht Monate später starb der Osmanensultan, aus Gram über sein Schicksal, wie seine Geschichtsschreiber berichten, vielleicht auch durch Mord oder Selbstmord. Timur gab den von Bayasid besiegten türkischen Emiren Anatoliens ihre Gebiete zurück, gestattete aber dem Bayasid-Sohn Musa, seinen Vater in der heimischen Gruft Bursas zu bestatten, wohin der Sultansohn als Timurs Statthalter zurückkehrte. Doch zwei Jahre darauf starb auch der Tatarenherrscher und sein Riesenreich zerfiel innerhalb kürzester Zeit.

Euer Glaube ist so gut wie der unsrige
Konsolidierung unter Mehmed I.

Nach dem Tod Bayasids war das geschwächte Osmanische Reich zehn Jahre lang Schauplatz von Bruderkämpfen, denn noch gab es kein Thronfolgerecht, das den Turkstämmen seit jeher unbekannt war. Von den fünf Söhnen Bayasids bekehrte sich der jüngste, Isa, zum Christentum, ging nach Konstantinopel und schied damit als Thronanwärter aus. Auch sein älterer Bruder gleichen Namens verschwand, vom ältesten der fünf, Suleiman, gejagt, wobei unklar ist, ob der Bruder ihn tötete.

Dieser Suleiman setzte sich anfangs im europäischen Westen durch und wird von den Europäern seither als Sultan Suleiman I. bezeichnet, obgleich er den Titel niemals trug. Er machte den Balkanherrschern große Zugeständnisse, was ihn mit seinen Gefolgsleuten entzweite. 1411 kreisten ihn Truppen seines Bruders Musa ein, aber er konnte entweichen. Schließlich erschlugen christliche Dorfbewohner den fliehenden Sultan, möglicherweise auf Anstiftung Musas.

Die Balkanchristen nannten Musa bald nur noch »das wilde Tier«. Er hatte nicht nur befohlen, alle Bauern jenes Dorfes in ihren Hütten zu verbrennen, die seinen Rivalen Suleiman getötet hatten, sondern auch die christliche Bevölkerung aus den von den Osmanen eroberten Gebieten vertreiben lassen, um Platz zu schaffen für türkische Hirten aus Anatolien, seine wichtigste Klientel.

Im Osten behielt Bayasids Sohn Mehmed I., genannt »der Ringer« oder »der Artige«, die Oberhand und schlug sodann im Westen, mit Hilfe der Panzerreiter des serbischen Herrschers Stephan Lazarevic, im Juli 1413 seinen Bruder Musa, den er sogleich von Sklaven erdolchen ließ. Freilich gebot Mehmed nur noch über die Hälfte des Territoriums, das sein Vater erobert hatte – hauptsächlich durch Verluste in Anatolien. Die Walachen hatten sich geweigert, weitere Tribute zu zahlen, doch zwang Mehmed deren Herrscher nach einem Sieg erneut in die Vasallenschaft. Seine Reiter waren sogar bis in die Untersteiermark vorgedrungen und lieferten südöstlich von Radkersburg erstmals den Österreichern einen – freilich unbedeutenden – Kampf, in dem sie unterlagen.

Mehr als seine äußeren Feinde mußte Mehmed die inneren fürchten, denn unter der Führung der von seinem Vater ins Abseits gestellten schiitischen Derwische erhob sich das Volk gegen die orthodox-islamische Staatselite. Es hörte auf den noch von Musa auf das hohe Staatsamt des Heeresrichters eingesetzten Scheich Mahmut Bedreddin und vor allem auf seinen Schüler Bürklüge Mustafa, der eine Art frühen Sozialismus predigte und die freiwillige Armut propagierte. Alle Güter seien Gemeineigentum, so Mustafas Botschaft, und die drei bedeutendsten Religionen – Judaismus, Christentum und Islam – sollten zu einer Gemeinschaft Gleichberechtigter zusammengeführt werden. »Unser Herr ist der gleiche«, lehrte er, »und jeder von uns ist ein Sklave der Wahrheit.«

Bedreddin selbst, anfangs ein hochgeehrter sunnitischer Gelehrter, mit dem selbst Timur lange Religionsgespräche geführt hatte, schien frühsozialistischen Praktiken weniger zugeneigt gewesen zu sein als sein Schüler. Er »entwickelte sich zu einem Staatsreformer von Format«, schreibt Historiker Werner, »der von der Toleranzidee getragen wurde und um die Realisierung eines Humanismus als Staatsprinzip rang.« Seine Wunschvorstellung: Orthodoxe Christen und Moslems sollten in Rumelien gleichberechtigt einen gegen den katholischen Westen gerichteten Staat aufbauen. Während Bürklüge Mustafa den revolutionären Weg von unten bevorzugte, hielt es Bedreddin eher mit Reformen von oben.

Für den osmanischen Staat gefährlich wurde die Bewegung, als Bürklüge Mustafa Tausende von moslemischen und christlichen Anhängern um sich scharte und bewaffnete. Mehmed I. mußte eine große Streitmacht aufbieten, um die Sektenkrieger zu schlagen und den Propheten gefangenzunehmen. Weil Mustafa sich nicht wieder zum Islam bekehren lassen wollte, ordnete der Sultan an, ihn in der westanatolischen Stadt Ephesus (heute: Efes) vor den Augen seiner Anhänger, die der neuen Lehre ebenfalls nicht abschwören wollten, zu kreuzigen. »Sultan dede eris«, waren seine letzten Worte: »Vater Sultan, komm!«.

Mit Vater Sultan meinte Mustafa Scheich Bedreddin, denn die Anhänger nannten ihre Derwisch-Oberen oft Sultan. Bedreddin sei der Messias und Mustafa, der fortan »Sultan dede« hieß, sein Prophet, das glaubte das einfache Volk, das auf das Erscheinen des wahren Imans wartete. Doch war Bedreddin wohl nicht nur auf geistliche Würden aus, sondern hätte auch gern den Sultan beerbt. Mehmed gelang es, sich des Scheichs zu bemächtigen. Er ließ ihn in der mazedonischen Stadt Serrai lediglich erhängen, was seine Hochachtung vor Bedreddin zeigt. Denn nach türkischem Volksglauben dürfen Herrscher und ihre Nachkommen nur erwürgt oder erhängt werden, damit ihr Blut nicht die Erde berührt.

Derwische erbauten zu Bedreddins Ehre in Serrai eine Türbe, die bis in die Neuzeit als Wallfahrtsort galt. Heute ruhen die Knochenreste des verehrten Scheichs in der Fatihmoschee Istanbuls. »Auch ich bin auf meine Art ein Bedreddin«, sollte bald im Türkischen soviel heißen wie: auch ich bin rechtschaffen und edel. Bis tief ins 19. Jahrhundert hinein behielten die Nachfahren der Aufständischen – die Amuga – religiöse Besonderheiten bei, die sie sowohl von den Sunniten wie auch den Christlich-Orthodoxen unterschieden. Und auf der griechischen Insel Chios betraten noch lange danach islamische Derwische christliche Kirchen, indem sie sich bekreuzigten, mit Weihwasser besprengten und ausriefen: »Euer Glaube ist so gut wie der unsrige.« Die Ideen des Scheichs Bedreddin blieben die einzige religiöse Erneuerungsbewegung in der Geschichte des Osmanischen Reichs.

Mehmed I. war ein erklärter Freund der Griechen und erstattete den Byzantinern viele ehemalige Besitzungen am Schwarzen Meer wie in Europa zurück, so die Stadt Saloniki und den Peloponnes. Und noch etwas zeichnete ihn aus: Er hielt sämtliche Versprechungen – eine Ausnahme zu damaliger Zeit.

Der Jagdstaat des Sultans war größer als die Christenarmee

Das Regnum von Murad II.

Der neue Sultan Murad II., der mit 17 Jahren den Thron bestieg, war, so der byzantinische Geschichtsschreiber Dukas, »ein Feind der Schlachten«. Was nicht hieß, daß er Kriegen abgeneigt war, zumal, wenn seine Feinde ihn provozierten. Die Byzantiner hatten, gegen den Rat ihres alten Kaisers, einen Mann namens Mustafa als den bei der Schlacht von Ankara verschollenen Bruder Mehmeds ausgegeben und ihn ermutigt, den europäischen Teil des Osmanischen Reichs zu besetzen. Auch viele turkmenische Herrscher unterstützten den angeblichen Sohn Bayasids, doch Murad besiegte den Pseudo-Onkel und ließ ihn an einem Tor Adrianopels aufhängen, was darauf schließen läßt, daß auch er an die großherrliche Abstammung glaubte. Sodann zog er nach Konstantinopel, um sich zu rächen. Die Oströmer verloren nahezu alle ihnen zuvor zurückgegebenen Städte und Territorien, konnten aber den Fall der Hauptstadt noch einmal abwenden.

Denn sie hatten einen neuen Mustafa hervorgezaubert: den dreizehnjährigen Bruder Murads, der sich im Osten des Osmanischen Reichs aufgehalten hatte. Mit Unterstützung von Byzanz eroberte der neue Thronerbe die anatolische Stadt Jero am asiatischen Ufer des Bosporus, die heutige Burgruine Yoros, und der Sultan brach die Belagerung von

Konstantinopel ab, um Mustafa einzufangen. Diesmal genügte Murad ein Feigenbaum vor der Stadt, an dem er seinen Bruder aufknüpfen ließ.

Die Byzantiner mußten erneut um Frieden betteln und zahlten Tribut. Um sich das nötige Geld zu verschaffen, hatten sie Saloniki für 50000 Dukaten an Venedig verkauft. Den erkauften Frieden schätzten sie nicht hoch ein und entschieden sich für einen neuen Bittgang nach Rom. Diesmal beteiligten sich auch namhafte orthodoxe Theologen an einem vom Papst einberufenen Konzil. Schließlich verkündeten beide Seiten feierlich am 6. Juli 1439 die Wiedervereinigung beider Kirchen. Doch einmal mehr mißbilligte die Mehrheit der Geistlichen Konstantinopels die Union, an ihrer Spitze der Philosoph Georg Scholarios.

Sie konnten es sich erlauben, denn die Sache schien für die orthodoxen Christen nicht schlecht zu stehen. Sowohl die Walachei als auch Serbien hatten erneut ihre Unabhängigkeit erklärt. Die Griechen im südlichen Hellas hatten sich erhoben, die – damals noch christlichen – Albaner waren dabei, ihre staatliche Einheit herzustellen, und die ebenfalls noch christlichen Bosnier waren gewillt, ihre Unabhängigkeit zu verteidigen. Sie alle beteiligten sich an einem Krieg der Ungarn gegen den Sultan, den ein Mann anführte, den die Osmanen zeit seines Lebens fürchteten und den sie bald respektvoll »Janko« nannten – die griechische Abkürzung für Joannes, was aber auf Türkisch »Widerhall« (des Schrekkens) hieß: Johann (Janos) Hunyadi.

Hunyadi, vermutlich ein leiblicher Sohn König Sigismunds, war anfangs ein Lokalherrscher Südungarns. Er war in einer Offiziersfamilie rumänischer Herkunft großgeworden, die mit der Grenzsicherung beauftragt war. Schon früh war er am Hof von italienischen Söldnern in die moderne Kriegsführung eingewiesen worden und kommandierte schließlich selbst eine Söldnertruppe. Auch hatte er die Kampfmethoden der damaligen hussitischen Aufständischen studiert, deren Krieger aus dem einfachen Volk stammten und nicht gelernte Soldaten waren, wie sonst in Europa üblich. Gern warb auch Hunyadi bei seinen Feldzügen einfache Bauern an, aus denen er tüchtige Kämpfer machte.

Nachdem türkische Reiter 1438 in sein Gebiet eingefallen

waren, besiegte er sie und stieg zum Woiwoden (wie im Slawischen die Herrscher genannt wurden) von Siebenbürgen und zum Gouverneur von Belgrad auf. Nunmehr unterstanden ihm fast alle ungarischen Grenzverbände. Der König hatte ihn reich mit Posten und Ländereien beschenkt, und bei seinem Tod war er mit vier Millionen Morgen Land der größte ungarische Großgrundbesitzer aller Zeiten.

Im März 1442 rückten die Osmanen mit einer großen Armee in Ungarn ein, doch Hunyadi zog sich in die Wälder zurück. Als die osmanischen Truppen die Gegend nach Lebensmitteln durchsuchten, überfiel Hunyadi sie und vernichtete einen Großteil von ihnen. Erstmals machten die Osmanen mit den Panzern der damaligen Zeit Bekanntschaft: Schwer bewaffneten Wagen, die Hunyadi nach Hussitenart zu Wagenburgen zusammenzog. Diese höchst beweglichen Festungen waren nur schwer einzunehmen.

Vor der ersten offenen Feldschlacht der beiden Kontrahenten hatte der osmanische Feldherr Mesidbeg seinen Reitern eine genaue Beschreibung des Pferdes und der Rüstung Hunyadis gegeben mit dem Befehl, ihn lebend oder tot beizubringen. Der ungarische Truppenführer erfuhr durch Kundschafter davon und überließ seinem Gefolgsmann Simon von Kemeny seine Rüstung, der auch prompt sein Leben lassen mußte.

Dann griff Hunyadi mit seiner Hauptmacht an und schlug die Osmanen. Dem verbündeten serbischen Herrscher Georg Brankovic schickte er einen mit Trophäen so schwer beladenen Wagen, »daß denselben kaum zehn Pferde ziehen konnten«, wie Historiker Hammer-Purgstall schreibt. Obendrauf lagen die abgeschlagenen Köpfe des türkischen Feldherrn und seines Sohnes. Die etwa 200 erbeuteten osmanischen Standarten verteilte Hunyadi auf die Kirchen seines Landes, um die Gläubigen auf Krieg einzustellen.

Der Sieg beflügelte auch Papst Eugen IV., einen neuen Kreuzzug auszurufen, dem freilich nur Ungarn, Polen und Walachen folgten. Unter der Führung des erst zwanzigjährigen Königs von Polen und Ungarn, Wladislaw III. aus der litauisch-polnischen Dynastie der Jagiellonen, aber dem militärischen Kommando von Hunyadi und Serben-Herrscher Georg Brancovic drang ein Heer von Kreuzfahrern bis Sofia vor. Von dort aus marschierten die Europäer mitten im Winter in Richtung Philippopolis (das heutige bulgarische Plovdiv), doch die Osmanen hatten den Paß dorthin mit Steinen und Gerümpel versperrt und überdies noch den Weg ständig mit Wasser besprengt, so daß er einer Eispiste glich. Die Europäer zogen sich nach Ungarn zurück.

Den Krieg gegen die Osmanen gaben sie keineswegs auf. Mehr noch: Weil sich einmal mehr – nach Geheimabsprachen mit den Ungarn – in Anatolien der Herrscher Karamans gegen die Osmanen erhob, empfing der Sultan Abgesandte der Ungarn und Serben, willigte in einen zehnjährigen Waffenstillstand ein und überließ die Walachei den Ungarn. Die Serben erhielten in einem getrennt verhandelten Vertrag die Souveränität über ihr Land zurück, blieben aber Vasallen der Osmanen. Am 12. Juni 1444 fertigte der Sultan die Waffenstillstands-Urkunde aus und beschwor sie nach allen Regeln der Zeit. Ob Wladislaw diesen Waffenstillstand seinerseits unterzeichnete und beschwor, wie die osmanischen Chronisten behaupten, ist strittig, sicher hingegen ist, daß er – angestachelt vom päpstlichen Vertreter, dem Kardinal, Kirchenrechtler und Hussiten-Bekämpfer Julianus Cesarini – sich am 4. August in Szegedin (heute: Szeged) feierlich verpflichtete, die Türken aus Europa zu vertreiben.

Tatsächlich schienen die Osmanen schwächer denn je zu sein, ihre europäischen Besitzungen zu verteidigen. Als Murad mit seinem Heer in Anatolien Krieg führte, blieben nur etwa 7000 Soldaten in Europa, wo der Sultan seinen Sohn als Statthalter zurückgelassen hatte. Gleichzeitig war aus Venedig eine Kreuzzugsflotte abgesegelt, die, so ihr Befehlshaber, der Kardinal Francesco Condulmer, die Osmanen an der Rückkehr über die Meerengen hindern würde, so daß die Europäer mit geringen Streitkräften die Türken aus Europa vertreiben könnten. »Die Aussichten für das Gelingen des Kreuzzugunternehmens«, so der österreichische Historiker Franz Babinger in seiner großen Monographie über Mehmed den Eroberer, »waren im Sommer in der Tat günstiger als je zuvor.«

Im Herbst 1444 rückten die Europäer mit einer nicht sonderlich großen Truppe an. Als der Fürst der Walachei, Vlad Tepes, das schwache Truppenaufgebot sah, fragte er entsetzt: »Mit diesem Häuflein wollt Ihr Murad bekämpfen?« Allein der Jagdstaat des Sultans sei größer als die Christenarmee. Doch die Hauptmacht des Feindes befand sich ja in Anatolien.

Aber Murad besiegte die Karamanen schneller als erwartet und kehrte mit seinem Heer nach Europa zurück. Die Venezianer hielten ihn nicht vom Überqueren der Meeresenge ab, weil der Flotte angeblich die Lebensmittel ausgegangen waren oder die Winde schlecht standen. Möglicherweise halfen sogar einige venezianische Kauffahrer den Osmanen beim Übergang, sicher aber die Genuesen, die sich ihre Dienste mit einem Dukaten pro Mann bezahlen ließen.

Am 10. November 1444 kam es in der Nähe der Schwarzmeerhafenstadt Warna (heute: Varna) zur Entscheidungsschlacht. Die Christen hatten sie dank der geschickten Kriegsführung Hunyadis fast schon gewonnen, und nur noch die Janitscharen schützten den Sultan. Doch dann stürmte der polnische König mit etwa 500 seiner Reiter auf die osmanischen Elitekrieger los, weil er dem ungarischen Feldherrn nicht den Sieg überlassen wollte. Wladislaw aber stürzte mit seinem Pferd, und der Janitschar Chodscha Chidr schlug ihm den Kopf ab. Sofort ließ der Sultan die Trophäe auf eine Lanze spießen und entmutigte damit die Christen. Noch in der Nacht versuchten die Kreuzfahrer zu fliehen, aber nur wenige kamen durch. Den Kreuzzugprediger Kardinal Cesarini fanden die zurückflutenden Ungarn halbnackt und schwerverletzt am Wegesrand und ließen ihn verbluten.

Die Schlacht bei Warna zählt der österreichische Historiker Franz Babinger zu den »entscheidendsten Ereignissen sowohl der osmanischen Geschichte als auch des ganzen Abendlands.« »Die Schlacht von Warna«, schreibt der amerikanische Historiker Stavrianos, »war der letzte Versuch der Europäer, dem zusammenbrechenden Byzantinischen Reich zu Hilfe zu kommen.«

Sanftmütig und von vortrefflichen Sitten
Das Ende der Epoche Murads

Nach seinem Kantersieg dankte der damals vierzigjährige Sultan zugunsten seines erst dreizehnjährigen Sohnes Mehmed ab und zog sich in die Stadt Magnesia (unweit des heuti-

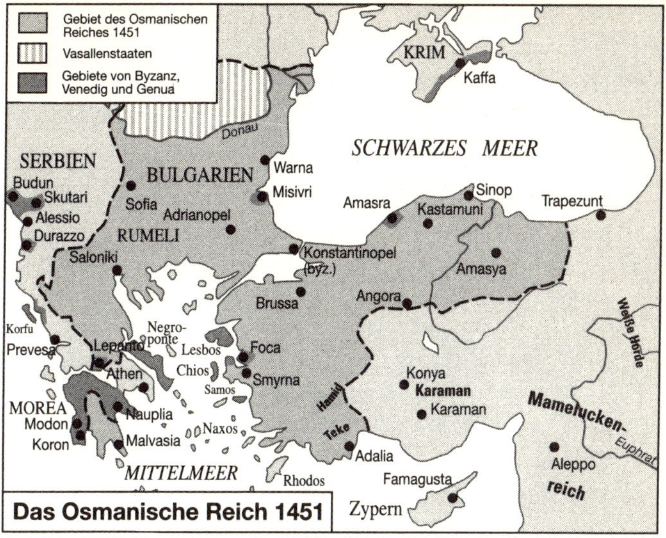

Das Osmanische Reich 1451

gen Ferienortes Kusadasi) zurück. Über die Gründe rätseln die Historiker bis heute. Und ebenso rätseln sie über die Gründe der Rückkehr Murads im Herbst 1446. Sehr wahrscheinlich hatte ihn Großwesir Chalil geholt, den möglicherweise die Pläne des sehr jungen Sultans beunruhigten, Konstantinopel anzugreifen. Vielleicht hatte der Sohn aber auch anderes vor, denn Murad mißtraute ihm und hatte zur Vorsicht ein Testament fertigen lassen. Darin bestimmte er, neben seinem unter rätselhaften Umständen ermordeten Sohn Alaeddin beigesetzt zu werden und legte ferner fest, daß kein weiterer Verwandter, also auch nicht sein Sohn Mehmed, neben ihm ruhen solle. Murad, soviel scheint klar zu sein, mochte seinen Sohn Mehmed nicht.

Die europäischen Staaten hatten ihren Frieden mit Murad geschlossen. Selbst der Vatikan, wo mit Papst Nikolaus V. freilich ein Humanist den Stuhl Petri bestiegen hatte, mochte nicht mehr wider die Ungläubigen ziehen. Nur einer gab noch nicht auf: Johann Hunyadi, der inzwischen für den noch minderjährigen König Ladislaus V. zum Reichsverweser Ungarns gewählt worden war. Er hoffte auf Hilfe der Serben und Albaner. Im Herbst 1448 zog er erneut auf das sagenumwobene Amselfeld. Doch diesmal verweigerten die Serben, durch Vertrag an Murad gebunden, ihre Hilfe, verrieten den Osmanen die militärischen Pläne des Ungarn und nahmen Hunyadi sogar kurzzeitig gefangen. Am 5. Oktober kam es dann zur zweiten Entscheidungsschlacht.

Hunyadi unterlag, auch wenn die Verluste der Türken doppelt so hoch waren wie die seinen. Zur Niederlage beigetragen hatte, daß 7000 walachische Hilfstruppen, der gesamte linke Flügel Hunyadis, zu den Osmanen übergelaufen war, die aber, mißtrauisch geworden, sofort alle Walachen erschlugen. »Mit fast abenteuerlichem Glück«, so Hammer-Purgstall, war Hunyadi die Flucht gelungen, nachdem er nicht nur alle Deutschen und Böhmen geopfert hatte, sondern auch die meisten seiner ungarischen Adligen.

Murad II., den am 3. Februar 1451 nach einem mächtigen Trinkgelage im Alter von 46 Jahren der Schlag traf, war einer der verständigsten Herrscher in der Frühzeit der Osmanen. Er war bekannt dafür, seinen Feinden zu verzeihen, wenn sie darum baten. Selbst die byzantinischen Geschichtsschreiber lobten ihn als »sanftmütig und von vortrefflichen Sitten« (Michael Dukas) sowie als »gerechten und billigen« Mann (Laonikos Chalkokondyles). Seine moralische Kraft war es, schreibt der deutsche Historiker Johann Wilhelm Zinkeisen in seinem monumentalen Werk über das Osmanische Reich, die seine fast dreißigjährige Herrschaft zur »wichtigsten Epoche der Geschichte des Osmanischen Reiches in Europa« gemacht hat.

Nun war für Sohn Mehmed der Weg frei. Der junge Mann hatte vor allem darüber gebrütet, wie er die Hauptstadt des Byzantinischen Reichs und das Symbol des Christentums – Konstantinopel – erobern konnte.

2
Das Wunder der Wunder

Aufstieg zur Weltmacht unter Mehmed dem Eroberer

»Beim Goldenen Apfel sehen wir uns wieder«, war die traditionelle Formel, mit der ein neuer Sultan nach der feierlichen Säbelumgürtung – dem Symbol des Kampfes gegen die Ungläubigen – sein Janitscharenkorps begrüßte.

Als Goldenen Apfel bezeichneten die Osmanen Konstantinopel, wohl nach dem goldenen Apfel, den die dortige Reiterstatue Konstantins in den Händen hielt, oder auch nach den goldenen Kuppeln. Lange hatte Mehmed II. die Landkarten studiert. Er »war von dem Gedanken besessen«, schrieb der osmanische Chronist Tursun Beg, »die Stadt ohne Verzug einzunehmen.«

Aber noch hatte der von den Byzantinern offenbar bestochene Großwesir Chalil das Sagen, denn die Janitscharen standen hinter ihm. So schloß der Sultan mit allen Potentaten Europas und den Byzantinern erst einmal Frieden und gelobte, für den Unterhalt seines in Konstantinopel festgehaltenen Großneffen Orhan jährlich 300 000 Aspern (die Silberwährung der Osmanen) zu zahlen. Der Westen fiel auf die sanfte Art herein und wies die Botschafter des byzantinischen Kaisers, die den Papst und die übrigen Potentaten von drohenden Gefahren überzeugen wollten, allerorts ab.

Der 1449 gekrönte byzantinische Kaiser Konstantin XI. setzte fest auf Papst Nikolaus V., denn er hatte sich verpflichtet, daß künftig der Heilige Vater bei der Messe in der Hagia Sophia als oberster Herr aller Christen genannt würde. Doch weder die einfachen Gläubigen in Konstantinopel noch der untere Klerus waren bereit, dem Beispiel auch in den übrigen Kirchen nachzukommen. Ihr Sprecher war Georg Scholarios mit dem Mönchnamen Gennadios. Die Union, so seine Begründung, würde zum Verlust des göttlichen Schutzes führen. Einzig ein Festhalten an der Orthodoxie schütze die Griechen vor den Türken. Er sah die Osmanen nicht etwa als das geringere Übel an, sondern hoffte, durch festen (orthodoxen) Gottesglauben jedes Übel zu verhindern.

In dieser für ihn prekären Lage forderte der byzantinische Kaiser in offensichtlich völliger Verkennung der Machtverhältnisse den Sultan heraus. Eine Delegation erschien bei Mehmed II. und verlangte eine Verdoppelung der jährlichen Apanage für Orhan. Andernfalls, drohten sie, würden sie den Osmanenspröß und potentiellen Konkurrenten des Sultans freilassen. Selbst Großwesir Chalil wies das Ansinnen barsch zurück, während der Sultan die Delegierten freundlich verabschiedete. Doch das war nur eine Finte.

Denn Mehmed II. zog unverzüglich mit seiner Armee nach Europa. Ursprünglich wollte er bei den Dardanellen übersetzen, wo die Osmanen traditionell die Meerengen überquerten und bereits das europäische Ufer beherrschten. Aber dort kreuzten christliche Schiffe. So zog er weiter gen Norden bis zum Bosporus, überschritt ihn und betrat byzantinisches Territorium. Der Kaiser schickte zwei Unterhändler zum Sultan, um an den beschworenen Nichtangriffspakt zu erinnern, doch der ließ die Abgesandten köpfen: Das türkische Reich hatte dem byzantinischen praktisch den Krieg erklärt.

Nunmehr mußte auch den Europäern klar sein, daß die Hauptstadt des östlichen Christentums in höchster Gefahr war. Dennoch war kein christlicher Herrscher zur Hilfe bereit. Venedig rüstete nur eine symbolische Flotte aus, die außerdem so spät in See stach, daß sie erst nach dem Fall Konstantinopels angekommen wäre. Genua wies seine Repräsentanten im Osten an, sich mit den Türken zu arrangieren. Und der König von Neapel, Alfons V., der auch über das spanische Aragonien herrschte und dessen katalanische Untertanen in Konstantinopel eine wichtige Händlerkolonie stellten, beorderte seine kleine Flottille zurück, als sich sein Reich mit den Venezianern gegen Mailand verbündete. Der Papst schickte nur 200 Bogenschützen, aber viele Griechen sahen in ihnen die Vorhut einer größeren Streitmacht des Westens.

Eine ganze Flotte wandert über den Berg
Die Eroberung Konstantinopels

Beim Studium Konstantinopels war der Sultan am meisten von den mächtigen Festungsmauern fasziniert, die die Byzantiner in den letzten Jahren ausgebessert hatten. Nur mit riesigen Artilleriegeschützen, glaubte der technologiebesessene Mehmed, könne die Festung geknackt werden. Deshalb griff er sogleich zu, als sich ihm ein ungarischer Kanonengießer namens Urban andiente. Der christliche Siebenbürge hatte zuvor beim byzantinischen Kaiser vorgesprochen, doch der konnte ihn nicht bezahlen. Mehmed vervierfachte das verlangte Salär. Sofort konstruierte Urban eine kleinere Musterkanone und fand bald Gelegenheit, den Sultan zu beeindrucken. Als sich ein venezianischer Schiffskapitän weigerte, in der Bosporusfeste Rumili Hissar anzulegen, gab der Sultan Befehl, die Galeere zu beschießen. Urban landete einen Sonntagsschuß: Das Schiff sank auf der Stelle. Begeistert orderte der Sultan ein weit größeres Geschütz.

In Adrianopel ließ Urban eine Bombarde mit einer fast zweieinhalb Meter großen Mündung bauen, die Gesteinskugeln von mehr als zwölf Zentnern Gewicht verschießen konnte. Schlugen die Geschosse auf harten Untergrund, zersplitterten sie wie Schrapnells. Um das Schießmonster von Adrianopel nach Konstantinopel zu bringen, mußten Tausende von Arbeitern erst einen Weg anlegen, auf dem 60 Ochsen das Riesengeschütz zogen und 200 Soldaten die Lafette mit Seilen abstützten. Zwei Monate brauchten die Fuhrleute für die Reise, die ein Pferdegespann in zwei Tagen schaffte.

Vom 6. April 1453 an schleuderte die Kanone ihre Kugeln sieben Mal täglich gegen die Festungsmauern, sechs Wochen lang. Doch entgegen allen Erwartungen der Osmanen besserten die Verteidiger die zerstörten Mauern binnen kurzem wieder aus. Denn die Verteidigung hatte ein Experte für Festungsanlagen übernommen: der Genuese Giovanni Giustiniani Longo. Ihm zur Seite stand der Deutsche (oder Schotte) Johannes Grant, der sich auf die Vernichtung von Stollen spezialisiert hatte, die die Angreifer unter die Mauern zu graben versuchten.

Zwar hatten die europäischen Staaten praktisch nichts für den Schutz Konstantinopels getan, aber es gab westliche Verteidiger: Abenteurer, die es in Kriegsgebiete zog oder Seeleute, die ihre christlichen Brüder verteidigen wollten. Insgesamt waren es aber nicht einmal 2000 Ausländer, die, zusammen mit knapp 5000 Griechen, die 26 Kilometer Mauern einer Stadt verteidigen wollten, die in vielen Vierteln nahezu ausgestorben war. Noch im 12. Jahrhundert zählte Konstantinopel mehr als eine Million Einwohner, jetzt lebten nicht einmal mehr 50000 in seinen Mauern.

Gewichtiger als die wenigen Landtruppen waren die 26 mächtigen, zu Kriegsschiffen umgerüsteten Handelsschiffe im Hafen am Goldenen Horn. Den Naturhafen versperrten die Verteidiger mit einer eisernen Kette, die, auf Holzflößen schwimmend, auf der einen Seite an der Stadtmauer Konstantinopels befestigt war und auf der anderen an einem Turm im genuesischen Pera. Der allerdings nur nach der Zahl der Schiffe überlegenen türkischen Flotte gelang es nicht, dieses Hindernis zu überwinden, und sie war auch nicht in der Lage, drei vom Papst gemietete Galeeren aufzubringen, die ins Goldene Horn einlaufen wollten, wegen einer Flaute aber stundenlang im Marmarameer herumdümpeln mußten. Wutschnaubend lenkte der Sultan sein Pferd in die Brandung, um seine Matrosen anzufeuern. Doch die sehr disziplinierten christlichen Besatzungen wehrten alle Angriffe ab und liefen schließlich in den Hafen ein.

Nachdem die Türken wochenlang vergeblich gegen die Landmauern im Westen der Stadt angerannt waren, versuchte der Sultan das Goldene Horn mit einem Coup zu erobern, der einen Werner Herzog noch im 20. Jahrhundert zu seinem Film »Fitzcarraldo« anregte: Er ließ nördlich von Pera eine Fahrrinne aus mit Hammelfett und Ochsentalg eingeschmierten Bohlen über das mehr als 70 Meter hohe Festland bauen und einen Teil seiner Flotte von Ochsengespannen auf Walzen und Rollen ins Goldene Horn ziehen. Alle 72 Schiffe hatten, als kämen sie übers Meer, volle Segel gesetzt und die Ruderer bewegten rhythmisch die Riemen. Unter Pauken- und Trompetengedröhn rutschte die türkische Armada übers Land in den versperrten Hafen. »Das Wunder der Wunder«, nannte Dichter Stefan Zweig die List. Doch das

Wunder brachte noch nicht die Entscheidung, denn die großen christlichen Schiffe im Goldenen Horn hielten die kleinen Osmanenboote leidlich in Schach.

Am Sonnabend, den 26. Mai 1453 berief Sultan Mehmed einen Kriegsrat ein. Es könnte nur noch wenige Tage dauern, fürchteten einige seiner Berater, bis die Europäer mit ihren überlegenen Flotten erscheinen und den Türken eine Niederlage beibringen würden. Großwesir Chalil riet zum Rückzug, da beschwor der General und dritte Wesir Saganos Pascha, ein griechischer Renegat, seinen Sultan: »Herr, bedenke die große Zwietracht, die in Europa herrscht. Sie sind unfähig zu einer gemeinsamen Aktion gegen uns. Ihre Führer sind immer damit beschäftigt, gegeneinander zu intrigieren. Selbst wenn sie sich zu etwas durchgerungen haben, werden sie es nicht in die Tat umsetzen, denn sie werden sich darüber zerstreiten, wie es gemacht werden soll. Deshalb, oh Herr, gib uns den Befehl, die Stadt zu erstürmen.«

Der Sultan legte den Angriff auf Dienstag fest. Sofort schrieben christliche Soldaten in seinen Diensten die Botschaft auf, wickelten die Briefe um Pfeilspitzen und schossen sie in die belagerte Stadt. So wußten auch die Byzantiner, was ihnen blühte. Von ihren Zinnen aus bekamen sie mit, wie Derwische die Krieger auf Sieg einstimmten und Boten des Sultans jenen, die als erste die Mauern erstiegen, Lehen und hohe Staatsposten versprachen.

Den ganzen Montag hatte der Sultan Ruhe angeordnet, um seine Soldaten ausgeschlafen in die Schlacht zu schicken. Zum Angriff bereit standen nicht nur die schon oft erfolgreichen türkischen Reiter, sondern auch orthodoxe Serben, die als Vasallentruppen teilnahmen, hauptsächlich jedoch die Janitscharen: ausnahmslos konvertierte Christen, die ein fanatisches Infanteriekorps bildeten.

Tags darauf griffen als erste Söldner aus aller Herren Länder an, unter ihnen auch viele Christen, die aber als undiszipliniert galten und deshalb vom Sultan verheizt wurden. Sodann stürmten anatolische Truppen gegen die Mauern an, doch die Byzantiner wehrten auch sie ab, wenngleich schon mit größerer Mühe. Erst als die Verteidiger nach vier Stunden Kampf ermüdet waren, griffen die Janitscharen in den Kampf ein.

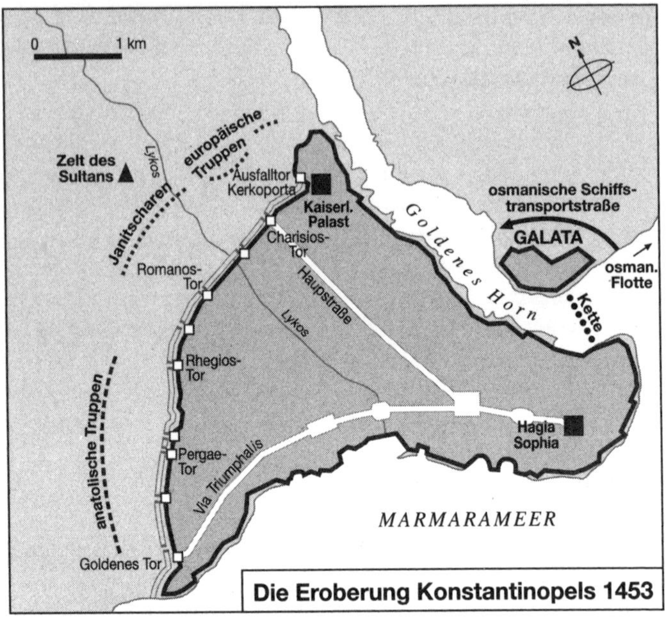

Die Eroberung Konstantinopels 1453

Doch auch die Elitetruppen bissen sich an den Verteidigern fest, die lediglich auf dem Außengang der Hauptmauer Stellung bezogen und zur Vorsicht die Pforten zur Stadt schlossen, damit niemand seine Position aufgeben konnte. Über eine Stunde versuchten die Tapfersten des Sultans vergeblich, die Stadt zu erstürmen. Die Byzantiner meinten schon erste Ermüdungserscheinungen auch bei ihren Feinden ausgemacht zu haben und glaubten an eine Rettung. Wäre da nicht die Kerkoporta gewesen – eine kleine Pforte in der Nähe des Kaiserpalastes.

Sie war seit vielen Jahre zugemauert und erst während der Verteidigung wieder aufgebrochen worden, weil die Byzantiner durch sie zu Ausfällen starteten. Nun hatte einer der Soldaten schlicht vergessen, sie bei der Rückkehr wieder richtig zu schließen. Einige der angreifenden Anatolier sahen die halboffene Tür, drangen in den äußeren Ring und bestiegen die Hauptmauer. Erst jetzt bemerkten die Verteidiger den Irrtum und versuchten, die Türken zu vertreiben. Schon waren sie fast wieder Herr der Lage, als ein weiteres Mißgeschick passierte: Oberbefehlshaber Giustiniani traf eine Kanonenkugel, und seine Gefolgsleute baten den Kaiser, ihnen die nächste Tür zu öffnen, um ihren General in die Stadt zu bringen. Der Kaiser versuchte Giustiniani zum Bleiben zu überreden, aber der Genuese war zu schwer verletzt.

Als jedoch die in der Nähe kämpfenden genuesischen Soldaten sahen, daß ihr Befehlshaber sie durch eine Pforte verließ, drängten alle in das Tor, das nicht mehr geschlossen werden konnte. Nunmehr gelang es den Janitscharen, die Verteidiger zu überwältigen und in die Stadt einzudringen.

Der byzantinische Kaiser Konstantin, der 86. des Reichs, hatte seine Prunkkleider abgelegt und versuchte mit einigen Mannen, die Bresche zu schließen. Doch die osmanischen Truppen waren bereits in der Übermacht. »Ist denn kein Christ hier«, soll Konstantin, schon schwer verletzt, gerufen haben, »der mir das Haupt abschlagen kann.« Es waren nur die konvertierten Christen zur Stelle und einer der Janitscharen trennte ihm das Haupt vom Körper. Später fanden die Türken den kopflosen Leichnam des gefallenen Kaisers, den sie an seinen mit goldenen Adlern bestickten Schuhen erkannten.

Weil die türkischen Seeleute sofort in die Stadt strömten, um sich an den Plünderungen zu beteiligen, gelang es dem Großteil der christlichen Flotte, den Hafen zu verlassen. Eine Stunde wartete die reisefertige Armada der Geschlagenen noch nahe der Stadt auf weitere Schiffe, dann nutzte sie den günstigen Nordwind, um durch die Dardanellen ins Mittelmeer zu entkommen.

Welch eine wunderbare Stadt
Das Schicksal der Bevölkerung Konstantinopels

Nur bis an die Säulen Konstantins, so wollte es die Legende, sollten die Feinde gelangen. Dann würde ein Engel einem unbekannten Manne aus dem Volke ein Schwert reichen, mit dem der die Osmanen vertreiben werde. Hinter den Säulen lag die Hagia Sophia, und viele Byzantiner hatte sich in das größte sakrale Bauwerk der damaligen Welt geflüchtet. Doch statt des Engels kamen die Türken, setzten dem Kruzifix eine ihrer Mützen auf und trugen es durch die Stadt.

Weil sich die Stadt nicht ergeben hatte, so wollte es die islamische Tradition, durfte sie drei Tage lang geplündert werden. Doch schon am Nachmittag des ersten Tages – nachdem die meisten Frauen vergewaltigt und etwa 3000 Einwohner erschlagen worden waren, darunter viele Kinder, die auf Sklavenmärkten wenig brachten – zog der Sultan in die Stadt. Er betrat die Hagia Sophia und vertrieb einen türkischen Soldaten, der den Marmorboden aufhackte. Die Erlaubnis zur Plünderung, belehrte er ihn, sei keine Erlaubnis zur Zerstörung der Gebäude. Auch den aus Verstecken hervorkriechenden Priestern gewährte er die Freiheit, ließ die Prachtkirche aber sofort in eine Moschee umwandeln.

Derweil verbrannten die Plünderer viele der wertvollen Bücher der großen Bibliothek, nachdem sie beispielsweise die zehn Bände des Aristoteles für einen Silberling angeboten hatten, aber keinen Käufer fanden. Auch die meisten Mosaike zerstörten sie und nahezu alle Gemälde. »Sie trampelten auf den heiligen Ikonen herum«, schrieb der byzantinische Chronist Georgios Sphrantzes, »und bekleideten mit den heiligen Gewändern aus golddurchwirkter Seide ihre Pferde.« Die geraubten Schätze machten aus vielen von ihnen einen Krösus. Er habe wohl an der Plünderung von Konstantinopel teilgenommen, hieß es noch jahrhundertelang im Volksmund, wenn jemand über Nacht reich geworden war.

Am Tag nach der Eroberung ließ Mehmed die Gefangenen vorführen und befahl die Hinrichtung aller Italiener und Katalanen. Der römische Kardinal Isodorus hatte einem Bettler seine geistlichen Gewänder geschenkt und die Armenkutte angelegt. Den Bettler kostete dies sein Leben, während ein Genuese aus Galata den wirklichen Kardinal erkannte und für wenig Geld auslöste.

Von dem gefangenen rangältesten Minister, dem Großadmiral und Großunternehmer Lukas Notaras, der die Herrschaft der Türken jener der Lateiner vorgezogen haben soll (»lieber den Turban des Sultans als den Hut des Kardinals«), ließ sich Mehmed die Namen der Honoratioren sagen. Sodann gab er Order, unter den Gefangenen alle Noblen für

1000 Silberlinge seinen Soldaten abzukaufen. Die hübschesten Mädchen und Jungen beorderte der bisexuelle Herrscher in seinen Harem, während er älteren Damen der byzantinischen Gesellschaft die Freiheit schenkte und ihnen sogar Geld gab, um weitere Verwandte auszulösen. Doch die Milde währte nicht lange.

Anfangs hatte er Notaras sogar in Aussicht gestellt, als Statthalter Konstantinopel zu regieren. Fünf Tage nach der Eroberung verlangte er bei einem Festmahl mit weinschwerem Kopf nach dem besonders schönen vierzehnjährigen Sohn des byzantinischen Großherzogs. Als Notaras, der bereits zwei Söhne im Kampf verloren hatte, sich weigerte, ließ der Osmanenherrscher erst seinen Sohn und einen Schwiegersohn köpfen, sodann den Vater. Auch weitere hohe griechische Beamte schickte der Sultan in den Tod und ließ ihre Angehörigen erneut einkerkern.

Zwar wandelte Mehmed die meisten Kirchen Konstantinopels in Moscheen um, wie es das islamische Recht für eine besiegte Stadt verlangte, aber nicht alle. Mehrere Vorsteher der Stadtviertel hatten Delegationen zum Sultan geschickt und ihre oft durch Palisadenzäune gesicherten Viertel den anrückenden Soldaten geöffnet. Daraufhin hatte der osmanische Herrscher dies als Übergabe interpretiert und Schonung der Kirchen und Klöster und manchmal auch der Privatgebäude angeordnet. Dahinter stand sein Entschluß, sich künftig auch zum Herrn der orthodoxen Christen aufzuschwingen.

Deshalb setzte der Sultan auch den Anführer der Opposition gegen die Union mit dem Papst, Georg Scholarios, unter seinem Mönchnamen Gennadios als Patriarchen ein. Weil das Patriarchenkreuz verschwunden war, ließ Mehmed ein prachtvolles neues anfertigen und händigte Gennadios die Insignien der geistlichen Macht aus: Ornat, Bischofsstab und Brustkreuz.

Eine seltsame Prozession aus türkischen Notablen und Kriegern geleitete den neuen Patriarchen zu seinem Bischofssitz. Bei seinen häufigen Besuchen beim Patriarchen achtete der Sultan stets darauf, dessen Kirche nicht zu betreten, um seinen Glaubensbrüdern keinen Vorwand zu liefern, sie in eine Moschee umzuwandeln. Nachfolger Murad II.

hatte dergleichen Skrupel nicht mehr und machte 1586 die Patriarchenkirche zur »Moschee der Eroberung«. Alle Christen mußten nach dem Fall Konstantinopels eine besondere Kleidung tragen, durften sich aber keinen Bart mehr stehenlassen – mit Ausnahme der Geistlichen.

Wie verheerend der Zustand Konstantinopels war, sah Mehmed bei einem Ritt durch die Straßen. »Welch eine wunderbare Stadt haben wir der Plünderung und Zerstörung preisgegeben«, klagte er. Um die alte byzantinische Metropole wieder zu beleben, ließ der Sultan in den nächsten Jahrzehnten jeweils einen Teil der Bevölkerung (zumeist das reichere und bestausgebildete Drittel) der von ihm eroberten Städte in seine neue Hauptstadt bringen, »so daß es am Ende keine bedeutende Stadt, keine Landschaft, keine Insel des Osmanischen Reiches gab«, wie Zinkeisen schreibt, »welche nicht ihr Kontingent zur Wiederbevölkerung von Konstantinopel geliefert hätte.« So kam es, daß Konstantinopel bald wieder eine byzantinisch-hellenistische Bevölkerung hatte, die viele Schlüsselstellungen einnahm. Selbst sein heutiger Name Istanbul, wie die Stadt erst seit 1930 offiziell heißt, ist griechischer Herkunft und bedeutet so viel wie »in der Stadt«. Aber auch Moslems der eroberten Städte des Ostens wurden in der künftigen Hauptstadt angesiedelt. So beispielsweise 1470 die gesamte Bevölkerung der anatolischen Stadt Akserei, deren Einwohner in der Metropole ein Viertel gründeten, dessen Name Aksara noch heute an den historischen Umzug erinnert.

Die letzten Sprosse des berühmten byzantinischen Adelsgeschlechts der Palaiologen hingegen zerstreuten sich, wenn sie sich nicht dem Sultan unterworfen hatten, auf ganz Europa. Einer von ihnen, Andreas, ein Neffe des letzten Kaisers, heiratete ein römisches Straßenmädchen und vermachte dann, um seine Schulden zu bezahlen, den Anspruch auf das Oströmische Reich erst dem französischen König Karl VIII. und nach dessen Tod dem spanischen König Ferdinand und seiner Frau Isabella. Die Nichte des byzantinischen Kaisers, Zoe, verhalf durch ihre Heirat mit dem russischen Herrscher Iwan III. jener Macht zu einem Anspruch auf Konstantinopel und das Byzantinische Reich, deren Hauptstadt Moskau sich künftig als drittes Rom verstand.

Nur noch Sehnsucht und Mythos
Die Situation in Europa

»Schon schwebt das Schwert der Türken über unserem Haupte«, schrieb des deutschen Kaisers engster Berater, der Bischof von Siena und spätere Papst Pius II., Aeneas Sylvius, nach dem Fall von Byzanz an Papst Nikolaus, »schon ist die Walachei in der Gewalt der Türken, von da werden sie in Ungarn und dann in Deutschland eindringen.«

Nach dem Ende des letzten römischen Kaisers fiel die Last der Abwehr, wenn nicht des Zurückdrängens, auf die Kaiser des Westens, doch fehlte ihnen die universelle Anerkennung. Und sie hatten einen Konkurrenten, der selbst nach der Krone der legitimen Nachfolger der alten Cäsaren gegriffen hatte: der Heilige Vater.

Der Vatikan hatte im 8. Jahrhundert schlicht eine Urkunde gefälscht, nach der angeblich Konstantin der Große nicht nur den Primat der römischen Kirche festgelegt, sondern dem Papst auch noch die Herrschaft über Rom, Italien und die weströmischen Provinzen übertragen, die kaiserlichen Insignien verliehen und den Lateranpalast geschenkt haben soll. Das ganze Mittelalter über galt dieses als »Konstantinische Schenkung« bezeichnete Dokument als echt.

Auf den italienischen Teil und die Metropole Rom hatten es aber besonders die Deutschen abgesehen. Züge nach Rom, hauptsächlich zur eigenen Inthronisierung, wurden zur Lieblingsbeschäftigung deutscher Herrscher, nachdem sich Otto III. – ganz schwärmerischer Jüngling, er starb schon mit 22 Jahren – nach seiner Kaiserkrönung 996 erstmals »Römischer Kaiser« nannte. Die Jagd nach dem dubiosen Titel artete im deutschen Teil des zerbrochenen Reichs Karl des Großen zu einem Kampf aller gegen alle aus: Fürsten gegen Könige, Reichsstädte gegen Fürsten und Könige, Hochadel gegen Hochadel – Welfen gegen Staufer, Luxemburger gegen Wittelsbacher, Habsburger gegen Hohenzollern.

Dieser »sinnlose, Jahrhunderte dauernde Kampf«, so der belgische Historiker Jan Dhondt, galt »der Verwirklichung einer universalen Monarchie der Christenheit.« Während die Herrscher der übrigen Staaten Europas darauf aus waren, die Grenzen ihrer Imperien auszudehnen, bildete sich in

Deutschland »eine Anarchie in Gestalt einer Monarchie« heraus, wie die Historiker Ruggiero Romano und Alberto Tementi schreiben: »Die einzige Funktion dieser Monarchie bestand darin, ein Kaiserreich zu symbolisieren, welches nur noch Sehnsucht und Mythos war.«

Seit 1254 nannte sich das von den Kaisern propagierte Reich der Deutschen »Sacrum Romanum Imperium« – Heiliges Römisches Reich. Als die Deutschen dann erkennen mußten, daß eine Herrschaft über Italien und Rom illusorisch war und sich auf die deutschen Lande beschränkten, nannten sie sich – erstmals im Frankfurter Reichslandfrieden vom 17. März 1486 – »Römisches Reich Deutscher Nation« oder, wenngleich selten, auch »Heiliges Römisches Reich Deutscher Nation«. Doch der aufwendige Titel konnte nicht darüber hinwegtäuschen, daß das Reich weder heilig noch römisch war und auch noch nichts mit einer deutschen Nation zu tun hatte.

Als die Osmanen in Europa Fuß faßten, hatte sich das Erbkönigtum, und damit eine gewisse staatliche Einheit, nur in Frankreich und England durchgesetzt, auf den britischen Inseln sogar schon begrenzt durch die Anfänge einer demokratischen Kontrolle. Nur diese beiden Länder waren auf dem Weg zu einem Nationalstaat moderner Prägung. In deutschen Landen herrschten die Fürsten, unter ihnen die sieben Kurfürsten, denen nach der Goldenen Bulle von 1356 die Wahl des Königs zustand.

Das einzige Europa noch einigende Band war der Papst. Doch während noch im karolingischen Großreich Kirche und Staat praktisch identisch waren, drifteten die Interessen der beiden Mächte immer mehr auseinander, zumal der Heilige Vater ein ganz unheiliger Großgrundbesitzer in Italien war, dessen Kirchenstaat von Rom bis zum Po reichte. Selbst das genügte den Nachfolgern Petris noch nicht. »Die geistliche und die weltliche Gewalt liegen beide in den Händen der Kirche«, dekretierte Papst Bonifaz VIII. 1302 in seiner Bulle *Unam Sanctam*, »die erste wird von den Priestern, die zweite von den Königen ausgeübt, aber nur, soweit es der Priester will und zuläßt.«

Das zumindest wollten die Könige nicht und auch nicht die römischen Adelsparteien. Als die Osmanen Europa erstmals betraten, mußte der Papst – 1309 – nach Avignon flüchten und sich damit in Abhängigkeit des französischen Königs begeben, dessen Machtbereich damals bis zur Provence reichte. 67 Jahre lang verbrachten die Päpste in quasi-französischer Gefangenschaft, dann kehrte Papst Gregor XI. nach Rom zurück. Doch damit war die Einheit noch nicht wiederhergestellt, denn nun residierte in Avignon der Gegenpapst.

Anfang des 15. Jahrhunderts kam es noch schlimmer. Zwischen 1409 und 1415 gab es sogar drei Päpste und dann zwei Jahre überhaupt keinen. Der Machtverfall führte zu einem ersten Schisma und in seinem Gefolge zu Kriegen vor allem in Böhmen. Dort hatten Johannes Hus und Hieronymus von Prag die Lehren des englischen Theologen und Kirchenreformers John Wycliffe umgesetzt, der dem Staat die Priorität gab – was die Könige natürlich begrüßten –, gleichzeitig aber auch sozialrevolutionäre Forderungen erhob und sich gegen Fremdherrschaft aussprach. Als der deutsche Reichstag den tschechischen Patrioten Hus wortbrüchig hinrichten ließ, kam es in Böhmen zu den antideutschen Hussitenaufständen.

Als Konstantinopel fiel, hatten Frankreich und England gerade ihren Hundertjährigen Krieg beendet. In ihm war Frankreich sogar für kurze Zeit untergegangen, denn 1420 hatte sich der französische König vertraglich verpflichtet, den englischen König als seinen Nachfolger anzuerkennen. Zwei Jahre darauf wurde tatsächlich der neun Monate alte Heinrich VI. als König von England und Frankreich gekrönt.

Doch dann eroberten die Franzosen – teilweise angeführt von der Bauernjungfrau Jeanne d'Arc – Region für Region zurück und vertrieben die Engländer vom Festland, das Gebiet um Calais noch für ein Jahrhundert ausgenommen. Wichtiger noch als die militärischen Siege war das nationale Hochgefühl, das die Franzosen erstmals ergriff und den Grundstein für die spätere Grande Nation legte. Der König von Frankreich festigte seine Macht und sollte sie bis zur französischen Revolution nicht mehr abgeben. Im Osten Frankreichs herrschte aber noch der Herzog von Burgund, und auch der Süden mußte erst erobert werden, bevor Frankreich mit Marseille über einen Hafen am Mittelmeer verfügte, um von dort mit den Osmanen in Kontakt zu kommen.

Auch für England war der Krieg ein tiefer Einschnitt. Hatte sich das Imperium dank seiner ausgedehnten Besitzungen vor allem in Frankreich bis dahin eher als kontinentale Macht verstanden – bis 1399 hielten die englischen Souveräne ihre Ansprachen vor dem Londoner Parlament auf Französisch –, so beschränkten sich die Könige Englands fortan bewußt auf ihre Insel, wo sich in den Folgejahren jedoch die beiden führenden Adelsgeschlechter der Yorks und Lancaster gegenseitig im sogenannten Rosenkrieg zerfleischten. Doch dann setzte sich mit Heinrich VII. ein König durch, der nicht nur die Macht des vom Feudaladel beherrschten Parlaments drastisch beschränkte, sondern eine kraftvolle Monarchie begründete, die England einmal zur Weltmacht führen sollte.

Österreich im heutigen Sinn gab es noch nicht. Unter dem Fürstengeschlecht der Babenberger tauchte 1156 erstmals der Titel eines Herzogs von Österreich auf. Erst als die Habsburger (benannt nach der Habichtsburg an der Aare im heutigen Schweizer Kanton Aargau) vor allem durch geschickte Heiratspolitik zur bedeutendsten Dynastie Mitteleuropas aufstiegen – sie sollten fast 400 Jahre lang das Heilige Römische Reich Deutscher Nation anführen – wurde Österreich oder das »Haus Österreich«, wie sie es noch lange zu nennen pflegten, der größte und bedeutendste Territorialstaat des deutschen Reiches. »Deutsche« und »Österreicher« waren lange Zeit synonym, wie auch die Osmanen mit einem »Franken« allgemein die Europäer (und speziell die Italiener) bezeichneten und nicht etwa Franzosen oder gar originale Franken.

An Bauern und Bettelmönchen gescheitert
Patt im Kampf mit Ungarn

Nach dem Fall Konstantinopels riefen Papst und Kaiser zu einem neuen Kreuzzug auf, doch die Europäer hatten sich von dem Sultan auseinanderdividieren lassen. Erst schloß Genua, dann Venedig mit den Osmanen Friedensverträge, die ihre kommerziellen Privilegien festschrieben. Als erster Gesandter Venedigs – und damit Europas – ließ sich der Verhandlungsführer Bartolomeo Marcella ein Jahr nach dem

Fall von Byzanz am Hofe des Sultans in Konstantinopel nieder. Zuvor hatte er sich für die Teilnahme seiner Landsleute bei der Verteidigung Konstantinopels offiziell entschuldigt.

Nächstes Ziel des Sultans war Restserbien, von wo aus er die damals ungarische Donaufestung Griechisch-Weißenburg (das heutige Belgrad) zu erobern hoffte. Besäße er diese strategisch wichtige Stadt, verriet er in einem Gespräch, würde Ungarn binnen zwei Monaten fallen. Ungarns König Ladislaus Posthumus, der erst nach dem Tod seines Vaters Albrecht II. zur Welt gekommen war, nahm die Drohung der Osmanen ernst und hatte sich vorsorglich von Buda, dem heutigen Budapest nach Wien zurückgezogen. Für die Schlacht um Belgrad hatte der Sultan von europäischen Werkmeistern Geschütze gießen lassen, die zu den modernsten der damaligen Zeit gehörten. Deutsche, Ungarn, Bosniaken und Dalmatiner bedienten die rund 3000 Feldschlangen.

Zwar hatte der Papst sogar seine Mitra verpfänden lassen, um einen neuen Türkenkrieg zu finanzieren, doch fanden sich keine Krieger, keine gelernten zumindest, dafür aber ein Bußprediger und Inquisitor: der damals schon siebzigjährige Franziskaner Johannes aus dem Abruzzendorf Capestrano. Zu den Predigten des päpstlichen Streiters kamen oft 20 000 bis 30 000 Ungarn, obgleich sie den kleinen Mann, der nur noch aus Haut und Knochen bestand, kaum verstanden, denn er sprach Lateinisch. Gegen die Osmanen brachte der Prediger bis zu 70 000 Mann zusammen. Allerdings war es »eine zusammengelaufene Menge von Bürgern, Bauern, Studenten und Bettelmönchen«, wie Hammer-Purgstall schreibt, »mit Stöcken, Prügeln, Schleudern und Säbeln bewaffnet«, die da im Sommer 1456 gen Osten zog. Reiter fehlten fast ganz, und das Bogenschießen hatten die Amateur-Krieger verlernt, weil ihnen der Besitz der damals gängigsten Waffe verboten war – damit sie nicht in den großherrschaftlichen Jagdrevieren wildern konnten.

In der belagerten Festung Belgrad hatten sich die ungarischen und serbischen Verteidiger bereits zwei Wochen lang mit Heldenmut gehalten. Einer von ihnen, der Serbe Titus Dugovic, hatte den ersten Janitscharen, der die Mauer erstieg, angefallen und war mit ihm in die Tiefe gestürzt, worauf seine Kameraden die nachrückenden Renegatenkrieger erledigen konnten. Selbst auf die mächtigen Osmanenkanonen hatten sich die Verteidiger eingestellt. Sie läuteten eine Glocke, wenn die Mörser krachten, und beobachteten den Himmel, um im letzten Moment den Geschossen auszuweichen, die in der Erde verschwanden und wenig Schaden anrichteten.

Dann setzte der ungarische Feldherr Hunyadi seine Bauernarmee so geschickt ein, daß die Osmanen ins Wanken gerieten. Er hatte zugelassen, daß einige Stoßtrupps der Janitscharen Teile der Stadt eroberten. Als die nur noch aufs Plündern aus waren und dem überall bereitgestellten Wein zusprachen, ließ er die Schlachttrommel rühren. Seine versteckten Soldaten sowie die Barfüßler Capestranos fielen über die Renegaten her und vernichteten sie. Den Mönch sprach der Papst heilig.

Durch einen Pfeil am Schenkel verletzt, gab der Sultan die Belagerung Belgrads auf. Aus Wut tötete er eigenhändig mehrere seiner Feldherrn und ließ andere später in Sofia hinrichten. Der Papst ordnete zur Feier der Rettung Belgrads das – bis heute beibehaltene – Mittagsläuten der christlichen Kirchen an, doch dann streckte ein mächtigerer Feind als der Sultan die Sieger nieder: die Pest. Am 11. August 1456 starb erst Hunyadi, zwei Monate später dann auch Capestrano an der schwarzen Seuche. So blieb die auf lange Zeit letzte Niederlage der Osmanen gegen Europa ohne Folgen.

Die Eroberten wurden fanatischer als die Sieger
Endgültige Unterwerfung des Balkans

Fast zwei Jahrhunderte lang war es »Prinzip osmanischer Eroberungspolitik«, so der Wiener Historiker Gustave Edmund von Grunebaum, »die lokalen Herrscher an der Macht zu belassen und ihnen zu gestatten, im Rahmen der zuvor gültigen Gesetze und Traditionen zu regieren«. Dadurch war in Europa außerhalb der – noch geringen – direkt den Osmanen unterstellten Gebiete ein Geflecht von Vasallen entstanden, die Tribute zahlten und Soldaten stellten.

Nachdem die osmanischen Herrscher zu Anfang des 15. Jahrhunderts im Osten die Perser zurückgedrängt und weite Teile Anatoliens erobert hatten, änderten sie diese

Politik. Nach der Einnahme Konstantinopels eroberten sie innerhalb von sieben Jahren alle griechischen Städte, Athen eingeschlossen. Die Bewohner verbannte Mehmed nach Konstantinopel. Sodann wandte er sich an die Serben. Deren Königin Helena Paleologova, die Frau des verstorbenen Königs Lazar, hatte zuvor noch ihr Land dem Papst angedient, um Hilfe zu bekommen, doch das trieb die orthodoxen Fürsten in die Opposition. Die hatten als ihren Herrscher Michael Angelovic auserkoren, der vor allem einen Vorteil hatte: Er war ein Bruder des osmanischen Großwesirs Mahmud Pascha. Doch das nützte den Adligen nichts. Die Osmanen eroberten das Land und wandelten 1459 das bis dahin leidlich unabhängige, wenn auch mit hohem Tribut belegte Serbien in eine osmanische Provinz um.

Die Bauern auf dem Balkan sahen indes in den Türken keineswegs nur die Glaubensfeinde. Sie witterten eine Chance, ihre Lebensbedingungen zu verbessern, denn sie litten immer mehr unter der Last der Großgrundbesitzer. »Die Eroberung«, schrieb der französische Historiker Fernand Braudel, »war aus ihrer Sicht eine Befreiung«.

Auch die Walachei verlor endgültig ihre Unabhängigkeit und wurde zum Vasallen der Osmanen. Im Land herrschte mit dem Woiwoden Vlad Tepes einer der finstersten Fürsten der Welt. Seine eigenen Landsleute nannten ihn »Drakul« (den Teufel) und als Vampir Drakula läßt er bis heute das Kino- und Fernsehpublikum erschaudern. Die Walachen nannten ihn aber hauptsächlich den »Pfähler«, weil er Gegner und Gefangene auf Pfähle aufspießen ließ. Hunderte walachischer Edelmänner mußten auf diese Art sterben, weil sie nicht angeben konnten, wieviele Untertanen sie besaßen. Verbrechen sühnte er, indem er alle Bewohner des Dorfes, aus dem der mutmaßliche Übeltäter stammte, pfählen ließ, Mütter und Kinder eingeschlossen. Etwa 20 000 Menschen fielen seinen Grausamkeiten zum Opfer.

Das alles hätte Mehmed, dem Vlad seine Macht verdankte, wenig geschert, doch der »Teufel« hatte Kontakt mit den Ungarn aufgenommen. Der Sultan verlangte neben dem Tribut 500 Jünglinge für seinen Harem und forderte Drakul auf, in Adrianopel zu erscheinen. Weil sich die osmanischen Gesandten weigerten, Drakul barhäuptig zu begrüßen, ließ der

»Pfähler« ihnen die Turbane an den Kopf nageln. Mehmed zog daraufhin gegen Drakul, doch der hatte die Bauern und Hirten seines Volkes angewiesen, sich in die dichten Eichenwälder zurückzuziehen, und die Osmanen sahen tagelang keinen Feind. Wie sehr Drakuls Terror seine Untertanen eingeschüchtert hatte, erlebte Mehmed, als ihm ein Gefangener vorgeführt wurde. Der beantwortete alle Fragen, verriet aber nicht, wo sich der Schreckensherrscher aufhielt, obgleich er zugab, es zu wissen. Der Sultan drohte ihm die sofortige Hinrichtung an, doch der Walache blieb stumm. Er sei zum Tod bereit, entgegnete er, nicht jedoch zum Sprechen. Daraufhin ließ ihm Mehmed den Kopf abschlagen.

Bei ihrem Rückzug aus dem Land ohne sichtbaren Feind stießen die Osmanen auf ein riesiges Pfahlfeld mit den sterblichen Überresten von Tausenden von Türken und Bulgaren. Ihren Heerführer Hamsa Pascha identifizierten die Osmanen an den kostbaren Gewändern. Doch statt mit Grauen reagierte Mehmed mit Bewunderung. »Einem Mann, der so Großes getan hat«, ließ er sich vernehmen, »kann man unmöglich sein Land nehmen, zumal er seine Untertanen so trefflich zu behandeln weiß.« Der Sultan kehrte in sein Reich zurück.

Als Vasallen für die Walachei setzte er Radul ein, einen Bruder Drakuls. Der hatte sich als Jüngling einst mit gezogenem Säbel gegen das Liebeswerben des Osmanenherrschers gewehrt und den Sultan sogar am Schenkel verletzt, wurde dann aber des Großherrn »erklärter Lotterbube«, wie der byzantinische Geschichtsschreiber Chalkokandyles schrieb. Nunmehr gelang es dem Günstling, die Bojaren der Walachei auf seine Seite zu bringen und seinem Bruder damit die Machtbasis zu entziehen.

Daraufhin floh Vlad zu den Ungarn, die ihn sofort einkerkerten, freilich nicht wegen seiner Grausamkeiten: Die Magyaren hatten einen Unterwerfungsbrief des Walachenführers an Mehmed II. abgefangen, in dem Drakul den Osmanen anbot, bei der Einnahme Siebenbürgens und Ungarns behilflich zu sein. Erst nach 15 Jahren Haft sollte Drakul in sein Land zurückkehren, wo ihn zwei Jahre darauf einer seiner Sklaven tötete.

Nachdem die Walachei dem Osmanischen Reich wieder gefügig gemacht worden war, fiel auch Bosnien, dessen katholischer König Stefan Tomasevic vergeblich die Hilfe des Papstes erfleht hatte. Seine Lage gegenüber Rom war insofern prekär, als die meisten seiner Untertanen der Sekte der Bogomilen angehörten. Ihnen versprachen die Türken Freiheit (»der beschränkte Bauernverstand merkt den Betrug nicht«, hatte König Stefan dem Papst berichtet), und drei Viertel der Bevölkerung traten daraufhin zum Islam über. »Den Bogomilen«, schreibt Historiker Josef Matuz, »erschien der Islam, der wesentlich toleranter als der mittelalterliche Katholizismus war, als eine wahrhafte Befreiung.« Aber auch der Adel tat es den Untertanen gleich, um sich von den Osmanen Garantien für Land und Privilegien einzuhandeln. »Diese Landbesitzer wurden im Laufe der Zeit fanatischer als die Türken selbst«, so der amerikanische Historiker Leften S. Stavrianos in seinem fundamentalen Werk über den Balkan. Noch heute nennen die Serben die von ihnen bekriegten moslemischen Bosniaken verächtlich »Türken«, obgleich fast alle ethnisch Serben sind.

Der an militärischen Fragen stets sehr interessierte Sultan hatte besonders seine Artillerie verbessert. Er ließ die Geschütze anfangs zum besseren Transport zerlegen und auf Tragtieren befördern. Dann ging er dazu über, die Kanonen vor Ort gießen zu lassen, wenn Erzgruben in der Nähe waren. So gelang ihm immer häufiger die Erstürmung selbst gut befestigter Anlagen in entlegenen Landstrichen, wie in Bosnien, wo ein Transport durch die Gebirge schwierig war.

Der bosnische König ergab sich schließlich dem osmanischen Befehlshaber und Großwesir Mahmud Pascha, weil der ihm eidesstattlich und schriftlich versicherte, sein Leben und das seiner Vertrauten zu verschonen. Doch der Sultan, über die eigenmächtige Zusage seines Großwesirs erbost, ließ sich vom mitgereisten persischen Rechtsgelehrten Ali Bestami, einem der bekanntesten Schriftsteller der damaligen Zeit, ein Gutachten anfertigen, nach dem Verträge eines Sultan-Dieners, und sei es der Großwesir, ungültig seien, wenn der Großherr ihnen nicht ausdrücklich zugestimmt habe. Daraufhin enthauptete der Mufti den bosnischen König. Nach Serbien degradierten die Osmanen auch Bosnien zur Provinz.

Der Schwiegervater des ermordeten Königs, Stefan Vukcic,

war nicht zur Aufgabe seines Territoriums bereit und verteidigte sich so geschickt gegen die Osmanen, daß die schließlich aufgeben mußten und abzogen. Weil der katholische slawische Herrscher den in Europa üblichen Titel »Herzog« angenommen hatte, hieß sein Land fortan »Herzegowina«. Auch in den Bergen des bitterarmen Montenegros konnten die Osmanen den vom Sohn des Staatsgründers Stephen Crnojevici, Iwan dem Schwarzen, organisierten Widerstand nie ganz brechen. Doch der einzige Staat, der den Osmanen wirklich noch widerstand, war Albanien. Und das war das Werk des noch heute hochverehrten Nationalhelden Skanderbeg.

Die Albaner erfreuten sich seit einiger Zeit bei den Osmanen großer Beliebtheit, und mehrere der höchsten Beamten des Sultans stammten aus Albanien. So auch Georg Kastriota, der Sohn des Herrschers Nordalbaniens, Johannes Kastriota. Sein Vater war zum Vasallen der Osmanen geworden und hatte – was üblich war zur damaligen Zeit – seine vier Söhne als Geisel in die osmanische Hauptstadt geschickt. Sein jüngster, Georg, nahm zwangsweise den Islam an und nannte sich Alexander (türkisch: Skander). Von den Osmanen wurde er in die Gardereiterei aufgenommen, stieg bald zum Offizier auf, machte Karriere als Anführer eines Militärbezirks und durfte sich deshalb als »Beg« bezeichnen. »Skanderbeg«, wie er fortan nur noch hieß, beschloß aber, sich an die Spitze des Widerstands seiner Landsleute zu stellen.

Mit einem Schwert in der Hand zwang er den Staatssekretär des Sultans, dem Kommandanten der albanischen Festungsstadt Kruja zu befehlen, die Stadt zu übergeben. Nachdem er die gewünschte Aufforderung in der Hand hatte, erschlug Skanderbeg den Sekretär und zog mit nur 300 Reitern zur Albanerstadt, die ihm der örtliche Befehlshaber nach Vorlage des Schreibens prompt öffnete. In wenigen Wochen eroberte Skanderbeg ganz Albanien, wobei er den türkischen Besatzern der albanischen Städte freien Abzug gewährte.

Mit seinen Albanern hatte auch Skanderbeg Probleme, denn häufig lief ein Vertrauter zu den Türken über. Vor Wut sprang, wie immer in solchen Situationen, seine Unterlippe auf und Blut spritzte heraus, wie sein Biograph Marini Barleti berichtete. Doch der Albaner brachte den osmanischen Truppen trotz des gelegentlichen Verrats schwere Niederlagen bei. In Rom wurde Skanderbeg als Heros der Christenheit gefeiert, und der Papst ernannte ihn mit einem Jahressalär von 500 Dukaten zum »Generalkapitän des Heiligen Stuhles«. 1460 schließlich schloß der Freiheitsheld mit den Osmanen Frieden und zahlte Tribute. Was nicht hieß, daß er sich ergab.

1466 zog Mehmed erneut gegen den nunmehr mit den Venezianern verbündeten Skanderbeg in den Krieg, doch gelang es ihm nicht, die von Albanern und Venezianern verteidigte Festung Kruja zu nehmen. Wütend über den Mißerfolg, ließ der Sultan Tausende von Männern, Frauen und Kinder umbringen, die sich ihm ergeben hatten. Erst nach Skanderbegs natürlichem Tod am 17. Januar 1468 gelang es den Türken, die Rebellennation endgültig zu unterjochen.

Die Albaner waren in Konstantinopel so gefürchtet, daß ihre Gefangenen (wie auch die ungarischen) auf den Sklavenmärkten keinen Absatz fanden, weil sie »sich nur schwer an das Sklavenjoch gewöhnen wollen, und folglich niemals gute Türken werden würden«, wie Zinkeisen schreibt. Als der Sultan zehn Jahre nach Skanderbegs Tod dessen letzte Ruhestätte in Alessio (das heutige Lezhë) eroberte, stellte er die Gebeine des Nationalhelden öffentlich aus. Nicht wenige osmanische Heerführer ließen sich Knochenteile als Talisman in Gold und Silber fassen und trugen die Reliquien um den Hals. Den Ort nannten sie künftig Iskenderi – die Stadt Alexanders. Doch Albanien hörte auf, ein Hort des Widerstands zu sein. Mehr noch: Die Mehrzahl der Skipetaren nahmen den Islam an und wurden zu den Musterknaben der Osmanen in Europa.

Nur Venedig hielt immer noch wichtige Stützpunkte im Hinterland der Osmanen – besonders die zweitgrößte griechische Insel Negroponte, wie die Italiener die Insel Euböa östlich von Athen nannten. Sie diente der Republik als Winterquartier für die Levanteflotte und war, so ein deutsches Städtebuch der Zeit, »viermal besser als Konstantinopel«. Die osmanische Landmacht hatte sich inzwischen auch eine – fast nur mit Griechen und Juden bemannte – Armada mit 108 großen Galeeren zugelegt, die der venezianischen Kriegsflotte mit nur 36 seetüchtigen Galeeren zumindest numerisch überlegen war. 1470 griff der Sultan die Insel und deren Hauptstadt Negroponte an, die von den Venezianern bestens befestigt worden war.

Negroponte konnte nur vom Osten her, der dem Festland zugewandten Seite, wo alle Häfen lagen, erobert werden, denn im Westen erlaubten die steilen Felsen keine Landung. So war es denn auch logisch, daß der mit einer riesigen Landarmee angerückte Sultan eine Schiffs-Brücke zur Insel schlagen ließ und absolut unlogisch, daß die Venezianer dem tatenlos zusahen. Oberbefehlshaber Nicolo da Canale ging noch weiter und segelte mit seiner Flotte nach Kreta ab, angeblich um Proviant zu bunkern.

Auch nach seiner Rückkehr ließ er seine Flotte vor Negroponte ankern, ohne die Osmanen anzugreifen. Als einige Kapitäne daraufhin auf eigene Initiative den Hafen anliefen, um ihren Landsleuten zu Hilfe zu kommen, untersagte da Canale dergleichen Manöver mit der Begründung, er müsse die Ankunft weiterer venezianischer Schiffe abwarten. Für sein Verhalten verurteilte ihn später der Senat seiner Heimatstadt zu lebenslanger Verbannung.

Den Sultan, der mehrere Male von den Verteidigern abgeschlagen worden war und bereits an den Rückzug dachte, ermutigte die Untätigkeit des venezianischen Oberbefehlshaber, und er machte einen letzten Versuch, die Insel mit seiner Landarmee anzugreifen. Am 12. Juli 1470 eroberten die Osmanen erst die Hauptstadt und sodann die Insel Negroponte. Unter den getöteten Feinden machten die Soldaten des Sultans besonders viele griechische Frauen aus, die zum Schluß versucht hatten, die gefallenen venezianischen Verteidiger der Mauern zu ersetzen. Mehmed ließ die gefangenen Venezianer spießen, zersägen und steinigen, obgleich er ihnen die Freiheit versprochen hatte. Ihnen sei zwar die Schonung des Kopfes zugesagt, verhöhnten die Osmanen ihre Opfer, doch nicht die der Weichteile.

Mit Negroponte war die letzte große Insel Griechenlands an die Osmanen gefallen. Für ein halbes Jahrtausend stand die Wiege des Abendlands unter der Herrschaft der Sultane. Mehmed II. regierte nun über den Balkan vom Schwarzen Meer bis zur Adria.

Wir werden Dich Kaiser des Orient nennen
Kriege in Anatolien

Gesandte aus dem fernen Osten überbrachten dem Sultan ein ungewöhnliches Geschenk: einen Sack mit Hirsekörnern. Wenn er ihren Herrn bekriegen würde, deuteten die Emissäre ihre Gabe, müßte er sich auf ebenso viele Kämpfer gefaßt machen. Mehmed II. ließ den Sack ausschütten und seinen Hühnern vorwerfen, die die Hirse in kurzer Zeit verspeisten. »Sagt eurem Herrn«, belehrte er die Abgesandten, »daß meine Janitscharen auf gleiche Weise mit seinen Leuten verfahren werden, denn die sind wohl gewöhnt, Ziegen zu hüten, nicht aber Krieg zu führen.«

Absender war der Turkmenenführer Uzun Hasan (»Hasan der Lange«), der Herrscher vom »Weißen Hammel«. Er hielt sich für einen zweiten Timur und wollte die Osmanen aus Anatolien vertreiben. Zuvor hatte er sich im Kampf gegen das Brudervolk vom »Schwarzen Hammel« durchgesetzt und gebot über den Westen des heutigen Iran bis hinunter nach Bagdad. Der Herr über ein riesiges, aber wenig strukturiertes Nomadenreich – der Herrscherhof wanderte jährlich mit den Herden auf die Sommerweiden – hatte mit Venedig und Ungarn Kontakt aufgenommen und den Westen ermutigt, gemeinsam mit ihm den Sultan zu bekämpfen.

Bereits im Frühjahr 1461 war Mehmed mit einer großen Streitmacht durch Anatolien gezogen. Wie immer weihte er niemanden in seine Pläne ein und entgegnete einem Heeresrichter, der nach dem Kriegsziel fragte: »Wüßte das Haar meines Bartes um meine Ziele, so würde ich es ausreißen und verbrennen.«

Allein durch Drohungen brachte er erst die noch von den Genuesen gehaltene Schwarzmeerhafenstadt Amasra in seine Macht, dann willigte der Turkmenenherrscher der Küstenstadt Sinop am Nordzipfel Anatoliens ein, seine gut ausgebaute und mit Lebensmitteln versehene Festung gegen ein Großlehen in Europa einzutauschen. Schließlich marschierte der Sultan in Richtung seines Hauptfeinds, Uzun Hasan. An ihn hatten sich mehrere der alten turkmenischen Gegner der Osmanen um Hilfe gewandt – aber auch das letzte byzantinische Restreich, Trapezunt, dessen Herrscher aus dem Geschlecht der Komnenen noch den Titel »Kaiser« trug.

Die Kaiser, deren Vorfahren einst vor den Kreuzrittern in den Osten geflohen waren, residierten in einer der schönsten Städte Anatoliens in einem der schönsten Paläste der Welt. Zwar stellten die Komnenen keine militärische Gefahr für die Osmanen dar, doch Mehmed mißtraute ihrem geistigen Einfluß auf die Griechen in Europa und schien »den Komnenenkaiser als lästigen Widersacher empfunden zu haben«, wie der österreichische Historiker Franz Babinger in seiner Mehmed-Biographie schreibt. Um sich Rückendeckung zu verschaffen, hatten sich die Komnenen mit Hasan verbündet, der eine besonders schöne Kaisertochter heiratete. Auch für den Herrscher vom Weißen Hammel war die Liaison interessant, verschaffte sie ihm doch den Zugang zum Schwarzen Meer. Nun aber geriet nicht nur sein Alliierter in Gefahr, sondern auch er selbst. Deshalb schickte er dem Sultan seine Mutter, vermutlich eine aramäische Christin, mit Friedensangeboten entgegen. Mehmed nahm die alte Dame huldvoll auf und auch ihren Friedensplan. Allerdings dürfe Hasan, so eine seiner Bedingungen, den Komnenen fortan keine Hilfe mehr leisten.

Als der byzantinische Kaiser erfuhr, daß Hasan mit dem Sultan Frieden geschlossen hatte, kapitulierte er gegen das Versprechen eines freien Abzugs für sich und seine Familie. Der Sultan hätte die mit Lebensmitteln bestens versorgte Stadt aller Wahrscheinlichkeit nicht nehmen können, denn er verfügte weder über Kanonen noch über ausreichende Reiterei. So hielt sich denn auch lange die Mär, der kaiserliche Verhandler Georgios Amirutzes, der mit dem serbisch-griechischen Großwesir verwandt war (und später in Konstantinopel Karriere machte), habe den Fall der Stadt durch Verrat herbeigeführt. Jedenfalls besetzten die Truppen des Sultans am 15. August 1461 die letzte byzantinische Stadt. Doch Mehmed hielt sich nicht an seine Zusagen. Kurze Zeit darauf ließ er die Kaiserfamilie in Konstantinopel hinrichten und erlaubte nicht einmal ihre Bestattung.

Das Ende des letzten byzantinischen Kaiserreichs erschütterte den Westen nicht mehr. Der Papst ließ sogar einen Brief an den Sultan anfertigen, der die Zeitgenossen sehr verwirrte. In ihm legte er dem Herrscher des Islams die Taufe nahe und beschwor ihn: »Wir werden Dich Kaiser der Griechen und des Orients nennen, und was Du jetzt mit Gewalt besetzt hast und mit Unrecht behauptest, wird Dir dann von Rechts wegen gehören. Alle Christen werden Dich verehren und zum Schiedsrichter ihrer Streitigkeiten machen.« Den Brief ließ der Heilige Vater nie abschicken, wohl aber noch zu Lebzeiten Mehmeds veröffentlichen. Es war ein zaghafter Versuch, mit der Waffe des Wortes einen Sieg zu erringen, der militärisch nicht mehr möglich zu sein schien.

Nach der Vernichtung der Komnenen besiegte Mehmed II. einen weiteren Uraltfeind der Osmanen: die Karamanen. Die Nachfahren der Seldschuken hatten sich in zehn Kriegen mehr als eineinhalb Jahrhunderte lang gehalten. 1465 schlug der Sultan endgültig seinen Blutsbruder und schickte die Elite des Landes zur Besiedlung nach Konstantinopel.

So blieb als letzter turkmenischer Feind Uzun Hasan. Mehmed schlug den Herrscher vom Weißen Hammel am 11. August 1473 nahe der ostanatolischen Stadt Ersindschan (dem heutigen Erzincan) vernichtend. Hauptgrund war die den Hirtenreitern völlig unbekannte Artillerie, deren Getöse die Pferde scheu machte und die Soldaten in die Flucht schlug. Mehmed II. ließ eine Woche lang jeden Tag 400 Gefangene hinrichten, verschonte aber die zahlreichen Gelehrten im Gefolge seines Konkurrenten. Dann ließ er in Siegerlaune sämtliche Sklaven in seinem Reich frei, fast 40000 junge Mädchen und Männer.

Nachdem Mehmed die Genuesen schon aus ihren Stützpunkten in Anatolien vertrieben hatte, zog er gegen sie auch an die Nordküste des Schwarzen Meers. Dort hielten die Italiener noch den bedeutenden Stützpunkt Kaffa. Die Stadt war einst der Ausgangspunkt der Nordroute, über die Waren aus Schweden und Rußland ins Mittelmeer kamen. Nachdem die Osmanen den Bosporus quasi geschlossen hatten, mußten die Händler von Kaffa aus den Landweg benutzen, und kamen immer häufiger mit den Tataren der Krim in Streit, die mit dem Sultan verbündet waren. Als die Tataren 1475 schließlich die Osmanen zu Hilfe riefen, war es um die 70000 Einwohner der genuesischen Metropole geschehen.

Armenische Kaufleute hatten die Kapitulation der Stadt vermittelt. Der osmanische Befehlshaber gab ihnen ein Ehrenmahl, ließ sie aber sogleich danach köpfen, während er die übrigen Bewohner zur Ansiedlung nach Konstantinopel schickte. Nach Kaffa fielen auch die übrigen genuesischen Besitzungen auf der Krim. Mehmed machte sodann die Tataren tributpflichtig, und die Halbinsel sollte für gut 300 Jahre dem osmanischen Herrschaftsgebiet angehören.

Das Schwarze Meer hörte auf, Quelle des Reichtums für Nord- und Osteuropa zu sein. Nicht wenige Historiker glauben, daß seine Osmanisierung möglicherweise die Wendung des Westens nach Amerika zur Folge hatte. »Die Entdeckungsfahrten nach der Neuen Welt«, schreibt Historiker Babinger, »sollten eine Art Ausgleichsverbindung nach Indien und Innerasien schaffen.«

Das mag übertrieben sein. Sicher aber ist, daß die Genuesen sich fortan vermehrt in Portugal und besonders Spanien engagierten, wo sie besonders als Finanziers auftraten. Sie besaßen in Sevilla, der Hauptstadt Andalusiens, ein eigenes Stadtviertel und prägten vor allem die südliche kastilische Hafenstadt Cádiz, die zum Ende des 15. Jahrhunderts »das zweite Genua« hieß.

Herrscher auch der westlichen Welt
Angriff auf das italienische Festland und Rhodos

Schon bei seinen Friedensgesprächen mit einem ungarischen Gesandten, der ihm auf dem Feldzug gegen Uzun Hasan gefolgt war, hatte Mehmed den Ungarn Bosnien angeboten, wenn sie ihm dafür den Durchzug seiner Truppen für einen Angriff auf Österreich gestatteten. Die Ungarn waren dazu nicht bereit. Daraufhin eroberten osmanische Heere den Süden des Balkan. Eine Entdeckungsfahrt besonderer Art machte die neunzehnjährige Prinzessin Beatrix von Aragonien, Tochter des Königs von Neapel, die dem ungarischen König und Hunyadi-Sohn Matthias Corvinus angetraut werden sollte. Sie ritt vorbei an flüchtenden Menschen und durch verbrannte Dörfer, in denen noch die Leichen der ermordeten Priester lagen. Völlig verstört kam sie schließlich in den ersten Novembertagen 1476 in Ungarn an. Kurz darauf schockten die Osmanen die Bewohner der Republik Venedig wie nie zuvor. Osmanische Reiter waren ins venezianische Friaul eingedrungen und verbrannten Dorf für Dorf. Vom Glockenturm des Heiligen Markus konnten die Venezianer die Fackeln im Vorland sehen. »Der Feind ist vor den Toren«, rief der Adlige Celso Maffei dem Dogen Andrea Vendramin zu, »wenn uns nicht göttliche Hilfe zuteil wird, ist es um den christlichen Namen geschehen.«

Als dann die Konkurrenz aus Neapel einen förmlichen Freundschaftsvertrag mit dem Sultan unterzeichnete (den ersten eines katholisch-christlichen Staates), schlossen auch die Venezianer am 25. Januar 1479 einen Frieden, den der Papst »verdammungswürdig und verächtlich« nannte. Die Venezianer traten ihre befestigten Plätze in Albanien ab und bestätigten auch den Verlust der großen Inseln Lemnos und Negroponte, erhielten aber einige Städte in Morea zurück und vor allem ihre früheren Hafen- und Handelsrechte im Reich des Sultans. Erstmals betrat ein osmanischer Gesandter in Venedig die europäische diplomatische Bühne. Er blieb bei der Empfangszeremonie einfach sitzen, kredenzte dann aber dem Dogen – höchst merkwürdig für einen Moslem in offizieller Mission – Wein aus einem goldenen Kelch.

Vielleicht waren es Venezianer oder auch Florentiner, die dem Sultan einen Plan eingeredet hatten, der die Italiener mehr schockte als die Eroberung Konstantinopels: eine Landung osmanischer Truppen auf der Apenninhalbinsel. Die Norditaliener sahen darin eine Chance, die spanischen Herrscher Neapels aus dem Süden zu vertreiben. Brindisi, Tarent und Otranto, so die Norditaliener zu den Osmanen, seien alter byzantinischer Besitzstand und nach der Eroberung Konstantinopels damit Eigentum des Sultans.

Tatsächlich hatte sich Mehmed immer mehr mit dem Gedanken befaßt, auch den fernen Westen zu erobern. Jeden Tag, berichtete der Geistliche Isidor von Kiew, hätte er sich aus der Vita Alexander des Großen vorlesen lassen. Doch auch die römischen Herrscher Pompejus und vor allem Julius Cäsar sollen seine Vorbilder gewesen sein, berichtete der byzantinische Historiker Kritobulos von Imbros.

Den italienischen Hafen Otranto trennten nur 75 Kilometer

Meer von der Balkanstadt Valona, dem heutigen Vlorë, und der Sultan mag gehofft haben, dort die Adria sperren zu können – als Faustpfand gegenüber Venedig. So landeten 1480 nach gut sechs Jahrhunderten erstmals wieder moslemische Truppen in Italien und nahmen die nur schwach verteidigte Küstenstadt Otranto ein. Der Angriff hatte die Italiener überrascht, und selbst der Papst dachte an eine Flucht aus Rom. Aber dann vertrieb der König von Aragón und Neapel mit Hilfe spanischer Truppen die Osmanen aus Italien, und erstmals mußten nun Türken christlichen Fürsten als Galeerensklaven dienen.

Sofort versuchte sich Mehmed an einer weiteren christlichen Hochburg: der Ritterinsel Rhodos. Sie hatte sich als äußerst wehrhafter christlicher Außenposten nur wenige Kilometer vor der anatolischen Küste gehalten. Dort herrschten seit 1308 die aus Jerusalem vertriebenen Ritter des Ordens des Heiligen Johannes. Sie hatten Gefolgsleute aus ganz Europa um sich versammelt und bildeten, so der britische Militärschriftsteller Bradford, »eine Fremdenlegion militanter Christen, das hervorragendste Korps christlicher Krieger, das die Welt je gesehen hatte«.

Nachdem sie fast zwei Monate lang erfolglos die Stadt belagert hatten, rüsteten sich am 28. Juli 1480 etwa 40000 osmanische Soldaten zum letzten Sturm. Sie hatten sich mit Säcken für den Raub gerüstet, mit Stricken für die Mädchenjagd, und mit Tausenden von Pfählen, um die Ritter darauf zu spießen. Diesmal überwanden sie die Mauern und die Fahne des Propheten wehte schon auf dem Wall, als der osmanische Admiral Mesich Pascha – ein Nachkomme aus dem byzantinischen Kaisergeschlecht der Palaiologen –, der die Stadt bereits erobert glaubte, von den Wällen ausrufen ließ, eine Plünderung sei verboten, weil die Schätze der Stadt dem Sultan (und ihm selbst) gehörten. Sofort erlahmte der Eifer der Belagerer, und die noch vor den Mauern wartenden Soldaten des Sultans weigerten sich, die Wälle zu erklimmen. Die Rhodeser besetzten erneut die Festungsmauern und vertrieben nach zwei Stunden Kampf die Angreifer.

Gut 9000 Osmanen waren bei der Belagerung ums Leben gekommen. Mehmed II. degradierte seinen Feldherrn und stellte sich selbst an die Spitze einer neuen Streitmacht. Doch bevor er angreifen konnte, befielen den Sultan starke Koliken – möglicherweise als Folge von Gift, das ihm sein Sohn und Nachfolger Bayasid verabreicht hatte. Am Nachmittag des 3. Mai 1481 starb Mehmed II.

Bedeutendste Herrschergestalt der osmanischen Geschichte
Das Werk Mehmed des Eroberers

»Der große Adler ist tot!«, jubelte der Gesandte Venedigs. Das Abendland konnte aufatmen, und es sollten drei Generationen vergehen, bevor erneut ein »Großtürke«, wie der Westen während der Regierung Mehmeds angefangen hatte, den Sultan zu nennen, mit seinen Armeen ins Herz Europas vorstieß.

Mehmed II., der im 49. Lebensjahr starb, hatte 30 Jahre lang regiert. Er hatte zwei Kaiserreiche (Byzanz und Trapezunt) erobert, sieben Königreiche (Serbien, Bosnien, Albanien, Moldau, Morea sowie Kastamuni und Karaman) und fast 200 Städte. Nie wieder würden osmanische Herrscher mit solcher Raubsucht über ihre Nachbarn herfallen wie Mehmed, der zu Recht den Beinamen »der Eroberer« erhielt. Der Schweizer Historiker und Diplomat Carl Jacob Burckhardt nannte ihn unter den damaligen Fürsten den schrecklichsten, der seine Gegner rachsüchtig verfolgte und vernichtete, aber das taten viele westliche Potentaten zur damaligen Zeit auch. Nur hatte Mehmed mehr Erfolg.

Als ihm der venezianische Maler Gentile Bellini, der in den letzten Lebenstagen Mehmeds ein äußerst realistisches Porträt des Sultans malte, ein Bild von der Enthauptung Johannos des Täufers zeigte, bemerkte Mehmed, der viele seiner Feinde persönlich mit dem Schwert hingerichtet hatte, daß der Hals des Geköpften auf dem Bild fälschlicherweise hervortrete, sich in Wahrheit aber zurückzöge. Um den Venezianer von der Richtigkeit seiner Beobachtung zu überzeugen, ließ er einen Sklaven kommen und ihm den Kopf abschlagen.

Seine Grausamkeit ist ebenso unbestritten wie seine Wortbrüchigkeit. Er war nachtragend, launisch, jähzornig und gefühlsarm, aber er hatte auch Kunst und Wissenschaft gefördert – besonders als er im Alter dickleibig und gichtkrank darauf verzichten mußte, seine Armeen persönlich gegen den Feind zu führen – und war ein Bewunderer der Florentiner Medici-Familie, deren Aufstieg zur Macht und Förderung der Wissenschaft er miterlebte.

Mehmed II., der unter dem Pseudonym Awni (»der Behilfliche«) selbst Gedichte verfaßte, wenn auch nur mittelmäßige, hatte die Nähe des größten osmanischen Lyrikers seiner Zeit, Ahmed, gesucht und ihn mit hohen Staatsämtern betraut. Auch Dichterinnen gehörten zu seiner Umgebung, besonders aber Theologen und Rechtswissenschaftler. Der Sultan veranstaltete Disputationen unter ihnen und hörte ihnen geduldig zu. Besonders aber interessierten ihn Abhandlungen, die praktischen Wert hatten: vornehmlich geographische Werke, vor allem aber Militärliteratur aller Art.

Er war zeitlebens ein Freigeist, der zwar offiziell der sunnitischen Richtung des islamischen Glaubens angehörte, doch allen ketzerischen Gedanken gegenüber aufgeschlossen war. Niemand hatte in seinem Reich seines Glaubens wegen Schwierigkeiten. Der Historiker Josef Matuz nannte Mehmed den Eroberer »die zweifellos bedeutendste Herrschergestalt der osmanischen Geschichte«. Und für den österreichischen Mehmed-Biographen Franz Babinger ist er »den gewaltigsten Köpfen zuzurechnen, die das Mittelalter hervorbrachte.«

3
Alle Stellen werden von den Fähigsten besetzt

Die Organisation des Reichs

Nicht einmal eineinhalb Jahrhunderte waren vergangen seit dem ersten Auftauchen der Osmanen in Anatolien, und schon gehörte das Reich zu den großen dieser Welt. Es hatte Institutionen hervorgebracht, die es niemals zuvor gab und die einzigartig in der mittelalterlichen Welt blieben.

Im Osmanischen Reich lebten Angehörige verschiedener Religionen in größerer Eintracht als im Abendland. Türken, Turkmenen und Tataren waren Moslems, ebenso wie konvertierte Bosnier, Albaner und Bulgaren. Die christliche Vielfalt war noch größer: Armenier und Jakobiten waren Monophysiten, Griechen, Bulgaren, Serben und Montenegriner gehörten verschiedenen orthodoxen Kirchen an, Dalmatiner und Walachen hatten sich zumeist für den römischen Glauben entschieden.

Das Osmanische Reich umfaßte mehr Völker als irgendein europäischer Konkurrent der damaligen Zeit und trachtete keineswegs danach, die ethnische Vielfalt zu zerstören. Zwar gab es eine Glaubenshierarchie, bei der die Moslems vor den Christen und Juden rangierten, aber das Osmanische Reich war durchaus tolerant in einer Zeit, als Toleranz selten war und in Europa nicht nur Juden verbannt und verbrannt wurden, sondern auch viele Abweichler als Ketzer ihr Leben lassen mußten.

Dieses seltsame Staatswesen beunruhigte die Europäer zutiefst, faszinierte sie aber auch mehr als alles andere auf der Welt, die Entdeckung Amerikas eingeschlossen. Zwischen 1480 und 1609 erschienen im kulturell entwickelten Frankreich mehr als 80 Bücher über die Türken und das Osmanische Reich, aber nur etwa 40 Titel über die Neue Welt.

Was hatte das Osmanische Reich groß gemacht? Wie hatten die Türken ihr Reich organisiert, wie hatten sie es fertiggebracht, die unterschiedlichsten Religionen scheinbar harmonisch zu integrieren, und warum waren die osmanischen Armeen denen der Europäer in der Regel überlegen? Was konnte die Welt von den Sultanen lernen, und welches waren die Schwächen der neuen Potentaten?

Zur Thronsicherung Brüder und Kinder umgebracht
Der Sultan

An der Spitze des Osmanen-Staats stand als unumschränkter Herrscher der Sultan. Der Titel war im Orient in den vorangegangenen Jahrhunderten anfangs willkürlich einer herausragenden Persönlichkeit zugestanden, dann von den abbasidischen Kalifen den weltlichen Herrschern verliehen. Die Seldschuken nannten ihre Herrscher Sultan, wie auch die Mamelucken in Ägypten. Dynastiegründer Osman hieß schlicht Beg, wie seit dem 8. Jahrhundert türkische Adlige genannt wurden, und auch Murad II. unterzeichnete noch als Beg. Mehmed II. bestand schon vor der Eroberung Konstantinopels auf den Titeln Großherr und Sultan. Manchmal trugen auch Großwesire den Sultan-Titel, bis Mehmed der Eroberer damit Schluß machte und 1474 seinen von ihm an sich hochverehrten Großwesir Mahmud Pascha hinrichten ließ, weil der partout nicht auf den Sultantitel verzichten wollte.

Dem Sultan gehörte nach osmanischer Auffassung nicht nur das gesamte Land in seinem Reich, er war auch uneingeschränkter Herr über das Leben seiner Untertanen. Aber er unterstand moslemischem Recht und den besonders in Persien und den arabischen Kaliphaten entwickelten Auslegungen. Darüber wachte der Mufti, der oberste islamische Geistliche, später der »Scheich ul-Islam« genannte Obermufti von Konstantinopel.

Nach alter türkischer Tradition stand es nur Gott zu, einen neuen Herrscher zu bestimmen, der keineswegs der Familie des vorangegangenen angehören mußte, auch wenn dies häufig der Fall war. Mit dieser Tradition räumte Konstantinopel-Eroberer Mehmed II. auf und schrieb die Erbfolge zwingend vor, wobei alle Söhne gleichberechtigt waren. Nicht nur das. Um Thronfolgekämpfe zu vermeiden, erließ er ein Gesetz: »Wem immer von meinen Söhnen die Sultansherrschaft zufällt, dem geziemt es, im Interesse der Ordnung der Welt seine Brüder zu töten.« Er selbst hatte während seiner Krönungsfeierlichkeiten seinen acht Monate alten Bruder, Kütschük Ahmed, im Bad ersticken lassen. An die Praxis des Brudermords hielten sich alle Sultane bis ins 17. Jahrhundert. Beim Tod des Sultans Murad III. im Jahr 1595, der insgesamt 102 Kinder hatte, wurden dann nicht nur 19 seiner Söhne ermordet, sondern auch 80 von ihm geschwängerte Sklavinnen.

Bis zur Einführung des gesetzlichen Brudermords war die Thronfolge mit Machtkämpfen verbunden. Wer sich Hoffnung auf den Herrscherthron machte, versuchte beim Tod des Sultans in der Nähe der Hauptstadt zu sein. Am begehrtesten war deshalb die Statthalterschaft der nahen Provinz Amasya. Die Ernennung eines Prinzen auf diesen Posten war bald ein sicheres Zeichen dafür, wem von seinen Söhnen der Sultan die Nachfolge verschaffen wollte. Söhne oder auch Brüder des Sultans, die er in weit entfernte Städte beorderte, erfuhren auf diese Weise, daß ihnen die Gunst des Herrschers entzogen worden war. Doch auch nach dem Tod hatten die Spitzenbeamten noch Möglichkeiten, die Thronfolge in ihrem Sinne zu beeinflussen. Um ihren Kandidaten ein schnelles Erscheinen in Konstantinopel möglich zu machen, verbargen sie häufig den Tod eines Sultans über Tage oder Wochen.

Sultan Mehmed I. beispielsweise war nach einem Jagdunfall verstorben. Weil sein Sohn Murad jedoch vom äußersten Osten geholt werden mußte, die Soldaten aber, durch Gerüchte verunsichert, den Sultan zu sehen begehrten, ließen die Verantwortlichen den bereits einbalsamierten Leichnam vor ein verschlossenes Fenster setzen – wegen der angeblichen Empfindlichkeit des Sultans gegen Zug – und ein Diener mußte von Zeit zu Zeit den Arm heben oder den Kopf nicken lassen. Unter Hochrufen zogen die Truppen vorbei und gaben sich zufrieden. Auch auf dem Weg zur Familiengruft in Bursa wurde der tote Sultan aufrecht sitzend in einer geschlossenen Sänfte transportiert, bis sein Sohn und Thronfolger eintraf. Erst 42 Tage nach seinem Ableben fand Mehmeds feierliches Begräbnis statt.

Größter Aktivposten des Reichs
Das Haus Osman

Den Staat stellten sich die Osmanen nach morgenländischer Art als ein Zelt vor, und bezeichneten die staatstragenden Institutionen als »Haus Osman«. Der augenfälligste Teil, die Pforte, später die Hohe Pforte, stand für die oberste Regierungsgewalt. Das private Pendant dazu war die Pforte der Glückseligkeit – der persönliche Bereich des Sultans, speziell sein Harem. Tore hießen auch die einzelnen Waffengattungen der Armee.

Das Heer prägte die gesellschaftliche Struktur des Osmanischen Reichs. Die Standarte einer militärischen Einheit hieß Sandschak und so hieß auch die wichtigste Verwaltungseinheit. Sie bestand aus mehreren Kilidschs (Säbeln), und an ihrer Spitze stand der Militärführer des Sandschaks, der Sandschakbeg. Mehrere Sandschaks bildeten das Wilajet, die Provinz oder Statthalterschaft, an deren Spitze später ein Beglerbeg stand.

Ehrenkleider waren bei den Nomaden-Abkömmlingen als Geschenke sehr begehrt sowie alles, was mit Pferden und Rüstung zusammenhing. Höchste Ehrenbezeichnungen waren die Roßschweife, die aus Haaren von Rappen gefertigt waren und auf einer zwei Meter hohen Stange den Aufenthaltsort ihrer Träger anzeigten. Dem Sandschakbeg stand ein Roßschweif zu, den Beglerbegs zwei und einem Wesir drei. Der Großwesir schließlich durfte sich mit fünf Roßschweifen schmücken, und der Sultan besaß neun.

Die Staatselite, sozusagen die professionellen Osmanen, bestand aus den Mitgliedern des Sultanpalastes, ferner allen Soldaten vom General bis zum einfachen Infanteristen sowie den Beamten, angeführt von den angesehenen islamischen Rechtsgelehrten, den Ulema. Den unteren Teil der Pyramide bildeten die Rajas, das gemeine Volk. Es war streng organisiert: in religiösen Gemeinschaften oder in Innungen, die Handwerker und Händler umfaßten.

Die Herrschenden konnten Freie sein oder Sklaven, was in der Regel hieß Türken oder Nichttürken. Die eigentliche Macht lag bei den zum Islam konvertierten Sklaven, den Renegaten – sie prägten das Osmanische Reich.

Ein Staatsdienst im westlichen Sinn war den Osmanen fremd, wie überhaupt dem Orient. Der Sultan verlieh oder verschenkte Ämter, die ihre Besitzer dann als Pfründe auf Zeit ansahen. Aus ihnen mußten sie soviel Profit wie möglich ziehen, weshalb osmanische Würdenträger Bestechungen als legitimen Bestandteil ihres Amtes ansahen. Erst als die Schmiergelder das Funktionieren des Staates beeinträchtigten, gingen die Osmanen gegen sie vor.

Weil es keinen Geburts- oder Erbadel gab, spielte die Herkunft im Osmanischen Reich keine Rolle. Ein Aufstieg zu den obersten Staatsämtern war ebenso selbstverständlich wie ein rasanter Abstieg. Hinrichtungen von höchsten Würdenträgern galten als ebenso normal wie Beförderung von Günstlingen. Als ein neuernannter Großwesir einen Derwisch fragte, welcher Mensch der törichste sei, antwortete der: »Du, mächtiger Wesir. Hast du doch alles darangesetzt, dein Amt zu erringen, obgleich du am blutigen Haupt deines Vorgängers vorbeirittest, das an der gleichen Stelle lag wie das seines Vorgängers.«

Selbst die öffentliche Zurschaustellung abgeschlagener Häupter von Staatsdienern war streng hierarchisch geordnet. Das Haupt eines Wesirs lag auf einem Silberteller am dritten Tor des Sultanpalastes, das eines einfachen Würdenträgers nur auf einem Holzteller am ersten Tor. Die Köpfe niedriger Beamter schließlich lagen schlicht auf der Erde.

Im Laufe der Zeit verschaffte ein immer komplizierteres System von Regeln und gegenseitigen Abhängigkeiten, in das auch viele Traditionen des seinerseits hochkomplizierten byzantinischen Systems eingegangen waren, dem Osmanischen Reich eine seltene Geschlossenheit – zumindest in seinen Anfängen, ehe die Starrheit der Gesellschaft jeglichen Fortschritt hemmte und schließlich zum Untergang des Reichs führte. »Das osmanische System war vom 14. bis zum 16. Jahrhundert der größte Aktivposten des Reichs«, schreibt der auf Südosteuropa spezialisierte amerikanische Historiker Peter F. Sugar, »und wurde mit dem 17. Jahrhundert seine größte Belastung.«

Staatsreligion war der Islam und Staatsrecht damit die Scharia. Zwar erließen die Sultane im Laufe der Zeit weltliche Gesetze (Kanun) und zogen gelegentlich örtliche Gewohnheitsrechte hinzu, wenn die Scharia den Fall nicht regelte – und sie regelte kaum einen Vorgang moderner Staatsorganisation –, doch immer schwebte die Scharia selbst über dem Sultan, der bei Verstößen gegen das göttliche Recht sogar seines Amtes enthoben werden konnte.

Die wohl wichtigste Besonderheit des Osmanischen Reichs war die Behandlung der Sklaven. Sie wurden von den Käufern voll in die Familien integriert und konnten damit einen hohen sozialen Status erwerben. Während aber die Sklaven in allen anderen islamischen Ländern in der Regel niedere Arbeiten verrichten mußten, konnten die osmanischen Sklaven zu höchsten Ehren aufsteigen. Der Herrscher verschaffte sich damit ein einzigartiges Machtinstrument, denn die Emporkömmlinge hingen völlig von ihm ab.

Aufstieg im Osmanenreich hieß in erster Linie Aufstieg in der Armee. Je häufiger die Osmanen siegten, desto mehr Gefangene machten sie, die sie sogleich als Soldaten-Sklaven ins Heer integrierten. Doch auch auf dem freien Markt deckten sich die Sultane ein, und schon früh besannen sie sich auf einen alten türkischen Brauch, nach dem ein Fünftel der Kriegsgefangenen versklavt werden kann, weil sie gegen einen islamischen Repräsentanten Widerstand geleistet hatten, auch wenn das eigentlich ihre soldatische Pflicht war.

Seit Sultan Murad I. hatten die Osmanen dieses Gewohnheitsrecht auf die besiegte christliche Bevölkerung ausgedehnt. Jeder fünfte Sohn zwischen 10 und 20 Jahren konnte ins Reich geführt, zwangsislamisiert und dem Sklavenheer zugeordnet werden. Dieses System, Knabenlese genannt, wurde eine der wichtigsten Säulen des Osmanischen Reichs.

Etwa 90 Prozent der zwangsrekrutierten europäischen Christen – ausgenommen waren ausdrücklich Türken, Perser, aber auch Armenier, Russen und Zigeuner – mußten für mehrere Jahre bei zuverlässigen Moslems dienen, wo sie Sprache, Kultur und vor allem das Kriegshandwerk lernten, bevor sie in Konstantinopel in die Kasernen einzogen. Für die innere Organisation des Osmanischen Reichs entscheidend waren die restlichen zehn Prozent. Die bestaussehenden und begabtesten Knaben kamen auf die besten Schulen des Landes, so in die berühmte Palastschule Mehmed des Eroberers. Sie bildeten die Kaste der Renegaten und stiegen zu den höchsten Staatsämtern auf – das des Sultans selbstverständlich ausgenommen. »Jeder erhält die Position, für die er die meisten Voraussetzungen mitbringt, und die Stellen werden von jenen besetzt, die am fähigsten sind«, lobte der Gesandte des deutschen Kaisers in Konstantinopel, Ghislain de Busbecq, das Renegatensystem.

Seit Mehmed II. und bis weit ins 16. Jahrhundert gab es keinen höheren Beamten oder Feldherrn mehr, der nicht aus der Knabenlese stammte. »So hatten wir bald das Paradoxon«, schreibt Historiker Leften S. Stavrianos, »daß ein großes moslemisches Reich von christlichen Sklaven regiert wurde.«

Weil sich viele Renegaten für ihre Landsleute oder zumindest ihre Angehörigen einsetzten, tauschten sogar moslemische Eltern gelegentlich ihre Kinder gegen christliche ein, damit jene als Sklaven ins Haus Osman eintreten konnten. Die Folge dieses Systems war Neid des alten turkmenischen Adels, dem nur noch die hohen geistlichen Ämter vorbehalten blieben. »Originäre Türken«, berichtete 1594 der Botschafter Venedigs aus Konstantinopel, »sind höchst unzufrieden darüber, daß sich die Regierung in den Händen von Renegaten befindet«.

Tod für den Raub eines Schlucks Milch
Die Streitkräfte

Die Heere der Steppenbewohner waren reine Reiterheere. Fußsoldaten gab es praktisch nicht, Artillerie war noch unbekannt. Die Reiter-Tradition hielt sich im osmanischen Heer noch lange Zeit bei den Spahis, den fast ausnahmslos türkischen Lehnsreitern, sowie den sogenannten Akindschis (Sturmtruppen).

Diese rekrutierten sich ursprünglich aus Angehörigen alter, zum Teil noch halbnomadischer Stämme, auch Zigeuner waren häufig unter ihnen. Sehr bald stießen immer mehr konvertierte oder auch nur entwurzelte Christen zu ihnen, die vor den hohen Abgaben ihrer christlichen Herren zu den Osmanen geflohen waren. Den Oberbefehl über sie übte seit Mehmed II. stets ein Mitglied der Turkmenen-Familie Micheloglu aus, aber auch Christen konnten zu Akindschi-Führern aufsteigen. Ihre Feldzüge finanzierten die Akindschis ausschließlich aus Raub und Sklavenjagd. Sie hießen bei den Europäern nur die »Renner und Brenner«, weil sie ungemein flink waren und stets die eroberten Dörfer anzündeten.

Als die osmanischen Heere sich auf größere Feldzüge einstellten, kämpften die nur mit Lanzen und Pfeilen, manchmal auch nur mit Keulen bewaffneten Akindschis vor dem eigentlichen osmanischen Heer. Sie dienten dem Sultan als Kundschafter und schleppten Gefangene herbei, die dann über die gegnerischen Truppen ausgefragt wurden. Vor allem aber sollten sie tief in Feindesland vorstoßen und durch Massaker Angst und Schrecken vor den anrückenden Türken verbreiten. Sie waren die apokalyptischen Reiter der europäischen Landbevölkerung und verantwortlich für die zeitweise Entvölkerung ganzer Landstriche. Wo sie durchgekommen waren, »krähte jahrelang kein Hahn«, bekundete ein Zeuge im 15. Jahrhundert. Oft banden sie abgeschlagene Köpfe an ihre Sättel, um sie ihren Feldherrn zu verkaufen, wenn die Kopfgeld ausgesetzt hatten. Zumeist aber verscherbelten sie die gefangenen Bauern kurzerhand an Händler, die stets die Akindschis begleiteten.

Die wichtigste Reiterei der Osmanen waren die Lehnsreiter. Sie stellten überhaupt das größte Kontingent an Soldaten, zumindest in der klassischen Zeit. Die Beglerbegs Anatoliens und Rumeliens verliehen ihren verdienten Kriegern kleine Lehen, die Timars (türkisch »Fürsorge«), oder – beispielsweise für 15 erbeutete Köpfe von Feinden – große Güter, die Siamets. Dafür verpflichteten sich die Lehnsnehmer – Sipahs genannt, von den Europäern zu »Spahis« verstümmelt –, dem Sultan für dessen Kriege zur Verfügung zu stehen und binnen zehn Tagen marschbereit zu sein.

Doch anders als in Europa blieb – zumindest bis zum Ende des 16. Jahrhunderts – der Sultan Eigentümer von Grund und Boden, der folglich nicht vererbbar war. Allerdings erwarben die Söhne der Timarioten einen Anspruch auf Anstellung im Staatsdienst. Auch wurden die Lehen nicht auf Lebenszeit verliehen und glichen eher Pfründen, die die Spahis jederzeit verlieren konnten, weshalb die Disziplin unter ihnen groß war. Weil darüber hinaus nach osmanischem Recht die zuvor oft leibeigenen Bauern nicht mehr der Person des Lehnsherrn unterworfen waren, begrüßten viele von ihnen den Machtwechsel. Das band besonders die Balkanchristen relativ dauerhaft an die Osmanen, und die meisten Timare lagen in Europa.

Die moslemischen Bauern-Krieger mußten sich verpflichten, die Hälfte ihrer Zeit dem Sultan zu dienen (im Vergleich zu 40 Tagen der europäischen Lehnskrieger). Um die Ernten in ihren Ländern nicht zu gefährden, brachen etwa 90 Prozent der Timarioten – die übrigen blieben zur Landesverteidigung und Überwachung der Felder zu Hause – jeweils am Hizirtag, Anfang Mai, von Adrianopel aus, wo der Sultan normalerweise sein Winterquartier aufschlug, in den Krieg auf und kehrten am Kasimstag, Anfang November, zurück. Damit war die Zeit für Feldzüge praktisch auf ein halbes Jahr beschränkt.

Während die Akindschis sich aus der Beute finanzierten und die Timarioten aus den Pfründen, stand das stehende Heer der Zentralgewalt in festem Sold. Es war kaserniert und stets unter Waffen und damit – im Gegensatz zu den Europäern, die nur ihre Kader alarmbereit hielten –, jederzeit und praktisch unbeschränkt kriegsbereit. Seine Ausbildung gehörte zur besten der damaligen Zeit, und die Disziplin der Truppe war – im Gegensatz zu der europäischer Heere – vorbildlich.

Die zunehmende Größe des Landes verlangte eine Aufteilung in Einheiten, die dem Sultan direkt unterstellt waren – die Truppen der Pforte genannt –, und Grenzwächter, die Provinzbeamte befehligten. Das höchste Prestige der Berufskrieger hatten die sogenannten »Spahis der Pforte«, die Elitereiterei des Sultans, anfangs die Söhne turkmenischer Stammesbrüder, später oft die nicht erbberechtigten Kinder der Timarioten. Die prächtig geschmückten Reiter stellten die Ordonanzen des Sultans und beschützten sein Zelt. Der Schrecken aller Feinde der Osmanen aber war die anfangs ausschließlich aus konvertierten Christen bestehende Infanterie des Sultans: die legendären Janitscharen.

Sie wurden seit etwa 1438 in den europäischen Landesteilen der Osmanen gewaltsam im Rahmen der Knabenlese ausgehoben – unter Mehmed alle fünf Jahre –, und beeinflußten fast eineinhalb Jahrhunderte die Kriegführung der Osmanen entscheidend. Wenn der Sultan den Befehl gab, zogen von »Treibern« begleitete Janitscharenoffiziere in die Dörfer und ließen sich von den Dorfältesten die Knaben zwischen 10 und 15 Jahren vorführen. Die tauglichsten brachten sie dann nach Konstantinopel.

Die Janitscharen waren die Prätorianer der Osmanen und bildeten die Leibgarde des Sultans. Im Kampf waren sie stets vor dem Zelt des Sultans postiert, das sie durch Laufgräben sicherten. Immer wieder meldeten die europäischen Chronisten, der Sultan sei fast gefallen, doch dann hätten ihn die Janitscharen gerettet. In Wahrheit war es osmanische Kampftaktik, den Gegner kommen zu lassen, um ihn dann vor dem Sultanzelt zu vernichten.

Nach der Legende soll im 14. Jahrhunderts der angesehene Derwisch Haddschi Bektasch den Elitekriegern den Namen »Jenitscheri« (Neue Truppe) gegeben haben. Er segnete sie, indem er den Arm seines weißen Filzmantels auf den Kopf eines der Offiziere legte und sagte: »Euer Name sei die Neue Truppe, Euer Gesicht weiß und Euer Arm stets erfolgreich.« Ein nach hinten herabhängender weißer Schal, den Ärmel des Mantels ihres Schutzpatrons symbolisierend, wurde denn auch zum Markenzeichen der anfangs nur in Konstantinopel kasernierten Janitscharen.

Ein Janitscharen-Regiment verfügte stets über einen eigenen Koch. Die Offiziere hatten der Küchenordnung entlehnte Namen. Der Ranghöchste einer Einheit trug als Standarte einen großen Schöpflöffel, und jeder Janitschar steckte sich seinen Eßlöffel an die Vorderseite seiner Mütze, möglicherweise die Vorform der Kokarde. Den Kochkessel machten die Janitscharen zum Mittelpunkt eines Zeremoniells: bei ihm schworen die Neuankömmlinge dem Sultan die Treue, ihn zu verlieren galt als größte Schmach. Um ihn herum versammelten sich die Elitesoldaten zur Dienstbesprechung, und wenn sie ihn umkippten, war es das Zeichen zum Aufruhr.

Allenfalls mit dem Schrei »Allah« stürzten sich die anfangs mit Bogen, kurzem Säbel und Dolchmesser, später mit Musketen ausgerüsteten Janitscharen auf den Feind, im allgemeinen aber herrschte bei ihren Angriffen eine unheimliche Ruhe, die ihre Feinde beeindruckte. Janitscharen wichen selten zurück, erst nach dem dritten Angriff durften sie ungestraft fliehen. Einem besiegten Feind setzten sie niemals nach, das überließen sie anderen, hauptsächlich den Akindschis.

Die Janitscharen (»diese lebende Kraft des Reiches«, so der französische Osmanenforscher Robert Mantran) durften – zumindest in der Anfangszeit – während ihres regulären Dienstes keinem Gewerbe nachgehen und nicht heiraten. Den nach dem Ende ihres Militärdienstes gezeugten Söhnen war der Beitritt zum Elitekorps verwehrt. So sollte verhindert werden, daß Posten der Janitscharen vererbt werden könnten.

Unter Murad II. dienten nicht mehr als 3000, unter Mehmed II. höchstens 10 000 Janitscharen. Aber ihre Macht war beträchtlich, denn nur sie waren jederzeit einsatzbereit und bestimmten immer mehr die Politik, besonders nach dem Tod eines Sultans. Ihr oberster General besaß in der Hauptstadt einen eigenen Palast und war auch der Polizeivogt Konstantinopels, der nicht nur für Ordnung zu sorgen, sondern auch die häufigen Feuer zu löschen hatte. Anfangs stiegen nur verdiente Soldaten zum Rang eines Generals der Janitscharen auf, dann wurden sie, weil zu sehr mit ihrem Korps verbunden, wie Beamte in den kaiserlichen Eliteschulen erzogen und zum Janitscharen-Agha ernannt. Dieser gehörte dem Diwan an, der Ministerrunde.

Die Janitscharen hielten eiserne Disziplin. Schlägereien oder auch nur Flüche waren verpönt, größte Sauberkeit oberste Pflicht. Sie tranken – anfangs – keinen Wein, und auch die Marketenderinnen im Gefolge versagten sie sich. Selbst im Krieg hielten sich die Elitekrieger zurück. »Gärten ließ man unberührt«, vermeldete ein Zeitzeuge ungläubig, »und kleine Kinder konnten bei vollständiger Sicherheit Lebensmittel im Lager verkaufen.« Für den Raub eines Schlucks Milch oder das von seinem Pferde vom Acker gerupfte Getreide konnte ein Janitschar auch schon mal mit dem Tod bestraft werden. »Mit ihrer militärischen Disziplin, ihrer Gerechtigkeit und Ernsthaftigkeit«, schrieb der italienische Humanist und Geschichtsschreiber Paolo Giovio 1541 in seinem berühmten Werk über die Türken, »übertrafen sie selbst die alten Griechen und Römer.«

Diese Disziplin fiel den Elitetruppen auch deshalb leicht,

weil sie den Krieg logistisch weit besser vorbereiteten als ihre Gegner. Spezielle Einheiten brachten nicht nur das Wegenetz in Ordnung, sondern rüsteten auch Schiffe oder Kamelkarawanen aus, um Nahrungsmittel in die Kampfzonen zu bringen, wenn eine Versorgung durch Kauf örtlicher Waren nicht möglich war. Weil sie weitgehend autonom blieben, konnten die Janitscharen nicht durch eine Politik der verbrannten Erde ausgehungert werden.

Wie die Janitscharen unterstanden auch die Artilleristen, die Topey, direkt dem Sultan. Geschütze waren Sultan Mehmeds Lieblingswaffe. Während er die großkalibrigen Mörser vor Ort gießen ließ, kam die Indienststellung einer großen Kanone einem Stapellauf gleich: Großwesir und Minister hatten anwesend zu sein. »In der Artillerie«, schreiben die Osmanen-Historiker Ferenz Majoros und Bernd Rill, »ist ein entscheidender Faktor des militärischen Aufstiegs dieses Reiches zu erblicken.«

Man weiß oft kaum, was es ist
Diwan und Großwesirat

Das wichtigste Gremium für die zivile Regierung und Organisation des Reichs war der Großherrliche Diwan, die Beraterrunde des Sultans. Allerdings unterstanden den Wesiren genannten Mitgliedern, vom Finanzminister abgesehen, keine Ministerien, dafür wurden sie auf Lebenszeit ernannt. Chef der Runde war nominell – und anfangs auch tatsächlich – der Sultan. Dann aber stürmte eines Tages unter Mehmed dem Eroberer ein Türke die Runde und rief: »Wer von Euch ist denn nun der glückliche Kaiser?« Daraufhin überließ der Sultan aus Angst vor Attentätern von nun an den Vorsitz der Beraterrunde seinem Großwesir, behielt aber jederzeit die Kontrolle, indem er hinter einem verschleierten Fenster die Beratungen seiner Minister verfolgte, die so seine Anwesenheit nicht feststellen konnten.

Im Gegensatz zum Großwesir spielten die Wesire nur in den Anfängen des Reichs eine Rolle, später wurden sie reine Ehrentitel und verschwanden im 18. Jahrhundert ganz. Von Anfang an erhielten sie die Ehrenbezeichnung Pascha vom persischen »Pai Schah«, was »Fuß des Schahs« hieß und in der orientalischen Bildersprache zusammen mit den Händen, Augen, Ohren und Zunge des Herrschers die Staatsämter der Armee, des Innern, der Polizei und der Justiz symbolisierte. Diese Bezeichnung stand auch hohen Provinzbeamten zu.

Alle Würdenträger waren an den unterschiedlichen Farben ihrer Kleidung (Grün für Wesire, Scharlach für Kammerherren) zu erkennen, am Schnitt ihrer Ärmel, der Art ihres Bartes, besonders aber an ihren Turbanen, den für Moslems wichtigstem Kleidungsstück. Barhäuptig gehen zu müssen, galt als größte Schande und schwere Strafe.

Freilich war kein Wesir, auch kein bedeutender, vor der Willkür seines Herrn sicher. Im Palast des Sultans gab es einen besonderen Hof. Schloß sich die Hoftür hinter einem Würdenträger, bevor die zum nächsten Saal sich öffnete, war das ein untrügerisches Zeichen, daß die »Stummen« lauerten: Kräftige Eunuchen, denen die Zunge herausgeschnitten worden war, damit sie über ihre Taten nicht berichten konnten, brachten ihn um.

Jeder Untertan, ob Moslem, Christ oder Jude, konnte vor dem Diwan – der von Sonnabend bis Dienstag tagte – seine Beschwerden vorbringen, und viele machten von diesem Recht Gebrauch. Der Staatsrat regelte die Angelegenheit, und der Sultan segnete die Entscheidung ab. Vergriff sich jedoch eines seiner Mitglieder in seinem Urteil – der Diwan war auch das oberste Straforgan –, oder wurde jemand bei der Beratung ausfallend, drohte ihm die Bastonade, die im Orient bevorzugte Prügelstrafe auf die Fußsohlen.

Dem Diwan nachgeschaltet war eine Staatskanzlei, die in der Blütezeit jährlich etwa 3000 Schriftstücke ausfertigte – eine Leistung, die in Europa nur die päpstliche Kanzlei erreichte. Ob die Betroffenen aus der verschrobenen Sprache immer klug wurden, sei dahingestellt, denn die Dokumente waren, notierte sich Stephen Gerlach, der damalige Beichtvater des deutschen Botschafters in Konstantinopel, »ein recht verwirrtes ding, sie wiederholen offt eins, drei, vier Mahl und man weiß doch oft kaum, was es ist.« Jedenfalls waren die Sitzungen kurz, wie es den wortkargen Türken entsprach, und diszipliniert geführt. »Wenn unsere Herren«, rühmte der kaiserliche Gesandte David von Ungnad 1576,

»viel Reichstäge halten und auf etliche Monat große Unkosten aufwenden müssen, das verrichtet der Türke in einem einzigen Diwan.«

Unter dem Sultan, aber über allen Untertanen stand der Großwesir. »Einzig in seiner Art«, nennt Zinkeisen das osmanische Großwesirat. Tatsächlich war der Großwesir weit mehr als ein Premierminister westlicher Prägung, denn ihm unterstand die gesamte Verwaltung des Reichs. Er war schon so etwas wie ein kleiner Sultan, zumindest ein Regent, dessen Machtvollkommenheit fast an die des Sultans reichte.

Allein der Großwesir besaß das goldene, großherrliche Siegel, das er an einer goldenen Kette in einem goldenen Beutel auf seiner Brust trug. Damit unterzeichnete er die dem Sultan eingereichten Berichte und verschloß Schatzhaus und Staatsarchiv. Der Großwesir hatte nicht nur das Recht, sondern auch die Pflicht, regelmäßig den Sultan aufzusuchen. Er allein durfte vor dem Herrscher das Wort ergreifen.

Nur in den ersten Jahren des Osmanischen Reichs entstammten die Großwesire türkischen Adelsfamilien. Dann ging das Amt in die Hände von Renegaten über, die ihm ihren Stempel aufdrückten. Die Amtszeiten der Minisultane verkürzten sich im Laufe der Geschichte immer mehr, bis sie oft nur noch ein Jahr oder weniger regierten, einer gar nur wenige Stunden.

Um die Machtfülle des Großwesirs einzudämmen, war ihm die Kontrolle sowohl des Sultan-Palasts als auch der Ulema entzogen. Auch der Janitscharenanführer und damit Herr über den wichtigsten Heeresbereich unterstand nur dem Sultan. Die Beglerbegs Rumeliens und Anatoliens und die Heeresrichter mußten ihm zwar – jeweils mittwochs – die Aufwartung machen, waren aber weitgehend unabhängig.

Dem Reich monolithische Einheit gegeben
Die Ulema

Das wichtigste Gegengewicht zur weltlichen Macht waren die Ulema, die Vertreter der islamischen Gelehrsamkeit, der Gesetzesauslegung und Rechtsprechung. Sie waren ausnahmslos Moslems und in der Regel Türken.

Schulen (Mektebs), die nur Lesen und Schreiben, hauptsächlich aber das Nachbeten des Korans lehrten sowie Hochschulen (Medressen) waren im Osmanischen Reich, wie noch heute in islamischen Staaten, theologische Einrichtungen. Aus den Absolventen der Medressen rekrutierten sich die geistlichen oder weltlichen Rechtsgelehrten – die Muftis und Kadis. Zu den Obliegenheiten der Kadis gehörten nicht nur die Kontrolle des Fiskus, sondern auch ein gehöriges Maß an Spionage, denn sie mußten die Regierung über die Stimmung im Lande informieren. Und sie waren die ersten Frührentner, denn nach ihrer Amtszeit von manchmal nur einem Jahr stand ihnen eine – freilich geringe – Pension zu, so daß sie ihre kurze Tätigkeit fleißig zum Bestochenwerden nutzten.

Der Mufti diente den Richtern als Berater, konnte selbst aber keine Initiative übernehmen. Doch gegen sein Gutachten, die Fetwa, war kein Einspruch möglich. Sprach der Obermufti von Konstantinopel das Verdikt »Olmaz« (»das darf nicht sein«), war jede Verfügung außer Kraft gesetzt. Verstieß ein Herrscher gegen die Scharia, konnte der oberste Mufti ihn sogar absetzen lassen, was später auch geschah. Wie alles im Osmanischen Reich war auch der Stand der Ulema streng hierarchisch geordnet. Ein Student mußte eine bestimmte Zeit als Danischmand (Wissenschaftsbeflissener) und sodann als Muid (Wiederholer) verbringen, ehe er zum Mulasim (Aspirant) aufstieg, der Vorstufe für den Posten eines Muderris (Professors) oder Kadis.

Die Pforte der Glückseligkeit
Hof und Harem

Wohl kein Bereich des Sultanpalastes beschäftigte die Phantasie der Europäer so sehr wie der Harem, obgleich hohe Staatsgäste aus dem Abendland (oder genauer nur ihre Ehefrauen) erst in der Spätzeit eine Einladung in die privaten Gemächer der Sultane erhielten.

Regierungszentrum war der Palast des Sultans, der eher einer kleinen Stadt glich als einem europäischen Schloß. Schon unter Mehmed II. arbeiteten im Palast etwa 5000 Personen. Er teilte sich in zwei Komplexe auf, die voneinander durch eine hohe Mauer getrennt waren: den äußeren, öffentlichen und den inneren, privaten.

Im öffentlichen Bereich des Palastes lebten neben den Mitgliedern des Diwan und den Hofmeistern Militärs, Handwerker und Bedienstete aller Art. Sie hatten eigene Schulen, in denen sie neben Türkisch, Arabisch und Persisch auch Kalligraphie, Recht und das Waffenhandwerk erlernten. Überwacht wurden sie vom Oberst der Weißen Verschnittenen, zumeist ein Eunuch aus dem Kaukasus, der auch das Tor sicherte. Diesem Obersthofmeister unterstanden nicht nur die Pagen (Höchstalter: 18 Jahre), sondern auch die geistlichen Stiftungen, aus deren Verwaltung er erhebliche Einkünfte bezog. Ohne sein Einverständnis hatte niemand Zugang zum Sultan.

Der innere Komplex bestand hauptsächlich aus dem Harem, den als einziger Mann der Sultan selbst betreten durfte. Freilich gab es nicht wenige Haremsdamen, die den Sultan nie zu Gesicht bekamen. Das Zepter im Harem schwang die Sultansmutter. Bewacht wurden die Sklavinnen und Konkubinen von den »Aghas der Pforte der Glückseligkeit«, schwarzen Eunuchen, deren Chef nach dem Sultan und dem Großwesir die ranghöchste Persönlichkeit im Reich darstellte.

Den schwarzen Eunuchen waren nicht nur, wie ihren weißen Kollegen – die keinen Zugang zum Harem hatten –, die Hoden, sondern auch der Penis entfernt worden. Weil dieser Eingriff oft tödlich verlief, waren die schwarzen – zumeist aus Afrika stammenden – Eunuchen auf dem Markt viermal teurer als normale Sklaven. Einem dieser schwarzen Aghas gelang in späteren Zeiten eine Rache besonderer Art: Er war dazu auserkoren worden, einen Sultan umzubringen. Bei dem Kampf warf sich der Herrscher auf ihn, aber der Eunuch quetschte seinem Herrn dermaßen das Geschlechtsteil, daß der Sultan die Besinnung verlor und der Mörder sein Werk verrichten konnte.

Dem Obersten der Schwarzen Eunuchen unterstanden alle Frauen (unter Mehmed dem Eroberer etwa 300), für deren Ausbildung er verantwortlich war. Auch führte er Buch darüber, welche Sklavin wann mit dem Sultan schlief, um spätere Kinder zuordnen zu können. Verlassen durfte er den Harem nur tagsüber und auch nur für drei bis vier Stunden. Nachts hatte er stets Wache. Wie alle Eunuchen waren auch die schwarzen Aghas ausnahmslos Christen oder Heiden, weil der Islam die Entmannung (selbst von Tieren) streng ablehnt. Weiße wie schwarze Hämlinge, wie die Kastrierten lange Zeit hießen, hatten den Renegaten gegenüber einen entscheidenden Vorteil: Sie konnten ihr Amt nicht ihren Söhnen zuschanzen. Nicht wenige Sultane ließen sie deshalb in die höchsten Ämter aufsteigen, selbst die von Feldherren und Großwesiren.

Weil alle Kinder des Sultans gleichgestellt waren, versuchten die Mütter der verschiedenen Prinzen mit allen Mitteln, ihre Sprößlinge bei der Thronfolge durchzusetzen. Noch unter Mehmed II. spielten die Sklavinnen in der Politik des Reichs keine Rolle, doch unter seinen Nachfolgern begannen Haremsintrigen, die sehr bald die Regierungsgeschäfte lähmten.

In keiner Stadt floß weniger Blut als in Konstantinopel
Verwaltung und Wirtschaft

Der Diwan war der Kopf einer zentralen Verwaltung von einer Einheitlichkeit und Stärke, »wie sie damals kaum ein anderes Reich aufzuweisen hatte«, so Historiker Zinkeisen. Die Leitung der Verwaltung oblag in den Provinzen lange den Militärs. »Diese Verschmelzung von Militärwesen und Zivilverwaltung«, schreibt Historiker Josef Matuz, »blieb im Osmanenstaat über Jahrhunderte erhalten.«

Ursprünglich herrschte über den europäischen Teil (von den Osmanen Rumelien, oft aber auch Griechenland genannt) der Beglerbeg für Rumelien und über den asiatischen Teil der Beglerbeg für Anatolien, die beide dem Großwesir direkt unterstanden und am Diwan teilnahmen. Durch die Eroberungen besonders im Osten kam es im Laufe der Zeit zu einer Inflation der Statthalterschaften, zum Ende der Herrschaft des Sultans Murad III. sollten es dann 40 sein, davon allein 28 im asiatischen Teil. Allerdings waren, besonders an der persischen Grenze, manche Wilajets eine Fiktion, weil sich die Besitzverhältnisse dort oft änderten.

Alle wichtigen Akte hielten die Osmanen schriftlich fest, in einer arabisch geschriebenen Kunstsprache, in der sich persische, arabische und türkische Worte in etwa die Waage hielten. Das einfache Volk sprach Türkisch und konnte die Vornehmen so wenig verstehen wie die Europäer die Lateinisch sprechende Geistlichkeit. Die Sultane liebten besonders die persische Versform und fast alle gefielen sich als Mäzene für literarische Kolloquien oder versuchten sich selbst als Dichter. Einer gab seinem auf Feldzug befindlichen Großwesir die Anweisungen stets in Form von Gedichten, und der meldete ebenfalls in Versen Vollzug.

Ein ausgeklügeltes Steuersystem verschaffte dem Reich die für Krieg und Palast notwendigen Gelder, wobei es eine Kasse für den Sultan gab und eine für den Staat. Seine Verwaltung unterlag einem Beamten, dem Defterdar, der direkt dem Sultan unterstand. Er führte namentliche Listen aller Steuerzahler, und seine Leute verfügten über eine der besten Ausbildungen im Land. Für sie bürgerte sich in späterer Zeit die Bezeichnung »Efendi« ein, was so viel wie Gelehrter hieß.

Weil dem Sultan grundsätzlich alles gehörte, aber nur wenige Beamte in direktem Sold des Sultans und seiner Regierung standen, wurden sie dadurch entlohnt, daß der Sultan ihnen Teile seiner Lehen übertrug. Dieses »Abtrennung« genannte System war eines der Charakteristika der osmanischen Steuerpolitik. Neben diesem Staatsland des Sultans gab es – hauptsächlich in Anatolien – noch vererbbare Ländereien des alten türkischen Adels sowie geistliche (hauptsächlich islamische, aber auch christliche) Stiftungen, die ein Geschenk des Sultans waren oder auch von Privaten kamen und nicht veräußert werden durften.

Das eigentliche wirtschaftliche Leben fand fast ausschließlich in Städten statt, denn die Dörfer umfaßten selten mehr als einige Dutzend Hütten. Freilich gab es im osmanischen Kernland nur eine große Stadt – Konstantinopel – mit Hunderttausenden von Einwohnern. Schon die Bevölkerung der größten Stadt Anatoliens, Bursa, war nur noch ein Zehntel so hoch. Jedes Stadtviertel der Hauptstadt hatte von den Anwohnern entlohnte eigene Wärter, die besonders darauf achteten, daß die Großstädter ihre Feuerstellen zeitig löschten. Denn die Häuser der damaligen Städte bestanden fast ausschließlich aus Holz, und Feuersbrünste waren eine Geißel Konstantinopels.

Weil – außer den Militärs – niemand in den Städten Waffen tragen durfte, jeder Einwohner aber gehalten war, einen Mörder festzuhalten oder aber die enorme Summe von 20 000 Silberstücken Strafe riskierte, floß, nach dem Zeugnis eines italienischen Reisenden zu Anfang des 16. Jahrhunderts, in keiner Stadt der Welt so wenig Blut wie in Konstantinopel.

Wie alles im Osmanischen Reich war auch die Wirtschaft streng reglementiert. Gilden sorgten für eine strikte Ordnung besonders unter den Handwerkern und kleinen Kaufleuten, während die großen Ex- und Importeure größere Freiheiten genossen. Zusammen mit staatlichen Beamten achteten die Gildenmeister streng darauf, daß keine Ungerechtigkeiten auftraten, eine in der Scharia tief verwurzelte Tradition, die sich auch auf rein christliche Städte übertrug. Ausgenommen davon waren nur privilegierte Fremde, anfangs hauptsächlich Venezianer oder Ragusäer, die vertragsgemäß nur der Jurisdiktion ihrer Heimat unterstanden.

Sehr bemüht waren die Herrscher um eine gute Versorgung der Hauptstadt und der Armee. Kaufleute, die beim Wiegen mogelten, erhielten nicht nur 20 Stockschläge, sondern mußten anschließend mit einer Schelle um den Hals durch die Straßen gehen. Schlächter konnten gar gevierteilt werden, wenn es durch ihre Schuld an Fleisch mangelte. Neben Betrügereien war besonders eins verboten: Konkurrenz. Ob die Produktionsmenge oder die Preise, die Zahl der Arbeitskräfte oder der Geldstücke, – alles war genau geregelt. So bildete sich eine geschlossene Wirtschaft, in der jeder sein Auskommen hatte und keiner zu reich wurde, die aber – im Gegensatz zu den ebenfalls reglementierten Gilden Europas – auch unfähig war, sich auf eine veränderte Welt einzustellen.

Freilich traten schon früh Mißstände auf, wenn Kriege mehr kosteten, als sie an Pfründen einbrachten. Dann mußten Heerzüge vorfinanziert werden, und so gingen die Osmanen schon bald dazu über, die Einnahmen bestimmter Steuern zu verpachten. Beispielsweise erwarben Pächter gegen eine hohe Summe das Recht, neugeprägte Aspern, die osmanische Silbermünze, gegen alte einzutauschen. Ihren Gewinn machten sie dadurch, daß sie den Silbergehalt drastisch verminderten. Einer soll damit 800 000 Dukaten verdient haben, das entsprach dem damaligen Staatshaushalt. Um die Geldbesitzer zu zwingen, ihre guten gegen schlechte Münzen einzutauschen, stellten die osmanischen Herrscher den Besitz alter Aspern unter schwere Strafe.

Die Folge war eine rasche Inflation, welche dazu führte, daß inbesondere die Bauern wegen der steigenden Ausgaben ihren Steuerverpflichtungen nicht mehr nachkommen konnten. Manche Volksaufstände sind mit großer Wahrscheinlichkeit auf solche Münzverschlechterungen zurückzuführen, obgleich die Quellen darüber schweigen. Wie hoch die Inflation war, läßt sich aus der Verminderung des Silbergehalts abschätzen: Während der venezianische Dukat (auch fränkischer Gulden genannt) sowie der florentinische und auch der ungarische Goldgulden zur Zeit Mehmeds ihren Goldgehalt beibehielten, ging der Silbergehalt der osmanischen Verkehrsmünze Asper stets zurück. Wurden ursprünglich für einen Dukaten zehn Aspern bezahlt, so war die Relation am Ende der Regierung Mehmeds nur noch eins zu fünfzig, im 16. Jahrhundert schließlich sogar nur noch eins zu achtzig.

Keinerlei Zeichen des Luxus erlaubt
Das Millet-System

Die vielleicht größte Errungenschaft der Osmanen war das Millet, die Organisation der christlichen Glaubensgemeinschaften. Dieses System sollte, so Historiker von Grunebaum, »in den folgenden Jahrhunderten die grundlegenden organisatorischen Einheiten der nicht-muslimischen Untertanen des Sultans werden.«

Christen und Juden waren die Raja genannte »behütete Herde« des Sultans und genossen mehr Rechte als die Sklaven des Hauses Osman, da sie unter dem Schutz der Scharia standen, was sie im Prinzip vor der Willkür des Sultans bewahrte. »Die Macht des Sultans war keineswegs so unbegrenzt«, behauptet der französische Osmanen-Forscher Gilles Veinstein, »und die Angehörigen der Herde waren nicht so rechtlos, wie westliche Beobachter vorgaben.« Viermal jährlich bereisten »Tschausche« genannte Boten das Land, »um deren Behandlung zu überwachen und die Bedrückung des armen Volkes zu verhindern«, wie Historiker Babinger schreibt.

Nach dem Millet-System konnten anfangs informell, seit der Eroberung Konstantinopels auch formell die christlich-orthodoxe sowie die armenisch-gregorianische Glaubensfamilie ihre Angelegenheiten nach eigenen Gesetzen und unter eigener Verwaltung regeln. Auch die Juden waren seit 1453 in einem Millet organisiert. Im Laufe der osmanischen Geschichte kamen immer mehr Millets hinzu, auch Abspaltungen der beiden klassischen Glaubensgemeinschaften.

Die einzelnen Millets hatte eigene Schulen und Hospitäler, Wohlfahrtseinrichtungen und Gerichtshöfe. Stritten sich allerdings Moslems mit Nicht-Moslems, dann sprach der (moslemische) Kadi (moslemisches) Recht. Denn die zumeist orthodoxen Christen blieben während fast der gesamten Geschichte des Osmanischen Reichs Menschen zweiter Klasse. Sie durften im Gegensatz zu den moslemischen Bauern keine Waffen tragen und mußten sich in ihrer Kleidung von den Moslems unterscheiden. Bestimmte Kleidungsstücke sowie Farben waren für sie verboten, wie sie überhaupt gehalten waren, keinerlei Zeichen des Luxus zu zeigen und ihre Feste in aller Zurückhaltung zu feiern. Zwar durften sie Schweinefleisch essen und Wein trinken, aber nur, wenn das die Moslems nicht störte. Ihre privaten, aber auch geistlichen Gebäude durften nicht höher sein als die der Muslime, und für den Neubau – oder auch nur die Reparatur – einer Kirche brauchten sie eine Genehmigung. Der Gebrauch von Kirchenglocken war ihnen untersagt, und zum Gebet riefen sie ihre Gläubigen durch Reiben eines metallenen Laufbretts.

Christen durften keine Pferde halten, die mehr als vier Dukaten wert waren. Außerdem mußten sie vor jedem Moslem absteigen, »und es kam vor«, wie der rumänische Historiker Nikolae Jorga in seinem großen Werk über das Osmanische Reich schreibt, »daß der Moslem ihnen das Pferd einfach fortnahm. Öfter ritten sie, um solchen Unannehmlichkeiten zu entgehen, auf Mauleseln, wurden aber trotzdem von türkischen Kindern mit Steinen beworfen und mit Schmähworten bedacht.« Hatte ein Christ ein Verhältnis mit einer Türkin, mußte er, um sein Leben zu retten, zum Islam übertreten. »Die Türken freilich«, schreibt Jorga, »verachteten den, der nicht stark genug war, an der Religion seiner Väter festzuhalten und zwangen niemals einen Christen, zum Islam überzutreten.« Die Knabenlese natürlich ausgenommen.

Jede Religionsgemeinschaft unterstand direkt ihrem religiösen Oberhaupt, dem Patriarchen, der seinerseits auf den Sultan eingeschworen war und der herrschenden Klasse gegenüber für die Erfüllung der Pflichten des Millets verantwortlich zeichnete – in erster Linie für die zu zahlenden Steuern und die Aufrechterhaltung der öffentlichen Ordnung.

Der Patriarch war von allen Abgaben befreit und im Prinzip unabsetzbar, doch boten konkurrierende Priester große Geldsummen an, wenn der Sultan sie als Patriarch bestätigte. So riß ohne großes Zutun der Osmanen die Käuflichkeit des obersten Amtes der orthodoxen Christen ein und mit ihm Mord und Totschlag. Von den 159 orthodoxen Patriarchen des Osmanischen Reichs starben nur 21 eines natürlichen Todes in ihrem Amt.

Mehmed stattete das Patriarchenamt mit großen Vollmachten aus. So durften die Christen unter sich nicht nur alle geistlichen, sondern auch viele weltlichen Dinge nach eigenen Gesetzen regeln. Selbst ein eigenes Gefängnis richteten die Orthodoxen in ihrem Konstantinopler Patriarchat ein. Ein wenngleich bescheidener Beamtenapparat vervollständigte die Eigenständigkeit. Der Patriarch selbst stieg zum Rang eines Wesirs auf, erhielt drei Roßschweife und bekleidete damit eines der höchsten Staatsämter in der osmanischen Hierarchie. Die wenigen römisch-katholischen Christen gliederten die Osmanen der Einfachheit halber dem orthodoxen Millet an.

Wenngleich erst 1839 offiziell anerkannt, war das jüdische Millet teilweise mächtiger als das orthodoxe. Ihr Rabbiner Mosche Kapsali war sogleich nach der Eroberung Konstantinopels zum Großrabbiner aller jüdischen Gemeinden ernannt worden und erfreute sich der Zuneigung Mehmeds, an dessen Tafel er speisen durfte. Denn bei den in vielen christlichen Staaten verfolgten Juden konnten die Osmanen sicher sein, daß sie keinerlei Versuchung aus dem Westen erlagen.

Die in Europa geknebelten Juden müssen das Osmanische Reich als Paradies auf Erden empfunden haben. Sie unterlagen nicht diskriminierenden Steuern wie in Europa, konnten frei über ihr Eigentum verfügen und sich kleiden, wie sie wollten, selbst in Samt und Seide. Kurz nach der Eroberung Konstantinopels erließ der in Deutschland geborene Jude Isaak Sarfati ein Rundschreiben an seine Glaubensbrüder in der alten Heimat, worin er sie aufforderte, die »große Folterkammer« (Europa) zu verlassen. Aus Europa zogen so viele Juden ins Osmanische Reich, daß die Italiener ihnen schließlich die Ausreise untersagten. Als Spanien Ende des 15. Jahrhunderts seine Juden außer Landes trieb, nahm das Osmanische Reich sie großherzig auf. Diese sephardischen Juden siedelten zumeist im rumelischen Teil des Osmanischen Reichs und machten neben Konstantinopel, wo sie zu den griechischsprachigen jüdischen Altsiedlern stießen, besonders die Städte Saloniki, Adrianopel und Nikopolis, aber auch Sofia, Sarajewo und Valona zu mächtigen jüdischen Zentren. Die aus Ost- und Mitteleuropa ausgewanderten Aschkenasim hingegen zogen zumeist nach Palästina.

Anfang des 16. Jahrhunderts war der wichtige Hafen Saloniki mit fast 55 Prozent Juden vermutlich die größte jüdische Stadt der Welt. In der Hafenstadt Valona stellten die Juden mehr als ein Drittel der Einwohner, in Trikala mehr als ein Fünftel. Und auch in der Weltstadt Konstantinopel bekannte sich bei der Volkszählung von 1478 jeder zehnte zum jüdischen Glauben.

Eine Mischung besonderer Art war das armenische Millet. Denn die Masse der gregorianischen Armenier siedelte am Rand des Osmanischen Reichs und hatte ihr Oberhaupt, den Katholikos, im kaukasischen Etschmiadsin nahe Jerewan. So machten die Osmanen den armenischen Bischof von Bursa zum Patriarchen des armenischen Millets, das sie 1461 offiziell anerkannten. Den Armeniern wurden aber nicht nur religiöse Minderheiten, sondern auch alle Sekten zugeschlagen, die sich nicht in den beiden übrigen Millets unterbringen ließen, so die bulgarischen und bosnischen Bogomilen, eine dualistische Religionsabspaltung.

War in den vergangenen byzantinischen Jahrhunderten die Macht der orthodoxen Patriarchen stets geschrumpft, so dehnte sie sich nunmehr im Gefolge der türkischen Eroberungen aus. Die türkischen Herrscher wollten damit die Kluft zwischen der sie bedrohenden katholischen und der orthodoxen Welt vertiefen, was ihnen denn auch für lange Zeit gelang.

Von der Knabenlese abgesehen, zwangen die Osmanen ihre christlichen Untertanen nicht, den Islam anzunehmen. Wenn doch ganze Landstriche sich zur Religion Mohammeds bekehren ließen, so hauptsächlich wegen der wirtschaftlichen Vorteile oder weil sie sich an ihren früheren Unterdrückern rächen wollten. Oft ließen sie sich aber wohl konvertieren, weil reisende Derwische ihnen die neue Religion volksnah präsentierten, indem sie ihnen nicht nur ihren gewohnten Aberglauben ließen, sondern auch tatkräftig mit ärztlichen Ratschlägen und Heilmitteln aushalfen.

An einer zu rigorosen Islamisierung ihrer christlichen und jüdischen Untertanen hatten die Osmanen schon deshalb kein Interesse, weil damit eine wichtige Steuerquelle versiegt wäre. Denn geborene Türken sowie Renegaten unterlagen keiner direkten Steuer, wohl aber Christen und Juden. Diese Kopfsteuer aber war die wichtigste Steuerquelle überhaupt – und damit auch ein Schutz für die Andersgläubigen. Um die Wende zum 16. Jahrhundert machte sie (bei insgesamt gut 800 000 christlichen Haushalten, die je mit einem Dukaten belegt wurden) mehr als die Hälfte der Staatseinnahmen aus. Bei einer Erhebung um 1527 zahlten allein die europäischen Christen 83 754 000 Aspern Kopfsteuer entsprechend 120 Tonnen Silber. Mit ihrem relativen Reichtum bewahrten die Christen des Osmanischen Reichs weitgehend ihre Identität und entgingen den im Westen mörderischen Religionsspaltungen.

4
Der Sultanthron war der Welten Zuflucht

Das Goldene Zeitalter

Am Bosporus hatte sich ein Weltreich etabliert. Und seine Herrscher sahen sich noch lange nicht an den Grenzen ihrer Möglichkeiten. Mehmeds Eroberungen waren nur ein Vorgeschmack auf das, was Europa von den Türken mit ihrem kriegerischen Ghasigeist zu erwarten hatte. War das Abendland darauf vorbereitet?

Europa war zwar noch durch und durch christlich, aber es hatte ein Bruch stattgefunden, der später den Namen »Renaissance« bekam und die westliche Welt von Grund auf veränderte. In den Städten war ein mündiges und selbstbewußtes Bürgertum entstanden. Das römische Recht ersetzte zunehmend das kanonische, und eine schreib- und lesekundige Beamtenschaft machte in den Hofämtern die traditionellen Hilfsdienste der Geistlichen mehr und mehr überflüssig. Kapitalbildung durch Fernhandel und Großbetriebe ließen Unternehmerfamilien aufsteigen, die selbst Könige zu ihrer Klientel zählten. Der Name der Augsburger Fugger wurde in aller Welt Synonym für Reichtum und Einfluß. Und in Florenz ergriff das Bankhaus Medici die politische Macht.

Vor allem in den Städten Italiens und Flanderns, den Kulturzentren der damaligen abendländischen Welt, war ein neuer Geist aufgekommen, der sich am augenfälligsten in der Malerei zeigte. Die Künstler entdeckten die Natur und vor allem den Menschen in seiner Individualität. Sie gruben die Werke der Antike aus und übertrugen den neuen Geist in die Gegenwart. Das Profane trat neben das Heilige. Der Humanismus in seiner ersten Phase fing an, die Welt zu prägen.

»Der Humanismus war eine offene, freie und dynamische Kultur«, schreiben die Historiker Ruggiero Romano und Alberto Tenenti, »die bewußt menschlich war und deshalb dem Menschen keine Beschränkung auferlegte.« Die Idealisierung alles Menschlichen führte freilich auch schnell zu einer Verherrlichung fragwürdiger Führergestalten, zu einer

Festigung adliger Herrschaft. Das machte wiederum den Humanismus selbst für die Päpste interessant, denn der obere Klerus hatte sich so sehr vom Evangelium entfernt, daß er von weltlicher Herrschaft nicht mehr zu unterscheiden war. Die Päpste protzten mit Palästen und ihren leiblichen Kindern und gründeten regelrechte Papstdynastien, wie die der Familie Borgia. Der Vatikan verschacherte so hemmungslos Posten und versilberte über Ablässe so skrupellos die Ängste des Volkes, daß auch Geistliche immer häufiger Reformen verlangten, lange bevor Luther und seine Mitstreiter die Christenheit sprengten.

Andererseits nutzten die weltlichen Herrscher die nach wie vor große Kraft des Christentums, um ihre eigene Macht auszubauen, besonders in Spanien. Jahrhundertelang hatten dort die Königreiche Kastilien und Aragón, das von Sizilien aus auch Süditalien erobert und in Neapel ein Königtum errichtet hatte, miteinander konkurriert, bis 1469 Isabella I. von Kastilien den Erbprinzen von Aragón, Ferdinand II., heiratete und damit den Grundstein zur staatlichen Einheit Spaniens legte. Das Paar, dem Papst Alexander VI. – der Spanier Rodrigo de Borja aus dem Borgia-Haus – den Titel »Katholische Könige« verlieh, sah im christlichen Glauben den Kitt für das wachsende Großreich.

Nirgendwo war das Christentum so militant wie in Spanien. Das hing mit der Reconquista zusammen, der Wiedereroberung islamischer Territorien auf spanischem Boden, die 1492 mit der Einnahme Granadas, des letzten moslemischen Gebiets in Europa, abgeschlossen worden war. Anfangs hatten sich die spanischen Rückeroberer durchaus tolerant gegeben und den besiegten Moslems wie auch den Juden nicht nur Leben und Eigentum garantiert, sondern auch den religiösen Kult. Nun ging das katholische Paar daran, Inquisitionstribunale einzurichten, um sich damit mißliebiger Gruppen zu entledigen, zuerst der Marranen, der zwangskonvertierten Juden, die angeblich ihrem alten Glauben noch nicht abgeschworen hätten, sodann der Morisken, der zwangskonvertierten Moslems, die es beide zu Reichtum und Einfluß gebracht hatten.

Mehr noch als die Reconquista prägte die Entdeckung der Neuen Welt Spaniens Geschichte, nachdem der in spanischen

Diensten stehende Genuese Christoph Kolumbus 1492 erstmals Amerikas Boden betrat. Als »das größte Ereignis seit der Erschaffung der Welt« feierte der spanische Chronist López de Gomara die Neueroberung.

Zur Weltmacht stieg Spanien durch die Verbindung zur führenden Dynastie der damaligen Zeit auf: den Habsburgern. Unter dem Kaiser des Heiligen Römischen Reichs, Karl V., dem Sohn der Spanierin Johanna von Kastilien und Aragón und dem burgundischen Habsburger Philipp dem Schönen, erreichte der christlich-abendländische Universalismus seinen letzten Höhepunkt. Im Heiligen Römischen Reich ging nun, dank der Eroberungen der Spanier, die Sonne nicht mehr unter. Freilich fühlte sich der deutsche Kaiser eher als Burgunder, denn seine Muttersprache war Französisch. Er beherrschte auch die lateinische Sprache, während sich seine Deutschkenntnisse auf wenige auswendig gelernte Redewendungen beschränkten. Sowohl über die Landmacht Österreich als auch über die Seemacht Spanien geriet das deutsche Kaiserreich nunmehr in direkten Kontakt zum osmanischen Sultan.

300 000 Dukaten für den Mord an dem Bruder
Konsolidierung unter Bayasid II.

Nach dem Tod von Mehmed II. hatte sofort der alte Wettlauf um die Macht eingesetzt. Der Eroberer hatte offensichtlich seinen Sohn Dschem als Nachfolger auserkoren und ihm deshalb das nahe Konya als Statthalterschaft gegeben. Gleich nach Mehmeds Ableben ließ der Großwesir Dschem eine Botschaft zukommen, die aber Vertraute des ältesten Sohns Bayasid, der in einer fernen anatolischen Provinz residierte, abfingen. So ritt nicht Dschem als erster in Konstantinopel ein, sondern, am 20. Mai 1481, der ungeliebte Bayasid.

Dort hatten unterdes die Janitscharen die Macht übernommen und boten gegen die Zusage eines größeren Geldgeschenks und der Erhöhung ihrer Bezüge Bayasid ihre Unterstützung an. Der Sultansohn stimmte zu, und die Elitetruppe akzeptierte ihn als neuen Sultan Bayasid II. Eine Praxis nahm ihren Anfang, die später dem Reich sehr zusetzen sollte.

Dschem hatte sich unterdes in der alten Osmanenmetropole Bursa zum Sultan ausrufen lassen. Ein Vermittlungsangebot an Bayasid, das Reich zu teilen und ihm die Herrschaft über Anatolien zu überlassen, lehnte der ältere Bruder ab. Es kam zu einer Schlacht, in der Bayasid siegte, Dschem aber fliehen konnte – erst nach Mesopotamien und dann nach Ägypten. Auch ein zweiter Versuch, sich in Anatolien festzusetzen scheiterte, und Dschem rettete sich diesmal zu den Christen nach Rhodos. Die Ritter brachten ihn nach Frankreich, wo sie ihn jahrelang in zwar ehrenhafter, aber strenger Haft hielten. Von einem Sultan in spe erhofften sie sich politischen, wenn nicht gar finanziellen Gewinn.

Im Gegensatz zu seinem Vater war der neue Sultan äußerst friedliebend und vom Mystizismus des persischen Islam angetan, was ihm den Namen »Sofi« eintrug, der »beschauliche Weise«. Auch der christliche Autor der griechischen Chronik Anonymus Zoras nannte Bayasid »einen von Natur aus guten Menschen.« Selbst seinem Bruder gegenüber war er anfangs – trotz des Gesetzes zum Brudermord – eher friedlich eingestellt und bot ihm die Statthalterschaft von Jerusalem an. Doch Dschem oder vielmehr seine Gastgeber lehnten ab.

Daraufhin versprach der Sultan dem französischen König Karl VIII. das Königreich Jerusalem, wenn er ihm im Gegenzug seinen Bruder ausliefern würde. Der König der Franzosen ließ den Plan wohlwollend prüfen und sich bereits als Herrscher des Heiligen Landes feiern. Doch zur Auslieferung kam es nicht. Denn inzwischen hatte sich Papst Alexander VI. gewaltsam des Osmanenprinzen bemächtigt. Der verweigerte dem völlig verweltlichten Borgia-Sproß bei der ersten Audienz nicht nur den Handkuß, sondern nahm auch seinen Turban nicht ab, was der Papst als Beleidigung verstand.

Der Papst schickte den Genuesen Giorgio Bucciardo als Unterhändler nach Konstantinopel. Dort wurden sich die beiden Herrscher schnell einig. »Wir sind mit dem Gesandten Georg auf den Gedanken gekommen«, schrieb der Sultan dem Papst, »daß es für die Ruhe, den Nutzen und die Ehre Eurer Hoheit, ebenso wie zu meiner Befriedigung gut sein würde, wenn Ihr meinen Bruder Dschem, welcher doch der Sterblichkeit unterworfen ist, umbringen ließet.« Der Sultan zahlte dem Papst ein jährliches Kostgeld von 40 000 venezianischen Dukaten und versprach für die Leiche seines Bruders weitere 300 000 Goldstücke sowie lebenslange Freundschaft. Sodann beschwor er die Verabredung »bei dem wahren Gott«. Als die Franzosen auf ihrem Zug nach Neapel Rom eroberten, machten sie die Auslieferung Dschems zur Bedingung. Doch es kam nicht dazu, denn am 24. Februar 1494 erlag Dschem einer Vergiftung.

Leben und Tod Dschems waren das beherrschende Thema des Sultanats Bayasids, jedenfalls aus europäischer Sicht. Ansonsten beschäftigten sich die Kabinette eher mit diplomatischem Kleinkram. So erregten sie sich darüber, daß ihre Botschafter auf unsanfte Art zu demütigenden Gesten gegenüber dem Sultan gezwungen wurden. Denn nachdem Bayasid auf dem Weg nach Albanien nur mit Mühen einem Attentat eines ekstatischen Derwischs entgangen war, hatte er anordnen lassen, daß künftig alle Besucher, auch Botschafter, nur noch von zwei Kämmerern unter den Armen gestützt vor dem Sultan auftreten durften. Nicht selten bogen die Gehilfen den Arm der Vorgeladenen so sehr, daß die auch gegen ihren Willen einen tiefen Diener machen mußten.

Nur Venedig mußte vor Bayasid zittern, denn der hatte sich vornehmlich um den Aufbau einer neuen Flotte gekümmert. Als der Sultan den bestehenden Friedensvertrag mit der Lagunenstadt nur in Latein verlängern ließ, war dies ein sicheres Zeichen für Krieg, denn an die heidnische Schrift fühlte er sich nicht gebunden. Ein Schiff von 200 botti (120 Tonnen) sei gekapert worden, berichteten venezianische Späher aus Konstantinopel. Die Geheimdienstler der Signorie verstanden die verschlüsselte Meldung: Der Sultan hatte 200 Schiffe ausrüsten lassen und zog mit ihnen gegen Venedig.

Obgleich der König von Frankreich und die Ritter von Rhodos Galeeren für die Schlacht beigesteuert hatten, unterlagen die Venezianer 1499 der neuen Osmanenflotte, in der erstmals Riesenschiffe mit 1800 Tonnen auftauchten, die größten der damaligen Welt. Die Signorie konnte zwar noch die Inseln Zypern und Kreta halten, verlor aber die letzten Stützpunkte an der nördlichen Adria. Das Osmanische Reich übernahm nunmehr auch im mare nostrum Venedigs die Macht. Auf absehbare Zeit blieb den Venezianern nur noch ein Mittel gegen die neuen Herrscher: Sie bestachen die osmanischen Würdenträger schamlos, auf daß diese die Händler der Republik gewähren und den Stadtstaat in Ruhe ließen.

Noch zu Lebzeiten des Sultans machten ihm seine Söhne die Herrschaft streitig. Sohn Selim hatte die Janitscharen für sich gewonnen und zwang seinen Vater zur Abdankung. Der bat nur noch darum, in seiner thrakischen Geburtsstadt sterben zu dürfen. Doch er kam nie an, sondern starb drei Tage nach seinem Rücktritt, am 26. Mai 1512, nach Meinung der Europäer an Gift, das ihm sein Leibarzt auf Befehl Selims eingeflößt haben soll.

Bayasid hatte zeitlebens Gelehrte hochgeschätzt und Dichter selbst in fernen Ländern und fremder Sprache mit jährlichen Zahlungen bedacht. Noch großzügiger war er gegenüber den Geistlichen. Allein nach Mekka schickte er Jahr für Jahr 14 000 Dukaten. Denn sein Traum war es immer, sich mit dem Ruhm eines Dschihad, eines Heiligen Krieges, schmükken zu können. Deshalb hatte er auch Order gegeben, den Staub an seinen Kleidern und Stiefeln sammeln zu lassen, wenn er an der Spitze seiner Armeen gegen die Ungläubigen zog. Der Sack mit Staub sollte ihm im Grab unter die Wange gelegt werden und den Duft der Eroberungen verbreiten. Es blieb ein Wunsch, denn der friedfertige Sultan hatte kaum Kriege geführt. Das änderte sich unter seinem Nachfolger.

Dieser Herr ist ganz Krieg
Aufstieg zur Weltmacht unter Selim I.

Sultan Selim I., später genannt »der Schreckliche«, ließ gleich nach der Thronbesteigung zwei Janitscharen, denen er seine Macht verdankte, hinrichten, »um der Welt zu zeigen«, wie Historiker Nikolae Jorga schreibt, »daß er nicht einmal seine Helfer und die Stützen seines Throns zu schonen gedachte«. »Dieser Herr«, schrieb der venezianische Botschafter Foscolo an seine Regierung, »ist der allerwildeste und ganz Krieg.« Einen »Zwänger und Dränger von zorniger Natur«, nannte ihn der osmanische Geschichtsschreiber Dschenabi.

Auch vor den Mitgliedern seiner eigenen Familie schreckte

der neue Sultan nicht zurück. Er ließ nicht nur sämtliche Brüder und alle erreichbaren Neffen töten, sondern auch vier seiner eigenen Söhne, um seinem Lieblingssohn Suleiman die Nachfolge zu sichern. Teilweise wohnte er den Hinrichtungen in einem Nachbarraum bei. Um keine weiteren Söhne zu zeugen, trieb es der Sultan fortan nur noch mit Knaben.

»In seinem glattgeschorenen blassen Gesicht rollten ein Paar große wilde Augen«, beschrieb ihn der italienische Zeitzeuge und Geschichtsschreiber Paolo Giovio, »einen langen Bart, wie sein Vater Bayasid, trug er nicht, weil er nicht wollte, daß seine Paschas ihn, wie Bayasid, nach Willkür daran führten.« Selim sagte, kommentiert der berühmte Historiker in seinem Bericht an den deutschen Kaiser, »daß es nichts Süßeres gäbe, als ohne Furcht vor seinen Verwandten zu regieren.« Giovio, der 1541 eine große Geschichte der Türken herausgab, stellte den Sultan »den größten asiatischen Tyrannen zur Seite, die die Weltgeschichte gekannt hat.«

Unter dem schrecklichen Sultan stieg das Osmanische Reich endgültig zur Großmacht auf. Dies begann mit der Eroberung der arabischen Welt, die eigentlich nur ein Nebenprodukt der versuchten Eroberung der persischen Welt war. Dort herrschte Ismail, ein Großsohn Uzun Hasans, der Persien, Aserbaidschan und Teile Mesopotamiens seinem Reich eingefügt hatte.

Ismail, der sich als erster Perserherrscher »Schah« (nach dem altpersischen Wort »Padischah« für »Herrscher«) nannte, verdankte seine Macht einem von den Osmanen wegen ihrer roten Mütze Kisilbaschen (Rotköpfen) genannten Turkvolk in Aserbaidschan und Ostanatolien. Bald bezeichneten die Türken alle persischen Soldaten als Kisilbaschen. Die Rotmützen gehörten einer Sekte an, die sich zur sogenannten Zwölfer-Schia zählte, weshalb ihre Mützen auch zwölf Zipfel trugen. Sie waren mehr Wundergläubige als Schiiten und hatten sich um den Safawi-Orden (nach dem Gründer Scheich Safi) gebildet, den die Osmanen als unrein hinstellten. Weit mehr nahm der Sultan Anstoß daran, daß sich die etwa 80 000 nomadischen Kisilbaschen seines Reichs nicht unterordneten und im persischen Schah Ismail den Messias sahen, der auf Erden zurückgekehrt war.

Nach ihrem Glauben winkte den Kisilbaschen keinerlei Belohnung auf Erden, weshalb sie nichts auf Geld und Ränge gaben und auch nichts auf Disziplin und Befehle. Sie fürchteten den Tod nicht und wurden dadurch zu gefährlichen Gegnern. »Bei allen feindlichen Zusammenstößen konnten die Kisilbaschen in der Minderzahl sein«, schreibt Historiker Jorga, »ihre Wildheit und der ihnen vorangehende Ruf der Unmenschlichkeit schlug die Gegner in die Flucht.«

Der kleine und dicke Schah Ismail zeigte sich, wie die Kalifen, immer nur verschleiert. Er zog das einfache Leben vor, spottete über die Verbote der Sunniten, Wein zu trinken und Schweinefleisch zu essen, und haßte die Osmanen. Er hielt sich ein fettes Hausschwein, das er »Sultan Bayasid« nannte. Als die Perser auf osmanisches Gebiet vorgedrungen waren und dort die schiitische Bevölkerung gegen ihre sunnitischen Herren aufgewiegelt hatten, beschloß Selim den Krieg gegen die Perser.

Weil es ein Krieg gegen Religionsbrüder war, ließ sich Selim vom Scheich ul-Islam Sari Görez ein Gutachten verfassen, das ihn ermächtigte, den schiitischen Schah und seine Anhänger »bis zum letzten Mann umzubringen und ihre Frauen und Kinder in die Sklaverei zu treiben.« Selim übertrug dieses Urteil auch auf die Schiiten seines Reichs. Er ließ durch Schnüffler alle Kisilbaschen zwischen sieben und 70 Jahren auskundschaften und die meisten von ihnen hinrichten. Die übrigen siedelte er in anderen Landesteilen an, unter anderem auf dem Peloponnes.

Sodann zog der Sultan mit einem Heer von 140 000 Mann gegen den Schah. Der aber praktizierte in dem außerordentlich heißen Sommer 1514 die Politik der verbrannten Erde und zerstörte in dem ohnehin schwierigen Gelände Häuser und Lebensmittel vor den nachrückenden Osmanen. Die nahmen zwar die von Ismail gehaltenen Städte Ersindschan und Erzurum ein, mußten aber ihren Vormarsch stoppen, weil die Janitscharen meuterten. Erst im Spätsommer konnte der Sultan seinen Feldzug gegen Ismail wieder aufnehmen. Diesmal stellten sich ihm die Truppen des Schahs. Die erste große Schlacht der beiden Reiche fand am 23. August 1514 nordöstlich des Van-Sees in Ostanatolien statt. Die Perser unterlagen, weil sie über keine Artillerie verfügten. Selim befahl, alle männlichen Gefangenen hinzurichten.

Erneut ließ Ismail die Gebiete verwüsten, die er nicht halten konnte, und zog sich tiefer in sein Reich zurück. Die osmanischen Truppen erreichten zwar die Hauptstadt Täbris und ließen alle qualifizierten Handwerker sogleich nach Konstantinopel abführen, wo sie, besonders als Schmiede und Schreiner, ein blühendes Gewerbe aufbauten. Doch dann fühlten sich die Osmanen in der aserbaidschanischen Hauptstadt von der feindlich gesinnten Bevölkerung bedroht, und die Janitscharen meuterten. Sie schickten Pfeile und Kugeln durch das Zelt des Sultans, der den Rückzug anordnete. Als Ismail vier hochgestellte Gesandte schickte, um die Herausgabe seiner gefangenen Ehefrau zu erbitten, ließ Selim sie einkerkern und verheiratete die nicht geschiedene Moslemin mit einem seiner Sklaven. Selbst die osmanischen Geschichtsschreiber kamen nicht umhin, die Freveltat zu vermelden.

Die Osmanen zogen heim ins Reich und verbündeten sich erstmals mit den ebenfalls sunnitischen Kurden, die den Südosten Anatoliens beherrschten. Sie hatten die Kisilbaschen aus ihren Regionen vertrieben, weil Ismail einige ihrer Stammesführer nicht als Vasallen anerkannt, sondern eingesperrt hatte. Die Kurden waren sowohl von arabischen Beduinen als auch besonders von den nomadischen Turkmenen immer wieder in die schwer zugängliche Bergwelt zurückgedrängt worden und betrachteten die Osmanen nunmehr als natürliche Verbündete.

Die begnügten sich mit sehr lockeren Vasallenverhältnissen und sahen in den kurdischen Emiren, die teilweise sogar die Richter bestellen konnten, hauptsächlich Verteidiger gegen die Perser. So konnte Selim seine Macht über den heutigen Südosten der Türkei ausdehnen und die kurdischen Städte, besonders die heimliche Kurden-Metropole Diyarbekir, das damals noch Amid oder das »Schwarze Amid« hieß, nach den aus schwarzem Lavagestein erbauten Mauern, seinem Reich anfügen. Der Dauerstreit zwischen Osmanen und Persern verschaffte den Kurden für Jahrhunderte de facto Autonomie, denn die Zentrale konnte allenfalls Strafexpeditionen gegen allzu unabhängige Emire schicken, das Land jedoch nicht dauerhaft besetzen.

Mit der Eroberung des anatolischen Südostens hatte der Sultan eine gute Ausgangsbasis für ein Kräftemessen mit

Ägypten. Dort herrschten die Mamelucken, ursprünglich Militärsklaven türkischer, kaukasischer oder slawischer Herkunft, die sich Mitte des 13. Jahrhunderts in Ägypten an die Macht geputscht hatten und in der Folgezeit nicht nur Syrien ihrem Reich einverleibten, sondern auch den Kilikien genannten Südosten Kleinasiens von der Hafenstadt Tarsus bis Antiochia (dem heutigen türkischen Antakya) sowie große Teile Zentralanatoliens bis hinauf zur mittelanatolischen Stadt Divrigi.

Noch Anfang des Jahrhunderts hatten die Osmanen zu den Mamelucken gute Kontakte gehabt. Selim hatte seinem Sultan-Kollegen in Kairo sogar Ingenieure und Baumeister zur Verfügung gestellt, damit die seeunerfahrenen Mamelucken im Roten Meer eine Flotte aufbauen und mit ihr den vom Indischen Ozean eindringenden Portugiesen trotzen konnten. Nunmehr beschuldigte Selim die Mamelucken, insgeheim Verbündete des Schahs zu sein. Der Mameluckenherrscher schickte eine Gesandtschaft, deren Anführer in voller Rüstung vor den Sultan trat. Ohne ihn zu Wort kommen zu lassen, befahl Selim die Hinrichtung der Sendboten. Als die Reihe an den Botschafter kam, warf sich der Wesir Juni-Pascha dem Sultan zu Füßen und bat um Schonung des Gesandten. Selim ließ dem Mameluckenbotschafter daraufhin Bart und Kopfhaar scheren und schickte ihn auf einem lahmen Esel zurück zum ägyptischen Herrscher.

Am 24. August 1516 kam es nördlich der Stadt Aleppo zur Schlacht, die für die Osmanen um so einfacher zu gewinnen war, als die Mamelucken Artillerie als unsoldatische Waffe ablehnten. Selim eroberte Syrien und marschierte Ende Januar 1517 in Kairo ein. Dort verhieß er allen geflohenen Anführern der Mamelucken Begnadigung, ließ sie dann jedoch öffentlich köpfen. Anschließend töteten die Osmanen etwa 50000 Einwohner der Stadt. Dem Mameluckensultan Tumanbai bot Selim die Vasallenschaft an, die sogar das Münzrecht und seine Namensnennung beim Freitagsgebet einschließen würde, zwei der wichtigsten Insignien der Macht. Diesmal war es der damals achtzigjährige Mameluckensultan, der den osmanischen Botschafter samt seinen 500 Begleitern zusammenhauen ließ.

Als die arabischen Verbündeten von den Mamelucken abfielen, floh Tumanbai zu einem arabischen Freund, der ihn aber verriet. Respektvoll näherte sich der Chef der Janitscharen dem Mameluckenherrscher, bat ihn, die rechte Hand über seine linke zu legen, band beide Hände mit einem Tuch zusammen und führte ihn vor Selim. »Gott sei Dank, nun ist Ägypten erobert«, soll der osmanische Sultan ausgerufen haben. Beide Herrscher führten ein langes Gespräch, und der osmanische Sultan ließ den ägyptischen ehrenvoll aufnehmen. Doch dann stimmten ihn Überläufer in den nächsten Wochen um. Als er den Zuruf eines Untertanen »Gott verleihe dem Sultan Tumanbai den Sieg« vernahm, ordnete er die Hinrichtung des Mameluckenherrschers an. Am Kairoer Tor Suweila, der traditionellen Hinrichtungsstätte der Mamelucken, ließ er Tumanbai aufknüpfen. So starb am 13. April 1517 der letzte Mameluckenherrscher, dem selbst die osmanischen Geschichtsschreiber nachsagten, er sei ritterlich, menschenfreundlich und gerecht gewesen.

Blieb noch der Schattenkalif Mutewekkil. Als Nachfolger des Propheten Mohammed gilt der Kalif als Oberhaupt der muslimischen Gemeinschaft. Seine oberste Pflicht war die Sicherung der islamischen Rechtsordnung und des Bestands des islamischen Herrschaftsgebiets und deren Ausdehnung. Nur dem Kalifen war es deshalb vorbehalten, den Heiligen Krieg gegen die Ungläubigen auszurufen.

Als 1258 nach der Niederlage gegen die Mongolen der letzte Kalif aus dem Herrscherhaus Abbas in Bagdad hingerichtet worden war, okkupierten die Mameluckenherrscher in Ägypten das Kalifenamt, indem sie einem abbasidischen Abkömmling die Würde übertrugen. Bereits 1394 hatte der damalige Osmanen-Sultan Bayasid I. den Kalifen von Kairo ersucht, ihn als Sultan zu bestätigen. Jetzt führte Selim den 21. Kalifen der 2. Linie der Abbasiden mit nach Konstantinopel, wo Mutewekkil den Würdentitel des Kalifen auf den Osmanensultan übertrug. Fortan sah sich der osmanische Sultan als Herr über die Moslems in aller Welt und bezeichnete sich als »Diener der Heiligen Stätten«, ein Epitheton, mit dem sich seit einigen Jahren der saudische König Fahd wieder schmückt. Selim übernahm die Zahlungen an die Heiligen Stätten, verdoppelte die von seinem Vater jährlich zugesagten 28 000 Dukaten und vermachte weitere 200 000 Gold-

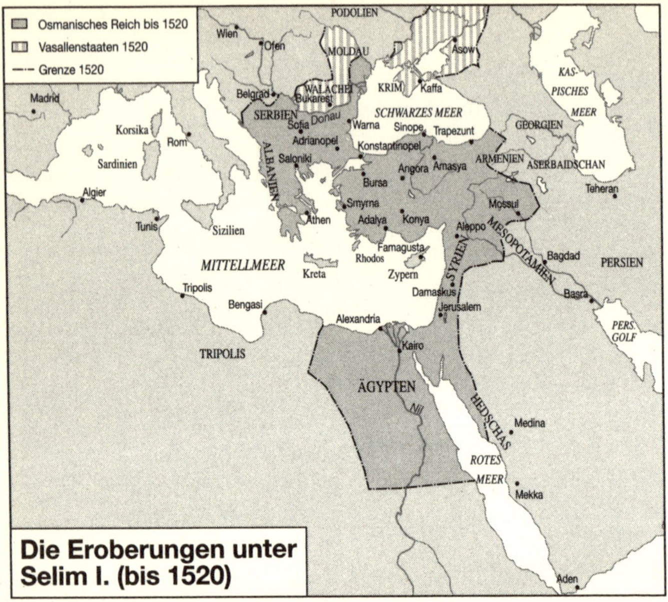

Die Eroberungen unter Selim I. (bis 1520)

stücke als einmalige Schenkung. Zum Dank für diesen Obulus ließ er für sich jeden Tag den gesamten Koran lesen, den sich 30 Geistliche aufteilten.

Die Sicherung des Pilgerwegs zu den heiligen Stätten war nunmehr eine der wichtigsten Aufgaben des Sultan-Kalifen. Jährlich sammelten sich die Pilger besonders in Kairo, Damaskus und Aleppo, um unter dem Schutz osmanischer Truppen den Haddsch, die heilige Pilgerfahrt nach Mekka und Medina anzutreten. Nach dem Fall der Mamelucken unterwarf sich nun auch Mohammed Ebul Berekiat, der 34. »Scherif« oder »Scharif« genannte Nachfolger des Mohammed-Enkels Hasan, der seit dem 10. Jahrhundert im Heiligtum Mekka herrschte. Er ließ Selim auf einem silbernen Teller den Schlüssel zur Kaaba überreichen, dem Heiligtum des schwarzen Steins und geographischem Zentrum islamischen Glaubens.

Am 21. September 1520 starb Selim an der Pest. »Man beherrscht die Menschen nur durch Strenge«, hatte er einmal seinem Mufti Ali Dschemali gesagt, als der um das Leben von

150 Finanzbeamten bettelte. Strenge hieß in den Augen des Sultans töten. Ob es denn nicht erlaubt sei, fragte er ein andermal den Mufti, zwei Drittel der Welt totzuschlagen zum Besten des überlebenden Drittels?

Es gab nur zwei Konstanten im Leben des mörderischen Sultans: Er schonte stets die Armee, besonders die Janitscharen, weniger, weil er ihnen die Macht verdankte, als vielmehr, weil er in Eroberungen den Sinn seines Lebens sah. Und er schonte die Gelehrten und Dichter, weil er, selbst gut ausgebildet, hohen Respekt vor intellektueller Leistung hatte. Nur sie durften ihm widersprechen, insbesonders die höchsten Geistlichen, denn Selim verstand sich als guter Moslem.

Seine Wut über deren Widerreden ließ er dann an seinen Spitzenbeamten aus. Kein Sultan vor ihm schickte soviel Wesire und Großwesire in den Tod wie Selim, oft aus nichtigem Grund, manchmal auch grundlos. Ganze Berufsstände mußten um ihr Leben fürchten, so die Händler mit persischer Seide, nachdem er den Krieg mit Schah Ismail führte. Eine noch größere Mordaktion als gegen die Kisilbaschen verhinderte der oberste islamische Geistliche. Auf die verfängliche Frage, was verdienstvoller sei, die Welt zu unterjochen oder die Völker zum Islam zu bekehren, antwortete Dschemali, die Bekehrung der Ungläubigen sei das gottgefälligere Werk. Daraufhin gab Selim seinem Großwesir den Befehl, alle christlichen Gotteshäuser in Moscheen umzuwandeln und alle Christen hinzurichten, die sich weigerten, den Islam anzunehmen.

Großwesir und Mufti beantragten, den griechischen Patriarchen anzuhören. Der führte Mehmeds Vertrag an, der Religionsfreiheit für die Christen gewährleistete. Nur war der Vertrag verbrannt. Gemeinsam gelang es den Religionsoberhäuptern, drei sehr alte Janitscharen herbeizuschaffen, die noch Zeuge der feierlichen Versprechen vor 65 Jahren waren und das auch beschworen. Der Sultan rückte daraufhin von seinem Tötungsbefehl ab, wandelte aber alle bestehenden Kirchen Konstantinopels in Moscheen um und erlaubte den Christen lediglich, neue aus Holz zu bauen.

So ging Selim I. als Verantwortlicher für den Religionsmord an den Schiiten in die Geschichte ein. Die Christen kamen mit dem Schrecken davon. Nach dem seltsamen Rhythmus, der auf grausame Sultane milde folgen ließ, war wieder ein menschlicher Herrscher an der Reihe. Es kam einer, der Großzügigkeit und Größe zu vereinen wußte und das Osmanische Reich auf den Gipfel der Macht führte.

Der Thron des Sultans war der Welten Zuflucht
Suleiman II. und die Lage in Europa

Dank der grausamen Fürsorge seines Vaters kam Nachfolger Suleiman ohne Thronstreitigkeiten an die Macht. Die Europäer nannten den neuen Sultan fälschlicherweise Suleiman II., weil sie einst den gleichnamigen Sohn Bayasids I. als Sultan anerkannt hatten. Zu Recht erhielt der wahre Sultan Suleiman im Westen den Zusatz »der Prächtige«, denn er wartete nicht nur mit einem Hofstaat auf, den die Europäer bis dahin nicht gesehen hatten, sondern überzog sein Land mit grandiosen Bauten, wie der nach ihm benannten Moschee in Istanbul. Für die Osmanen hingegen stand im Vordergrund, daß der Sultan das Land-, Steuer- und Finanzrecht neu geordnet und das Gewohnheitsrecht kodifiziert hatte und sie nannten ihn deshalb »Suleiman den Gesetzgeber«.

Suleiman ließ gegenüber den orientalischen Untertanen sofort Milde walten und schickte alle Handwerker aus Persien, Syrien und Ägypten, die sein Vater zwangsweise in Konstantinopel angesiedelt hatte, in ihre Heimat zurück. Dann griff er einen Plan wieder auf, den bereits Mehmed der Eroberer verfolgt hatte: Ungarn zum Bündnispartner zu machen und dafür das Recht zum Durchzug nach Österreich zu bekommen.

Unter der Herrschaft des Hunyadi-Sohns Matthias I. Corvinus hatten die Ungarn Mähren, Schlesien und die Lausitz besetzt, den deutschen Kaiser Friedrich III. aus Wien vertrieben und mit den Polen Frieden geschlossen. Nach dem Tod des Hunyadi-Sohns wählten die Barone 1490 den willensschwachen Wladislaw II. aus der polnischen Jagiellonendynastie, doch schon bald brach ein Konflikt zwischen der Hofpartei aus, die es mit den Habsburgern hielt und einer nationalen Fraktion, die den Herrscher von Siebenbürgen, Johann Zapolya, zum König Ungarns erheben wollte. Ungarns Magnaten zerstritten sich darüber, und der Abstieg der einstigen Großmacht begann.

Denn nach dem Tod Wladislaws hatte 1516 Sohn Ludwig II. den Thron bestiegen und Maria von Habsburg geheiratet. Damit bekamen die Österreicher die Oberhand. Als Suleiman Ludwig um Durchgangsrechte nach Wien bat, was der ungarische König natürlich ablehnte, hatte der Sultan den gewünschten Kriegsgrund gegen das österreichische Ungarn und marschierte auf. Nur von wenigen Ungarn, Serben und Bulgaren verteidigt, fiel die alte ungarische Festung Belgrad am 29. August 1521 an die mit einem großen Geschützpark angetretenen Osmanen. Das Tor nach Europa war offen, aber die Truppen des Sultans zogen sich noch einmal nach Konstantinopel zurück. Denn die Jahreszeit war zu weit fortgeschritten, um noch einen umfangreichen Heereszug zu Ende zu führen.

Vor der Eroberung Belgrads hatte der ungarische Gesandte Hieronymus Balbus vergeblich Hilfe im Westen zu organisieren versucht. Auf dem Reichstag zu Worms klagte er am 3. April 1521 vor allem die Deutschen an. Er vermisse »schon längst die alte, echte deutsche Kraft«, zürnte er und fragte: »Seid ihr nicht mehr jene alten Germanen, welche an Kriegsruhm den Römern gleich, wo nicht noch höher standen?«

Nicht nur die Germanen hatten ihre Hilfe versagt, auch andere europäische Mächte ließen die Magyaren im Stich. »Seht zu«, beschied der Papst die Ungarn, »wie ihr euch dieses Mal selbst helft.« Die Europäer hatten ganz andere Sorgen. Neben dem immer heftigeren Konflikt zwischen Frankreich und den Habsburgern beschäftigte vor allem den Papst ein Problem, das sich eine Zeitlang auf einen Mann reduzierte: Martin Luder, der sich selbst Luther nannte.

In 95 Thesen, die der Mönch am 31.Oktober 1517 an das Kirchenportal in Wittenberg nagelte, wie es die Legende will, oder auch nur per Handzettel verteilte, griff er den Papst in Rom frontal an und mit ihm die gesamte kirchliche Hierarchie. 1521 stellte sich Luther seinen Kritikern auf dem Wormser Reichstag, auf dem die Ungarn Hilfe erfleht hatten, weigerte sich aber standhaft, seine Thesen zu widerrufen (»ich kann nicht anders«) und verbrannte die päpstliche Bulle, was ihm die Acht durch den Kaiser einbrachte.

Doch dann verspielte der landweit hochverehrte Luther sein Renommee. Als seine Schüler, allen voran Thomas Müntzer, den Kampf gegen die Kirche in einen Kampf gegen die Herrscher umwandelten, setzte sich der obrigkeitshörige Luther von ihnen ab. Er tat deren sozialen Forderungen schlicht als fleischliche Wünsche ab und schloß einen Aufruf an die Herrschenden mit der Aufforderung ab: »Steche, schlage, würge, wer kann.« Nachdem die Bauern blutig unterdrückt worden waren, traute sich Luther nicht einmal mehr zur Beerdigung seines Vaters, weil er die Wut des einfachen Volkes fürchtete.

Die Reformation war an ihrem Wendepunkt angekommen. Nicht mehr Luthers neues Verständnis des Evangeliums bestimmte die Lage, sondern die Gründung von Landeskirchen. »Luther lehrte«, schrieb der Historiker Jacob Burckhardt, »die Regierungen griffen zu.« Nahezu alle Herrscher schwenkten auf den Protestantismus um, selbst der Erzbischof von Köln, und das Volk schwenkte mit. Erst als der sehr katholische Kaiser des Heiligen Römischen Reichs (und spanische König) Karl die Fürstentümer mit Krieg überzog, kehrten mehrere Länder in den Schoß der traditionellen Kirche zurück. Aber die Einheit des Christentums war für immer zerbrochen.

Mehr als Luthers Lehren beschäftigte die europäischen Kabinette der Krieg zwischen den Habsburgern und Frankreich. Nachdem der Kaiser den französischen König Franz I. gefangennahm, fühlten sich die Habsburger ihrem Ziel der Weltherrschaft ganz nahe. »Es scheint«, ließ Karl V. verkünden, »daß Gott dem Kaiser diesen Sieg auf wunderbare Weise geschenkt hat, damit er die Türken und Mauren in ihrem Land aufsuche und das Reich von Konstantinopel und die Heiligen Stätten von Jerusalem zurückgewinne.« Auch der französische Herrscher hatte schon mit Konstantinopel geliebäugelt, freilich in ganz anderer Absicht. Die Mutter Luise von Savoyen, die für den gefangenen König Franz die Regentschaft führte, hatte dem Sultan eine Nachricht zukommen lassen: »Wir nehmen zu Dir, großer Kaiser, unsere Zuflucht, damit Du meinem Sohn die Freiheit wieder verschaffst.«

Als Franz eine Botschaft in einem Schuh versteckt an den Sultan schickte, ließ der ihn trösten: »Habe Mut und laß Dich nicht zu Boden werfen.« Nachdem zuvor schon die Seemacht Venedig mit den Osmanen den Schulterschluß gesucht hatte, erwarb der Sultan nunmehr einen Verbündeten ganz anderen Kalibers. Es sollte eine Wende in der Geschichte der beiden Weltblöcke werden, denn fortan erhielt Frankreich eine Sonderstellung im Osmanischen Reich.

Wäre es nach Karls Großkanzler und Hauptberater Mercurino Gattinara gegangen, hätten die Habsburger die staatliche Einheit Frankreichs zu zerschlagen versucht. Doch die alte Verbundenheit der europäischen Adligen setzte sich durch und Franz I. kam frei. Sogleich gründete Frankreich eine »Heilige Liga«, der neben dem Papst auch Venedig, Florenz und Mailand beitraten, freilich nicht gegen die moslemischen Glaubensfeinde, sondern gegen die Habsburger. Franz schickte dem Sultan seinen Gesandten Johann Frangipani, einen ungarischen Adligen, mit der Order, Suleiman zum baldmöglichen Angriff auf Ungarn zu bewegen. Der Sultan antwortete vielsagend: »Ich habe von allem, was am Fuße meines Thrones, der Welt Zuflucht, niedergelegt worden ist, Kenntnis genommen.«

Bevor er gegen die Ungarn zog, hatte sich Suleiman der Walachei bemächtigt, wenngleich mit wenig feinen Mitteln. Die Bojaren, die örtlichen Herrscher, hatten den Mönch Ragul zum König gewählt und eine Delegation nach Konstantinopel geschickt, um die Wahl bestätigen zu lassen. Suleiman ließ die Delegationschefs erwürgen und schickte die Begleiter mit abgeschnittenen Ohren und Nasen in die Walachei zurück. Dann besiegte sein Feldherr Mohammed die Walachen, die Siebenbürgens Herrscher Johann Zapolya zu Hilfe riefen. Mohammed gab vor, erneut die Vasallenschaft zu akzeptieren, und schickte zur Belehnung Fahne, Haube und Keule. Als Ragul die Boten der Osmanen empfing, erschlugen die ihn mit einer Keule und auch gleich mehrere der Bojaren. Die Walachen gaben auf.

Er werde nun einrücken, kündigte Suleiman im April 1526 dem König von Ungarn und Böhmen an, um seine Herrschaft erst über Ungarn, dann über Deutschland und schließlich ganz Europa auszudehnen. Er solle nur kommen, schrieb

Ludwig II. zurück, aber bedenken, daß er es auch mit Italienern, Spaniern, Deutschen, Franzosen, Briten und anderen »gleich tapferen christlichen Völkern« zu tun habe. Das war schiere Propaganda, denn der König hatte, wie der Chronist Schnaitpeckh schrieb, »nit zu essen noch einen guten Rockh«.

Der ungarische König konnte allenfalls auf einen Beschluß verweisen, den der Reichstag zu Nürnberg zwei Jahre zuvor gefaßt hatte und nach dem eine Truppe von 4000 Reitern und 20 000 Mann Fußvolk aufzustellen sei. Allerdings hatten die Delegierten auch festgelegt, daß dieser Beschluß zu ruhen habe, »wenn der Türck diesen Sommer still sitzen und gegen die Kron zu Hungern (Ungarn) nichts fürnemmen« sollte. In Speyer schließlich legten die Reichsstände fest, vor einer endgültigen Aufstellung erst Erkundigungen einzuholen, »wie es allenthalben mit deß Türcken Handlung und Fürnemmen, auch der Gegenwehr der Hungern gestellt sei.« Dieser »Abschied« genannte Entschluß des Reichstags erging am 27. August 1526, als die Teilnehmer wohl schon wußten, daß die Osmanen längst die ungarische Grenze überschritten hatten, denn nur zwei Tage später fand bei der südungarischen Donaustadt Mohacs die Entscheidungsschlacht um Ungarn und Europa statt.

Ludwig konnte gegen die weit über 100 000 osmanischen Soldaten nur gut 25 000 Mann aufbringen und mußte selbst dafür die Kirchenschätze einschmelzen lassen, was unter der Geistlichkeit großen Aufruhr verursachte. Denn Luther hatte mit seiner später praktisch widerrufenen 31. These (»wider die Türken streiten ist eben so viel, als Gott widerstreben, der mit solchen Ruten unsere Sünden heimsucht«) auch die Einstellung der Christenheit zur Türkengefahr gespalten. Doch selbst ein einig Volk von Christen hätte diesem Sultan und seiner Streitmacht wohl nicht widerstanden.

Am 29. August 1526 kam es zur Schlacht. Wie schon so oft in der Vergangenheit provozierten die Osmanen mit einer Scheinattacke und anschließender Scheinflucht den Angriff der Ungarn. König Ludwig ließ sich – im Gesicht kreidebleich, so ein Zeugenbericht – den Helm aufsetzen und ritt mit seiner schweren Reiterei schnurstracks auf das Zelt des Sultans zu. Drei Reiter kamen dem freilich gut gepanzerten

Sultan so nah, daß sie ihn mit Pfeilen trafen und einige seiner Leibwächter töteten. Der Feind ergreife die Flucht, signalisierten Kampfgefährten dem König voreilig. Doch dann erst griffen, wie immer, die Janitscharen ein und zertrennten den Pferden die Sehnen, so daß sie stürzten.

Gleichzeitig eröffnete die osmanische Artillerie mit 300 modernen Geschützen das Feuer auf die Ungarn. Nach eineinhalb Stunden endete der Kampf bei wolkenbruchartigem Regen. Dem König war anfangs die Flucht gelungen, doch dann ertrank er in einem stark angeschwollenen Bach. Die Hälfte der ungarischen Armee ging unter und mit ihr die Creme des Adels. Auch die Kirche gehörte zu den großen Verlierern, denn sieben der 16 ungarischen Bischöfe kamen in der Schlacht um. »Das war das Ende der Blüte des mittelalterlichen Ungarn«, schreibt die ungarische Historikerin Zsuzsa L. Nagy.

Johann Zapolya, Woiwode Siebenbürgens und Kandidat der nationalen Partei, stand als neuer König bereit, aber auch Ferdinand von Habsburg, der gerade zum König von Böhmen gewählt worden war und den sein Bruder Karl V. unterstützte. Zapolya versuchte es mit einem Heiratsangebot an die Habsburger, aber die Deutschen lehnten ab. Zapolya mußte nach Polen flüchten, wo polnische und vor allem französische Diplomaten den Kontakt zu Suleiman herstellten. Währenddessen marschierten die Türken in Ungarn ein, und Ferdinand konnte sie nicht daran hindern. Am 10. September 1526 trugen die Bewohner der ungarischen Hauptstadt Buda (dem von den Deutschen »Ofen« genannten heutigen Stadtteil Buda von Budapest) dem Sultan den Schlüssel der Metropole entgegen. Die Osmanen machten die Ungarn tributpflichtig und zogen nach zwei Wochen wieder aus dem weitgehend zerstörten Land ab.

Der hohe Blutzoll der ungarischen Geistlichkeit in der Schlacht von Mohacs hatte zur Folge, daß sich die Protestanten in Ungarn – geduldet und auch gefördert von den Osmanen – durchsetzten. Besonders in Siebenbürgen lagen Katholiken, Lutheraner, Calvinisten und Unitaristen in mächtiger Fehde miteinander. Den Magnaten empfahl Suleiman, Janos Zapolya als König anzuerkennen, und so kürten die ungarischen Adligen am 10. November 1526 den von den Osmanen

»Janusch« genannten Zapolya, einen Schwager des polnischen Königs Sigismund I., als Johann I. zum König.

Krieg und Friede sind in meiner Hand
Großwesir Ibrahim

Schon drei Monate nach Januschs Machtantritt marschierte Österreichs Herrscher Ferdinand I. in das von den Ungarn nur schwach verteidigte Buda ein und schickte seinen Konkurrenten ins Exil. An der Grenze Kroatiens zu Bosnien-Herzegowina aber siedelte er, wie schon seine Vorfahren, katholische Bosnier, hauptsächlich aber sehr wehrhafte Serben an, die als Wehrbauern die später »österreichische Militärgrenze« genannte Schutzzone gegen die Osmanen besiedelten – aus ihr bildete sich nach dem Zusammenbruch Jugoslawiens die im Herzen Kroatiens liegende, selbsternannte Republik Kraina.

Zapolya ging unterdes mit dem französischen König ein Bündnis gegen Österreich ein und trug dem Sohn des Pariser Herrschers sogar die ungarische Königswürde an, wenn er selbst ohne Nachkommen bliebe. Janos ging offen ins Lager der Moslems über, was ihm sehr bald die Exkommunizierung durch den Papst einbrachte, und schickte einen Emissär nach Konstantinopel, um Suleiman zu einem erneuten Feldzug zu bewegen.

Wichtigster Gesprächspartner war zu dessen Erstaunen weniger der Sultan als der Großwesir Ibrahim, der dem Ungarn sogleich vorwarf, keinen Tribut mitgebracht zu haben, denn Ungarn sei nun osmanisches Gebiet. »Wohin wir unsere Hände einmal gestreckt haben«, belehrte er seinen Quasivasallen, »ziehen wir sie nicht wieder ab, es sei denn, daß man sie abhaue.« Dann korrigierte der bis dahin schweigende Suleiman seinen Regierungschef: »Ich trete ihm nicht nur das Reich ab, sondern will auch gegen Ferdinand ziehen, damit dein Herr wieder auf beiden Ohren ruhig schlafen kann.«

Österreich versuchte auf diplomatischem Weg, den Krieg abzuwenden und ließ durch Gesandte dem Sultan einen verschämt »jährliche Pension« genannten Tribut von 100000 Dukaten anbieten, dazu noch dem Großwesir 40000 ungarische Gulden und weitere Tausender an untergeordnete Beamte. Bei den Verhandlungen zeigten die Osmanen jedoch wenig Respekt vor den Österreichern. Um die Wiener Gesandten einzuschüchtern, hatte der Sultan 12 000 Janitscharen aufmarschieren lassen, die eine lange Gasse bildeten und die Österreicher mit Schüssen in die Luft einschüchterten. »Als wir zwischen sie kamen«, schilderte einer der Emissäre seinem König später die Szene, »haben sie ire roer alle mit pappir geldaden und uns dieselbigen vor den meulern abgeschossen.«

Mit dem Großwesir Ibrahim stand dem Sultan ein Mann zur Seite, der mehr Macht im Reich besaß als je ein osmanischer Untergebener zuvor. »Alles, was er sagt und meint«, hatte Suleiman in seiner Bestallungsschrift für Ibrahim öffentlich verkünden lassen, »ist als Befehl anzusehen, der aus meinem eigenen perlenregnenden Mund kommt.«

Der Großwesir war Sohn eines griechischen Schiffers aus Parga, den türkische Seeräuber gefangen und einer Witwe in Magnesia verkauft hatten. Bei einem Ausritt war Ibrahim dem jungen Prinzen Suleiman aufgefallen, weil er so gut Violine spielte. Er machte den polyglotten Konvertiten, der neben Griechisch und Türkisch auch perfekt Italienisch und Persisch sprach, zum Vorsteher der kaiserlichen Pagenkammer, dann zum obersten Falkner und schließlich zum Großwesir. Seine Einkünfte erlaubten es Ibrahim, sich von 1500 in Goldbrokat und Seide gekleideten Sklaven zu umgeben. Seine Kleidung soll kostbarer gewesen sein als die des Sultans, der den ausländischen Gesandten versicherte, daß der Großwesir das auch verdiene. Bei Jagden speiste der Sultan gemeinsam mit seinem Regierungschef (während die Herrscher zuvor stets allein aßen) und ließ ihn neben sich schlafen, obwohl ihre Beziehung, so ein Zeitzeuge, »ganz rein« gewesen sei. Täglich schrieb der Sultan seinem Günstling liebevolle Briefe und einmal in der Woche fand der Diwan, die Regierungsrunde, im Hause des Großwesirs statt.

»Ich kann aus einem Stallknecht einen Pascha machen«, protzte Ibrahim gegenüber den österreichischen Gesandten, »ich kann Länder und Reiche vergeben, wem ich will, ohne daß mein Herr etwas dazu sagt. Wenn er etwas befiehlt, ich es aber nicht will, dann geschieht es nicht. Krieg und Friede sind in meiner Hand und ich verteile die Schätze.« Die Untergebenen nannten den Regierungschef »Generalissimus-Sultan«, was jedem anderen den Tod gebracht hätte.

Nicht nur führte fast ausschließlich der Großwesir Ibrahim die Verhandlungen mit den Österreichern, während der Sultan allenfalls gnädig mit dem Kopf nickte, sie mußten sich auch allerhand Boshaftigkeiten anhören. Den König von Österreich nannte Ibrahim einen »klains Kerl«, von dem der Sultan gar nichts halte, wie der deutsche Schreiber notierte. Und wenn die Österreicher versuchten, ihre Gastgeber mit Geldgeschenken zu ködern, zeigte der Großwesir durch das Fenster auf die sieben Türme des Sultanschlosses, die mit Gold, Geld und Edelsteinen vollgestopft seien.

Ferdinands Gesandte wurden mit einem rüden Schreiben zurückgeschickt. Was drin stand, konnten die Österreicher monatelang nicht herausbekommen, denn kein Beamter in Wien war des Osmanischen mächtig. Sie mußten warten, bis ein türkischer Gefangener genug Deutsch gelernt hatte, um des Sultans Worte zu übersetzen. Derweil aber hatte Suleiman mit den Ungarn ein Militärbündnis abgeschlossen, um die Österreicher wieder aus Ungarn zu vertreiben.

Die Zeit der leichten Siege war vorbei
Die erste Belagerung Wiens

Die Osmanen rückten schneller an, als die Österreicher glaubten. Am 8. September 1529 kapitulierten Ferdinands Truppen in Buda, und nur zwei Wochen später standen die Osmanen vor Wien. Jetzt rief auch Reformator Luther zum Kampf auf, damit »der Türcke nicht Teutschland ohne Müh und Widerstand verderbe«. Er hoffe, daß »der König von Böheim sich nicht allein an den Türcken lege, sondern habe Kayser Karol zum Hauptmann und Nachdruck mit aller Macht.« Doch Kayser Karol war nur mit seiner Krönung beschäftigt – der letzten eines Kaisers des Heiligen Römischen Reichs durch den Papst – und taub für die Ängste seines Bruders Ferdinand, der klagte: »Ich bin in der größten Bestürzung, denn ich bin sehr schlecht zum Widerstand gerüstet.« Der König von Böhmen und Österreich fühlte sich so schwach, daß er sein Hauptquartier vorsorglich nach Linz verlegt hatte. In Wien empfahl Ferdinands Feldmarschall Niklas Graf von Salm-Reifferscheidt, »das wir sambt dem innwohnenden christlichen volgkh aus ainer so augenscheinlichen nott den abzug nemben und die stadt verlassen«, was dann aber doch nicht geschah.

Denn immerhin hatten die deutschen Fürsten diesmal Hilfstruppen nach Wien beordert, das sich auf die Belagerung einstellte, nachdem freilich die meisten Stadtbewohner geflohen waren: Alle Vorstädte außerhalb der Mauern machten die Verteidiger dem Boden gleich, um den Osmanen keinen Schutz zu geben. In der Stadt selbst ließen sie die Dächer abdecken und die Straßen aufreißen, damit die erwarteten Kanonenkugeln wenig zerstören konnten. Feuerwachen standen überall bereit, um Brandkugeln unschädlich zu machen. Die 72 Geschütze hatten die Verteidiger so geschickt auf den Mauern verteilt, daß sie in etwa die 300 Kanonen der Osmanen ausglichen. Freilich hatten die Osmanen ihre schwersten Kaliber zurücklassen müssen, weil sintflutartige Regenfälle die Wege für sie unbefahrbar machten.

Am 10. Oktober 1529 begann der Sturm auf Wien, am 14. Oktober war alles vorbei. Die Festungsmauern erwiesen sich als unbezwingbar, jedenfalls mit den vorhandenen Mitteln der Osmanen. Auch ein letzter Versuch, durch bestochene deutsche Landsknechte Feuer in Wien zu legen, scheiterte, weil die Verräter in den Schenken mit türkischem Geld bezahlt hatten und sich damit enttarnten.

Am meisten zur osmanischen Niederlage trugen Hungersnöte unter den Belagerern bei, denn die Österreicher hatten zuvor alle Vorräte der Umgebung in die Stadt geschafft. Ferner setzte den Osmanen der hereinbrechende Winter so sehr zu, daß der Sultan schließlich den Rückzug anordnete und – um Ballast abzuwerfen – die Tötung der Gefangenen anordnete, während seine leichte Reiterei alle noch intakten Dörfer verwüstete. »Überall unendlicher Jammer«, schreibt Zinkeisen, »nur in der befreiten Stadt war großer Jubel.« Auch wenn es weniger ein Sieg der Deutschen war als eine Niederlage der Türken, stellte die Belagerung einen Wendepunkt in der osmanischen Geschichte dar. »Die Zeit der leichten Siege«, schreibt Historiker Stavrianos, »war vorbei.«

Das ist ein großer Herr, den müssen wir ehren
Suleimans zweiter Angriff auf Wien

Die Bedrohung Wiens war ein Ereignis, das die Mitteleuropäer ähnlich erschütterte wie die Eroberung Konstantinopels fast ein Jahrhundert zuvor. Die Publizisten sprachen erstmals von europäischen Werten, die gegen die Türken verteidigt werden müssen. Nicht mehr das Christentum, sondern die »Nationen Europas« forderte der berühmte Humanist Erasmus von Rotterdam zu einem Kreuzzug gegen die Türken auf.

Um seine Schlappe vor Wien auszubügeln, zog Suleiman Mitte 1532 wieder gen Westen. Diesmal warteten bestausgerüstete Soldaten aus Spanien, Italien, den Niederlanden und Deutschland in Wien auf die anrückenden Osmanen. Aber die Türken zogen zur Stadt Güns, die der königliche Rat Nikolaus Jurischits – der die Osmanen gut kannte, denn er war einmal als Gesandter nach Konstantinopel gegangen – mit nur 700 Soldaten mit großer Tapferkeit verteidigte.

Doch am 28. August 1532, als die Osmanen zum letzten Angriff bliesen, ging den Kaiserlichen die Munition aus, was Jurischits geschickt verbarg, denn die Osmanen stellten ihre Angriffe ein. »Mehr durch das Angstgeschrei der Belagerten als durch die Gewalt der Waffen«, schreibt Zinkeisen, seien die osmanischen Truppen abgeschreckt worden, die offenbar von der Not der Österreicher nichts mitbekommen hatten. Um Zeit zu gewinnen, bot Jurischits eine Kapitulation an, knüpfte sie aber an scheinbar unakzeptable Bedingungen: Die Übergabe dürfe nicht gegen seine Ehre und Religion verstoßen und die Belagerer müßten ihm Geiseln stellen, die eine friedliche Übergabe garantierten. Der überraschte Sultan willigte ein und überließ dem Verteidiger für seine Tapferkeit den Besitz der Stadt. Ein weiterer Vorstoß nach Österreich mit möglicherweise fatalen Folgen war verhindert worden. »Handkuß und die üblichen gegenseitigen Ehrengeschenke«, schreibt Zinkeisen, »schlossen diese kleine Episode von welthistorischer Bedeutung in der Geschichte der Kämpfe der Christen gegen die Osmanen.« Die Truppen des Sultans zogen zwar zerstörend wie immer durch die Steiermark, aber eben auf dem Rückzug.

Und auch auf diesem Rückzug mußten die Osmanen noch Verluste hinnehmen. Im Ort Losensteinleithen hatten einige Männer »oder gar nur einer« (so Hammer-Purgstall) in allen Fenstern Gewehre aufgepflanzt. Als der erste Schuß einen der Anführer der gut 500 osmanischen Reiter traf, zogen die sogleich ab. Sodann gerieten die gefürchteten Akindschis in den Bergen in Hinterhalte, die ihnen kleine österreichische Verbände und aufgebrachte Bauern gelegt hatten. Die erschlugen die meisten der Renner und Brenner oder stürzten sie die Berge hinunter. Beim Ort Sebenstein heißt die Stelle noch heute »Türkensturz«. Nachdem Boten die Abwehrkämpfe der Österreicher in Deutschland publik gemacht hatten, dichtete im fernen Nürnberg Meistersinger Hans Sachs sein Opus »Historia des türkischen scharmützels bei der Newenstat in Österreich«. Des Sultans Geschichtsschreiber aber, die stets vom »alemanischen Krieg gegen den spanischen König« sprachen, beschönigten den schmachvollen Rückzug mit der Bemerkung, Kaiser Karl sei nirgendwo zu finden gewesen.

Auch nach diesem zweiten Geschenk des Himmels setzten die Christen den Osmanen nicht nach, obgleich die in Wien zusammengezogenen Truppen durchaus in der Lage gewesen wären. Aber sie waren von ihren europäischen Herrschern zur Abwehr der Osmanen nach Österreich beordert worden, und nicht, um Ferdinand Landgewinne zu verschaffen. So erwies sich die europäische Zwietracht als guter Verbündeter des Sultans.

Zu Lande war der Sultan gegen die Mitteleuropäer gescheitert. Doch auch zur See konnten die Osmanen die Europäer nicht mehr besiegen, obgleich sich das seit langem mit Konstantinopel in Frieden lebende Venedig neutral verhielt. Als neuer Gegner zur See trat einer der berühmtesten Admirale des Mittelalters auf: Andrea Doria. Der Genuese war einer jener »Condottieri« genannten Berufssoldaten, die im Mittelalter Italiens Geschicke mindestens ebenso lenkten wie Könige und Dogen. Erst mit 44 Jahren ging der Söldner-Feldherr zur Marine. Anfangs diente er Frankreich, dann Spanien und damit dem habsburgischen Kaiser. Er hatte seine Karriere mit zwei Galeeren begonnen, bei seinem ersten Zusammentreffen mit den Osmanen sollte er über 45 spanische und 26 venezianische Galeeren gebieten. Vorerst eroberte Doria die Festung Koron auf dem Peloponnes und die angrenzende Küste.

Die Widerstandskraft der europäischen Truppen, besonders aber Suleimans Absicht, den Osten seines Reichs zu erweitern, bewog die Osmanen, mit den Österreichern ernsthaft über Frieden zu sprechen. Die Verhandlungen führte erneut Großwesir Ibrahim, der den Gesandten auch Ratschläge gab, wie sie ihre religiösen Streitigkeiten beilegen könnten. »Luther, schwadronierte er, sei eine »geringe Person« und empfahl dem Kaiser, sich nicht mit ihm einzulassen. Er, Ibrahim, würde ohne Probleme Papst und Luther gemeinsam auf ein Konzilium bringen.

Besonders beglückt war der Großwesir über ein Schreiben Kaiser Karls, obgleich es sich nur um ein Empfehlungsschreiben für den königlichen Bruder Ferdinand handelte. »Das ist ein großer Herr, den müssen wir ehren«, rief Ibrahim aus und erhob sich. Er küßte das Schreiben und führte es an seine Stirn. Am 22. Juni 1533 schlossen die Osmanen erstmals mit den Österreichern Frieden. Nach dieser Übereinkunft blieb Janos Zapolya zwar ungarischer König, aber die Osmanen akzeptierten erstmals, daß Ferdinand ein Drittel des ungarischen Landes besetzt hielt.

Ein Perser ist so viel wert wie zwei bis drei Osmanen
Krieg gegen Schah und Schiiten

Nachdem der Statthalter der Provinz Bitlis zum Schah übergelaufen war, zog Suleiman mit einem großen Heer gegen seinen Widersacher, mußte aber mit Verbitterung feststellen, daß viele osmanische Einwohner des anatolischen Ostens die persische der türkischen Herrschaft vorzogen. Als der Sultan einmal im Hause eines Schiiten übernachtet hatte, reinigte dieser nach der Abreise des Sultans sein Haus gründlich. »Ein Perser ist so viel wert wie zwei bis drei Osmanen«, war im Osten ein geflügeltes Wort.

Immerhin rückten die osmanischen Truppen bis Aserbaidschan vor, besetzten Täbris und begannen sogar damit, im Kaspischen Meer eine Flotte aufzubauen. Im Süden Persiens nahmen sie nach Bagdad im November 1534 auch die südirakische Stadt Basra im äußersten Westen des Persischen Golfs ein. Außer Bahrein, das sie 1554 besetzten, gelangen den Osmanen in ihrer Geschichte keine weiteren Eroberungen im fernen Osten ihres Reichs. Auf der arabischen Halbinsel hingegen erstürmten osmanische Truppen die südarabische Stadt Aden und festigten ihren Griff auf den Nordjemen. Von ihren südlichsten Stützpunkten versuchten sie sodann, die Schiffsrouten der Portugiesen im Indischen Ozean zu stören. Denn die hatten dem Orienthandel einen harten Schlag versetzt, seit Vasco da Gama das afrikanische Kap der Guten Hoffnung umsegelt und am 22. Mai 1498 im indischen Hafen Calicut gelandet war.

Damit hatten die Europäer eine Alternative zu den traditionellen Handelsstraßen über Persien oder die arabische Halbinsel. Zölle, Wegegebühren und Transportkosten hatten die Preise der indischen Gewürze bereits um 2000 Prozent verteuert, wenn sie im Hafen von Alexandrien zur Verladung nach Europa ankamen. Die neuen Schiffsrouten verminderten die Transportkosten, was besonders Venedig traf. Setzten die Venezianer Ende des 15. Jahrhunderts noch etwa 3,5 Millionen Pfund indischer Waren in Alexandrien um, so fiel diese Menge auf eine Million in den Jahren 1502 bis 1505. Im gleichen Zeitraum stiegen die portugiesischen Importe von 224 000 auf 2,3 Millionen Pfund.

Als einziger europäischer Diplomat begleitete der vom französischen König als Gesandter nach Konstantinopel beorderte Jean de La Forêt den osmanischen Großwesir Ibrahim auf dem gesamten Feldzug gegen Persien. Dabei handelten beide einen Vertrag aus, dessen Sprengwirkung sich erst Jahrhunderte später zeigen sollte: die sogenannten Kapitulationen, wie damals nach Kapiteln geordnete Verträge genannt wurden.

In dem im Januar 1536 abgeschlossenen Vertrag (der 1569 erweitert wurde) räumten sich beide Länder gegenseitig Handelsvorteile ein, die freilich nur den Franzosen nutzten, denn osmanische Händler im Westen waren damals eine Rarität. Die Franzosen zahlten künftig auf alle exportierten Waren den minimalen Satz von fünf Prozent Zoll. Weit bedeutsamer war, daß ihre Händler künftig nicht mehr dem

Sultan unterstanden, sondern den französischen Konsuln. Streitereien mit Moslems schlichtete ein spezielles Schiedsgericht. »Die Kapitulationen«, schreibt der britische Historiker Albert Hourani, »wurden in ein System verwandelt, nach dem die Ausländer im Grund genommen außerhalb der Gesetze standen.«

Wollten andere Europäer die Privilegien der Kapitulationen in Anspruch nehmen, mußten sie bei den Franzosen darum nachsuchen. Ihre Schiffe mußten dann unter französischer Flagge segeln. Eine Zeitlang hielten die Franzosen damit die Engländer vom Osmanischen Reich fern. Als die Engländer 1580 ebenfalls einen Vertrag mit den Osmanen ausgehandelt hatten, vereitelten die Franzosen erst einmal den Abschluß. Die mit Geschenken aus Metall, Eisen und Erz angereisten englischen Gesandten mußten wieder abziehen. Erst drei Jahre später unterzeichneten auch sie Kapitulationen, die Holländer folgten schließlich 1612.

Die Kapitulationen mit Frankreich waren Ibrahims letztes Werk. Der Sultan hatte seine Schwester dem Günstling zur Frau gegeben. Als der sich auf der Rückkehr vom persischen Krieg dann aber den Titel Sultan anmaßte, beschloß der echte Sultan seinen Tod. Am 15. März 1536, nach 13 Jahren Regierungszeit, ließ Suleiman seinen Freund zu sich kommen und erwürgen. Der Großwesir hatte sich offensichtlich gewehrt, und noch hundert Jahre später bezeugten Blutspuren in den Privatgemächern vom Kampf Ibrahims gegen seine Henker.

Seeräuber zum Oberkommandierenden ernannt
Aufstieg zur Seemacht

Spanische Schiffe hatten Amerika entdeckt, und die neuen Seemächte wandten sich immer mehr dem Atlantik zu, dessen Beherrschung über ihre Zukunft entscheiden sollte. Aber noch stand für die Spanier Europa im Vordergrund, in erster Linie ihre Besitzungen in Italien und in zweiter Linie die Dependenzen in Nordafrika. Andrea Doria hatte als Auftrag bekommen, die traditionellen Routen zu sichern, denn im westlichen Mittelmeer mischten die Osmanen immer mehr mit.

Zwar hatten sie schon unter Suleimans Vorgängern eine beachtliche Flotte aufgebaut, die sogar Venedigs Armada in Schach hielt, aber sie reichte nicht aus, das gesamte Mittelmeer zu kontrollieren. Die Türken besaßen nahezu keine Handelsschiffe, die Voraussetzung für eine eigene Schiffsbauindustrie waren. So war Großwesir Ibrahim auf den Plan verfallen, einen der bekanntesten Seeräuber der damaligen Zeit, Haireddin, den die Europäer »Barbarossa« nannten, als Oberkommandierenden seiner Flotte einzusetzen.

Haireddin war der Sohn des osmanischen Reiters Jakub von Jenidschewardar, vermutlich einem Griechen, der mit dem Heer Mehmeds II. auf die Insel Mytilene gekommen war. Seine Söhne widmeten sich mit Erfolg der Seeräuberei. Als sie ein französisches Schiff mit wertvollen Stoffen geentert und dem Sultan geschickt hatten, bedankte der sich mit zwei Galeeren und Ehrengeschenken. Die Brüder setzten sich an der nordafrikanischen Küste fest und kämpften gegen die Spanier, doch nur Haireddin überlebte und eroberte die Stadt Algier. Die Osmanen ernannten den zum Islam übergetretenen Seeräuber zum Pascha, setzten ihn als Beglerbeg von Algier, als quasi unabhängigen Herrscher ein – allerdings ohne Münzrechte und Anspruch auf das Freitagsgebet – und vermachten ihm die Einkünfte der Inseln Mytilene und Negroponte. Dafür baute Haireddin dem Sultan eine Flotte auf.

Im Frühjahr 1534 stach der Expirat mit insgesamt 84 Großschiffen in See. Die Osmanen plünderten einige italienische Ortschaften, nachdem ihnen ihr Hauptziel, die weltbekannte Schönheit Giulia Gonzaga zu rauben, mißlang: Die in 280 Romanen besungene Dame entkam nur mit einem Hemd bekleidet und einem Ritter, den sie später umbringen ließ, »sei es, daß er in dieser Nacht zu viel gewagt hatte«, wie Hammer-Purgstall schreibt, »oder daß zu viel geschehen war.« Sodann eroberte Haireddin Tunis und vertrieb die dort seit mehr als vier Jahrhunderten ansässige Familie des Sultans Hasan.

Kaiser Karls Flottenchef Doria brach derweil von Barcelona aus mit italienischen, spanischen und deutschen Truppen nach Tunis auf. Unter der Führung Kaiser Karls höchstpersönlich eroberten die Christen 1535 die Stadt zurück. Haireddin verlor über hundert Schiffe mit fast 300 Kanonen und mußte sich in die Wüste flüchten. Die christlichen Eroberer hausten übel in der nordafrikanischen Stadt, erschlugen fast 30000 Einwohner, darunter die nach Landessitte gemästeten maurischen Frauen, und steckten die Bibliotheken in Brand.

Sultan Suleiman ließ eine neue Flotte aufbauen und im albanischen Hafen Valona Truppen einschiffen. Sie überquerte die Adria, und am 22. Juli 1537 gingen etwa 10000 osmanische Reiter in der Nähe der Stadt Otranto in Italien an Land, konnten aber ohne Belagerungsgeschütz weder die Stadt noch das nahe Brindisi einnehmen. Doch die mit Frankreich abgesprochene Landung brachte Venedig ins Spiel, das mehr als 35 Jahre lang Frieden mit den Osmanen gehalten hatte, durch die Seerüstung des Sultans aber äußerst beunruhigt war.

Venedig setzte erneut auf die Heilige Liga gegen die Ungläubigen, die der Papst mit üblichem Pomp bereits in der Peterskirche zu Rom ausgerufen hatte. Doch der deutsche Kaiser, noch in Verhandlungen mit dem Sultan, zögerte, und sein Admiral Andrea Doria steuerte nur wenige Schiffe bei, als die Venezianer in Richtung Korfu absegelten. Mehrmals hätten die vereinten christlichen Geschwader im Laufe des Jahres 1538 die Möglichkeit gehabt, die Flotte des inzwischen zum osmanischen Großadmiral ernannten Haireddin zu schlagen. Einmal waren dessen Schiffe durch einen Orkan so sehr verwüstet, daß ein Angriff, der von den meisten europäischen Schiffskapitänen auch gefordert worden war, zu ihrem Untergang geführt hätte, doch Doria weigerte sich, den Befehl dazu zu geben. Enttäuscht scherten die Venezianer wieder aus der christlichen Front aus und schlossen mit dem Sultan 1540 einen Frieden, in dem sie die letzten Festungen auf dem Peloponnes verloren.

Der Kaiser höchstpersönlich war in Genua an Bord gegangen, um mit der spanischen Armada Algier zurückzuerobern. Aber er hatte zu lange in Regensburg auf dem Reichstag verbracht, auf dem es um eine Überwindung des Kirchenkampfes in Deutschland ging, und es war Herbst geworden, die Zeit der Stürme. Die Seeleute warnten, aber Karl war nicht bereit, den Kreuzzug gegen die nordafrikanischen Moslems abzubrechen. Als kurz vor dem Angriff die ersten Sturmböen über sein Schiff hinwegpeitschten, tröstete er seine Umgebung: »Wenn nur meine Galeeren bis Mitternacht aushalten, denn dann erheben sich in den spanischen Klöstern die Mönche und Nonnen, um für das Gelingen meines Werkes zu beten.« Sie beteten vergeblich, denn in der Nacht des 24. Oktober 1541 vernichtete der Sturm seine riesige Armada. 130 Galeeren sanken, und nur mit Mühen konnten sich die bereits an Land gesetzten Soldaten wieder einschiffen, um nach Europa zurückzusegeln.

Das nutzte sofort Frankreichs König, um im Spätsommer 1542 mit Hilfe von »Barbarossa« das von den Maltesern gehaltene Nizza anzugreifen. Zwar brandschatzten die Janitscharen die Stadt, doch der von Haireddin einst als Sklave gehaltene Malteserritter Paolo Simiane ließ sich nicht aus der Zitadelle vertreiben. Daraufhin legten sich die Osmanen im französischen Mittelmeerhafen Toulon auf Lauer, fielen aber ihren Gastgebern dermaßen zur Last, daß die Franzosen drei Tage und drei Nächte lang Säcke mit Geld auf die Schiffe Haireddins schleppen ließen, insgesamt 800 000 französische Taler, damit die Belagerer von dannen zögen.

Hymnen zum Lobe des Propheten
Europas Buhlen um die Gunst des Sultans

Janusch, Ungarns König von osmanischen Gnaden, war am 17. Juni 1540 gestorben und hinterließ ein Vakuum, denn sein Sohn Johann Sigismund war erst ein Jahr alt. Die Österreicher versuchten, Buda zurückzuerobern, doch die Ungarn, unterstützt von deutschen und jüdischen Bürgern, verteidigten die Stadt. Der Angriff rief sofort Suleiman auf den Plan. »Ungarn ist mein Eigentum«, verkündete er, »das weiß alle Welt und das ist so klar, wie die Sonne am Himmel.« Mitte 1541 rückte er mit seiner Streitmacht an und vertrieb die österreichischen Belagerer. Sodann zog er in Buda ein und machte Zentralungarn zu einer osmanischen Provinz. Ostentativ ließ er die Hauptkirche »Unserer lieben Frau« in eine Moschee umwandeln. Damit war Ungarn in drei Teile zerbrochen: Den Westen unter Habsburger Herrschaft, Zentralungarn als osmanische Provinz und Siebenbürgen als Vasallenstaat, als dessen König Suleiman Baby Sigismund einsetzte. Nach nur 20 Tagen zog Suleiman nach Konstantinopel zurück. Den Westteil Ungarns nannten die Habsburger fortan »Königliches Ungarn«, um ihren Anspruch auf Gesamtungarn aufrechtzuerhalten.

Der Traum Karls von einer Weltmonarchie war nicht an den Osmanen gescheitert, sondern an den europäischen Realitäten. Frankreich hatte sich im Krieg gegen die Deutschen und Spanier nicht nur behauptet, sondern Provinzen im Norden und Osten hinzugewonnen und auch das Herzstück Burgund. England war durch seine Insellage ohnehin vor kontinentalen Abenteurern leidlich geschützt. Die nordeuropäischen Staaten konsolidierten ihre protestantische Macht, und auch in den Niederlanden zeichnete sich die Unabhängigkeit schon ab.

In Deutschland nutzten die Protestanten die Schwächung der Habsburger, um sich 1555 im Augsburger Religionsfrieden ihren Besitzstand von 1552 anerkennen zu lassen, ein »weltgeschichtliches Novum einer verfassungsrechtlichen Verankerung des evangelischen Bekenntnisses«, wie der Historiker Heinrich Lutz feststellte. Der Beschluß wurde anfangs als Provisorium angesehen, erwies sich aber, wie das bei Provisorien oft so ist, als äußerst dauerhaft.

Ferdinand hatte die Übereinkunft mit Vollmacht Karls unterzeichnet. Für Karl V. war es eine Niederlage gegen die in den Religionskriegen besiegten deutschen Territorialmächte und ein Grund, endgültig zurückzutreten. Sein Reich teilte sich praktisch auf. Bruder Ferdinand, auf den nun die Kaiserwürde überging, erhielt die deutschen Erblande mit Böhmen und dem habsburgischen Teil Ungarns, sein in Spanien aufgezogener Sohn Philipp II. neben Spanien die Niederlande und mit Mailand, Neapel und Sizilien alle italienischen Besitzungen sowie die überseeischen Kolonien in Amerika und an den Küsten Afrikas. Die Dynastie der Habsburger zerfiel in zwei Linien, die nicht mehr zueinander finden sollten.

Im April 1559 schlossen der französische König Heinrich II. und Philipp II. einen Frieden, der besonders die Osmanen störte. In einem persönlichen Schreiben an seinen französischen Partner mahnte der Sultan, alte Freunde würden nicht leicht Feinde, aber alte Feinde noch schwerer Freunde. Die Osmanen waren ohnehin enttäuscht von den Franzosen, weil diese den türkischen Würdenträgern nicht die offen verlangten Geschenke machten, insbesondere die sehr begehrten Pariser Uhren. Sultan Suleiman hielt sich selbst einen französischen Uhrmacher, Guillaume l'Horlogier, der ihm auch als Dolmetscher diente, und führte keinen Feldzug ohne die von ihm so geliebten Chronometer. Da waren die Österreicher großzügiger. Sie schenkten Suleiman eine zur damaligen Zeit äußerst seltene astronomische Uhr nebst Uhrmacher.

Auch verbal hatten die Franzosen ihren osmanischen Verbündeten nichts geschenkt. »Ihr bildet euch wohl ein«, hatte der französische Gesandte de la Vigne, der die Osmanen nicht ausstehen konnte, den Großwesir Rustem angefahren, »daß ihr Ofen, Gran, Stuhlweißenburg und all die anderen Orte in Ungarn mit Euren Waffen erobert habt? Da seid ihr aber in großem Irrtum, denn ihr habt sie nur uns zu verdanken. Wenn nicht jene ewigen Zwistigkeiten und Kriege zwischen unseren und den spanischen Königen stattgefunden hätten, so würdet ihr vor Karl V. in Konstantinopel kaum sicher sein.« Seinem König riet de la Vigne sogar, mit diesen »anmaßendsten Barbarenhunden der Welt, die eine tüchtige Bastonade verdienten«, ganz zu brechen, dann würde Frankreich wieder »die Christenheit und selbst die Deutschen gewinnen.«

Derweil schickten die Deutschen im Januar 1555 einen ihrer geschicktesten Diplomaten als Botschafter nach Konstantinopel: Ogier (Angerius) Ghislain de Busbecq. Der in Flandern geborene französische Diplomat und Gelehrte war ein universelles Talent. Er wurde nicht nur dadurch berühmt, daß er Flieder, Tulpen und Jasmin im Westen einführte, sondern auch über 100 wertvolle griechische Handschriften aus dem Osmanischen Reich mit nach Europa brachte. In seiner 1589 erschienenen Schrift »Legationis turcicae epistolae IV« lieferte er nicht nur eine scharfsinnige Analyse des damaligen Osmanischen Reichs, sondern räumte auch mit den vielen Vorurteilen der Europäer über die angeblich barbarischen Türken auf.

Freilich verlebte Busbecq die erste Zeit seines insgesamt achtjährigen Aufenthalts in Konstantinopel mehr in Gefängnissen. Erst nach Frankreichs Frieden mit Spanien wurde des Kaisers Gesandter aufgewertet und konnte seinen

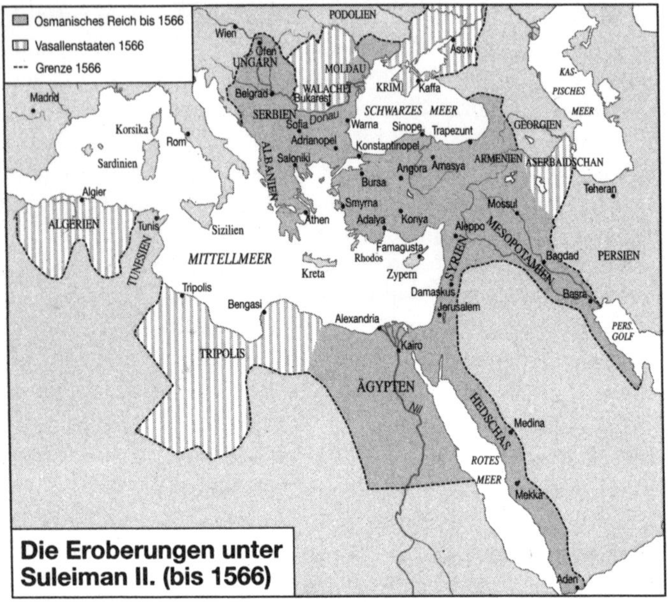

Die Eroberungen unter Suleiman II. (bis 1566)

Wunsch, die Beziehungen zwischen den beiden Weltmächten zu verbessern, 1562 mit einem förmlichen Vertrag verwirklichen. Darin schlossen die Osmanen mit dem Kaiserreich einen achtjährigen Frieden, den sich die Deutschen 30000 Dukaten jährlich kosten ließen.

Durch Gicht- und zeitweise Ohnmachtsanfälle geschwächt, schien der Sultan immer weniger Interesse an Kriegen zu haben – das jedenfalls glaubten die europäischen Beobachter, zumal Suleiman zunehmend in Hymnen zum Lobe des Propheten den Frieden verherrlichte. Doch der alternde Suleiman, der die Nichteroberung Wiens immer häufiger als »eine Schmach« und selbst »seine Schande« bezeichnete, war selbst nach dem Friedensschluß nicht bereit, auf weitere Eroberungen in Westeuropa zu verzichten. Als die Deutschen die Zahlung des Tributs verweigerten oder hinauszögerten, beschloß er einen neuen Feldzug gegen Ungarn. Im Frühjahr 1566 zog er gen Westen. Kurz vor der Eroberung der Stadt Sigeth (Szigetvár) ereilte ihn inmitten eines Eichenwalds, in dem er sein Zelt aufgeschlagen hatte, in der Nacht vom 5. zum 6. September 1566 der Tod.

Suleiman hatte 46 Jahre lang regiert und für sein Land ein Territorium erobert, in dem über 50 Millionen Menschen lebten. Das damals größte europäische Land, Frankreich, hatte nur 16 Millionen, England gar nur fünf Millionen Einwohner. Das Reich erreichte seine größte Ausdehnung. Lediglich die Inseln Zypern und Kreta sollten die Osmanen in der Folgezeit noch erobern, dafür mußten sie aber Aserbaidschan endgültig dem persischen Schah überlassen.

Er zertrümmerte alles, was sich ihm in den Weg stellt
Die Persönlichkeit Suleimans

Die Herrschaft Sultan Suleimans gilt allgemein als der Höhepunkt osmanischer Macht. Obgleich er als »der Prächtige« in die europäische Geschichte einging, verabscheute er, nach Berichten der Zeitzeugen, äußerlichen Pomp. Er »war kein geborener Krieger und keine Eroberernatur«, schreibt Jorga, »und es mangelte ihm an Ehrgeiz. In seiner Familie und gegen seine Freunde war er liebenswürdig und geriet trotzdem nicht in Gefahr, für einen Schwächling gehalten zu werden.«

Den bereits sechzigjährigen Sultan beschreibt der venezianische Gesandte Navagero als »von hoher Gestalt, die weit über das Mittelmäßige geht, aber mager und von gelblicher Gesichtsfarbe.« Die, berichtete sein Kollege Busbecq, »sucht er durch Purpurschminke auf den Wangen zu ersetzen, so oft er Gesandte mit der Meinung entlassen will, daß er eine vorzügliche Gesundheit genieße«. »Auf seinem Antlitz«, so Navagero, »ruht eine bewundernswürdige Grandezza, gepaart mit jener Sanftmut, welche ihn allen beliebt macht, die ihn sehen.« Wenn er gut unterrichtet war, was nicht immer der Fall sei, »tat er niemandem Unrecht. Sein einmal gegebenes Wort, darauf legte er ganz besonderen Wert, hält er mit äußerster Gewissenhaftigkeit und ein größeres Lob kann man ihm wohl kaum erteilen.«

Als das Ebenbild Gottes hätten die Großen seines Reiches ihn verehrt, berichtete der venezianische Gesandte über den großen Sultan und übertrieb sicherlich, wenn er behauptete: »Fast heiter nahmen sie von ihm sogar das Todesurteil entgegen und so stark war die Disziplin, daß der letzte Sklave auf sein Geheiß den größten Herrn im Reiche gefangennehmen oder sogar hinrichten konnte.« Im Vergleich zu seinem Vater war Suleiman gegenüber seinen Ministern außerordentlich milde. Neben Ibrahim ließ er nur einen Großwesir hinrichten. Die anderen schickte er in oft hochdotierte Pension.

Wenngleich der Sultan Pomp verabscheute, zwang ihn doch die errungene Weltstellung zu äußerlichem Glanz. Die Herren aller Länder machten ihm ihre Aufbietung und die exotischsten Geschenke. Darunter befand sich, vom Herrscher Indiens überreicht, ein Sklave, der nur Menschenfleisch aß. »Seine Religion und ihre Gebräuche beobachtete er aufs strengste«, schrieb Busbecq, »und ihre Ausbreitung liegt ihm ebenso am Herzen wie die seiner Herrschaft.« Suleiman habe sich »immer der Mäßigung befleißigt«, schrieb Busbecq, »selbst in der Jugend war er weder dem Weine ergeben, noch pflegte er unnatürliche Liebe, welche der vorzüglichste Genuß der Türken ist.«

Des Sultans Liebe gehörte fast ausschließlich einer Sklavin, die unter dem Namen »Roxolana« (die Russin) in die Geschichte einging. Die von Tataren erbeutete Tscherkessin war klein und graziös und »wußte den Sultan so vollständig zu fesseln«, wie Jorga schreibt, daß er sie unter dem Namen Chasseki Churrem (die Fröhliche) zur Sultanin erhob. Er habe sie »in Gold und Edelsteinen gekleidet – eines ihrer Kleider kostete an die 100 000 Dukaten – und verheiratete ihr zuliebe sogar seine Sklavinnen mit Günstlingen und Offizieren seines Hofes.«

Ihre Feinde, zu denen auch die Janitscharen gehörten, nannten die schöne Russin hingegen nur »die Hexe«. Tatsächlich war Roxolana die Hauptantreiberin für Kindes- und Enkelmord, den der Sultan ausführen ließ und unter dem er an seinem Lebensabend sehr gelitten hat. Denn sein ältester Sohn Mustafa, der ihm sehr ähnlich gewesen sein soll und deshalb der Favorit der Janitscharen war, stammte von Suleimans Jugendliebe, ebenfalls einer Tscherkessin. Die raufte sich allerdings, nachdem Roxolana ihr den Rang abgelaufen hatte, nicht nur mit der Lieblingsfrau des Herrschers und brachte ihr Kratzwunden bei, was den Sultan aufs äußerste erboste, sondern versuchte auch ihren Sohn als Thronfolger durchzusetzen, was ihr den Haß der Churrem einbrachte.

Intrigen der beiden Frauen und besonders des Großwesirs Rustem, der eine Tochter Suleimans geheiratet hatte, führten dazu, daß Suleiman Haß auf seinen Ältesten entwickelte. Als dieser nach Anatolien reiste, um dort von seinem Vater empfangen zu werden, warteten jene sieben stummen Henker auf ihn, die auch Ibrahim umgebracht hatten. Hinter einer Seitenwand des Zeltes soll Suleiman dem Todeskampf seines Sohnes beigewohnt haben. Sein Großwesir Rustem hatte ihn zum Mord an seinem Sohn angestiftet, jedenfalls brüstete der sich damit. Auch seinen zweitältesten Sohn Bayasid sowie dessen vier Söhne ließ der Sultan umbringen – angeblich ebenfalls auf Betreiben seines Großwesirs Rustem.

Seine Taten, deren Unrecht er später einsah, machten Suleiman im Alter immer verschlossener und mißtrauischer. Selbst der Aberglaube sei über den frommen Mann gekommen, berichteten Zeitgenossen. Besonders eine alte Wahrsagerin hätte ihm sogar Gesang und Saitenspiel verleidet, so daß er befahl, die reichhaltig mit Gold verzierten Saiteninstrumente zu verbrennen und die Spieler des Palastes zu verweisen. Er verbannte Goldgeschirr von seiner Tafel und verbot den Weinausschank in den christlichen Vierteln der Hauptstadt. Nur nach langen Verhandlungen, berichtete Busbecq, hätten die ausländischen Gesandten durchgesetzt, daß sie das Getränk »in aller Stille und bei Nacht« vom Hafen in ihre Häuser schaffen durften.

Für die Geschicke des Osmanischen Reichs folgenreicher war, daß Suleiman sich im Alter von den Regierungsgeschäften immer mehr zurückzog und nicht mehr selbst die Ministerrunde leitete. Das überließ er seinen Großwesiren, zu denen er, in Abweichung von der hergebrachten Ordnung, auch Günstlinge ernannte, die ihre Fähigkeiten zuvor nicht, wie bis dahin üblich, im Heer oder in der Verwaltung unter Beweis gestellt hatten.

Auch wenn sich der Sultan nicht mehr allen Traditionen der Altvorderen unterwarf, hielt er einen alten osmanischen Grundsatz aufrecht: einmal im Jahr zu Feldzügen aufzubrechen. »Suleiman steht vor uns mit all dem Schrecken, den seine Erfolge und die seiner Vorfahren verbreitet haben«, schrieb Diplomat Busbecq, »er steht an der Spitze einer Armee, die dank der Ressourcen vieler Königtümer bestens bewaffnet ist. Wie ein Donner schlug er zu, zertrümmerte und zerstörte alles, was sich ihm in den Weg stellte.«

So mögen es die Europäer gesehen haben. Für die Orientalen zerstörte er nicht nur, sondern baute vor allem auf. Unter keinem Sultan vor und nach ihm entstanden so viele sakrale und weltliche Bauten, Schulen, Hospitäler, aber auch Befestigungsanlagen in Buda, Belgrad oder Jerusalem. Er baute nicht nur das verfallene Mekka aus, sondern versah es mit einer Wasserleitung römischen Ausmaßes. Der Besitz der heiligen Stätten Jerusalem, Mekka und Medina – denen Suleiman noch die schiitischen Heiligtümer Bagdad, Karbala und Nadjaf hinzufügte – machte aus dem Sultan nicht nur einen glaubwürdigen Kalifen, sondern heilte auch einen Makel der Geburt. Denn das Osmanische Reich war am Rande der damaligen islamischen Welt entstanden und kein Osmane konnte seine Herkunft auf Mohammed zurückführen. »Ihr seid uns und allen Sultanen des Islam überlegen«, schrieb ihm der Mohammed-Nachfolger und Scherif von Mekka, »denn Ihr habt die Länder der (christlichen) Europäer erobert.«

5
Das Universum mit den Augen von Ochsen gesehen

Der Zerfall der Weltmacht

»Sein Aussehen ist in höchstem Grade häßlich«, beschrieb der venezianische Gesandte Andrea Badoaro den neuen Sultan, »in seinem Gliederbau findet ein so arges Mißverhältnis statt, daß er nach aller Urteil mehr einem Ungeheuer als einem Mensch gleicht.« Daran hätten Unmengen Weins und Branntweins Schuld, zu deren Genuß der Sultan »sogar zwei und drei Tage ohne Unterbrechung bei Tafel« zeche. Sein Vertrauter Juan Miquez serviere ihm nicht nur »ausgesuchteste Speisen und delikateste Getränke«, sondern auch »stark gesalzene und scharf gewürzte Dinge, welche den Gaumen immer wieder aufs neue zum Trinken reizten.«

Nach Suleiman dem Prächtigen bestieg 1566 mit seinem Sohn Selim II. ein Sultan den Thron, der von seinen eigenen Leuten den für einen Führer der Krieger Mohammeds wenig schmeichelhaften Beinamen »der Säufer« erhielt. Selim war zwar ein guter Poet, vor allem aber fett und faul. Doch er hatte auch für das Reich guten Seiten: Er hörte auf seine Berater und ließ nach anfänglichen Mißerfolgen bei kleineren militärischen Operationen seinen zum Teil sehr fähigen Großwesiren alle Freiheit. Großwesir Mehmed Sokolli, der schon Suleiman gedient hatte, wurde »zum wahren Alleinherrscher« (Hammer-Purgstall) des Osmanischen Reichs.

Der Anfang der Sultansherrschaft war schwierig, denn Selim wollte das Thronbesteigungsgeschenk sparen. Doch schließlich zwangen ihn die Janitscharen, jedem nicht nur die inzwischen üblichen 2000 Silberlinge auszuzahlen, sondern weitere 1000 draufzulegen. Aus Rache für die erzwungene Zahlung verteilte Selim freiwillig auch an die Ulema Geldgeschenke, bis der Staatsschatz erschöpft war. Aber noch sprudelten die Geldquellen und bald war das Defizit ausgeglichen.

Obgleich die osmanische Flotte inzwischen große Teile des Mittelmeers beherrschte, konnten die Venezianer noch immer die Orientrouten stören, denn mit der Insel Zypern besaßen sie einen Außenposten nur gut 100 Kilometer vor der Küste Anatoliens. Während mehrere der Berater des Sultans sich für einen Feldzug gegen die Spanier aussprachen, die damit begonnen hatten, die noch überlebenden und teilweise zwangschristianisierten Moslems aus ihrem Land zu vertreiben, setzte sich die Gruppe durch, die Venedig den Krieg ansagen wollte.

Um sich in Europa den Rücken frei zu halten, schloß der Sultan Frieden mit den Deutschen. Darin verzichtete Kaiser Maximilian II. zwar auf Siebenbürgen, der dortige Woiwode und ungarische König von osmanischen Gnaden, Johann Sigismund, durfte sich aber fortan nicht mehr König, sondern nur noch Fürst von Siebenbürgen nennen, womit die Habsburger ihren Anspruch auf Ungarn festschrieben.

Vor dem geplanten Feldzug gegen die Seemacht Venedig wandten sich die Osmanen gen Norden. Doch wie schon Suleiman der Große erkennen mußte, daß in nur einem Sommer keine Landgewinne westlich von Ungarn mehr möglich waren, machte sein Sohn nun die Erfahrung, daß es auch gegen die aufstrebende nördliche Landmacht Rußland eine unüberwindliche Wintergrenze gab. Zwar erreichten die mit dem Osmanischen Reich verbündeten Krimtataren 1571 Moskau und brannten es nieder, doch mußten sie sich sogleich wieder in ihre angestammte Heimat zurückziehen.

Die Zeit des Kämpfens ist gekommen
Die Eroberung Zyperns und die Schlacht von Lepanto

In Zypern herrschten die Venezianer, aber die Bevölkerung litt unter der Steuerbelastung. »Die armen Leute werden so geschunden und ausgeplündert«, berichtete der deutsche Reisende Martin von Baumgarten über die Zyprioten, »daß ihnen kaum genug bleibt, um Leib und Seele zusammenzuhalten.« Der Sultan verlangte von der Republik die Herausgabe der Besitzung: »Gebt uns die Insel freiwillig oder notgedrungen, aber reizt nicht unser grausames Schwert.«

Im Mai 1570 segelten die Osmanen zur Insel, landeten im unbewachten Hafen von Larnaca und eroberten am 9. September 1570 Nikosia. »Nur um ihre Schwerter zu erproben«, schrieb der Dominikaner und Augenzeuge Angeolo Calepio, »spalteten sie die Köpfe von Männern, die sich bereits ergeben hatten.« Eine für den Harem des Sultans bestimmte junge Zypriotin nahm Rache und legte Feuer an die Pulverkammer des Großwesir-Schiffs, das mit zwei türkischen Galeeren in die Luft flog, wodurch weitere Hunderte von gefangenen Zyprioten starben.

Die Osmanen hatten die orthodoxe Bevölkerung der Insel allmählich durch Zugeständnisse auf ihre Seite gebracht. Dem reichen Kloster Kykko beispielsweise wurde lediglich auferlegt, dem Sultan jährlich einen gesattelten Esel zur Verfügung zu stellen, und ein Dorf mit großen und kühlen Höhlen mußte sich nur verpflichten, Eis für die Küche des Osmanenherrschers in den Sommer zu retten.

Nur noch die außerordentlich gut befestigte Stadt Famagusta hielt stand. Die Osmanen konzentrierten ihre Angriffe auf eine brüchige Pforte im Südosten der Festungsmauer, und die Venezianer antworteten mit einer Erfindung, die zum Schrekken der Belagerer wurde: Einem Roboter, der hauptsächlich aus einem großen, mit Klingen bewehrten Rad bestand, das jeden Angreifer zerstückelte, wenn er durchzubrechen versuchte. Daraufhin entschloß sich der türkische Offizier Dschambulad, mit seinem Pferd direkt in die Todesmaschine zu reiten und sie zu zerstören. Die Klingen zerrissen den noch heute von den Inseltürken verehrten Reiter, aber der riesige Pferdekadaver blockierte den Roboter. Allerdings führte der Opfertod des Helden noch nicht zur Übergabe, zu der sich Festungschef Marco Antonio Bragadino erst am 1. August 1571 bereit fand, als ihm die Munition ausging.

Beide Parteien hatten freien Abzug vereinbart, und bis auf den obersten Befehlshaber Bragadino waren alle eingeschifft. Der begab sich mit fünf Edelleuten ins Lager des türkischen Oberkommandierenden Mustafa, um die Schlüssel der Stadt symbolisch zu überreichen. Doch der Osmanenanführer verlangte plötzlich eine Geisel für die Schiffe, was der italienische Kommandant »hartnäckiger und mit härteren Worten, als es in seiner Lage rathsam« war, ablehnte, wie

Hammer-Purgstall berichtet. Daraufhin ließ Mustafa unter dem Vorwand, die Verteidiger hätten 50 moslemische Pilger in der Stadt umgebracht, die Edelleute töten und Bragadino Nase und Ohren abschneiden. Nach einem Rechtsgutachten des Scheich ul-Islam, wonach Verträge mit Christen ohnehin nicht bindend seien, ließ er anschließend alle Eingeschifften wieder an Land holen und sämtliche Offiziere, aber auch alle Alten und Kranken hinrichten. Bragadino folterten die Sieger zwölf Tage lang, häuteten ihn sodann und trieben eine Kuh durch die Stadt, der sie seine präparierte Haut übergezogen hatten. Anschließend stellten sie die makabre Beute in Konstantinopel aus, ehe sie Bragadinos Sohn kaufen durfte. Heute ruht sie in der Kirche Santi Giovanni e Paolo zu Venedig neben den sterblichen Überresten berühmter Dogen.

Der starke Papst Pius V. brachte eine Allianz aus den Erzfeinden Venedig und Spanien (»im Interesse des Glaubens, wenn auch unter größten Schwierigkeiten«, wie der spanische König Philipp II. schrieb) zusammen. Das Bündnis stand unter der Leitung Don Juan de Austrias, einem unehelichen Sohn Karl V., den der spanische König Philipp II. als Halbbruder anerkannt hatte. Giovanni Andrea Doria, ein Großneffe des legendären Admirals, war einer der Flottenführer. Schiffe des Papstes und der Malteser verstärkten die Christenflotte.

Vor der griechischen Stadt Lepanto (dem heutigen Nafpaktos) fand am 7. Oktober 1571 eine der größten Seeschlachten der Geschichte statt. Es war das letzte bedeutsame Seegefecht von Galeeren – zumeist extrem flachen Booten, die bei guten Winden und offener Fahrt unter Segel liefen, zum Manövrieren im Hafen und in einer Schlacht aber gerudert wurden. Weil die Venezianer kaum noch Ruderer anwerben konnten, hatten sie zunehmend verurteilte Kriminelle auf die Bänke gesetzt, denen ein Teil ihrer Strafe dafür erlassen wurde. Besonders die Lebenslangen kämpften tapfer, weil ihnen nach gewonnener Schlacht die Freiheit winkte. Viele der osmanischen Galeerensklaven waren Christen, die der Großadmiral Muesinsade Ali mit für damalige Zeit ungewöhnlicher Milde behandelte. Auch ihnen versprach er im Fall eines Sieges die Freiheit.

Die Christen rückten mit der bis dato umfangreichsten

Flotte an, und dennoch war ihnen die osmanische mit 280 Schiffen an Zahl noch überlegen. Als die Osmanen die westliche Streitmacht sahen, empfahl der algerische Admiral Uluch Ali seinem Großadmiral, zur Küste zurückzuweichen, wo die Landbatterien eingreifen könnten, aber Ali antwortete: »Ich will nicht den Eindruck erwecken, als zöge ich meine Flotte vor den Christen zurück.« Auch mehrere der Admirale der Liga scheuten die Konfrontation, aber Don Juan entgegnete: »Meine Herren, die Zeit des Beratens ist vorüber, die des Kämpfens gekommen« und schloß die Sitzung.

Die Liga hatte ihre größten Schiffe, mit Kanonen gespickte Galeassen, die wegen ihrer hohen Bordwände praktisch nicht zu entern waren, vor den Schlachtreihen postiert. Die Galeeren lagen so dicht beieinander, daß einzelne osmanische Boote nicht durchbrechen konnten. Außerdem waren die Schiffe der mitkämpfenden Nationen so vermengt, daß kein Land separat den Rückzug antreten konnte. Beide Seiten bereiteten sich auf den Nahkampf vor, und der sollte die Schlacht entscheiden. Die meisten Soldaten des Sultans, allen voran der Oberbefehlshaber Ali Pascha, kämpften noch immer mit Pfeil und Bogen, während die europäischen Matrosen fast ausschließlich mit Feuerwaffen ausgerüstet waren. Besonders die spanische Muskete beeindruckte die Osmanen, denn ihre 50 Gramm schweren Kugeln töteten noch auf 500 Meter Entfernung und durchschlugen die stärksten Panzer. Freilich hatte die noch ungewohnte Bewaffnung in den Tagen vor der Schlacht ihren Preis: Allein durch Salutschüsse waren bereits 20 Matrosen ums Leben gekommen, ehe der Befehl erging, Ehrensalut künftig nicht mehr mit scharfer Munition zu schießen.

Um zwölf Uhr begann die Schlacht, die eher einem Landkrieg glich. Einer der christlichen Seefahrer war Miguel de Cervantes Saavedra, Verfasser des *Don Quichotte*, der beim Kampf seine linke Hand verlor. »Kaum war einer gefallen«, schrieb Cervantes später über seine Mitkämpfer, »trat schon ein anderer an seine Stelle. Und wenn auch dieser ins Meer stürzte, folgte ihm ein weiterer und noch einer. Nur Augenblicke lagen zwischen ihrem Sterben.«

Ein spanischer Soldat zog sich einen Pfeil aus seinem Auge und sprang auf ein türkisches Schiff. Ein todkranker Sergeant namens Muños kroch an Deck und meinte, jetzt sei nicht die Zeit, an einer Krankheit zu sterben. Er tötete vier Gegner, verlor ein Bein, brach, von neun Pfeilen getroffen, zusammen und rief seinen Kameraden zu, ihm nachzueifern. Dem spanischen Artilleriehauptmann Federigo Venusta hatte eine Kugel die Hand zermalmt. Er lief zu einem Ruderer und bat ihn, die Hand abzuschneiden, doch der fiel in Ohnmacht. Daraufhin erledigte Venusta die Sache selbst, ließ sich den Stumpf verbinden und ging wieder an sein Geschütz. Auf dem Admiralsschiff Real entpuppte sich ein besonders eifriger Schütze als Frau. Es war Maria la Bailadora (die Tänzerin), die als Lohn für ihre Tapferkeit später im Regiment bleiben durfte. Ein Verwandter des Papstes erkannte einen algerischen Korsaren, mit dem er lange Jahre die Gefangenschaft geteilt hatte. »Spring ins Wasser und rette dich«, rief er ihm zu. Als der Osmane sich weigerte, erschoß der Christ mit seiner Arkebuse den Freund.

Nach vier Stunden Schlacht glichen manche Galeeren Geisterschiffen. Auf der päpstlichen Firence gab es nur noch wenige Überlebende, auf der San Giovanni überhaupt keinen mehr. Die heftigsten Kämpfe fanden auf dem osmanischen Admiralsschiff Sultana statt. Ein Spanier hatte den schwerverletzten Ali Pascha geköpft und schwamm mit der wertvollen Trophäe zu seinem Befehlshaber. Doch Don Juan schrie ihn nur an: »Was soll ich mit dem Kopf, wirf ihn ins Wasser.«

Eine der erbittertsten Schlachten der Weltgeschichte endete schließlich mit einer fast komödiantischen Szene. Weil den türkischen Soldaten die Pfeile ausgegangen waren, bewarfen sie die Christen schließlich mit Orangen und Zitronen, und die Matrosen der Liga machten den Spaß mit und schleuderten die Früchte zurück, »was zu beträchtlichem Gelächter Anlaß gab«, wie der venezianische Augenzeuge Diedo berichtete. Doch die Bilanz der Schlacht war weniger amüsant: Die Osmanen hatten 244 Schiffe – fast ihre gesamten Flotte – verloren und mehr als 30000 Mann. Die Europäer hatten nur 13 Galeeren eingebüßt, aber immerhin noch 7600 Mann, davon mehr als die Hälfte Venezianer. Dafür konnten sie gut 15000 christliche Rudersklaven befreien.

Die Schlacht von Lepanto hätte bereits ein Wendepunkt im Kräftemessen mit dem Westen sein können, doch die Liga nutzte ihren Sieg nicht und löste sich nach wenigen Tagen auf. Es war sogar das letzte Mal, daß sich eine vereinte christliche Streitmacht gegen die Osmanen zusammenfand. Dennoch machte sich Erleichterung in Europa breit, denn nun war bewiesen, wie der päpstliche Generalkapitän Marco Antonio Colonna schrieb, »daß die Osmanen auch nur Menschen waren.« Aber schon im Winter bauten die geschlagenen Türken eine neue Flotte auf. Sie verkleinerten selbst den Sultansgarten, um acht Werften zu errichten.

Allein auf sich gestellt, war Venedig trotz des Sieges von Lepanto nicht in der Lage, Zypern zurückzuerobern und schloß mit den Osmanen Frieden. »Es schien«, kommentierte Hammer-Purgstall die überraschende Wende, »als ob die Türken die Schlacht gewonnen hätten.« Die Signorie mußte den Verlust Zyperns hinnehmen, behielt aber Kreta und vor allem die Handelsprivilegien im Osmanischen Reich. Und auch die Osmanen waren an einer Fortführung des venezianischen Handels interessiert, brachte doch ein einziges Schiff der Republik dem Land mehr Zolleinnahmen als alle Schiffe Frankreichs und Englands zusammen – ganz abgesehen von etwa 400 000 Dukaten jährlich, die Venedigs Vertreter in Form von Geschenken und Bestechungsgeldern an die Osmanen zahlten.

Selim hatte Schemsi-Pascha, einen Nachfahren der berühmten Familie Kisil Ahmedlü, die nach der Teilung des seldschukischen Reichs am Schwarzen Meer herrschte und später von den Osmanen besiegt worden war, dazu ernannt, die Bittschriften in Empfang zu nehmen, die dem Sultan beim Gang zum Freitagsgebet überreicht wurden. Schemsi nahm nicht nur Petitionen, sondern auch Bestechungsgelder an, für sich, aber ausdrücklich auch im Namen des Sultans, der jährlich 2,5 Millionen Gulden in eigene Münzen umschmelzen ließ, um sie sogleich im Garten seines Palastes zu verbuddeln. »Nun habe ich das Herrscherhaus Kisil Ahmedlü gerächt«, sagte sein Großwesir gemäß den Aufzeichnungen des osmanischen Geschichtsschreibers Ali, »und demselben seinen Untergang bereitet. Indem ich den Sultan bewog, selbst Bestechungen anzunehmen, wird sie (die Bestechlichkeit) nun durch des Sultans Beispiel fortwähren und das Reich vernichten.«

Der Sultan gab sich fortan nur noch seiner Lieblingsbeschäftigung hin, dem Trinken. Ein Jahr nach Lepanto starb er, nachdem er sternhagelvoll auf den Steinboden eines Bads aufgeschlagen war.

Es fruchte dir, es fruchte dir
Das Sultanat Murad III.

Auf den Säufer Selim II. folgte, nach der Ermordung seiner fünf Brüder, der Freßsack Murad III., der sich bis zu fünfzig Gerichte täglich servieren ließ. Weil er unter epileptischen Anfällen litt – eine Krankheit, die mehrere osmanische Herrscher heimsuchte –, mied der hagere und bläßliche Sultan, aus dessem Gesicht ein dünner rötlicher Bart herabhing, den Kontakt mit Fremden, rauchte Opium und schrieb unter Anleitung des berühmten osmanischen Geschichtsschreibers Seadeddin historische Bücher, die er selbst illustrierte.

Vor allem aber widmete er sich der als sehr junges Mädchen versklavten blonden Venezianerin Safije (die Reine), deren Vater Baffo Statthalter der Republik auf Korfu war. Um ihn von seinem Schwarm abzulenken, schenkte ihm seine Mutter Nur Banu (Lichtfrau) zwei weitere Sklavinnen, aber der Sultan vermochte sie nicht zu beschlafen. Daraufhin ließ die Mutter sechs Türkinnen und Jüdinnen, Freundinnen der Baffo, wegen vermeintlicher Zauberkraft foltern und ins Meer werfen. Entzaubert beschlief der Sultan fortan jede Nacht mehrere der über 300 Haremsdamen und zeugte 103 Kinder. Sein Hunger nach neuen jungen Sklavinnen trieb den Preis für hübsche Mädchen auf den Menschenmärkten Konstantinopels auf das Hundertfache. Er erhob seine Lieblingskonkubine zur Chasseki, zur »Favoritin«, ein Brauch, dem seine Nachfolger bis 1687 folgten.

Murads Interesse für den Krieg beschränkte sich auf die Lektüre über das Kriegswesen. Den osmanischen Armeen fehlte künftig nicht nur die Führung durch den Sultan, sondern zunehmend auch der Biß. Was nicht hieß, daß die größte Militärmacht der damaligen Welt bereits abgedankt hatte. Kriegstüchtige Wesire und Grenzkommandanten erfochten weiterhin Siege für das Reich.

Im Nordosten eroberten die Osmanen Ende der siebziger Jahre das persische Georgien, ferner Aserbaidschan (das in etwa die heutige Republik und die persische Provinz gleichen Namens umfaßte) mit seinen brennenden Ölquellen in der Nähe der Stadt Baku sowie das reiche Schirwan, das dem persischen Schah Einkünfte von jährlich mehr als 25 Millionen Aspern einbrachte. Die osmanische Heeresleitung hegte sogar den Plan, einen Kanal zwischen der Wolga und dem Don zu bauen, um ihren Nachschub per Schiff ins Kaspische Meer zu bringen, aber die Besitzungen im hohen Nordosten gingen bald wieder verloren.

Kaukasussieger Osman-Pascha erstattete dem Sultan Bericht. Der forderte ihn auf, sich neben ihn zu setzen – eine ungewöhnliche Ehre. Der Feldherr sprang anfangs immer wieder auf, um dem Großherrn Respekt zu bezeugen. Doch dann erzählte er Murad vier Stunden lang den Verlauf des Krieges, und der immer begeistertere Sultan schenkte ihm erst eine seiner wertvollen Turbannadeln, dann einen reich verzierten Dolch und – mit dem Ruf »es fruchte dir, es fruchte dir« – die zweite Turbannadel. Zum Schluß stand der Sultan auf und verkündete: »Dein Gesicht soll in beiden Welten glänzen.« Wenige Wochen darauf, am 28. Juli 1584, machte er Osman-Pascha zu seinem Großwesir, für einen Türken eine seltene Ehre.

Käfig für die Prinzen
Beginn des dunklen Jahrhunderts

Nach Murads Tod kam 1595 mit Mehmed III. ein Sultan auf den Thron, der, zumindest anfangs, seine Armeen wieder selbst führte. Nachdem er seine 19 Brüder und sieben von seinem Vater noch geschwängerte Sklavinnen hatte töten lassen – seine 27 Schwestern blieben, wie gesetzlich vorgeschrieben, verschont –, zog er mit etwa 250 000 Soldaten nach Ungarn.

An der Grenze zwischen dem Osmanischen Reich und dem der Habsburger waren schon seit Jahren Kämpfe um kleinere Festungen aufgeflammt. Die Siebenbürgen hatten auf Rat der Polen Stephan Bathory zu ihrem Herrscher gewählt, der sich 1576 sogar zum polnischen König wählen ließ. Die

Polen hatten mit großem Erfolg die siebenbürgischen Szekler als Söldner im Krieg gegen den russischen Zaren Iwan den Schrecklichen eingesetzt. Diese hervorragenden Soldaten waren einige Jahre zuvor von ihrem Herrscher zu Leibeigenen degradiert worden und sahen im Söldnerdienst die einzige Möglichkeit zum Wiederaufstieg. Mit ihrer Hilfe stellte Bathory eine schlagkräftige Armee auf, zu der auch walachische und moldauische Truppen stießen. Zusammen mit den Siebenbürgen, die sich mit den Österreichern verbündet hatten, vertrieben sie die Türken. Doch dann machte der Herrscher auf Druck der ungarischen Adligen die Befreiung der Szekler rückgängig und verlor damit seine besten Truppen.

Ohne die kriegserfahrenen Szekler kam es Ende Oktober 1596 in einem engen Tal in der Nähe der ungarischen Stadt Mezökeresztes unweit Egers zu einer der größten Schlachten zwischen Osmanen und Europäern. Anfangs hatten Österreicher und Ungarn Oberwasser und führten schon Freudentänze auf den eroberten Schatzkisten der Türken aus. Dann führten die Osmanen Verstärkungen heran, und es begann ein furchtbares Gemetzel. In wenigen Stunden fielen gut 10000 Soldaten der Verbündeten, darunter fast die gesamte Armee der Ungarn. Die Tataren, die den Platz der im Jahr zuvor von den Walachen völlig ausgelöschten Akindschis eingenommen hatten, verfolgten die Flüchtenden und vernichteten sie. Es war der letzte Sieg einer osmanischen Streitmacht in offener Schlacht gegen den Westen, doch diesmal waren es die Osmanen, die ihren Sieg nicht nutzten. Denn der Sultan brach den Feldzug ab, um das inzwischen seltene Ereignis eines Sieges in Konstantinopel gebührend zu feiern.

Dann besiegte der Sultan hauptsächlich nur noch wirkliche oder angebliche innere Feinde, an deren Hinrichtungen er sich ergötzte. Selbst seine Söhne sparte er nicht aus. Als der präsumptive Nachfolger Mehmed, »ein hoffnungsvoller Prinz, voll kriegerischen Muthes«, so Historiker Hammer-Purgstall, ihm von Räuberbanden im Landesinnern berichtete und darum bat, gegen sie vorgehen zu dürfen, erstach ihn der Sultan mit seinem Dolch und schrie, nun habe er den wahren Rebellen beseitigt – Höflinge hatten ihm eingeflüstert, ein Scheich habe dem Sohn in einem Horoskop die Thronbesteigung verheißen. 1603 starb der Wüterich.

Nachfolger Achmed I. war der erste Sultan, der nicht mehr durch die Verwaltung einer Provinz auf sein Amt vorbereitet worden war, sondern ausschließlich durch Unterricht im kaiserlichen Palast. Nach dem Tod seines Vaters schrieb der neue, erst 13 Jahre Sultan einen ungelenken Brief an den Diwan, in dem er seine Thronbesteigung mitteilte. Ungläubig erschienen die Reichsoberen im Thronsaal, wo der neue Sultan tatsächlich schon in Pose saß.

Weil mit der Erziehung des künftigen Sultans im Palast zu Konstantinopel der traditionelle Wettlauf um die Macht nach dem Tod eines Herrschers entfiel, schaffte der neue Sultan die obligate Ermordung seiner Brüder ab – wohl auch, weil er bei der Thronbesteigung noch kinderlos war. Alle osmanischen Geschichtsschreiber übergingen diese Neuerung, weil sie in ihr einen Bruch der Tradition sahen. Zwar ließ Achmed seine Verwandten nicht mehr töten, wohl aber kaltstellen. Seinem Bruder baute er im großen Palast einen ausbruchsicheren Goldenen Käfig. Von 1617 bis 1839 sollten alle Sultane in begrenzter Freiheit aufwachsen, einige ausschließlich im Verließ. Die Folgen für das Reich waren dramatisch: Viele Sultane waren seelisch gestört, einige geisteskrank.

Krieg führte der neue Sultan hauptsächlich gegen seine eigenen Leute, denn »die Hydra des Aufruhrs«, so Hammer-Purgstall, »erhob ihr vielköpfiges Haupt in allen Landschaften der asiatischen Herrschaft, von der entlegensten persischen und syrischen Gränze bis an die Thore der Hauptstadt.« Ausgangspunkt war eine Bestrafungsaktion des damaligen Großwesirs Cicala-Pascha gegen alle Timarioten, die 1596 nicht zum Krieg in Südosteuropa erschienen waren. Er ließ ihre Lehen einziehen und drohte ihnen schwere Strafen an. Daraufhin sammelten die enteigneten Spahis 20 000 Unzufriedene um sich, darunter auch viele Bauern ohne Land, Handwerker ohne Arbeit und Soldaten ohne Sold. Aber auch mehrere turkmenische Stämme schlossen sich den aufständischen Timarioten an, die zeitweise einen unabhängigen Staat mit eigener Münze bildeten. Die Provinz begann, sich von der Zentrale zu lösen, und lokale Herrscher rissen immer mehr Macht an sich. Der fast zehnjährige Kleinkrieg hatte bis heute sichtbare Folgen: die Bevölkerung Anatoliens floh in die Städte, und das weite Land verarmte.

Den deutschen Kaiser als ebenbürtig anerkannt
Friede mit den Habsburgern

Im Westen herrschte Kleinkrieg mit den Österreichern, die im Grenzgebiet einige Burgen, vor allem aber Ungarn verloren hatten. Ihre Niederlage gegen die Magyaren hatte mit einem Sieg begonnen. Der walachische Fürst Michael hatte mit Hilfe der enttäuschten Szekler Moldau und Siebenbürgen erobert und damit erstmals ein Reich errichtet, das in etwa dem heutigen Rumänien entspricht. Seine Landsleute nannten ihn fortan »Mihai der Tapfere«, doch der ungarische Adel rief den habsburgischen General Giorgio Basta zu Hilfe. Der Österreicher besiegte Michael und ließ ihn umbringen. Doch dann wandten sich die siebenbürgischen Adligen gegen die Österreicher, und Basta verwüstete daraufhin das Land. Ungewollt bereitete er damit eine ungarische Wiedergeburt vor.

Denn die Österreicher versuchten, die sogenannten Haiducken – umherstreifende Soldaten, oft auch simple Räuber – gegen die Rebellen einzusetzen und bewaffneten etwa 5000 von ihnen. Als die ungarischen Haiducken jedoch gegen ihre Landsleute kämpfen sollten, liefen sie zu ihnen über. Die Osmanen unterstützten die ungarischen Rebellen nach Kräften. Deren Anführer Stephan Bocskay eroberte nicht nur Siebenbürgen, zu dessen Fürst er sich wählen ließ, sondern auch das königliche Ungarn der Österreicher. Am Martinstag, dem 11. November 1605, fand in Pest eine höchst eigenartige Zeremonie statt. Der osmanische Großwesir Lala Mehmed war extra angereist und gab Sieger Bocskay ein großes Essen. In seiner Festrede wandte sich der Großwesir an den Ungarn: »Und jetzt rede ich dich, Fürst Stephan, im Namen des Sultans als König an. Ich überreiche dir die Krone, das Zepter, das Schwert und die Fahne.«

Der geehrte Fürst bedankte sich, doch gab er die Krone einem ungarischen Edelmann zur Aufbewahrung. Denn für einen echten Ungarn gab es nur eine Krone, die zählte, und das war die Stephanskrone. Die jedoch trug der Habsburger Rudolf, wenngleich es eine Krone ohne Land war. Bocskay suchte den Ausgleich mit den Österreichern, und auch die Osmanen waren um einen Frieden bemüht. Sie schlossen ihn mit den Österreichern am 20. Oktober 1606 in einem Zelt an der Mündung der Zsitva in die Donau. Dieser Frieden von Zsitvatorik (der Zsitvamündung) sollte ungewöhnlich lange dauern und erst 1652 enden, als eine neue heiße Phase zwischen Osmanen und Habsburgern begann. Die beiden großen Reiche fingen an, sich in Südosteuropa zu arrangieren.

Sahen die Osmanen bislang in einem Frieden stets die Kapitulation des Gegners, »vom immer siegreichen Sultan dem immer besiegten ungläubigen König von Wien allergnädigst gewährt«, wie die Standardformel lautete, so erkannten sie den Kaiser nunmehr offiziell als einen dem Sultan ebenbürtigen Herrscher an. Erstmals ließen sich die Osmanen auch auf präzise übersetzte und gleichlautende Urkunden ein. Der Frieden von Zsitvatorik band erstmals auch die Nachfolger, während sich bislang jeder neue Sultan frei von Verträgen wähnte, die sein Vorgänger eingegangen war.

Die Österreicher erhielten die Souveränität in ihrem Teil Ungarns zurück und brauchten fortan keine Tribute mehr zu zahlen. Türkischer Botschafter in Wien wurde künftig ein Adliger mit dem Rang eines Sandschakbegs, und nicht mehr, wie in der Vergangenheit, ein subalterner Beamter. Zwischen den schwächer werdenden Osmanen und den aufstrebenden Habsburgern bildete sich eine Pufferzone, die als »Militärgrenze« in die Geschichte einging und ihre blutige Spur bis in den Bosnienkrieg am Ausgang des 20. Jahrhunderts zog.

Durch schlaffe Verwaltung Zukunft der Christen gesichert
Der Balkan und die Militärgrenze

Christen waren nicht gleich Christen im Osmanischen Reich. Es gab große Unterschiede zwischen den Millets. Während besonders die Christen auf dem anatolischen Festland – Armenier, Nestorianer, Syrisch-Orthodoxe, aber auch die dort ansässigen Griechen – vom Kriegsdienst ausgeschlossen waren, gestand der Sultan den Christen auf dem Balkan ein großes Privileg zu: Sie durften dem Großherrn als Soldaten dienen.

Die Christen des Balkans profitierten auch sonst von den Osmanen, wenngleich die zeitgenössischen Chronisten wenig von der Zeit der Türkenherrschaft in Südosteuropa berichteten – was nicht verwundert, denn nicht einmal die Priester waren des Schreibens kundig. »Selbst Bischöfe«, schreibt Balkan-Spezialist Stavrianos von der hohen Geistlichkeit im Griechenland des 16. Jahrhunderts, »hatten Schwierigkeiten, ihren eigenen Namen korrekt zu schreiben.« Und in den anderen Balkanregionen war es nicht besser.

Die Unwissenheit hatte auch ihre guten Seiten, denn die Osmanen sahen in den Christen des Balkans lange Zeit keine Gefahr und unterstützten sie. »Die längste Zeit hatten die Türken weniger Probleme damit, ihre christlichen Untertanen auf dem Balkan zu regieren als ihre moslemischen in Asien«, schreibt Stavrianos. Mehr noch: Die Osmanen unternahmen nichts gegen das Zusammengehörigkeitsgefühl der Balkan-Völker und sicherten damit die Zukunft der verschiedenen Ethnien. Der christliche Glaube sollte einmal zu einem wichtigen Kitt für die nationale Erneuerung werden, denn nur in Albanien und Bosnien (und später auf Kreta) konvertierte ein Großteil der Bevölkerung zum Islam. Hätten die Osmanen ihre christlichen Untertanen zum Glaubenswechsel gezwungen wie die Spanier Moslems und Juden, wäre der Balkan für das Christentum und damit den Westen wohl verloren gewesen.

Nur wenige Türken ließen sich in den Städten des Balkans nieder, die meisten waren als Kolonisatoren aufs Land gezogen und hatten sich zumeist in Bessarabien, der Dobrudscha, dem östlichen Bulgarien und einigen Tälern Mazedoniens und Thrakiens angesiedelt. Hinzu kamen noch Krimtataren und Tscherkessen – Vorfahren der etwa einen Million türksprachiger Bewohner, die noch heute außerhalb der Türkei siedeln.

Größer waren da die Wanderungen der Balkanvölker. Griechen siedelten in Italien, im Nordbalkan und Südrußland, Albaner strömten nach Griechenland oder zogen gen Norden und bevölkerten einst serbische Regionen wie den Kosovo. Am meisten wanderten die Serben. Sie zogen mit den geschlagenen habsburgischen Truppen nach Ungarn und Kroatien, wo sie, beispielsweise in Slawonien, bald die Mehrheit bildeten. Überall zogen die Serben aufs Land, so daß in urbanen Zentren wie Belgrad hauptsächlich Türken, Griechen, Juden, Ungarn und Dalmatiner lebten, und die heutige bulgarische Hauptstadt Sofia lange Zeit fest in türkischer, Philippopolis fest in griechischer Hand war.

Im Gegensatz zu seinen westeuropäischen Kollegen schuldete der christliche Balkanbauer seinen osmanischen Herren Geld und sonst nichts. Und auch die finanzielle Belastung in Form einer Kopfsteuer in Höhe etwa des Zehnten war geringer als im christlichen Westen. Kein Bauer durfte von seinem Land vertrieben werden, und kein osmanischer Feudalherr oder Beamter konnten ihn daran hindern, davonzuziehen und sich an einem anderen Ort niederzulassen. Das galt freilich nur für die Blütezeit osmanischer Machtausübung.

Besonders in schwer zugänglichen Gebieten Albaniens, Montenegros, aber auch Griechenlands gewährten die Osmanen den Bewohnern nahezu völlige Freiheit, freilich auch, weil sie sich militärisch nur unter großen Verlusten gegen die Bergbewohner durchsetzen konnten. Viele wurden deshalb von Steuern befreit, wenn sie beispielsweise Soldaten für die Armee abstellten oder Matrosen für die Marine. Denn die Balkanchristen waren oft die wichtigsten Truppen des Sultans, besonders wenn es gegen unbotmäßige Staaten im moslemischen Osten ging. So behielten sie nicht nur ihre Wehrkraft, sondern entwickelten auch nicht die Unterwürfigkeit orientalischer Christen gegenüber ihren moslemischen Herrn.

Auf Friedhöfen herumgeirrt
Ende der Sultansmacht

Das Osmanische Reich hatte seinen Zenit schon ein gutes halbes Jahrhundert überschritten, aber noch hielten seine Grenzen. Im Osten konnten die Türken einen Abfall Syriens verhindern und die anrückenden Perser zurückdrängen, verloren aber 1618 endgültig Georgien und Aserbaidschan. Auch im Innern hielt die alte Ordnung noch, wenngleich sie bröckelte. Die Sultane waren noch das Zentrum der Macht, wenn auch einer reduzierten. Als Sultan Achmed mit 28 Jahren erkrankte, ernannte er seinen Bruder Mustafa zum Nachfolger, weil sein eigener Sohn noch jünger war als er selbst beim Regierungsantritt. Fortan setzte sich bis zum Ende des Osmanischen Reichs das Prinzip des Seniorats durch, wonach jeweils der älteste Sohn den Thron besteigt.

Der neue Herrscher Mustafa I. war nach 14 Jahren Aufenthalt im palasteigenen Käfig ein seelisches Wrack. Er »irrte auf den Friedhöfen herum«, berichtete sein Untertan Naima, »und vergnügte sich damit, Dukaten ins Meer oder in den Staub des Weges zu werfen«. Nach nicht einmal einem halben Jahr sorgte der Chef der Schwarzen Eunuchen dafür, daß der Sultan wieder in den goldenen Käfig wanderte, und machte zum Nachfolger den minderjährigen Achmed-Sohn Osman. Profitiert vom neuen Sultan Osman II. hatten die Janitscharen, die innerhalb von drei Monaten zweimal 300 Millionen Aspern (entsprechend drei Millionen Dukaten) zur Thronbesteigung einstrichen und entsprechend gelitten hatte der Staatsschatz.

Der heranwachsende neue Sultan versuchte, Armee und Verwaltung hauptsächlich mit Türken aus Anatolien zu besetzen, um ein Gegengewicht gegen die Renegaten zu bilden. Auch ging er daran, die Ulema und besonders den Mufti zu entmachten, dem er verübelte, mit seiner vorschnellen Bestellung des erblödeten Onkels dem Reich durch das unnütze Throngeschenk an die Janitscharen geschadet zu haben. Künftig sollte der Mufti nur noch die Fetwas, die Rechtsgutachten, erstellen, nicht aber über die Berufung der Ulema bestimmen dürfen.

Osman war zwar ein außerordentlich guter Reiter und Schütze, aber seine Soldaten lehnten ihn ab, weil er zu geizig war. Auch seine zivilen Untertanen verachteten ihn, denn er suchte sich nicht nur Gefangene als lebende Ziele für seine Bogenschießübungen aus, sondern fand auch Vergnügen daran, aus Spaß mehrere seiner Pagen zu erschießen. Mit siebzehn Jahren zog er gegen Polen, erlitt aber nur Niederlagen und zahlte es in Konstantinopel den seiner Ansicht nach im Krieg zu feigen Janitscharen heim, indem er ihnen in den christlichen Schenken auflauerte, deren Betreten ihnen verboten war, und betrunkene Krieger ins Meer werfen ließ. Als er dann Janitscharen und Spahis durch ägyptische und syrische Söldner ersetzen wollte, verbündeten sich seine Elitesoldaten mit den Konservativen, den islamischen Rechtsgelehrten. Was nun geschah, war einmalig in den Annalen der Osmanen.

Erst schickten die Meuterer die Ulema, um die Köpfe der ihnen verdächtigen Oberen zu verlangen. Als der Sultan sich weigerte, stürmten sie nicht nur den äußeren, sondern auch den inneren Palast und forderten die Auslieferung des Großwesirs, was Osman ablehnte. Daraufhin riefen die Meuterer nach dem Ex-Sultan Mustafa, bis ihnen eine Stimme aus der Tiefe antwortete: »Sultan Mustafa ist hier.« Die Janitscharen öffneten den Käfig, wo der Ex-Sultan mit zwei Sklavinnen vegetierte. Der arme Irre verlangte nur zu trinken, denn seit drei Tagen hatte er keinerlei Nahrung mehr bekommen. Erst wollten die Meuterer »diesen blöden und furchtsamen Hasen« (so Hammer-Purgstall) auf ein Pferd setzen, um ihn als neuen Sultan durch die Stadt zu führen, aber Mustafa fiel immer wieder herunter. So trugen sie ihn in den Thronsaal, wo der Arme angesichts der vielen gezückten Schwerter sogleich einen Zitteranfall bekam.

Den abgesetzten Osman fanden sie nur mit einem weißen Unterkleid bedeckt in einem Versteck, setzten ihm einen dreckigen Turban auf und führten ihn auf einem alten Rappen und unter Schmährufen durch die Straßen Konstantinopels zur Kaserne. Unterwegs kniff ein Goldschmiedesohn dem Sultan kräftig in den Hintern, worauf Osman schrie: »Du Unverschämter, du Verfluchter.« Während Mustafas Mutter den neuen Herrscher, der bei jedem Laut zum Fenster lief und sich an den Stäben festhielt, beruhigte und »komm, komm, mein Löwe« rief, fielen am 20. Mai 1622 auf Befehl des von ihr ernannten Großwesir Daud vier Mann über den abgesetzten Sultan her, der sich kräftig wehrte. Schließlich gelang es einem von ihnen, ihm einen Halfter um den Hals zu werfen, während ein Eunuch ihm kräftig die Hoden quetschte, bis der Sultan in Ohnmacht sank. Daraufhin erdrosselten ihn die Häscher. Nicht einmal den Leichnam respektierten die Mörder. Einer schnitt ihm ein Ohr ab, um es der Mutter Mustafas zu bringen, ein anderer, so der osmanische Chronist Ewlia Tschelebi, »einen Finger, um sich den daran befindlichen Ring anzueignen«. Künftig galt der Sultan nicht mehr als heilig und unberührbar.

Wochenlang irrte Sultan Mustafa durch den Palast,

klopfte an alle Türen und rief nach Osman. Er könne, klagte er, die Last der Regierung nicht mehr tragen. Eines Tages schickte er einen Diener an eine Stelle des Gartens und behauptete, dort sei ein Schaf vergraben. Der Diener fand ein Schaf, dem die Beine zusammengebunden und Augen sowie Mund zugenäht waren. Der Sultan zog die Fäden und pflegte das Tier. Es symbolisiere sein eigenes Schicksal, berichteten die osmanischen Chronisten. Nach 15 Monaten setzten ihn die Janitscharen wieder ab. Mustafa wanderte zurück in den Käfig, wo er später starb oder vergiftet wurde.

Ein weiterer Insasse des goldenen Käfigs erstieg den Thron: der erst zwölf- oder dreizehnjährige Murad IV., ein Sohn Achmeds. Als er seine Brüder Bayasid und Suleiman erdrosseln ließ, bewarfen ihn die Haremsfrauen mit Steinen und beschossen ihn mit Pfeilen. Doch der junge Herrscher sollte sich, einmal erwachsen, als ein starker Sultan entpuppen – und als ein besonders grausamer.

Immer wieder meuterten vor allem Spahis und Janitscharen und stürmten den Palast. Sie forderten die Köpfe von vermeintlich für Korruption verantwortliche Wesire. In Wahrheit ging es ihnen in erster Linie darum, eigene Leute durchzusetzen und ihrerseits Pfründe zu erhalten. Immer häufiger bekleideten Emporkömmlinge der Elitekrieger, die weder gedient hatten, noch den klassischen Kriterien entsprachen, wichtige Posten. Sie drangen sogar in den Diwan ein und zwangen den Sultan zu willkürlichen Hinrichtungen. Am meisten schmerzte den jungen Murad der Opfertod seines Großwesirs Halil, eines Armeniers, den sowohl die türkischen Chronisten wie auch die westlichen Botschafter als einen der anständigsten und gerechtesten Großwesire in der Geschichte des Osmanischen Reichs bezeichneten.

In einem schwierigen Balanceakt gelang es dem jungen Sultan schließlich, die Janitscharen und Ulema auf seine Seite zu ziehen und die Anführer der meuternden Spahis hinrichten zu lassen. Sodann stützte er sich auf die wieder friedfertigen Spahis, um die Anführer der meuternden Janitscharen umzubringen. Er schaffte schließlich die Privilegien der beiden Elitekorps ab und ließ zwölf Jahre lang keine neuen Truppen ausheben, so daß sich die Zahl der Janitscharen und Spahis halbierte. Um die Ulema zu gewinnen, ließ er den

Dichter Nefi aus Hasankalaa, den »größten satirischen Dichter der Osmanen«, so Hammer-Purgstall, hinrichten, weil der sich über einen Wesir lustig gemacht hatte.

Der Sultan aß oft inkognito in Restaurants, um die Einhaltung moderater Preise zu kontrollieren. Schon das brachte ihm die Sympathien der Bevölkerung ein, mehr noch sein Kampf gegen die Janitscharen. Denn die Eliteinfanteristen hatten Konstantinopel jahrzehntelang terrorisiert. Besonders in den Fastenmonaten Ramadan trieben sie ihr Unwesen, zogen verkleidet durch die Straßen und zwangen jeden, ihnen Geld und Gold auszuhändigen. Wer nicht spurte, sah sein Haus in Flammen aufgehen. Das war umso gefährlicher, als die Janitscharen in Friedenszeiten die Feuerwehr stellten. Einer dieser Brände hatte 1633 vier Fünftel Konstantinopel zerstört. Als daraufhin in den Kaffeehäusern der Metropole Unmut geäußert wurde, verbot der Sultan den Genuß von Kaffee – und den von Wein und Tabak gleich mit. Verkleidet und in Begleitung eines Henkers zog der außergewöhnlich athletische Sultan – seinen ebenfalls großen und äußerst kräftigen Wesir Musa-Pascha hob er einmal am Gürtel in die Höhe und ließ ihn dort eine Zeitlang zappeln – durch die Straßen und ließ sofort Pfeifenraucher und Kaffeetrinker hinrichten.

In den Jahren der Ohnmacht hatte der Sultan einen pathologischen Haß auf alle wirklichen oder vermeintlichen Verschwörer entwickelt. Nun wurde er ein in den Händen raffinierter Denunzianten williger Henker. Immer häufiger fielen Unschuldige seinen Strafgerichten zum Opfer. Einmal forderte er den Kopf eines Spitzenbeamten in der Provinz. Doch der war inzwischen in Pension gegangen, woraufhin die Häscher ihm den Kopf des Nachfolgers brachten. Ein Boot mit Frauen, das seiner Meinung nach zu nahe an die Mauern des Serails heranfuhr, ließ er aufs hohe Meer schleppen und versenken. Frauen, die auf einer Wiese tanzten, ließ er ertränken, weil ihn die Fröhlichkeit störte. Die Urteile fällte er, indem er zwei Finger scherenartig öffnete und wieder schloß.

Die Zahl seiner Opfer wird auf mehr als 100 000 geschätzt. Von den Ermordeten zog er das Vermögen ein und hinterließ bei seinem Tod 30 Millionen Gulden – mehr als jemals ein Sultan vor ihm. Aber er reformierte auch: nur noch Wehrdienstleistende konnten zu Janitscharen eingezogen werden und nur, wer auch im Heer Dienst versah, bekam ein Lehen. Die Käuflichkeit von Aspirantenstellen und damit Richtern und Geistlichen stellte er ab.

Schließlich eroberte der Sultan die mesopotamische Metropole Bagdad zurück, die von den Persern Jahre zuvor eingenommen worden war. Dabei hatte der Schah alle Sunniten hinrichten lassen. Jetzt rächte sich Murad und ließ mehr als 30 000 Perser ermorden, 1000 von ihnen von 1000 Henkern gleichzeitig. Dann machte er sich an die Reorganisation der Armee, die er nach europäischem Vorbild modernisieren wollte. Doch dazu kam er nicht mehr.

Der Sultan hatte sich schon früh dem Alkohol hingegeben. Als ihn nach dem Bagdadfeldzug heftige Gichtanfälle plagten, gab er für kurze Zeit das Trinken auf, doch dann »begann er wieder die Rubinlippen des rosaschäumenden Glases zu küssen«, wie ein türkischer Chronist es beschrieb. Im Suff erteilte er den Befehl, seinen einzig überlebenden Bruder Ibrahim umbringen zu lassen, den letzten Sproß der Osmanen. »Den Murad hat man hören sagen«, berichtete der deutsche Gesandte zu Konstantinopel, Johann Rudolf Schmid von Schwarzenhorn, »sterbe Ibrahim auch, und gehe nach mir zu grundt das Ottomanische Reich«. Doch die Sultanmutter Kösem Machpeiker (Mondgestalt) verhinderte den Mord, den selbst der Mufti abgesegnet hatte. Als Untergebene Vollzug meldeten, ohne die Order ausgeführt zu haben, »klärte der Hölle Schadenfreude noch einmahl sein Gesicht auf«, wie Hammer-Purgstall schreibt. Dann brach der mörderische Sultan tot zusammen.

Mit Gewalt mußte Ibrahim aus seinem goldenen Käfig zur Leiche seines Bruders geführt werden, denn er fürchtete, selbst hingerichtet zu werden. Als er seinen toten Bruder sah, fiel er erst einmal in Ohnmacht und glaubte dann, Murad stelle sich nur tot. Nur mühsam gelang es den Anwesenden, ihn vom Tod des Bruders zu überzeugen und ihn zu küren. Als »Ibrahim der Verrückte« ging der neue Sultan in die Annalen ein. Er war verrückt nach Frauen, Wohlgerüchen und Blumen. Jeden Freitag führte ihm die Sultans-Mutter Machpeiker, »Kösem« genannt, eine neue Sklavin zu, und die Würdenträger begleiteten den Sultan mehrmals im Jahr zur Begattung einer Jungfrau. Auf dem Markt stieg der

Preis für hübsche Sklavinnen auf 2000 Goldstücke. Doch alles war zunächst nur Show.

Denn mit seinen 280 Haremsdamen hatte der Verrückte anfangs nur ein Problem: Es klappte nicht. Wenn er aus der Stadt ritt, schenkte er den Wachen die ungeheure Summe von vier bis fünf Beuteln (zu jeweils 10 000 Dukaten), damit sie für seine Potenz beteten. Als ihn schließlich eine armenische Sklavin mit dem Namen Schekerpara (Zuckerklumpen) von der Schwäche befreite, brachen alle Dämme. Innerhalb von 24 Stunden beschlief er 24 Sklavinnen.

Ibrahim erhob gleich acht Frauen zu Favoritinnen und heiratete eine von ihnen – Telli, (die Drahtige). Jeder Favoritin vermachte er die Einkünfte eines Sandschaks als sogenanntes Pantoffelgeld, und jede hatte ihren eigenen aufwendigen Hofstaat. Sie fuhren in edelsteinbesetzten Staatskarossen, hatten eigene Schiffe und ritten die edelsten Araberpferde auf goldbeschlagenen Sätteln. Zwei der Damen ließen sich sogar Kaiserkronen anfertigen. Als der Sultan dann auch noch nach einer besonders schwergewichtigen Beischläferin verlangte, trieben seine Diener eine äußerst dicke Armenierin auf, die sogleich die Statthalterschaft von Damaskus forderte und auch erhielt. Daraufhin ließ die Sultanmutter sie erwürgen.

Eine Haremsgeschichte gab auch den Vorwand zu einem Krieg gegen Venedig, der sich über ein Vierteljahrhundert hinzog und zum Untergang der Lagunen-Republik führte. Oberhofmeister des Harems war der schwarze Eunuch Sünbüllü (der Hyazinthenreiche), der, wie alle Eunuchen, einen Blumennamen trug. Auch er besaß einen eigenen Harem, nicht der Lust, die es nicht mehr gab, sondern des Prestige wegen. Eine seiner schönsten Sklavinnen bekam einen Sohn, von wem auch immer. Ibrahim, berichten die Chronisten, liebte diesen Sohn mehr als seinen offiziellen Thronnachfolger, der etwa zur gleichen Zeit geboren wurde. Das jedoch brachte die Sultanmutter ins Spiel, die den Eunuchen samt seinem Harem zur Abreise nach Ägypten zwang.

Auf dem Weg dorthin wurde das Schiff von Maltesern aufgebracht, die den Lieblingsknaben von Dominikanern aufziehen ließen. Als Padre Ottomano ging er in die Geschichte ein. Weil aber die Räuber auf Kandia, wie damals die Insel Kreta hieß, angelandet und sich verproviantiert hatten, rüstete des Sultans Großadmiral zum Krieg gegen Venedig. Die Osmanen nahmen den drittgrößten Hafen, Canea (das heutige Hania) ein, bald darauf auch Retimo (das heutige Rethimno) und den größten Teil des flachen Landes, doch noch lange hielten die Venezianer die wichtigsten befestigten Städte. Über das, was auf den Schlachtfeldern geschah, war der Sultan aber nur schlecht informiert, wenn überhaupt. Als einer seiner Schwiegersöhne berichtete, daß die Venezianer an der dalmatinischen Küste anlandeten, entgegnete der Sultan, von seinem Großwesir habe er darüber aber nichts erfahren. Daraufhin wurde der Großwesir hinzugezogen, der sich, wie Hammer-Purgstall in den Quellen fand, mit dem Argument verteidigte, »daß man des allergnädigsten Herrn zarte Ohren mit unangenehmen Nachrichten verschonen müsse«. Der Sultan billigte die Schweigsamkeit seines Großwesirs und fertigte den Wahrheitsfanatiker mit einem Frontkommando ab. Derweil sperrten die Venezianer mit ihrer Flotte die Dardanellen, doch des Sultans zarte Ohren erfuhren davon nichts.

Weil eine Märchenerzählerin dem Sultan von einem Großherrn berichtete, der alle Kleider, Kissen, Tapeten und Teppiche seines Palastes aus Zobelpelz gefertigt habe, ließ Ibrahim an alle Größen des Landes, die Ulema und Truppenführer eingeschlossen, Befehl erteilen, Zobelfelle zu liefern, um damit den Palast seiner Gemahlin »Drahtige« auszukleiden. Selbst den Schah des Erzfeindes Persien suchten Boten mit der Bitte um Edelfellieferungen nach. Es hagelte Proteste, besonders der Janitscharen- und Spahi-Anführer.

Der Großwesir ließ daraufhin die vier bekanntesten Widersacher zu einem Fest laden, um sie umzubringen. Doch die Viererbande bekam Wind von dem Anschlag und versammelte die Truppen. Auch die Ulema fanden sich ein, und der Mufti segnete die Rebellion ab. Die Versammelten forderten den Großwesir zum Erscheinen auf, der Sultan ordnete an, die Versammlung aufzulösen. Die Rebellen ließen der Sultansmutter Kösem den Rat zukommen, die übrigen Prinzen gut zu verwahren, denn sie würden demnächst gebraucht.

Schließlich ließ der Sultan seinen Großwesir Achmed fallen, der sich zu verstecken versuchte, aber aufgestöbert wurde. Er trank Eiswasser auf Eiswasser, berichteten die Chronisten, bis schließlich der Henker erschien, ihn mit einem Faustschlag niederstreckte und erdrosselte. Der Leichnam wurde in den Hippodrom geworfen, wo ein geschäftstüchtiger Janitschar aus dem fetten Großwesir Fleischstücke herausschnitt und sie für zehn Aspern verkaufte mit dem Slogan, sie seinen gut gegen Gliederschmerzen. Daraufhin stürzten sich weitere Bewohner auf den toten Großwesir und zerrissen ihn in tausend Stücke, was Achmed-Pascha bei den osmanischen Chronisten den Beinamen »Hesarpara« verschaffte, der Mann von tausend Stücken.

Doch die Rebellion war damit nicht beendet. Ulema und Janitscharen riefen eine Volksversammlung ein, an der 15 000 Mann teilgenommen haben sollen. Der Mufti verfaßte eine Fetwa, daß der Sultan vor der Versammlung zu erscheinen habe, aber Ibrahim zerriß das Schreiben und verlangte die Hinrichtung des Muftis. Daraufhin erklärte ein zweites Fetwa den Sultan für abgesetzt, was Ibrahim erneut ignorierte. Sodann verlangten die Meuterer, den sechsjährigen Sohn Ibrahims zum Sultan auszurufen, denn, so die dritte Fetwa, »mit einem vernünftigen Knaben fördert ein weiser Wesir die Ordnung der Welt, ein wahnsinniger großjähriger Herrscher aber verwirrt dieselbe durch Mord, Bestechung und Verschwendung.«

Die Kösem versuchte zu vermitteln und versprach Abhilfe. »Dies war das Werk der Bösen«, sagte sie, »sie sollen entfernt und nur Gute und Vernünftige beigezogen werden.« Doch die Meuterer ließen sich nicht mehr überreden und beschlossen, den Sultan zu lebenslänglicher Haft zu verurteilen. Als Sitz hatten sie ihm das sogenannte Spatzenhaus zugedacht. Das bestand nur aus einem Kaminzimmer und einem Klo. Mit zwei Sklavinnen wurde Ibrahim eingeschlossen und die Tür mit Blei zugeschmolzen. Alle Fenster bis auf eines, durch das Nahrung gereicht werden konnte, mauerten die Meuterer zu. Und dieses eine Fenster lag genau vor dem Kloakenausfluß des Palastes. So landete der wollüstige Sultan, der vor der unappetitlichen Wirklichkeit seines Landes auf einer Duftwolke ins Märchenland der Zobel entschwebt war, jählings in der Jauche. Am 8. August 1648 krönten die neuen Machthaber Klein-Mehmed, der nur nach

Liebkosungen von Oma Kösem Machpeiker bewogen werden konnte, auf den Thron zu steigen.

Als einige Spahi-Offiziere die Wiedereinsetzung des abgesetzten Sultans verlangten, sprachen sie sein Todesurteil. Ein weiteres Fetwa legte fest, daß auch die Hinrichtung des Sultans nicht dem Gesetz zuwider sei, wenn er Ämter und Würden jenen verliehen habe, die sich seine Gunst durch Bestechung erschlichen hatten – ein Tatbestand, den die Sultane schon seit geraumer Zeit erfüllten. Zehn Tage nach seiner Einkerkerung ergriffen Henker, vom neuen Großwesir mit Stockschlägen zur Hinrichtung geprügelt, den nur mit einer roten Unterhose bekleideten Ibrahim. »Ist denn niemand hier, der sich meiner erbarme«, schrie der Ex-Sultan und: »Gnade! Gnade!« Als die beiden Henker ihm die Schlinge um den Hals geworfen hatten, verwünschte der Sultan nicht nur den Mufti, sondern die ganze türkische Nation. Der Großwesir und sein Stellvertreter sahen durchs Fenster zu, wie der Herrscher sein Leben ausröchelte.

Die Sultane hatten aufgehört, das Reich zu führen. Die Macht war auf andere übergegangen: Auf den Harem, besonders auf starke Sultansmütter, weshalb die osmanischen Chronisten die Epoche auch die »Weiberherrschaft« nennen.

Verbrecherisch aber tugendhaft
Die Herrschaft des Harems und der Höflinge

Zur Blütezeit des Osmanischen Reichs traf der Sultan die Entscheidungen für sein Land, zumeist nach Absprache mit seinem Großwesir. Im Zeitalter der Stagnation entschieden oft die Großwesire, und die Sultane stimmten ihnen zu. Als es bergab ging mit dem Reich, ging die Macht an die Anführer der Janitscharen über, die Janitscharen-Aghas. Sie hatten seit 1645 im Diwan einen festen Sitz mit dem Titel eines Wesirs, und ohne sie lief gar nichts mehr. »Sie wurden nicht nur im militärischen Bereich bestimmend«, schreibt Historiker Matuz, »sondern auch für die Reichspolitik.« Manche der neuen Infanteriegenerale waren nicht mehr in den Palastschulen erzogen, sondern reine Troupiers. Einer von ihnen stieg sogar zum Großwesir auf.

Teilen mußten sie ihre Macht mit den Spitzen des kaiserlichen Palastes. Die Oberhofmeister des äußeren Palastes, der Agha der weißen Eunuchen, und mehr noch der des Harems, der Agha der Schwarzen Eunuchen, führten zunehmend das Reich. Oft waren sie auf die Stimmen der wichtigen Haremsfrauen angewiesen, hauptsächlich der »Walide« (die Gebärende) genannten Mutter des jeweiligen Sultans. Besonders die sehr kluge Griechin Mondgestalt, die Kösem, war für viele Jahrzehnte die wahre Herrscherin im Osmanischen Reich.

Die Haremsfrauen hatten über den Sultan immer schon auf die politischen Entscheidungen eingewirkt. In den Zeiten des Aufstiegs vertraten nicht wenige Töchter wichtiger Potentaten als Haremsfrauen die Interessen ihrer Heimat. Zum Ende des 16. Jahrhunderts änderte sich die Zusammensetzung des ausschließlich aus Sklavinnen bestehenden Harems, und immer mehr Frauen aus dem Kaukasus hielten ihren Einzug. Ihrem Einfluß war es zuzuschreiben, daß auch immer mehr Männer aus dem Kaukasus hohe Positionen im Palast und in der Verwaltung einnahmen. »Die Frauen spielen in diesem Reiche eine große Rolle«, berichtete der französische Gesandte nach Paris.

Mit der Inthronisierung ihres Sohnes Murad hielt die Kösem die Fäden der Macht. Sie war es, die den Janitscharen anbot, den Großwesir auszuwählen, sie würde dann dafür sorgen, daß er ernannt wird. Weil die sich nicht einigen konnten, ernannte sie ihn selbst. Als sie dann später den achtzigjährigen Eunuchen Mohammed-Pascha zum Großwosir machte, lästerte der abgesetzte Regierungschef Mere Husein, nun werde das Reich von zwei alten Weibern regiert.

Bei der Machtübernahme durch Sultan Murad IV. hatte Mutter Kösem erneut ihre Hand im Spiel. Als der Großwesir den Ulema mitteilte, der Sultan wünsche die Auflösung der Versammlung, setzte er hinzu: »vorzüglich ist dies der Wille Ihrer Majestät, der Walide.« Sie war in der Tat während der Minderjährigkeit ihres Sohnes die wahre Herrscherin des Osmanischen Reichs. Als der Sultan dann seine grausame Herrschaft begann, untersagte er jedem potentiellen Feind, und potentieller Feind war jeder, den Palast seiner Mutter zu betreten. Nach seinem Tod schwang die Kösem, die immerhin zehn Kinder geboren hatte, diese »äußerst verständige und staatskluge, fröhliche, freigebige Frau«, (Hammer-Purgstall) erneut das Szepter und bestätigte sofort die früheren Wesire.

Nicht nur die Kösem verteilte Posten, auch die Favoritinnen hielten mit, wobei sich besonders die Sklavin Zuckerklumpen auszeichnete. Sie machte ihren Günstling Musa zum Janitscharengeneral, der nicht nur umfangreiche Krongüter bekam, sondern auch drei Roßschweife, die zuvor nur dem Großwesir zustanden. Um weitere Stellen für ihre Leute freizubekommen, ließ sie mehrere hohe Würdenträger köpfen. Als es Zuckerklumpen dann zu toll trieb, verprügelte die Kösem sie eigenhändig und ließ sie nach Nubien ausweisen. Doch die gerissene Lieblingsfrau Ibrahims verkleidete eine Dienerin so geschickt, daß diese an ihrer statt verschifft wurde, während sie in Konstantinopel ein teures Bordell aufmachte. Einer ihrer Günstlinge, ein Spinatverkäufer, gestand unter Folter, daß die Favoritin neben unzähligen Kleidern mehr als 250 Beutel gehortet hatte, umgerechnet 2,5 Millionen Goldstücke. Ihr Ende freilich paßte gut in die Zeit: Sie starb qualvoll an einem Getränk aus kleingeschnittenem Pferdehaar und feingemahlenen Glassplittern, das ihr ein Übelwollender oder eine Übelwollende gemixt hatte.

Als die Kösem ihrem verschwenderischen Sohn Vorhaltungen machte, verbannte der sie nach Rhodos. Doch fand die reiche Dame, die ihr Witwengehalt im Laufe der Jahre auf 300 000 Goldstücke angehoben hatte, den Weg zurück in den Serail und behütete ihre prinzlichen Kinder und Kindeskinder. Schließlich ebnete sie ihrem Großsohn Mehmed den Weg auf den Sultansthron.

Kösem Machpeiker hatte viele Freunde unter dem einfachen Volk. Sie hatte ihr Geld nicht nur für mehrere öffentliche Bauten ausgegeben, sondern unterstützte auch die Armen, zahlte zahlungsunfähigen Schuldnern die Schulden und half Witwen und Waisen. Die von ihr gestifteten Spitäler besuchte sie regelmäßig und sah auch mal in den Kerkern nach dem Rechten. Ihren Sklavinnen schenkte sie in der Regel nach geleisteten Diensten die Freiheit und versorgte auch arme Mädchen mit Heiratsgut. Ihre Pagen, die es ansonsten gewohnt waren, häufig geschlagen zu werden, behandelte sie milde und gab ihnen – ungewöhnlich zur damaligen Zeit – zwei Tage pro Woche freien Ausgang.

Aber sie beherrschte auch das harte Regierungsgeschäft. Als die Palastpagen zusammen mit den Gardereitern einen Aufstand anzettelten, ließ die Kösem die Janitscharen die Rebellion niederschlagen und auch die in Moscheen geflüchteten Pagen nicht verschonen. Dann entledigte sie sich ihres Großwesirs. In ihrer Gegenwart warf der siebenjährige Sultan in einer mit Oma einstudierten Rede dem Regierungschef den Verlust mehrerer Schiffe im Kampf gegen Venedig vor und setzte ihn ab. Dann beschwerte sich die Alt-Walide, daß Mordpläne gegen sie geschmiedet worden seien und tröstete sich: »Ich habe sieben Regierungen überlebt.« »Sie war Verbrecherin nur aus Herrschsucht«, schreibt Hammer-Purgstall, »im übrigen aber tugendhaft.«

Die achte Regierung überlebte auch die Tugendhafte nicht. 1651 wollte sich die Kösem ihrer Haremswächter, die einen Aufstand gegen sie planten, entledigen und hatte mit den Janitscharen verabredet, sie durch eine offene Tür in die verbotenen Gemächer zu lassen. Doch als die Infanteristen kamen, hatten sich die Pagen bewaffnet und rächten sich für die Verfolgungen der Jahre zuvor. Die Janitscharen zogen wieder ab, und die Pagen erschlugen die alte Dame. In ihren Gemächern entdeckten sie 20 Kisten voller Dukaten.

Ihre Nachfolgerin war eine Russin: Turhan, die Mutter des herrschenden Sultans Mehmed IV. Im Gegensatz zu ihrer berühmten Vorgängerin traute sich die Sultans-Mutter weniger zu und überließ die Geschäfte zeitweilig dem Oberhofmeister der Schwarzen Eunuchen, der wiederum bei den Renegaten wenig gelitten war. So kam es, daß ein vierundneunzigjähriger Greis, Gurdschi-Pascha, zum Großwesir ernannt wurde, der aber zu keiner vernünftigen Regierung mehr fähig war.

Als in Konstantinopel 1656 einmal mehr die Soldaten meuterten, mußte der Sultan auf Geheiß der Turhan am Fenster erscheinen. Sie riefen ihm zu, Ämterverkauf und Bestechungen einzustellen, geschuldeten Sold zu bezahlen, wieder anständiges Geld prägen zu lassen und die Vorsteher der Eunuchen, die alle Macht an sich gerissen hätten, zu töten. Der Sultan ernannte daraufhin einen neuen Großwesir. Doch die

Soldaten teilten dem Großherrn mit, daß der Neue sie zuvor zum Aufstand angestachelt habe, offensichtlich nur, um das Amt zu ergaunern. Vier Stunden nach seiner Bestellung setzte der Sultan seinen Großwesir wieder ab – ein neuer Rekord im Osmanischen Reich.

In dieser Situation ließ die Walide Turhan nach einem Großwesir Ausschau halten, der einerseits stark genug war, die Geschäfte zu führen, andererseits aber ihrem noch minderjährigen Sohn nicht gefährlich werden konnte. Ihre Wahl fiel auf einen rüstigen Greis, der sich gerade auf den Ruhestand vorbereitete: den damals siebzigjährigen Mohammed Pascha, der sich nach seinem Heimatort Köprü in der Provinz Amasya Köprili nannte. Ihm ging der Ruf eines integren Mannes voraus, und er konnte etwas vorweisen, das bei den Großen des Reichs selten war: Er besaß keinerlei Reichtümer. Köprili sollte ein Land wieder aufpeppeln, das tief gefallen war.

Die Elitesoldaten wurden zur Geißel des Landes
Die Gründe für den Niedergang

Es war nicht einmal ein Jahrhundert seit dem Tod Suleiman des Großen vergangen und das Osmanische Reich war nicht wiederzuerkennen: Der Staatsschatz war erschöpft; die Soldaten zwangen den Sultanen ihren Willen auf, wenn sie ihre Großherrn nicht umbrachten; und selbst die genügsamen anatolischen Bauern revoltierten, weil sie ihres Lebens nicht mehr sicher waren. Schmiergelder und Bestechung korrumpierten selbst die Sultane; die Münzen enthielten immer weniger Edelmetall, und die Wirtschaft stagnierte. Kurz: Das Reich der Sultane verfiel zusehends.

Wichtigste Kaste im Osmanischen Reich waren die Krieger, und das wichtigste Machtinstrument für Sultan oder Großwesir war der Krieg, mit dem sich die Osmanen den von anderen erarbeiteten Reichtum aneigneten. Während aber die Zahl der Soldaten ständig stieg, sank die der Kriege. Damit stand kein neues Land mehr zur Verfügung, und auch die Tribute flossen nur noch spärlich. Den Spahis, der einen Stütze des Reichs, gingen die Lehen aus, den Janitscharen die Moral.

Es war ein Teufelskreis: Nur Eroberungen im Westen hätten das nötige Land gebracht, um neue Timare einzurichten und damit mehr Spahis zu unterhalten. Doch im Westen stieß das Reich an eine Grenze, die durch eine halbjährliche Kriegführung vorgegeben war. Nur eine voll besoldete Berufsarmee wäre in der Lage gewesen, im Westen noch Land zu erobern. Hingegen dehnte sich das Reich nur noch gen Osten aus, aber dort lebten fast ausschließlich Moslems. Selbst Heere, die sich aus der Beute finanzierten, konnten dort nicht operieren, oder nur unter Bruch der Tradition. Und neue Timare im Osten waren wenig begehrt, weil sie kaum Erträge einbrachten. Hinzu kam, daß der Hofstaat immer mehr Geld verschlang. So ging die Zentrale dazu über, Höflingen Ländereien zuzuschanzen – was wieder zu Lasten der Timarioten ging.

Viele der Lehen mußten geteilt werden mit dem Ergebnis, daß die Lehensnehmer nicht mehr in der Lage waren, neben dem Reiter auch Roß und Rüstung zu stellen, wenn sie denn nicht ganz zu Hause blieben, um die sinkenden Erträge durch vermehrte Arbeit auszugleichen. Schon zu den Ungarnfeldzügen Anfang des 17. Jahrhunderts war ein Viertel der Spahis gar nicht mehr eingerückt. Die einst gefürchtete Reitertruppe von gut 200 000 Mann unter Suleiman dem Prächtigen schrumpfte ein Jahrhundert später fast auf die Hälfte und später im 18. Jahrhundert gar auf nur noch 25 000 Reiter. Um die Lücke zu füllen, stellten die Osmanen Söldner ein mit verheerenden Folgen für die Disziplin. Um sich schadlos zu halten, verlangten die Spahis nicht mehr wie früher von ihren Untergebenen nur Naturallieferungen, sondern zunehmend auch Geld. Statt des Zehnten verlangten sie 20 bis 30 Prozent der Erträge. Die Folge: Immer mehr Bauern verarmten und zogen in die Städte, wenn sie sich nicht Banden anschlossen.

Nur ein intaktes Janitscharenkorps hätte das Reich retten können, und Infanteristen gab es genug. Unter Suleiman dem Prächtigen dienten 12 000 Elitekrieger, ein Jahrhundert später waren es mehr als doppelt so viele – aber nicht doppelt so viele Soldaten. Denn die Janitscharen hatten inzwischen nicht nur das Recht erworben, zu heiraten und Familien zu gründen, sondern auch ihre Kinder in das Elitekorps aufzunehmen, die oft die Posten der Väter erbten. Weil aber die Bezahlung den Kaufkraftschwund immer weniger ausglich (zwischen 1350 und 1600 vervierfachte sich der Lohn, aber die Preise verzehnfachten sich), verdienten sich immer mehr Infanteristen im Handel ein Zubrot oder dienten sich als Milizionäre den Handwerkern an. Zivilisten ließen sich in die Janitscharenlisten eintragen, denn die Infanteristen zahlten keine Steuern. Handwerker traten bei, um so die strengen Innungsregeln zu umgehen. Die meisten der neuen Janitscharen nahmen nie an einem Krieg teil, weil sie dazu gar nicht ausgebildet waren.

Längst war auch die alte Sitte ausgestorben, nur konvertierte Christen aus dem Balkan ins Janitscharenkorps aufzunehmen. Inzwischen stand die Elitetruppe moslemischen Bewerbern offen. Gerade die nicht über die Knabenlese eingezogenen Soldaten erwiesen sich aber als besonders undiszipliniert. Sie stellten sich nicht selten an die Spitze der Janitscharenaufstände, die langsam zu einer Geißel des Osmanischen Reichs wurden.

Auch in der Waffenentwicklung hatten die Osmanen den Anschluß verpaßt. Zwar hatten sie niemals eigene Spezialisten beispielsweise im Bau von Kanonen hervorgebracht, wohl aber tüchtige Europäer mit deren Fertigung beauftragt und damit den Rückstand wettgemacht. Nun gerieten sie auch bei der Verwendung einfacher Waffen ins Hintertreffen. Schon Suleiman hatte vergeblich versucht, seine Kavallerie zum Gebrauch von Karabinern und Pistolen zu überreden. Bei den Janitscharen, die teilweise noch mit Pfeil und Bogen kämpften, als Gewehre in den europäischen Armeen schon zum Standard gehörten, setzten sich nur langsam Flinten durch, ohne aber so effizient eingesetzt zu werden wie bei den Europäern. Und auch die Marine lag weit zurück. Nach einem vergeblichen Versuch, neuere Kriegs-Segelschiffe zu entwickeln, kehrten die Osmanen zum Gebrauch von Galeeren zurück und unterlagen den modernen europäischen Schiffen.

Während sich in Europa die Naturwissenschaften durchsetzten, stand in den osmanischen (ausschließlich geistlichen) Universitäten Theologie, Jurisprudenz und Rhetorik weiterhin im Vordergrund. Die einstige Führung islamischer und griechischer Wissenschaftler in Astronomie und Mathematik ging verloren, von der Medizin ganz zu schweigen. »Sie wußten nichts von den epochalen Entdeckungen eines Paracelsus in der Medizin, von Kopernikus, Kepler und Galileo in der Astronomie«, schreibt Historiker Stavrianos über die osmanischen Gelehrten, »und ein intellektueller eiserner Vorhang trennte das Osmanische Reich vom Westen.« Das 1543 vom Königsberger Astronom Nikolaus Kopernikus veröffentlichte Hauptwerk »De revolutionibus orbium coelestium libri VI« (Über die Kreisbewegung der Weltkörper) beispielsweise wurde erst 150 Jahre später in einer osmanischen Schrift erwähnt, und auch nur beiläufig.

Daß es auch ganz anders ging, bewies der türkische Kartograph Piri Reis, der Anfang des 16. Jahrhunderts nicht nur eine äußerst genaue Karte des Mittelmeers erstellte, sondern 1513 einen Weltatlas zeichnete, obgleich kein türkisches Schiff (von den Seeräubern der Barbaresken abgesehen) je das Mittelmeer verlassen hatte. Nur zehn Jahre nach der Eroberung der Neuen Welt durch Kolumbus enthielt das Werk des Türken nicht nur die Ostküsten des Atlantischen Ozeans bis tief nach Afrika, sondern auch die Umrisse Nord- und Südamerikas. Des Rätsels Lösung: Der tüchtige Kartograph hatte sich Kopien von Kolumbus beschafft. Ein Jahrhundert später imponierte sein Landsmann, der Geograph Katib Chelebi, mit einem hervorragenden Seekartenwerk. Wenn seine Landsleute nicht endlich die Wissenschaft des Westens studieren würden, prophezeite er, würden sie »das Universum mit den Augen von Ochsen« sehen.

Zu den rein militärischen Gründen für den Niedergang kamen psychologische. Die moslemischen Krieger waren immer weniger bereit, die Herrschaft christlicher Sklaven zu akzeptieren. Und weil die Siege ausblieben, kamen auch keine neuen Sklaven ins Land. So gab es weniger Renegaten für die wichtigen Posten und häufiger Moslems, die sie begehrten. Das System der Knabenlese, dem das Osmanische Reich seine Durchschlagskraft verdankte, brach bald ganz zusammen und mit ihm ein Stützpfeiler osmanischer Macht. 1637 gab es die letzte offizielle Knabenlese.

Doch damit war keineswegs ein Aufstieg der Türken im osmanischen Staat verbunden, denn die einstigen Renegaten mischten sich zunehmend mit der übrigen Bevölkerung. So war nur schwer zwischen Türken und Nicht-Türken zu unterscheiden, und es setzte sich bald der Begriff »osmanisch« als Ersatz einer Art Nationalität des Sultan-Reichs durch. Gleichzeitig schwand das Renommee einer türkischen Abstammung, bis im 19. Jahrhundert die Gebildeten unter einem Türken nur den ungehobelten und allenfalls schlauen anatolischen Bauern verstanden.

Zur Blütezeit des Reichs besetzten die Spitzenbeamten ihre Ämter oft lebenslang, jetzt dienten sie zumeist nur ein Jahr. Schließlich versteigerte die Regierung die Spitzenposten offiziell, seit Ibrahim beteiligte sich auch der Sultan am Verkauf von Statthalter- und Wesirstellen. Diese Praxis veränderte besonders das Steuersystem, wo sich allmählich die Steuerpacht durchsetzte: Die Pächter zahlten dem Staat jährlich eine Summe – zumeist im voraus – und trieben ihrerseits die Steuern ein. Weil der Sultan sich das Recht vorbehielt, den Steuerpachtvertrag jederzeit zu kündigen, versuchten die Geldeintreiber, in kürzester Zeit ein Maximum an Gewinn aus dem ihnen anvertrauten Land zu holen. Die früher unparteiischen Kontrolleure, so eine weitere Konzession an die Geldeintreiber, durften sie nunmehr selbst bestimmen. Eine weitere Landflucht war die Folge. »Je mehr sich die Felder und Dörfer von Landwirten leerten«, beschrieb der spätere osmanische Schatzkanzler Mohammed Pascha die Situation, »desto schwächer wurde das Land.«

Zusammen mit wohlhabenden Staaatsbediensteten kauften die Steuerpächter Land auf und legten den Grundstein zum noch heute dominierenden Großgrundbesitz. Und die Bauern gingen von der intensiven Landwirtschaft zur weit weniger arbeitsaufwendigen Schafzucht über. Anatolien begann, sich vom Getreidespeicher in die kahlgefressene Beinahewüste der heutigen Zeit zu verwandeln. Wer auf dem Land blieb, mußte zahlen: Für Hochzeit und Haus, für die Benutzung von Wegen, für Ziegen und Schafe. Schließlich schreckten die Eintreiber auch vor den absurdesten Steuern nicht zurück, besonders, wenn es sich um Pächter in weit abgelegenen Gebieten handelte. Einer erhob von den Bewohnern Abgaben für jeden noch vorhandenen Zahn – und für jeden verlorenen ebenfalls.

Der Staat schlittere ins Schuldenmachen. Waren bis etwa 1640 die Einnahmen größer als die Ausgaben, so hatten sich zehn Jahre später die Verhältnisse umgekehrt: 2,4 Milliarden Aspern Einnahmen standen 2,52 Milliarden Aspern Ausgaben gegenüber. Das lag auch am wirtschaftlichen System. Während sich in Europa die Vorformen des späteren Kapitalismus herausbildeten und ein Unternehmertum entstand, das sich durch Investitionen in produktiven Sparten auszeichnete und durch Innovationen in der vorindustriellen Fertigung, verharrte das Osmanische Reich »im handwerklichen Stadium, was die Technik anbelangte, und im Zustand der Zünfte für die Organisation«, wie Historiker Stavrianos schreibt. Die Jahrhunderte der leichten Zugewinne durch kriegerische Eroberungen zeigten nun ihre Kehrseite: Die Osmanen taten sich sehr schwer, produktive Arbeit als Motor einer wirtschaftlichen Entwicklung anzusehen und verpaßten damit den Eintritt ins vorindustrielle Zeitalter.

Mit den Kapitulationen hatten sich die Europäer den Handel ins Osmanische Reich geöffnet und fingen nun an, das Land mit europäischen Billigimporten zu überschwemmen. Darüber hinaus hielten sie sich keineswegs an die Vereinbarungen, sondern schmuggelten große Mengen von Weizen, Wolle und Kupfer nach Europa mit der Folge, daß im Osmanischen Reich die lebenswichtigen Waren knapp wurden und die Preise stiegen. Dazu trug auch bei, daß die osmanischen Goldmünzen nach Persien und Indien abflossen, wo der Preis für das Edelmetall stark gestiegen war, das von den Europäern in Amerika geschürfte oder gestohlene Gold im Gegensatz zum Silber aber kaum seinen Weg ins Osmanische Reich fand. So wurde das gute Geld knapp und führte zu weiteren Abwertungen. Hatten sich die Preise im Jahrhundert zwischen 1480 und 1580 in etwa verdoppelt, so stiegen sie innerhalb der nächsten beiden Jahrzehnte um das Zweieinhalbfache.

Schon unter Suleiman hatten als Ehren- oder Antrittsgeschenke verbrämte Bestechungssummen eine Rolle gespielt. Unter den Nachfolgern des großen Sultans wurden Geldzuwendungen zur Regel. Großwesir Sokolli, Regierungschef unter drei Sultanen, verweigerte den Empfang auch hoher Würdenträger, wenn sie nicht vorher bezahlten. Allerdings zeigte der berühmte Großwesir noch Augenmaß: Gab ihm einer seiner Meinung nach eine zu prall gefüllte Schatulle mit Goldstücken, erstattete er einen Teil zurück. Und er restituierte auch, wenn das mit der Bestechung erhoffte Ziel nicht erreicht wurde. Diesen Skrupel legten seine Nachfolger schnell ab. Und mit Murad III. beteiligte sich schließlich auch der Großherr am Schmiergeldhandel.

Bald herrschte im Land ein System der Bestechlichkeit, das selbst vor den Gesetzeshütern nicht halt machte. Nicht nur hohe Militärs, selbst Richter und auch Muftis mußten ihre Posten kaufen, wobei die Qualifikation keine Rolle spielte. Der oberste Landrichter Chodscha Dschingis Husein verkaufte im Jahr 1546 Richterstellen für je 3000 bis 4000 Piaster, die gleiche Stelle sogar mehrmals im Jahr. Beklagten sich die Empfänger, ließ er sie durchprügeln. »Die ›Schmieralia‹, schrieb der deutsche Prediger Gerlach aus Konstantinopel, stehe in hoher Blüte: »In der Türkei richtet der Asper alles aus.« Und Historiker Josef Matuz urteilt: »Der Ämterkauf erwies sich als fatal für den Osmanenstaat.«

Jeder versuchte die Schmiergelder von seinen Untergebenen zurückzuholen. Am Ende der Zahlschlange standen die Bauern und Handwerker, die Kleinpächter und Tagelöhner. Vor den Backöfen der Städte standen Hunderte und titulierten die Bäckerjungen »Sultan«, wie ein Zeitzeuge berichtete, um ihnen durch solche Einschmeichelungen ein Stück Brot zu entlocken. So war es nicht verwunderlich, daß es immer wieder zu Aufständen kam – eine Entwicklung, die schon unter Suleiman dem Prächtigen eingesetzt hatte, als sich die Medressenschüler an die Spitze unzufriedener Bauern und Tagelöhner setzten und teilweise mit Zehntausend Entwurzelter marodierend durch die Lande zogen.

Besonders in Anatolien bildeten sich riesige Banden aus ehemaligen Bauern, aber auch Soldaten, die von Ex-Heerführern oder selbst Provinzgouverneuren angeführt wurden und jahrelang größere Gebiete beherrschten. Sie vertrieben ihrerseits den Rest der ländlichen Bevölkerung.

6
Eine Pechflut ergoß sich über die Osmanen

Die Köprilis und der Frieden von Karlowitz

Das Osmanische Reich war gelähmt durch schwache Sultane und schlaffe Großwesire. Aber auch Europa war gelähmt: Durch den mörderischsten Krieg, der jemals im Zentrum der Alten Welt stattgefunden hat: den Dreißigjährigen. Mindestens jeder dritte Deutsche ließ sein Leben, in Württemberg kamen sogar in nur fünf Jahren dreiviertel der gesamten Bevölkerung um.

Es war ein Krieg der Katholiken gegen die Protestanten, der Habsburger gegen den Norden, der Franzosen gegen die Spanier. Die Schweden griffen ein, moralisch – das hieß damals evangelisch – motiviert, wie die Vereinigten Staaten in die Weltkriege des 20. Jahrhunderts. Am Ende waren auch sie heillos verstrickt in ein Gemetzel, das der Schwarzwälder Pfarrer Johann Georg Dorch zu Peterstal treffend so beschrieb: »Da ist der eine heute, der andere morgen, der eine von Morgen, der andere von Abend, dieser von Mittag, jener von Mitternacht aufgezogen gekommen, haben dem Feuer steuern und wehren wollen, aber den Brand immer größer gemacht.«

Im Westfälischen Frieden vom 24. Oktober 1648 gab es wenige Sieger: Frankreich vor allem, das, vom außenpolitischen Genius des Kardinals und ersten Ministers ihrer Majestät, Richelieu, geleitet, seine Grenzen bis an den Rhein vorschob. Auch die Niederlande und die Schweiz zählten zu den Siegern, denn sie erlangten nunmehr auch formell die Unabhängigkeit. Doch dem standen jede Menge Verlierer gegenüber. Das Volk vor allem, aber auch die Habsburger, deren Feldherr Wallenstein nach der Eroberung Norddeutschlands schon von einem Wiener Großreich geträumt hatte, das die Ostsee beherrschen und auch im Mittelmeer präsent sein sollte. Noch auf der vierjährigen Friedenskonferenz versuchte das Herrscherhaus vergeblich, mit Schmiergeldern – für die seine Vertreter den Euphemismus »Realdankbarkeit« erfanden – Macht zurückzukaufen.

Verloren hatten die Deutschen, die katholischen wie die protestantischen. Sie hatten jedesmal sehr unwirsch reagiert, wenn Nicht-Deutsche das Kriegstheater betraten, obgleich keiner genau sagen konnte, was die Deutschen eigentlich einte. »Je länger wir das deutsche Wesen ansehen«, schrieben die schwedischen Räte an ihren Vertreter in Deutschland, »desto seltsamer kommt es uns vor.«

Verlierer war auch die spanische Seemacht. Nachdem zuvor schon die Engländer die berühmte Armada arg gerupft hatten, bohrten jetzt die Niederländer in ihrem Freiheitskampf gegen die spanischen Herren die Nachfolgeflotte regelrecht in den Grund: von 77 Schiffen entkamen gerade sieben. Und auch die spanische Landmacht gehörte zu den Verlierern, von den Holländern 1643 nahe der belgischen Grenze vernichtend geschlagen. Zudem fiel auch noch das erst 1580 einkassierte Portugal wieder ab, und die Katalanen entschieden sich, den französischen König als ihren Grafen anzuerkennen.

Auf der Positivseite stand vielleicht noch die – erzwungene – Toleranz in religiösen Fragen, denn »wenn der Dreißigjährige Krieg ein Religionskrieg war«, so Historiker Golo Mann, »so war er der letzte seiner Art.« Zumindest in Deutschland respektierten sich die Feinde von einst. In Spanien hingegen war das ganz anders, und auch in kalvinistischen Ländern ging es den jeweiligen religiösen Minderheiten schlecht.

War der Dreißigjährige Krieg anfangs ein Versuch des streng katholischen Kaisers Ferdinand II., die alten – katholischen – Verhältnisse wiederherzustellen, so war der Hüter des katholischen Glaubens, der Papst, der größte Verlierer dieses Krieges. Zwar hatten sich die Herrscher im Vatikan um Distanz zu den Habsburgern bemüht, weil die ihnen zu mächtig wurden, aber einen Sieg über die protestantischen Ketzer wünschten sie allemal. Seinen Vertreter auf der Friedenskonferenz hatte der Papst angewiesen, keinem Protestanten auch nur in die Augen zu sehen. Nun hatte das weltliche Prinzip gesiegt und die Religion trat ins zweite Glied. Der Heilige Vater verließ die Weltbühne und spielte künftig im Operettenhaus nebenan. »Hundert Jahre nach dem Westfälischen Frieden«, schreibt Golo Mann, »war der Papst nichts mehr als ein etwas wunderlich gewählter italienischer Fürst, eine Figur, die man aus purer Höflichkeit noch ernstzunehmen vorgab.«

Spätestens im Westfälischen Frieden war die Idee einer universellen europäischen Monarchie ein für allemal begraben worden, auch wenn Franzosen-König Ludwig XIV. womöglich noch davon träumte. Dafür entwickelten sich die einzelnen Monarchien kräftig fort: Erst die französische, dann die englische und schließlich die Habsburger. Doch nur die Engländer beschritten mit einer konstitutionellen Monarchie den Weg der Zukunft. Nur sie sollte überleben, bis auf den heutigen Tag, und zwischenzeitlich Englands Weltherrschaft begründen.

Habsburg-Spanien und Habsburg-Österreich gingen zunehmend verschiedene Wege, auch wenn sich beide Dynastien bis an die Grenze des Inzest immer wieder miteinander verheirateten. Doch über Ehebett und Ehevertrag versuchte auch Frankreichs König kosten- und soldatensparend sein Reich zu vergrößern – mit nicht geringem Erfolg.

Habsburg-Österreich war noch immer ein höchst seltsames Staatswesen. Der österreichische Herrscher war deutscher Kaiser, aber – als König von Ungarn – ein unabhängiger Souverän. Als König von Böhmen war er gleichzeitig deutscher Kurfürst und damit berechtigt, den deutschen König und Kaiser zu wählen, doch hatte Böhmen, seit 1627 ein Erbkönigreich, gegenüber dem Deutschen Reich keinerlei Verpflichtungen. Das deutsche Schlesien wiederum war ein böhmisches und kein österreichisches Kronlehen. Nur die alten österreichischen Erbländer waren eng mit dem Reich verbunden, zahlten Reichssteuern und stellten Reichskontingente. »Von einem österreichischen Gesamtstaate«, schreibt der Wiener Historiker Oswald Redlich, »kann man um die Mitte des 17. Jahrhunderts noch nicht sprechen.«

Ungarn und Österreich trennten nicht nur Zollgrenzen. Das von den Osmanen unterstützte Siebenbürgen hatte im Monsterkrieg Front gegen Habsburg gemacht, und der Kalvinist Gabor Bethlen eroberte das von den Österreichern praktisch nicht verteidigte königliche Ungarn, worauf die ungarischen Stände Bethlen zum König ganz Ungarns wählten. Doch Bethlen wollte mit der Krönung warten, bis der Krieg gegen Habsburg entschieden war, und starb darüber hinweg. Nach dem Westfälischen Frieden fiel Westungarn an die Habsburger zurück.

Das Osmanische Reich war neben Frankreich der Gegner des Habsburger Reichs schlechthin. Doch weder eine Allianz der beiden Großmächte gegen die Österreicher war zustandegekommen, noch gab es offenen Krieg, obgleich es am 30. September 1626 so ausgesehen hatte, als ob eine Entscheidungsschlacht zwischen Österreich und Osmanisch-Ungarn bevorstand. Wallenstein war mit einem Heer von etwa 25 000 Mann angerückt und lagerte bei Dregelypalank 70 Kilometer nordöstlich von Buda. Auch die Siebenbürgen und die verbündeten Osmanen bezogen mit etwa 30 000 Mann ein Lager. Den ganzen Tag über geschah nichts. Wallenstein fürchtete die Reiterei des Gegners, besonders die berühmten ungarischen Husaren, und hoffte darauf, daß die Gegenseite klein beigab. Die Türken wollten angreifen, aber Bethlen war dafür bekannt, nur bei deutlicher Überzahl die Schlacht zu wagen. So zogen sich gegen Morgengrauen Ungarn und Osmanen vorsichtig zurück, und der erleichterte Wallenstein rückte ebenfalls gemächlich ab.

Den Balkan hatte der große Krieg nicht berührt. Aber auf dem Balkan sollte sich das Schicksal des Osmanischen Reichs entscheiden. Einen Vorgeschmack hatten die Osmanen an der Seite der Siebenbürgen schon bekommen: Die neuen Armeen des Westens waren reine Söldnerheere von oft großer Professionalität. Im Dreißigjährigen Krieg gab es keine festen Fronten und auch keine eroberten Gebiete im heutigen Sinn, denn zu einer ständigen Besetzung reichten die Heere nicht aus. So war die Kriegführung höchst unorthodox: Oft zogen die gegnerischen Armeen mehr voneinander weg, als aufeinander zu. Doch dann fielen schnelle Entscheidungen. Kardinal Richelieu sprach erstmals von »Blitzkriegen«. Nach dem Westfälischen Frieden standen die hochmobilen Söldnerheere meistbietend für europäische Herrscher bereit. Auch die Osmanen hätten sich bedienen können, aber sie vertrauten weiterhin ihren eigenen Kräften – mit schwerwiegenden Folgen.

Idee der Freiheit aufrechterhalten
Der Balkan zur Zeit des osmanischen Niedergangs

»Nach einem Ritt von vielen, vielen Meilen«, berichtete der britische Geistliche John Covel 1675, »sahen wir weder Kornfelder noch Weiden oder Herden, sondern nur brachliegendes Land.« Pastor Covel war durch Thrakien geritten, aber überall auf dem osmanischen Balkan ähnelte sich die Lage.

Der Niedergang des alten Timar-Systems hatte die europäischen Länder des Osmanischen Reichs entvölkert. Denn das einst für die christlichen Untertanen des Sultans so vorteilhafte Lehnsystem hatte sich zuungunsten der Bauern entwickelt. Mußten früher die moslemischen Timarioten jederzeit damit rechnen, von ihren Gütern vertrieben zu werden, während die christlichen Bauern ihr Land sogar vererben konnten, so hatten sich die Verhältnisse umgekehrt: Die Lehen waren erblich geworden und die Christen hatten ihre Rechte verloren.

Begnügten sich die Spahis früher mit dem Zehnten der Ernte, so blieb den Bauern nunmehr höchstens ein Drittel. Die Bauern verschuldeten sich, und weil auch ihre Söhne die Schulden erbten, verließen ganze Familien das Land. Viele schlossen sich Banden an, die damals im ganzen Balkan entstanden und für die sich die Bezeichnung »Haiducken« einbürgerte, auch wenn es sich nicht um Ungarn handelte. Die Räuber hielten sich hauptsächlich an den Türken schadlos oder überfielen reiche christliche Klöster. Ihre Beute teilten sie mit der armen Landbevölkerung. »Ihre wichtigste geschichtliche Bedeutung bestand darin«, schreibt Historiker Stavrianos, »daß sie die Idee von Gerechtigkeit und Freiheit aufrechterhielten.« Und eine Widerstandstradition begründeten, die noch heute in vielen Heldengeschichten fortlebt.

Die christlichen Kirchen hingegen verloren immer mehr ihre geistige Führung im Balkan. Das lag zum einen an der engen Bindung, die sie mit den osmanischen Herrschern eingegangen waren. Um ihre Vorrangstellung innerhalb der Kirchen des Reichs zu retten, waren die Kirchenführer zu allen Konzessionen bereit und beteiligten sich höchst freiwillig an der grassierenden Korruption. So zahlte der griechische Patriarch nicht nur den hohen osmanischen Würdenträgern die gewünschten Summen, sondern verhökerte auch immer häufiger seine Spitzenämter. Einem Patriarchen rechneten die Osmanen vor, daß er 300 Metropoliten gegen kräftige Zahlung ernannt habe.

Aber nicht nur die enge Verquickung mit der osmanischen Staatsspitze schwächte die Rolle der Balkankirchen. Ihr Haß auf alle Strömungen aus dem Westen, der sie mit den ebenfalls stockkonservativen moslemischen Führern im Osmanischen Reich verband, schnitt die Orthodoxen immer mehr von dem neuen bürgerlichen Mittelstand ab, der seine Söhne nach Europa zum Studium schickte und den neuen Ideen der Renaissance und später der Aufklärung aufgeschlossen gegenüberstand. Die Balkanvölker fingen an, sich nach Europa auszurichten.

Musterhafte Ordnung
Die Barbareskenstaaten und die Seeräuberei

Europas großer Krieg hatte dem Osmanischen Reich mehr als ein halbes Jahrhundert Ruhe beschert. Auch im Mittelmeer war der Wettkampf unter den Europäern Konstantinopels wichtigster Verbündeter. Die Republik Venedig beherrschte zwar allenfalls noch die Adria, schmierte aber mit ihrem Gold (jährlich soll es fast eine halbe Million Dukaten gewesen sein) eine osmanische Regierung, die es sich nie erlauben konnte, dauerhaft mit der Signorie im Krieg zu leben. »Der ungeheure Reichthum«, schreibt Johann Wilhelm Zinkeisen, der viel in venezianischen Archiven recherchiert hatte, »erregte noch immer das Erstaunen und den Neid der übrigen Seemächte.« Nur mit den Schiffsbesatzungen haperte es, so daß die Republik auf Seeleute aus England, Frankreich und Holland zurückgreifen mußte.

Zu einem Konkurrenten im Mittelmeer war Frankreich aufgestiegen, das zu Anfang des 17. Jahrhunderts mit etwa 1000 Schiffen von der Küste der Provence und dem Languedoc aus den Handel mit den Türken betrieb. Im Gegensatz zu Venedig besaß Frankreich anfangs kaum Kriegsschiffe, die seine Handelsflotte schützten konnte. Erst zur Jahrhundertmitte baute Wirtschaftslenker Jean-Baptiste Colbert eine schlagkräftige Kriegsflotte auf. Damit genügend Ruderknechte zur Verfügung standen, erging vom französischen König eine Anweisung an die Richter, keine Milde walten zu lassen. Die Häftlinge mußten sodann ihre Strafen als Galeerensklaven verbüßen.

Während die Spanier im Mittelmeer vor allem mit dem Schutz ihrer italienischen und nordafrikanischen Besitzungen beschäftigt waren, kamen Schiffe der Portugiesen praktisch nie, der Holländer nur höchst selten ins Mittelmeer. Die Engländer wiederum betrieben gewissermaßen Tauschhandel, denn sie kauften nur so viele orientalische Güter, wie sie aus dem Verkauf englischer Produkte in der Levante bezahlen konnten. Getragen wurde der englische Orienthandel von der levantinischen Handelsgesellschaft, die auch den diplomatischen Dienst bestimmte. Sie ernannte nicht nur alle Konsuln, sondern bezahlte auch die diplomatischen Vertreter am Goldenen Horn. Allerdings erwies sich der Weg um das Kap der Guten Hoffnung als kostengünstiger, weshalb ihn Portugiesen, Engländer und Holländer immer häufiger befuhren.

Blieben noch die kleineren Seemächte wie Ragusa, Genua, Florenz oder die Johanniter von Malta, deren Flotten im Mittelmeer kreuzten. Während sich Ragusa ganz aus militärischen Operationen heraushielt, brachten maltesische und florentinische Schiffe immer wieder die Osmanen in Bedrängnis. »Von dem Großherzog der Toskana«, schrieb 1583 der Gesandte Venedigs in Konstantinopel an seinen Dogen, »weiß Eure Herrlichkeit schon, wie sehr er von den Türken gehaßt wird, des beständigen Schadens wegen, welche seine Galeeren in den Meeren der Levante anrichten.«

Die am meisten gefürchteten Piraten aber waren die Barbaresken, wie die Seeräubernationen der nordafrikanischen Küstenländer genannt wurden. Sie segelten mit ihren Schiffen bis nach England und selbst nach Island. In zwölf Jahren hatten sie, nach Berechnungen des englischen Gesandten in Konstantinopel, Sir Thomas Roe, Frankreich mehr als 2000 Schiffe abgenommen und Waren im Wert von 44 Millionen Livres erbeutet. Die Holländer verloren durch die Barbaresken in nur 13 Monaten 140 Schiffe und Waren im Wert von 300 Tonnen Gold.

In Algerien waren die Barbaresken die Nachfolger der Piraten des »Barbarossa« genannten Anführers Haireddin. Zu keiner Zeit übten die Sultane wirkliche Macht in Nordafrika aus, sondern beschränkten sich stets darauf, die Statthalter zu ernennen und ihnen die Paschawürde zu erteilen. Für sie bildeten die Seeräuberstaaten ein Reservoir für Schiffe und Schiffsbesatzungen. Deshalb behielten sich die Sultane das Recht vor, von den Barbaresken Hilfsgeschwader zu verlangen, wenn ein Seekrieg anstand.

Schon bald nach Haireddins Tod hatten die türkischen Soldaten in Nordafrika ihre Chefs an die Macht geputscht. Der Form nach gaben sich diese in Algier »Deys« und in Tunis »Begs« genannten Herrscher seit Anfang des 17. Jahrhunderts als Untertanen des Reichs. Dey Hussein unterzeichnete ein Schreiben an den Sultan mit »Diener Hussein, Gouverneur der großen Stadt Algier, Euer Sklave«. Doch als der Sultan von den Algeriern die Rückgabe gekaperter Privatschiffe verlangte und der Gesandte der Pforte im Anschreiben als Titel seines Herrn auch den eines »Königs von Algier« verlas, fragte ihn der Dey: »Wieso König von Algier? Und was bin ich?« Als Antwort schickte er dem Sultan den Kopf des Boten.

Während in der Stadt Algier die Türken und im Hinterland die Berber dominierten, war Tunis von Moslems bewohnt, die fast ausnahmslos Arabisch sprachen. Gut 50000 von ihnen waren vor den Christen aus Spanien geflohen und brachten das Handwerk und die Agrarproduktion in ihrer neuen Heimat in Schwung. Doch schon Mitte des 16. Jahrhunderts geriet Tunis unter die Herrschaft Algiers, das auch das Hinterland von Tripolis, das heutige Libyen, beherrschte. Alle drei Maghreb-Länder zählten sich formell zum Osmanischen Reich. Ihre Geldstücke zeigten den Sultan, wenn auch oft nur auf einer Seite, und das Freitagsgebet wurde in seinem Namen eröffnet.

Mochten die Verhältnisse in Nordafrika den Europäern auch noch so chaotisch erscheinen, in Wahrheit herrschte in den Seeräuberstaaten Zucht und Ordnung. In den zwanziger Jahren des 17. Jahrhunderts lagen im Hafen von Algier mehr als 70 Boote, die jeweils mit bis zu 50 Kanonen bestückt waren. Jeder Kapitän konnte auslaufen, wann er wollte. Er bekam automatisch die Genehmigung durch den Bey, es sei denn, die Regierung brauchte sein Schiff für Verteidigungszwecke. Nach Abzug des dem Bey zustehenden Parts teilten sich Mannschaft, Offiziere und Schiffseigner die Beute auf. Auch die Haltung der Sklaven war genau geregelt und relativ mild dazu, denn die Barbaresken lebten vom Verkauf erbeuteter Christen und behandelten sie deshalb pfleglich.

Immer wieder bedrängten die europäischen Mächte den Sultan, das Piratenunwesen seiner nominellen Untertanen einzudämmen oder zu bekämpfen. Doch der konnte nicht und wollte auch nicht. Denn es waren die Europäer selbst, die die Barbaresken aufrüsteten und ihnen halfen, die Beute zu verscherbeln. So lagerten in Arsenalen Algiers mehr als 1000 fabrikneue eiserne Kanonen aus englischer Fabrikation, keineswegs gestohlen, sondern ehrlich gekauft. Englands König Jakob I. mußte 1623 den Export von Munition nach Algier und Tunis amtlich verbieten, so sehr war der Handel ins Kraut geschossen. Von Cannes bis Narbonne unterhielten die Barbaresken in den gleichen Häfen, die sie regelmäßig überfielen, eigene Kontore, über die sie Waren bezogen. Und auch beim Verkauf der gekaperten Waren leisteten die Europäer ihre Dienste. In Algier kauften christliche und jüdische Händler die Waren zu einem Spottpreis auf und schickten sie vornehmlich nach Livorno. Dort mußte ein französischer Kapitän mitansehen, wie die Ladung seines Schiffes im Wert von 50000 Livres für 4000 Livres verhökert wurde, nachdem der örtliche Großherzog den ihm zustehenden Zoll abgeschöpft hatte, versteht sich. Der Bischof der französischen Stadt Arqs rühmte sich 1572 gegenüber dem Sultan, daß sein König den Barbaresken in Algier Ruderstangen, Segeltuch, Pulver und Kugeln geliefert habe.

So war es nicht erstaunlich, daß auch die Europäer auf gute Nachbarschaft aus waren, selbst wenn sie die Barbaresken verbal bedrohten. Holland bereitete mit dem Vizekönig von Algier sogar einen förmlichen Vertrag vor, nach dem beide Staaten gemeinsam Spanien bekämpfen sollten. Die Engländer segelten 1620 zwar nach Algier, feuerten aber lediglich einige Granaten in die Stadt und zogen wieder ab. Später nahmen auch die Engländer Verhandlungen mit den Barbaresken auf, wenngleich über die osmanische Zentrale. Beide Seiten einigten sich auf friedliches Verhalten. Der

Schmusekurs änderte sich erst, als die Franzosen mit ihrer neuen Flotte zunehmend Piratenschiffe aufbrachten. Der Sonnenkönig griff sogar die Stadt Algier mit Schiffen an, die erstmals schwere Geschütze an Bord hatten und Granaten verfeuerten, die innerhalb kürzester Zeit ganze Stadtviertel in Asche legten.

Tatsächlich wollte sich Frankreich in Nordafrika festsetzen. Schon in den Anfangszeiten hatte es eine »französische Bastion« genannte Feste in Algerien eingerichtet, die sich allerdings nicht halten konnte. 1664 ließ Ludwig XIV. den kleinen Hafen von Dschidschelli erobern und dort ein weit bedeutenderes Fort anlegen, doch noch einmal vertrieben die Algerier die Franzosen. Immerhin trauten sich die Barbaresken bald nicht mehr, Engländer oder Franzosen als Sklaven zu nehmen, oder ließen sie schnell wieder frei.

Vom Vasallen den Tip zum Überfall erhalten
Die nördlichen Nachbarn

Das Schwarze Meer betrachteten die Osmanen seit langem als ihr Binnenmeer, denn sie beherrschten nicht nur die Süd- und Westküste, sondern auch den größten Teil der nördlichen Ufer. Dort lebten die Tataren. Sie waren blutsverwandt mit den Turkvölkern und hatten zur Zeit Dschingis Khans die Steppen nördlich des Kaspischen und Schwarzen Meers erobert, wo sie das Reich der Goldenen Horde errichteten. Ein Stamm dieser Eroberer zog zur Krim und ging ein Vasallenverhältnis mit den Osmanen ein. Doch das hieß noch lange nicht, daß sie immer verläßliche Partner waren. Die Brüder Mohammedgirai und Schahingirai aus dem Fürstengeschlecht der Girai, die sich als Nachfolger Dschingis Khans verstanden, trachteten Anfang des 17. Jahrhunderts offen danach, Konstantinopel zu erobern und die Herrschaft über das Osmanische Reich zu übernehmen.

Mehr Probleme hatten die Osmanen mit den Kosaken, den anderen Anrainern des nördlichen Schwarzen Meers. Sie hatten einen tatarischen Namen angenommen (Kosak heißt so viel wie »freier Krieger«), setzten sich aber vorwiegend aus ukrainischen und russischen Bauern zusammen, die vor dem wachsenden Druck ihrer Grundherrn geflohen waren und anfangs am unteren Dnjepr und am unteren Don, später im gesamten Gebiet zwischen Polen, Rußland, der Krim und dem Osmanischen Reich siedelten. Die Krieger und Viehzüchter organisierten ihr Gemeinwesen nach dem Vorbild der Tataren und wählten sich einen Hetman als Anführer, den sie auch wieder abwählen konnten. Manche von ihnen dienten den Polen als Grenzhüter, andere den Russen. Doch war ihr Leben bestimmt von ständigem Kampf gegen die benachbarten Reiche.

Die Kosaken waren keineswegs nur berühmte und berüchtigte Reiter, sie beherrschten auch die Seeräuberei auf dem Schwarzen Meer, das »ungastliche Meer«, wie es hieß, weil seine Stürme selbst gestandenen Seefahrernationen zu schaffen machten. Die Kosaken hatten sich auf sehr schnelle Boote spezialisiert, die so gebaut waren, daß sie in beide Richtungen gesteuert werden konnten und keine aufwendigen Wendemanöver notwendig waren. Gerieten sie gegen Großschiffe in Gefahr, zogen sie sich in schilfreiche Küstenzonen zurück, versenkten dort ihre Boote zeitweise oder zogen sie direkt an Land.

Mit zumeist einigen Dutzend, manchmal auch einigen hundert Booten gingen sie auf Beutezug, landeten nicht selten direkt vor den Toren Konstantinopels, plünderten und sengten die Ortschaften der Umgebung. Die Osmanen, die im Juli 1624 mit ihrer Flotte gerade zur Krim unterwegs waren, wußten sich, um den Bosporus zu sperren, nicht anders zu helfen, als die seit dem Fall Konstantinopels nicht mehr gebrauchte Kette zu holen, mit der die Byzantiner einst das Goldene Horn verbarrikadiert hatten. Von gefangenen Kosaken erfuhren die erstaunten Osmanen, daß ihr tatarischer Vasall Mohammedgirai den Tip zum Überfall gegeben hatte.

Selbst eine offene Seeschlacht mit den Großschiffen der Osmanen nahmen die Kosaken im Juli 1625 an, obgleich sie nicht eine einzige Kanone an Bord ihrer Kleinsegler hatten. Sie stürzten sich auf die Galeeren, auf denen oft gefangene Kosaken ruderten, die beim Angriff ihrer Landsleute die Arbeit einstellten, und enterten viele. Zwar siegten die Osmanen schließlich, verloren aber große Teile ihrer Mannschaften, darunter sämtliche Janitscharen.

Zwölf Jahre später kam es für die Osmanen noch ärger, denn die Kosaken erstürmten die osmanische Festungsstadt Asow an der Donmündung zum Asowschen Meer, einer riesigen Bucht des Schwarzen Meers. Erst nach fünf Jahren versuchten die Osmanen die Rückeroberung, doch die Kosaken, unter ihnen viele Frauen, verteidigten die Stadt so geschickt, daß die Truppen des Sultans nach zwei Monaten Belagerung, bei denen sie mehr als 7000 Janitscharen verloren, wieder abziehen mußten. Zum Schluß hatten sie jedem der Verteidiger 1000 Taler für die Übergabe der Stadt geboten, aber die Kosaken lehnten ab. Erst als der Zar in Moskau drohte, ihnen die Zufuhr von Waffen und Lebensmittel abzuschneiden, zogen die Kosaken ab, nachdem sie die Stadt niedergebrannt hatten.

Rußland spielte zur damaligen Zeit noch keine Rolle in der Weltpolitik. Zwar hatten die Russen 1380 die Tataren der Goldenen Horde besiegt, aber sich noch nicht im Süden etabliert. Ein loses System von Wallanlagen, Waldverhauen und kleineren Festungen sollte vor allem die Krimtataren von Raubzügen in den Norden abhalten, doch erwiesen sich Tributzahlungen an die Krim-Krieger als wirksamste Sicherung. Zwar konnten die Russen die Kosaken zum Abzug aus Asow zwingen, aber sie waren noch nicht mächtig genug, die Stadt selbst zu besetzen. Zar Michael war vorerst damit zufrieden, wenn ihn die Osmanen in großherrlichen Schreiben künftig nicht mehr als »Kral der Moskowiter« bezeichneten, sondern als »Kaiser und Großfürst von ganz Rußland«.

Auch die Polen mußten sich der Osmanen erwehren, die 1633 den Süden ihres Reichs zu überrennen versuchten und dabei eine schwere Niederlage einsteckten. Weil ihnen der Krieg gegen die Russen wichtiger erschien, setzten die Polen nicht nach. Als Polens Sonderbotschafter Alexander Trzebinski dem Sultan ein großzügiges Friedensangebot überbringen wollte, ergriff Murad IV. wider die Gewohnheit selbst das Wort und schnauzte den Polen an: »Was willst Du hier?« Sodann verlangte er vom polnischen König nicht nur Tribut, sondern auch den Übertritt zum islamischen Glauben.

Des Rätsels Lösung: Der osmanische Feldherr Abasa Pascha hatte seinem Sultan gegenüber die Niederlage als großen Sieg dargestellt und etwa 100 polnische Gefangene als scheinbaren Beweis mitgebracht, die der Sultan vor seinen Augen sofort hinrichten ließ. Murad war so auf die Polen fixiert, daß er 1634 einen Krieg gegen sie vorbereitete und an der Spitze seiner Armee Konstantinopel mit einem feierlichen Aufwand verließ, den die Stadt seit langem nicht mehr gesehen hatte. Kurz darauf zog er mit ebenso großem Pomp wieder in die Metropole ein. Der Sultan hatte auf dem Marsch gen Norden mitbekommen, daß die Polen ein Jahr zuvor keineswegs die Verlierer waren und nunmehr zu einem großen Krieg gegen die Osmanen bereit zu sein schienen, nachdem sie inzwischen die Russen zum Frieden gezwungen hatten. Daraufhin erledigte Murad IV. die Angelegenheit auf seine Weise: Er ließ den für die Fehlmeldung verantwortlichen Abasa Pascha hinrichten.

Daß die Osmanen dennoch die von Polen beanspruchte Ukraine ihrem Gebiet zufügen konnten, verdankten sie den Kosaken. Deren Hetman Doroschenko bot 1668 dem Sultan die von seinen Gefolgsleuten größtenteils beherrschte Ukraine an, wenn die Osmanen ihn als Vasallen anerkennen und mit einem Hilfskorps von 6000 Mann unterstützen würden – eine Aufforderung, der die Osmanen sogleich nachkamen. Fortan galt die Ukraine als unveräußerliches Vasallenland des Sultans. Als die Polen eine Revision verlangten, zogen die Osmanen 1672 gegen sie in den Krieg, eroberten die (in der heutigen Ukraine gelegene) Provinz Podolien und dehnten damit die Grenze des Osmanischen Reichs am weitesten nach Nordosteuropa aus.

Als Polen 1686 im Friedensvertrag mit dem russischen Nachbarn seine Ansprüche auf Kiew und die Ukraine aufgab (und damit praktisch die Kosaken den Russen unterstellte), verpflichtete sich der Zar, dem Osmanischen Reich den Krieg zu erklären und die Tataren auf der Krim anzugreifen. Doch die Tataren verbrannten das Steppengras in den weiten Ebenen der Ukraine, und die Russen konnten ihre Pferde nicht mehr weiden. Ohne Feindberührung mußten sie sich zurückziehen.

Erst unter Peter dem Großen rückten die Russen erneut gegen Tataren und Osmanen vor. Ihr Ziel: Asow einzunehmen und damit einen Stützpunkt am Schwarzen Meer zu bekommen. Weil den Russen jede Erfahrung im Belagern von

Festungen fehlte, lieh sich der von westlichen Techniken sehr beeindruckte Zar deutsche und preußische Offiziere aus. 1696 kapitulierten die Osmanen.

Doch das genügte dem Zaren nicht. Er lieh sich von Venedig 13 der besten Schiffsbauer aus, die innerhalb kürzester Zeit eine stattliche Flotte im Schwarzen Meer aufbauten. Im Sommer 1699 gab es in Konstantinopel ein Spektakel besonderer Art: An den Kais legte ein von einem holländischen Kapitän kommandiertes Schiff mit 36 Kanonen an Bord an. Schiffe im Goldenen Horn waren nichts Ungewöhnliches, das Besondere an diesem Schiff aber war die Flagge und sein hoher Fahrgast, der russische Sonderbotschafter Ukraintzow. Der Zar etablierte sich erstmals im osmanischen Machtbereich. Dem deutschen Philosophen Gottfried Wilhelm Freiherr von Leibniz vertraute der Zar an, daß er die Absicht habe, »sich zum Herrn des Schwarzen Meeres zu machen«.

In fünf Jahren das Land gründlich kuriert
Die Großwesirdynastie der Köprilis

Als Sultan Ibrahim 1648 abgesetzt und zehn Tage später ermordet wurde, nahm der neue Großwesir Mohammed Köprili das Heft in die Hand. Er gründete geradezu eine Dynastie von Großwesiren, die in der zweiten Hälfte des 17. Jahrhunderts das Reich auf neue Höhen führten und den Europäern erneut das Fürchten lehrten. Insgesamt fünf Köprilis bekleideten das höchste Amt nach dem des Großherrn und bestimmten nicht nur die Politik des Osmanischen Reichs, sondern vereinigten auch fast alle Macht auf sich.

Sie stammten aus dem südöstlich des Schwarzmeerhafens Samsun gelegenen Städtchen Köpri (Brücke), das noch heute ihnen zu Ehren Vezirköprü heißt. Während europäische Historiker die Köprilis zu Albanern, Bosniern, Franzosen oder gar Verwandten des Papstes machen wollten, waren sie vermutlich Türken.

Ihr Ahn und erster Großwesir Mohammed Köprili hatte als Küchenjunge begonnen, war sodann zum Hofkoch aufgestiegen, womit seine Karriere als Türke eigentlich beendet war. Aber der damalige Sultan Murad IV. ernannte den inzwischen Fünfzigjährigen unerwartet zum Kommandeur des Gardekavallerieregiments, womit Mohammed Köprili endgültig in die Hierarchie der Renegaten eindrang. Schließlich ernannte ihn Murad auch noch nacheinander zum Statthalter von Damaskus, Tripolis (im Libanon) und Jerusalem. Zum Ende seines Regnums berief der Sultan ihn als Wesir in den Staatsrat.

Als die Mutter des noch kindlichen Sultans Mehmed IV. den damals siebzigjährigen Köprili zum Großwesir bestellen wollte, stellte der Bedingungen, die es in sich hatten: Der Sultan habe automatisch alle seine Vorschläge zu genehmigen; er müsse einstellen und entlassen können, wen er wolle; kein Beamter dürfe vom Großherrn ohne seine Zustimmung empfangen und keine Klagen gegen ihn angehört werden.

Damit verlangte Mohammed Köprili eine Machtvollkommenheit, wie sie bis dato nur dem Sultan zustand. Mag sein, daß er mit dieser Maximalforderung die Ernennung auf den Schleudersitz eines Großwesirs abwenden wollte, doch die Haremskamarilla akzeptierte. Die Sultansmutter Turhan garantierte ihm sogar die Unabsetzbarkeit. »Ich mache dich unter den von dir gestellten Bedingungen zu meinem unbeschränkten Wesir«, verkündete der Sultan, als er ihm 1656 das Reichssiegel überreichte.

Der alte Mann, der weder lesen noch schreiben konnte, kurierte in nur fünf Jahren seiner Regierungszeit das Land so gründlich, daß tatsächlich eine neue Epoche zu beginnen schien. Als Gouverneur hatte sich Mohammed Köprili den Ruf geschaffen, besonders mild und menschlich zu sein. Nunmehr an der Machtspitze, ließ er keinen Zweifel daran, daß er mit allen Mitteln die Ordnung wiederherstellen werde, und das bedeutete damals viele Hinrichtungen. Der Defterdar (Finanzminister) Sadschbaghi Mohammed Pascha, der sein Amt gerade für 150 Beutel Gold gekauft hatte, gab es flugs wieder ab, um sein Leben zu retten.

Der Großwesir ließ Spione in alle Provinzen ausschwärmen, um ihm Verfehlungen der örtlichen Würdenträger zu berichten. Bald ging die Mär um, der Großwesir, dessen Aussehen durch zwei hervorstehende Zähne geprägt war, beherrsche, wie einst König Salomon, die Sprache der Vögel, die ihm alle Unrechtstaten erzählten. Als zwei schwedische

Gesandte den Großwesir mit 500 Dukaten für ihre Sache gewinnen wollten, starb der eine sogleich nach dem Bestechungsversuch. Köprili ließ einen mauretanischen Scheich hinrichten – und als Ausgleich auch den griechischen Patriarchen –, weil der das Ende des Islams im Osmanischen Reich prophezeit hatte. Dann mußten Mullahs die Koran-Sure Feth, die die Eroberung feindlicher Länder verkündet, tausendmal öffentlich vortragen.

In einem relativ harmlosen Gefecht mit christlichen Schiffen im Bosporus belohnte Köprili einfache Soldaten (einem zog er sogar seinen Pelz an und gab ihm einen Beutel Gold zur Verteilung an die ebenfalls tapferen Kameraden), verurteilte aber Offiziere von Janitschareneinheiten, die dem Kampf ausgewichen waren, zum Tode. Einen der gefährlichsten Rebellen Anatoliens, Abasa Hasan, ließ er mit seinem gesamten Gefolge in Aleppo gastlich bewirten und sodann niedermetzeln.

Als nächstes schaffte er einen Konkurrenten beiseite, dem schon einmal das Reichssiegel angetragen worden war: Deli Husein. Der ehemalige Holzfäller hatte dereinst dem Sultan-Kraftprotz Murad mächtig imponiert, weil er einen Bogen zu spannen in der Lage war, den der persische Botschafter dem Großherrn mit der spöttischen Bemerkung geschenkt hatte, im Osmanischen Reich gäbe es ohnehin niemanden, der damit schießen könne. Alle Kräftigen versuchten sich, doch keiner schaffte es. Bis Deli Husein per Zufall den Bogen sah und aus Spaß spannte. Der Oberhofmeister des Harems beobachtete ihn dabei und stellte ihn dem Sultan vor. Deli Husein stieg zum Oberstallmeister auf, dann zum Statthalter von Kairo, Zypern und Bagdad. Seine größte Fan-Gemeinde waren die Frauen Konstantinopels, die er durch Freundlichkeit und Ritterlichkeit für sich gewonnen hatte. Köprili machte den Kraftprotz erst zum Großadmiral, lobte ihn dann als Statthalter Rumeliens weg und ließ ihn schließlich doch hinrichten, weil Deli Husein einige – auch in den Augen der offiziellen Chronisten unbedeutende – Naturallieferungen an den Sultan verflüssigt hatte, um sein Salär aufzubessern. Selbst der Mufti, ein Köprili-Freund, hatte sich geweigert, die Tötung zu rechtfertigen. »Ich sehe keine Schuld bei dem Mann«, ließ er schriftlich festhalten. Sofort verbannte ihn der Großwesir.

Köprili ließ seinen Stellvertreter Ismail-Pascha als Großinquisitor durch Asien ziehen und alle hinrichten, die sich in die Listen der Spahis eingeschlichen hatten. Um Rebellen ausfindig zu machen, die sich als Derwische versteckten, ließ er die heiligen Mönche nach der Flöte tanzen. Wer das nicht beherrschte, verlor den Kopf. Und auch die Bauern, die sich aus den Steuerregistern herausgekauft hatten, bestrafte er. Der Großwesir, schreibt Hammer-Purgstall, »schritt in der Wiederherstellung der Ordnung mit eisernem, nackenzermalmendem Fuße fort.« Er ließ etwa 30 000 Amtsträger für nachgewiesene (oder auch nur vorgeschobene) Verfehlungen hinrichten, doppelt so viele verloren ihren Posten. So stellte Mohammed Köprili die Ordnung im Reich wieder her, aber auch nur zu diesem Preis.

Weil das Land nicht über genug junge Absolventen der Sklavenschulen verfügte, die in die freiwerdenden Positionen nachrückten, hievte der Großwesir viele junge Türken in den Staatsdienst. Unter ihnen waren nicht wenige Medressenschüler, die Köprili besonders gut kannte, denn sein Sohn war einer von ihnen.

Erstmals seit Jahrzehnten ließ die Regierung wieder den vollen Sold auszahlen, noch dazu in guten Münzen, für die Köprili den Sultansschatz in Anspruch nahm. Er beschnitt dem Harem die luxuriöse Hofhaltung und verschonte auch die Ulema nicht. Er schränkte die Einkünfte der vielen geistlichen Stiftungen ein und selbst die der Pilgerstadt Mekka. Die leeren Kassen des Sultans füllten sich wieder, und der überaus agile Köprili dachte an Einnahmequellen, die einst wichtigstes Finanzierungsmittel waren: Tribute aus dem Westen. Die Schonzeit der Europäer neigte sich ihrem Ende zu.

Den Ungarn böhmische Hosen angezogen
Krieg gegen Siebenbürgen

In Siebenbürgen war Herrscher Georg II. Rakoczy ohne Wissen der Osmanen im Dezember 1656 ein Bündnis mit Schweden eingegangen, das dem Ungarn bei einem Sieg der beiden Länder über Polen den südlichen Teil Polens versprach. Als Köprili von dem Abfall erfuhr, schickte er ein Heer der tatarischen Vasallen gegen den ungarischen Rebellen, aber bevor sie eingreifen konnten, hatten die Schweden ihre Truppen aus Polen abgezogen, um Krieg gegen die Dänen zu führen. Ohne Hilfe aus dem Norden unterlag Racoszy den Tataren, die anschließend große Teile Siebenbürgens brandschatzten. In Adrianopel mußten Griechen und Armenier die Köpfe von 4000 Ungarn durch die Straßen tragen und dem Sultan zu Füßen werfen, der sodann über sie ritt. Als Rakoczy die wenig geliebten Österreicher um Beistand bat, schickte Köprili ein türkisches Heer gegen den Rebellen, das am 22. Mai 1660 die ungarischen Truppen vernichtete und Racoczy tötete.

Zwischen dem österreichischen und dem osmanischen Ungarn gab es keine klare Trennlinie, wie überhaupt klar definierte und bewachte Grenzen erst ein Produkt der Neuzeit sind. Wenn nicht Flüsse oder Bergkämme die Grenze bildeten, markierten Festungen den ungefähren Grenzverlauf. An der Grenze zwischen dem habsburgischen und osmanischen Ungarn war die Sache noch verzwickter. Dort urteilten in vielen Orten des türkischen Teils weiterhin christliche Richter nach österreichischem Recht, und nicht wenige Untertanen mußten weiterhin für ihre österreichisch-ungarischen Herren arbeiten. Auf österreichischer Seite wiederum zahlten viele Dörfer ihre Steuern an die Osmanen, weil sie damit kriegerischen Streifzügen vorbeugen wollten. Denn zwischen den beiden Ländern gab es seit fast einem halben Jahrhundert Frieden oder Krieg besonderer Art: Wenn keine Kanonen und förmliche Heere eingesetzt werden, waren beide Seiten übereingekommen, herrsche auch kein Kriegszustand. Unterhalb dieser Schwelle aber war alles erlaubt, und das hieß tägliche Metzeleien.

Um sich zu schützen, hatten Österreicher und Ungarn entlang der Militärgrenze Burgen und Festungen gebaut, hauptsächlich aber sogenannte Palanken errichtet: kleine Forts mit Blockhäusern, Gräben und einem Palisadenzaun. Für die Verteidigung von etwa 80 Burgen und festen Plätzen kamen die Österreicher auf, für weitere 80 ungarische Adlige. Die Palanken waren von reinen Dorfmilizen geschützt. Dieses sehr lokale System hatte sich als außerordentlich erfolgreich erwiesen.

Die Grenzburgen hingegen wurden seit 1662 von etwa

18 000 deutschen Söldnern bewacht. Die tyrannisierten aber die ungarische Bevölkerung so sehr, daß die Deutschen bald sehr verhaßt waren. Zwar drängten die habsburgtreuen Ungarn zum Krieg gegen die Türken, lehnten aber deutsche Soldaten ab. »Die Ungarn wollen«, berichtete der Gesandte Venedigs in Wien, Alvise Molin, »daß der Kaiser sie verteidigt, aber er darf sein Kriegsvolk nicht dazu verwenden.«

Die Abneigung gegen Osmanen und Deutsche einte die Ungarn, die Religion hingegen spaltete sie. Viele der Magnaten und Großadligen waren im Zuge der militant-katholischen Gegenreformation zum Glauben des Papstes (und der Österreicher) übergegangen, das Volk und der Kleinadel hingegen beharrte auf seinen protestantischen Überzeugungen. Die Ungarn hatten miterlebt, wie die Habsburger zu Beginn des Dreißigjährigen Kriegs die böhmischen protestantischen Adligen, unter ihnen viele Tschechen, vertrieben und ausschließlich durch deutsche Katholiken ersetzt hatten. Jetzt befürchteten sie, daß man ihnen auch »böhmische Hosen anziehen« wollte, wie es damals hieß. Da gab es schon den einen oder anderen Protestanten, der die in Religionsfragen toleranteren Osmanen den intransigenten Österreichern vorzog.

Die Entscheidung über Krieg oder Frieden hatten die Habsburger insofern den Osmanen überlassen, als sie auf deren Friedensangebote monatelang nicht reagierten. Am 18. April 1663 erklärten die Osmanen den Österreichern formell den Krieg. Eine für das Abendland und das Osmanische Reich schicksalsträchtige Epoche nahm ihren Anfang.

Auf Europa großen Eindruck gemacht
Vorstoß in Richtung Wien

In Konstantinopel herrschte wieder ein Köprili: Ahmed, der Sohn des legendären Mohammed Köprili. Sein Vater hatte ihn noch zu Lebzeiten als Nachfolger herangezogen. Er ließ den Wunderschüler, der schon mit 16 Jahren eine Lehrerlaubnis erlangt hatte, das Metier des Richters und sodann des Spitzenbeamten erlernen und schickte ihn sogar als Gouverneur nach Erzurum und Damaskus. Der damals sechsundzwanzigjährige Ahmed Köprili wurde im Juni 1661 vom neunzehnjährigen Sultan gemäß der Verabredung mit Mutter Turhan zum Großwesirsstellvertreter erhoben. Als Vater Mohammed am 30. Oktober des gleichen Jahres starb, war sein Nachfolger bereits zur Stelle.

Ahmed trat Ende Oktober 1661 das Amt des Großwesirs an, im gleichen Jahr, in dem in Frankreich mit Ludwig XIV. das goldene Zeitalter des Absolutismus begann, denn der König herrschte von nun an unumschränkt. Allerdings hatten die Franzosen ihre Vorrangstellung bei den Osmanen weitgehend eingebüßt, denn für den Sonnenkönig lag das Osmanische Reich eher am Rande seines Interesses. Außerdem hatten die Franzosen die Osmanen mit Fragen der Etikette genervt. So ging es jahrelang hauptsächlich darum, ob der französische Gesandte bei seinen Verhandlungen mit dem Großwesir auf einem in gleicher Höhe stehenden Sofa sitzen und ob dieses ebenfalls Lehnen haben dürfe. Als später der osmanische Botschafter Suleiman Pascha der Pariser Regierung seine Urkunde überreichte, saß auch er lehnenlos und eine Etage niedriger als der französische Außenminister. Der Osmane rächte sich auf feine Art. Er importierte jenen Artikel, der die französische Kultur nachhaltig beeinflußen sollte: den Kaffee, pardon – den Café. Und mit ihm den Disputiersalon, in dem die französischen Intellektuellen später die Revolution vorbereiteten.

Als der neue französische Botschafter de Nointel seinerseits in Konstantinopel zur Audienz beim Sultan erschien, befand der Kämmerer die Verbeugung des Botschafters als nicht ausreichend und stieß dessen Kopf so heftig nach vorn, daß de Nointel vor den Herrscher stürzte. Der Vertreter des Sonnenkönigs hielt eine viertelstündige flammende Rede, die der Dolmetscher – so schrieb es das Hofzeremoniell vor – für den Großwesir übersetzte und dabei schon straffte. Ahmed Köprili trug dann seine Zusammenfassung dem Sultan vor und die bestand nur noch aus zwei Worten. Leider überlieferten die osmanischen Chronisten diese beiden Worte nicht.

Der Sultan hatte seine Repräsentationspflichten auf ein Minimum reduziert und widmete sich hauptsächlich seiner Lieblingsbeschäftigung, der Jagd. Die osmanischen Chronisten zählen Mehmed IV. zu den milden Herrschern, was allerdings auch nur hieß, daß er sich an den ungeschriebenen Grundsatz hielt, pro Tag nicht mehr als sieben Köpfe rollen zu lassen (dem Großwesir standen danach sechs zu und dem sechsten Wesir noch einer). Auch soll er sich, anders als seine Ahnen, bei rituellen Opfern damit begnügt haben, nur ein oder zwei Hammel persönlich abzustechen.

Zu seinen Jagden wurden Tausende von Treibern aufgeboten und »selbst wie das Vieh zusammengetrieben«, wie Hammer-Purgstall schreibt. Die Reichsgeschichtsschreiber, allen voran des Sultans Leib- und Magenliterat Abdi, vermerkten sorgfältig jedes geschossene Vieh (bei einer der größten Jagden: 1 Eber, 7 Rehe, 30 Hasen), »verschwiegen aber die dabei zu Grund gegangenen Menschen«, so Hammer-Purgstall. Stieß der Sultan auf einen dieser Toten, berichteten die Chronisten, so sagte er: »Sie werden Schlechtes über mich geredet haben und finden nun ihren gerechten Lohn.« Schoß der Sultan mal einen Pfeil über 80 Schritte hinaus, besang Abdi sogleich das Ereignis. Täglich befragte Mehmed seinen Schreiber, was er heute der Nachwelt berichtet hätte. Als Abdi einmal paßte, schoß ihm der Sultan einen Pfeil in den Arm, damit er etwas zu vermelden habe.

Wie alle Sultane fürchtete auch Mehmed seine Brüder, die von seiner Mutter stets so untergebracht wurden, daß der Zutritt nur über ihren Raum möglich war. Eines Nachts schlich sich Mehmed mit einem Dolch heran, aber die beiden als Wache abgestellten Sklavinnen weckten die Walide mit Stößen, denn Schreien war ihnen verboten. Die Mutter beschwor ihren Sohn, eher sie zu erstechen, als seine Brüder. Mehmed zog wieder ab, ließ aber aus Wut die beiden Sklavinnen aufhängen. Viele Jahre später wollte es der Sultan noch einmal versuchen und bat sogar offiziell um den Segen des Diwans, des ersten, an dem er persönlich teilnahm. Doch die Wesire rieten ihm ab und der Mufti verweigerte seine Zustimmung. Daraufhin verzichtete Mehmed IV. endgültig auf den Brudermord.

Getreu dem Vertrag mit dem alten Köprili hielt sich der Sultan aus allen Geschäften heraus. Nur einmal hatte er sich von seiner Mutter anstacheln lassen, die Straße zur Hohen Pforte, dem Amtssitz des Großwesirs, zu überwachen. Als er dort Nicht-Moslems mit roten Kalpaken – den traditionellen Mützen der Balkanesen – und gelben Socken kommen sah, was nach der geltenden Kleiderordnung Christen zu tragen verboten war, ließ er die Betroffenen verprügeln und barhäuptig wieder abziehen. Er hatte sich allerdings vertan, denn die Bestraften waren die Gesandten der Moldau und der Walachei. Ein andermal ließ der Sultan einen Armenier hinrichten, weil dieser gelbe Socken trug. Auch hier irrte der Großherr, denn Armeniern war am Tag ihrer Hochzeit – die feierte der junge Mann – das Tragen gelber Socken ausdrücklich gestattet. Daraufhin zog sich der Sultan wieder zur Jagd zurück und überließ seinem Großwesir das Regieren.

Wie sein Vater war Ahmed Köprili absolut unbestechlich. Feinden gegenüber verhielt er sich nobel und erfüllte penibel einmal geschlossene Vereinbarungen. Auch bezahlte er, wie in den besten Osmanenjahren, in den eroberten Gebieten den Bauern die Nahrungsmittel für die Armee und machte sich damit unter ihnen Freunde. Militärisch zwar nicht sonderlich ausgebildet, setzte sich Ahmed Köprili stets selbst an die Spitze der osmanischen Heere und brachte es im Laufe seines Großwesirats zu einer gewissen Meisterschaft in der Kriegführung. Als er freilich 1663 zum ersten Mal gen Westen zog, lag noch kein klarer Kriegsplan vor. Beschlossen war nur, den Österreichern entgegenzutreten, weil die, so der Sultan in einem Schreiben an Köprili, »den Frieden gebrochen und gar viele Muslime gefangengenommen« hätten. Seinem Feldherrn Köprili erteilte der Großherr Generalvollmacht: »Was Ihr für gut befindet, das nehmt in Angriff.«

»Die Österreicher sind unser schwerster Feind«, hatte Köprili, nach dem Bericht seines Siegelbewahrers Hasan Aga, seinen Mitstreitern verkündet, »unternehmen wir doch einen Feldzug gegen den Feind, daß man bis zum Jüngsten Gericht davon spricht.« Mit 35 000 Mann zog der Großwesir gegen das Deutsche Reich. Nur etwa 10 000 davon waren Janitscharen und Spahis, unter den übrigen befanden sich siebzigjährige Greise der asiatischen Reiterei, die teilweise nur mit Säbeln bewaffnet waren. Den Tatarenkhan hatten die Osmanen um Sendung einer Armee gebeten, und der schickte etwa zehntausend Reiter unter der Leitung seines Sohnes Ahmedgirai.

Nach einem Jahrhundert Abstinenz machte das Spektakel einer anrückenden großen türkischen Armee, vergleichbar der unter Suleiman dem Prächtigen, auf Europa großen Eindruck. Der österreichische Botschafter Simon Reniger von Renigen, den die Osmanen in ihren Reihen mit auf den Feldzug genommen hatten, habe nur »Ah« und »Weh« gerufen, als die Sultans-Truppen in Belgrad eine Parade abhielten, berichtete Hasan Aga.

Die Osmanen zogen mit ihren Trossen und Donauschiffen bis zum Stützpunkt Ofen und griffen dann die nordöstlichen ungarischen Grenzorte an, insbesonders das gut befestigte Neuhäusel (das heutige slowakische Nove Zamky), denn die umgebenden Dörfer versprachen reiche Beute für die Tataren. Den militärischen Wert ihrer Verbündeten von der Krim schätzten die Osmanen allerdings gering ein. »Sengen und brennen, das kann der Tatar«, notierte Hasan Aga, »wenn es aber gilt, sich den Giauren (Christen) entgegenzustellen, dann rührt er sich nicht vom Platz. Seinen Ruf hat er ganz zu Unrecht. In Wahrheit ist er ein äußerst müder Krieger.«

Donauaufwärts, an der heutigen Grenze zwischen Ungarn und der Slowakei, kam es zu den ersten Schlachten. Türkische Krieger schleppten immer wieder Gefangene vor das Zelt des Großwesirs, der sie mit 40 bis 50 Goldstücken belohnte. Sodann wurden die Gefangenen geköpft, weshalb sich bald eine riesige Schädelstätte im Lager bildete. Für abgeschlagene Köpfe allein zahlte Köprili nur 20 bis 30 Goldstücke, denn einige Türken machten es sich leicht und schnitten schon gefallenen Feinden das Haupt ab, um zu kassieren. »Wenn Ihr derart mit vollen Händen austeilt«, mahnte der Zahlmeister seinen Feldherrn, »ist die Kasse bald leer.« »Wozu sonst ist denn der Schatz da«, antwortete Köprili, »möge es mir vergönnt sein, ihn stets für solche Zwecke auszugeben.«

Im Laufe des Feldzugs eroberten die Osmanen 1663 mehr als 25 Palanken und Burgen. Auch das stark befestigte Neuhäusel kapitulierte nach mehr als einem Monat Belagerung, und die Besatzung konnte ungehindert abziehen. Im Herbst bezogen osmanische Truppen Winterquartiere in Siebenbürgen und Mittelungarn, während sich die Hauptmacht nach Belgrad zurückzog.

Schon die osmanischen Kerntruppen waren für die Christen, die sie in ihren Häusern aufnahmen, eine Plage. Die

Hölle aber litten jene, die Tataren beherbergen mußten. »Sie aßen den Rajas ihre sämtlichen Lebensmittel weg«, schrieb der osmanische Chronist Ali, der Siegelbewahrer des Wesirs Cafer Pascha, »raubten ihr Gut und führten ihre Angehörigen in die Knechtschaft weg. Was die Tataren an Schaden anrichteten, läßt sich gar nicht beschreiben.« Einen langen Winter mußten Serben und Ungarn die aufgezwungenen Freunde erdulden, dann zogen die Osmanen erneut gen Westen. Doch die Europäer hatten sich inzwischen auf Krieg eingestellt. Die Truppen des Sultans trafen auf Soldaten, die ihnen lange nicht mehr gegenübergestanden hatten: Franzosen.

Die Tore des Himmels werden ihnen nicht geöffnet
Niederlagen im Kampf gegen das Heilige Römische Reich

Frankreichs Sonnenkönig Ludwig XIV. mochte glauben, daß ihm eigentlich die Krone des Heiligen Römischen Reichs gebühre. Um einen Fuß ins Reich zu setzen, gleichzeitig aber auch die Expansion Frankreichs zu betreiben, unterstützte Ludwig den Rheinbund, den habsburgfeindliche deutsche Fürsten zusammen mit Schweden (für dessen deutsche Territorien Bremen und Verden) und Franzosen 1658 in Frankfurt geschlossen hatten.

Als der Reichstag zu Regensburg im Februar 1664 als Hilfe gegen die Türken das sogenannte Triplum beschloß, das Dreifache der normal vorgesehenen Heeresstärke, zeigte sich der Rheinbund, um seinen Wert für das Reich zu betonen, besonders spendabel. Und mit ihm kamen die Franzosen, die unter der Ägide der neuen Vereinigung in Reichsdingen mitmischen wollten und als Reichstruppen des Elsaß 6000 Mann stellten. Besonders der Habsburger Kaiser sah die Franzosen mit großem Mißvergnügen, aber Ludwigs militärische Hilfe kam ihm doch sehr gelegen. Zu den offiziellen Truppen des Sonnenkönigs kamen noch gut 2000 französische Freiwillige, die sich auf eigene Kosten dem Troß anschlossen, und Ludwig heuchelte sogar Bedauern, daß der Dauphin noch nicht das Alter habe, sich in die Front der Ritter gegen die Moslems einzureihen.

Am 1. August 1664 kam es bei Mogersdorf an der Raab, in

der Nähe des Zisterzienserklosters von St. Gotthard, etwa 150 Kilometer südlich von Wien, zur Schlacht mit den Europäern. Etwa 50000 osmanischen Kämpfern, die glaubten, unmittelbar vor Wien zu stehen und damit vor großer Beute, standen etwa 25 000 Reichstruppen und Freiwillige gegenüber. Die Osmanen kämpften tapfer wie zu Zeiten Suleimans, aber sie kämpften noch mit den Waffen von gestern und verloren. Der türkische Reisende und Chronist Ewlia konnte sich die Niederlage nur mit »Wunderwaffen« aus dem Reich von »Mädchenköniginnen« erklären.

In Wahrheit waren es französische Truppen, die Perücken trugen. Selbst Köprili hatte erstaunt gefragt: »Wer sind denn diese Mädchen?« Doch die stürmten mit dem Schrei »Allons! allons! tuez! tuez!« (Vorwärts, vorwärts, tötet, tötet) auf die Janitscharen ein, die, so Historiker Hammer-Purgstall, das Gebrüll noch Jahre später nicht vergessen hatten. »Es war alles kleinlaut und erbittert«, schrieb der kaiserliche Gesandte von Renigen, »man ist hier ein paar Tage stillgelegen, hernach aber zurückmarschiert.« Die Sieger waren sich uneinig in der Verfolgung der geschlagenen Osmanen und auch wohl zu schwach. So kamen die Truppen des Sultans noch einmal davon und machten sich ihren Reim auf die unerwartete Niederlage.

Die osmanischen Truppen hätten gerade friedlich ihre Wäsche getrocknet, erklärte Siegelbewahrer Hasan Aga die Niederlage, als »die verruchten Giauren sich auf die Muslime stürzten.« Dann wickelte der osmanische Chronist die Schmach in den Koranvers »heute haben wir keine Kraft« ein und tröstete sich mit einem anderen Ausspruch des Propheten: »Wahrlich, die Rechtgläubigen sterben nicht, sondern sie gehen von der Stätte der Vergänglichkeit hinüber in die Stätte der Ewigkeit.« Und auch für die siegreichen Christen hatte er einen Koranvers bereit: »Die Tore des Himmels werden ihnen nicht geöffnet. Eher geht ein Kamel durch ein Nadelöhr als sie ins Paradies. So bestrafen wir die Übeltäter.«

In Konstantinopel war nach der Ankunft der Osmanen an der Raab eine siebentägige Festbeleuchtung angeordnet worden, doch als nach drei Tagen die Nachricht von der Niederlage kam, mußten die Ladenbesitzer die Laternen löschen. Zu Unrecht, denn die Osmanen hatten zwar eine Schlacht verloren, aber den Frieden gewonnen.

Die Österreicher setzten nicht nach, weil sie den Franzosen mißtrauten, die im Westen auf Expansionskurs gingen, außerdem Aufstände der kalvinistischen Ungarn fürchteten und überhaupt ein Zusammengehen von Franzosen und Ungarn, deren Soldaten bereits fraternisiert hatten. So trat Kaiser Leopold, ohne seine Verbündeten gefragt oder auch nur informiert zu haben, 1664 im Frieden von Eisenburg (dem ungarischen Flecken Vasvar an der Raab) die von den Osmanen vor der Raabschlacht eroberten Gebiete freiwillig ab, bestätigte auch den von Ahmed Köprili eingesetzten Michael Apafy als Fürst von Siebenbürgen und gewährte den Osmanen ein »freiwilliges Geschenk« in Höhe von 200 000 Talern.

Eine wichtige Erkenntnis gewannen die Osmanen erst nach der Niederlage: Auf dem Weg ihres Gesandten Kara Mehmed Pascha nach Wien stellten sie ihren geographischen Irrtum fest und entwarfen eine detaillierte Marschtabelle, wie die feindliche Metropole nun wirklich zu erreichen war. Und auch die Verteidigungsanlagen der Stadt Wien inspizierten die osmanischen Diplomaten aufs genaueste und zeichneten einen Plan. Ihr Bericht sollte ihnen freilich mehr schaden als nutzen.

Ahmed Köprili war mit seinem ersten großen militärischen Unternehmen gescheitert und hatte nur durch das Geschick seiner Verhandlung einen für sein Land günstigen Frieden erreicht. Die militärische Schlappe gedachte er so schnell wie möglich zu korrigieren und bereitete seine Armee auf die Eroberung Kretas vor. Sie sollte zum letzten großen Triumph osmanischer Kriegführung werden und dem Reich die größte Ausdehnung im Mittelmeer verschaffen.

Wendepunkt zum Untergang Venedigs
Der Kampf um Kreta

Kandia, wie die Insel Kreta nach ihrer Hauptstadt, dem heutigen Heraklion, damals allgemein hieß, war die letzte große Besitzung Venedigs im Mittelmeer. Aber nach vier Jahrhunderten Herrschaft hatte die Republik die Insel nicht nur heruntergewirtschaftet, sondern auch die Verteidigung völlig vernachlässigt. Zur Heerschau schickten die Großgrundbesitzer ihre Bauern, die nicht einmal wußten, wie herum sie den Harnisch tragen mußten, wenn sie überhaupt einen hatten.

»Das arme Landvolk wird so geplagt und von so viel Seiten gequält und ist den venezianischen Rittern so feindlich gesinnt«, mußte der für die Levante zuständige Venezianer Giulio de Garzoni zugeben, »daß es nichts sehnlicher wünscht, als eine Veränderung der Regierung, obgleich es weiß, daß es nur in die Hände der Türken fallen kann.« Tatsächlich hatten die zumeist griechischen Bauern in Massen die Insel verlassen, deren Bevölkerung von einst einer Million auf weniger als 200 000 gesunken war. Viele der Flüchtlinge waren nach Konstantinopel gegangen und bauten jetzt die Schiffe, mit denen die Osmanen zur Insel segelten.

Doch die Eroberung erwies sich als eine der schwierigsten Operationen der osmanischen Kriegsgeschichte. Zwar hatten die Türken relativ schnell den größten Teil der Insel eingenommen, weil die Republik dort praktisch über keine Landtruppen verfügte. Aber die Seemacht Venedig schnitt der osmanischen Landmacht ein Vierteljahrhundert lang mit ihren modernen Schiffen den Weg zur Insel ab.

Für Ahmed Köprili wurde Kreta zur Schicksalsfrage. »Wir wollen Kandia«, sagte er 1662 dem venezianischen Unterhändler Ballarino, »und wenn wir den Krieg hundert Jahre fortführen müßten.« Der Großwesir zog persönlich an der Spitze seiner Armee zur Insel und eröffnete am 28. Mai 1667 die Belagerung der Hauptstadt. Nach langen Bemühungen der Venezianer waren schließlich französische und in der Schlußphase auch braunschweigische und bayrische Truppen in die Stadt verlegt worden. Die Belagerung nannte der deutsche Historiker Zinkeisen, der sie ausführlich beschreibt, »eine der großartigsten Waffenthaten der neueren europäischen Kriegsgeschichte.«

Mit nie gesehenem Aufwand hatten die Osmanen die Stadt beschossen. 56 Mal, zählten die osmanischen Chronisten auf, hatten die Türken die Festungsanlage zu stürmen versucht, weitere 45 Mal versuchten sie es mit Tunneln unter den Mauern. Mit mehr als 100 000 Fässern Pulver hatten sie über 700 000 eiserne, steinerne sowie gläserne Kugeln in die Stadt geschossen. »Entsetzlich war der Anblick«, schrieb ein französischer Offizier, der zwei Jahre nach Belagerungsbeginn nach Kandia kam, »alle Häuser waren nur noch jämmerliche Löcher. Überall war ein schrecklicher Geruch verbreitet, und wo man hinblickte, sah man nichts als Leichen, Verwundete und Krüppel.« Venedig hatte 31000 Mann verloren, die Osmanen fast 120000. Am 6. September 1669 kapitulierten die Venezianer und durften ehrenvoll abziehen. Nur zwei Priester, eine Frau und drei Juden blieben in der Stadt zurück.

Der Kampf um Kreta schwächte zwar das Osmanische Reich, Venedigs Vorherrschaft aber brach er. Der Krieg hatte 126 Millionen Dukaten gekostet, und die Schulden der Republik beliefen sich auf 64 Millionen. »Der Verlust von Kandia«, schreibt Zinkeisen, »war mit der entscheidende Wendepunkt für den gänzlichen Untergang der einst so bedeutenden Macht dieser wunderbaren Republik.«

Hinzu kam, daß die geborenen Geschäftsleute das Handelsglück verlassen hatte. Nachdem die Portugiesen Indien auf dem Seeweg erreicht hatten, rissen sie den Gewürzhandel fast ganz an sich. Das weiße und das schwarze Gold (Baumwolle und Pfeffer) waren aber die Grundlagen venezianischen Reichtums. Als dann auch noch Brügge und Antwerpen, Southampton und London die Lagunenstadt als Hauptumschlagplatz für Gewürze ersetzten, verschwand das schwarze Gold aus den Speichern Venedigs.

Und auch das weiße Gold landete immer häufiger in den Bäuchen der Großschiffe Spaniens, Englands und Hollands, die auch in den ureigenen Gewässern der Venezianer zur führenden Seemacht aufgestiegen waren. Weil die Republik ihre Seeleute nur nach Arbeitszeit bezahlte, legten die venezianischen Schiffe nachts in Häfen an, während besonders die pro Fahrt entlohnten Briten bei Wind und Wetter durchsegelten und doppelt so schnell ihre Ziele erreichten. Selbst venezianische Händler mieteten britische Schiffe samt Besatzungen an, und schließlich pumpte sich sogar die Regierung Kriegsschiffe bei den neuen Seemächten. »Venedigs Stellung als führende Mittelmeermacht«, schreibt der englische Autor Philip Longworth, »war zerbrochen.«

Die Deutschen kehrten zum alten Hochmut zurück
Die zweite Belagerung Wiens

Der Krieg gegen Kreta hatte Ahmed Köprili mitgenommen. Auf der Rückkehr machte er zwei Wochen auf der Insel Chios Urlaub. Erstmals im Leben gab er sich dem Alkohol hin, und seine Pagen wetteiferten, wer dem Herrn schneller den hochprozentigen Methymner kühlen konnte. Vom Alkohol zerstört, starb der zweite Köprili am 30. Oktober 1676 in seinem 41. Lebensjahr. Er hatte das Reich 15 Jahre lang regiert, neun Monate länger als der legendäre Großwesir Sokolli und länger als irgendein Regierungschef des Osmanischen Reichs nach ihm. Der Sultan vermachte aus Dankbarkeit für die Verdienste des kinderlosen Großwesirs dessen gesamtes Vermögen den Geschwistern Köprilis, ein einmaliger Akt in einem Staat, der sich zunehmend aus den konfiszierten Vermögen hingerichteter oder verstorbener Großwürdenträger finanzierte.

Bruder Mustafa Köprili hatte das Reichssiegel des Verstorbenen dem Sultan überbracht. Doch zum Erstaunen der Europäer wurde nicht er zum neuen Regierungschef ernannt, sondern Ahmeds Stellvertreter Kara Mustafa. Auch der neue Großwesir war praktisch einer derer von Köprili. Mohammed Köprili hatte ihn als Waisen aufgenommen und mit seinen eigenen Kindern großgezogen. Vater Köprili nahm Kara in den Hofdienst auf, Sohn Ahmed ernannte ihn zum Kapudan Pascha, zum Großadmiral der osmanischen Flotte.

Kara Mustafa ging als einer der prachtliebendsten (und geldgierigsten) Großwesire in die Geschichte ein. Allein die Zahl seiner Beischläferinnen schätzten die osmanischen Chronisten auf mehr als 1500, die Anzahl der Wächter seines Harems auf 700 schwarze Eunuchen – beides sicher übertrieben, doch war kein Zweifel an der Großmannssucht des Großwesirs, der immer wieder Wege fand, Geld für sein Luxusleben zu erpressen. Kam ihm jemand auf die Schliche, ließ er ihn hinrichten.

Nach seiner Ernennung führte Kara Krieg gegen die Kosaken am Dnjepr und siegte. Sein nächstes Ziel war das österreichische Ungarn, das eine seiner schlimmsten Epochen hinter sich hatte. Denn die Habsburger hatten mit allen Mitteln versucht, ihre Herrschaft in ihrem Teil Ungarns zu festigen. Dazu diente ihnen insbesondere die katholische Gegenreformation. Ihre Sturmtrupps, die Jesuiten, bekehrten gnadenlos, und auf die Standhaften warteten Kerker und Galeerenknechtschaft, auch wenn es sich um renommierte Gelehrte handelte. Wer konnte, floh zumeist nach Siebenbürgen. »Die Unbarmherzigkeit der Verfolgung«, schreibt der österreichische Historiker Redlich, »erzeugte den bittersten Haß.«

Die protestantischen Ungarn schlossen sich zu kleinen Kampfverbänden zusammen, die sie »Kuruzzen« nannten – nach einer Kreuzzugsbewegung aus den ungarischen Bauernkriegen. Sie führten einen Guerillakampf gegen die österreichischen Unterdrücker, der manchmal die Ausmaße eines regelrechten Kriegs annahm. Zu ihrem Anführer machten sie Graf Emerich (Imre) von Thököly, dessen Vater selbst Opfer der Habsburger geworden war. Der junge Thököly hatte sich nach Siebenbürgen geflüchtet und startete von dort aus seine Angriffe auf die Kaiserlichen. Ihm schlossen sich auch siebenbürgische Truppen an sowie Krieger aus der Walachei und Moldau.

Mehr noch als Ungarn beschäftigte Frankreich die Österreicher. Denn unter dem Sonnenkönig hatte die Nation expandiert wie nie zuvor. Ludwig XIV. hatte den Absolutismus, die Machtkonzentration in einer übergeordneten Autorität (»Der Staat bin ich«) verkörpert wie kein anderer und mit seinem Zentralismus den modernen Staat vorbereitet. Er hatte seine Armee gründlich reformiert und verfügte schließlich über ein stehendes Heer mit mehr als 400 000 Soldaten – eine Streitmacht ohne Konkurrenz im damaligen Europa.

Die Franzosen eroberten Belgien und einen Teil der Niederlande, sie rückten in Spanien ein, in Lothringen und ins Elsaß. Sie eroberten Breisach und besetzten Luxemburg. Erst jetzt organisierten die Europäer den Widerstand gegen sie und die Franzosen steckten zurück. Sie hätten gehört, gaben sie vor, daß der Sultan eine Offensive gegen das Reich vorbereite. Deshalb wolle der König die Schwierigkeiten der christlichen Fürsten nicht noch vergrößern.

In Wahrheit hatten sie von den osmanischen Plänen nicht gehört, sondern in Konstantinopel den Krieg gegen Österreich aktiv betrieben. Und auch Thököly ermunterte seine türkischen Freunde, in Ungarn einzumarschieren. Ihn hatte der Pascha von Ofen im Namen seines Sultans zum »König von Oberungarn« ernannt und ihm jede Unterstützung versprochen. Weil die Osmanen Thökölys Macht völlig überschätzten, entschlossen sie sich zu einem großen Krieg gegen die Österreicher. Der Großwesir soll darauf spekuliert haben, nach einem Sieg in Wien als Vizekönig Österreichs einzuziehen.

Am 15. März 1683 fand in Adrianopel, wohin sich der Sultan begeben hatte, die wohl größte Heerschau der damaligen Zeit statt, vielleicht die größte in der osmanischen Geschichte. Doch die gigantische Parade konnte nicht darüber hinwegtäuschen, daß Bewaffnung und Ausbildung der osmanischen Truppen hoffnungslos veraltet waren.

Schon bei Mogersdorf hatten die Europäer durch ihr gebündeltes Gewehrfeuer die Osmanen in die Flucht geschlagen. Inzwischen besaßen die meisten westlichen Truppen einheitliche Flinten und waren so gut gedrillt, daß sie auf Befehl Bleisalven abfeuerten, wie die Osmanen einst ihre verheerenden Pfeilwolken verschossen. Und auch im Kampf Mann gegen Mann waren die Europäer inzwischen den noch immer mit Säbeln kämpfenden Osmanen überlegen – erst durch die Verwendung von Piken, sodann durch den Gebrauch von Bajonetten, womit die westlichen Schützen im Nu zu gefährlichen Nahkämpfern wurden. Die berittenen Dragoner wußten abgesessen geschickt das Gewehr zu nutzen – eine äußerst schnelle Truppe, die unerwartet von allen Seiten angreifen konnte. Auch die Logistik hatten die Europäer entscheidend verbessert. Während die Spahis nach wie vor für ihre Verpflegung selbst sorgen mußten, hatten die Europäer Magazine an den voraussichtlichen Kampfstätten anzulegen gelernt, aus denen sich die Truppe versorgen konnte.

Als Kara Mustafa im Frühjahr 1683 von Belgrad aus mit einer Armee von 100 000 Mann gen Westen marschierte, zogen sich die Österreicher aus den ungarischen Landen zurück, weil sie noch nicht verteidigungsbereit waren. Daraufhin stellten sich auch die habsburgtreuen Magyaren auf die Seite Thökölys. Nach eineinhalb Jahrhunderten rückte wieder eine gewaltige osmanische Streitmacht auf Wien vor.

Die österreichische Landbevölkerung floh in ihre Hauptstadt, die ihrerseits nicht nur von allen einigermaßen betuchten Bürgern verlassen worden war, sondern auch von den Adligen, nachdem sich der König (»sich das Gesicht zerkratzend und die Haare raufend«, wie der Zeremonienmeister des Großwesirs zu wissen glaubte) mit seinem Gefolge erst ins sichere Linz und dann nach Passau geflüchtet hatte. An einem halben Tag sollen 60 000 Wiener ihre Stadt verlassen haben. »Es fehlte zuletzt an Fuhrwerken jeder Art«, schreibt der Autor Hans Miksch, der die Belagerung gründlich studiert hat, »obgleich fabelhafte Preise für die Beförderung angeboten wurden.« Schließlich mußten sich die Reichen den Weg von ihren Truppen gegen die eigenen Landsleute freikämpfen lassen.

Unter der Ägide des Papstes Innozenz XI., der bedeutende Subsidien bereitstellte, hatten der Habsburger Kaiser Leopold I. und Polens König Johann Sobiesky ein Bündnis geschlossen, und auch die Reichsstände hatten größere Kontingente zugesagt. Aber die Verbündeten waren noch dabei, ihre Truppen auszuheben und zu bewaffnen, als die Osmanen ihren Ring um Wien zuzogen. Erst am 11. August, vier Wochen nach dem Beginn der Belagerung Wiens, machte sich das sächsische Hilfskorps in Dresden auf den Weg, weitere vier Tage später verließen die polnischen Truppen ihre Hauptstadt Krakau in Richtung Wien.

Es war ein ziemlich zusammengewürfelter Haufen, der sich zur Verteidigung der österreichischen Metropole anschickte. Nur wenige tausend Berufssoldaten und Milizen standen bereit, ansonsten gab es nur die Bürgerwehr der Stadtviertel und die Berufsstände. Die Kaufleute stellten eine Kompanie, die ein Geldwechsler kommandierte, die Studiosi (Miksch: »rauflustig, leichtsinnig, undiszipliniert«) führte seine Magnifizenz Lorenz Grüner persönlich an, während einer der Doktores die Regimentsfahne trug, und auch die Hofbediensteten machten sich für den außergewöhnlichen Dienst bereit.

Zu allem Überfluß hatte der Hof in der Eile den gesamten Staatsschatz mitgenommen, eine höchst gefährliche Situation, denn die besten Soldaten waren Söldner, die keinen Spaß verstanden, wenn die Kasse nicht stimmte. So griffen die Stadtväter kurzerhand zum nach Wien gebrachten Kirchenschatz des ungarischen Erzbistums Gran (heute: Esztergom), um die Landser zu bezahlen. Die Lebensmittel waren unfreiwillig durch große Mengen Vieh aufgestockt worden, das die fliehende Landbevölkerung in die Stadt getrieben hatte.

Für den 13. Juli 1683 hatte der österreichische Stadtkommandant Ernst Rüdiger Graf von Starhemberg die Evakuierung der Vorstädte angeordnet, als plötzlich Großwesir Kara Mustafa mit etwa 10 000 Reitern vor der Stadt erschien. »Straßen und Wege waren im Handumdrehen verstopft«, schreibt Miksch, »die Toreinfahrten blockiert, das Chaos brach aus.« Statt das Chaos zu nutzen und die Stadt sofort zu stürmen, erlaubte Kara seinen Reitern nur die Verwüstung der Vorstädte, nicht aber den Sturm auf die Stadt. »Es war eine Stunde«, schreibt Miksch, »in der sich das Geschick von Welten entschied. Die Inbesitznahme eines Tores durch seine Gardereiter wäre durch die verwirrte, mutlose, führerlose Torwache überhaupt nicht zu verhindern gewesen.« Weil vor dem freien Tor das frühere Holzlager des Hofes Feuer gefangen hatte und lichterloh brannte, war der Stadtkommandant zum Feuerplatz geeilt, um die Löscharbeiten zu beaufsichtigen, denn in unmittelbarer Nähe befand sich ein Pulvermagazin. Wien lag nicht nur offen, es war für Stunden auch führerlos.

Doch die osmanischen Reiter begnügten sich damit, etwa 800 Vorstädter zu erschlagen und mit 150 an ihre Pferde gebundenen Köpfen und 50 Gefangenen zum Großwesir zurückzukehren, der sie ob ihres Erfolgs belobigte. Die Wiener waren fast gerettet, denn nun konnten sie ihre Tore schließen – und was für Tore: In der Zeit seit dem letzten friedlichen Besuch einer osmanischen Delegation hatten die Österreicher ihre Metropole zur »modernsten, stärksten und vermutlich bestausgestatteten Verteidigungsanlage des Abendlandes« (so Miksch) ausgebaut. Der Großwesir hatte sich auf das alte Wien eingerichtet, das einst sein Gesandter so genau vermessen hatte. Für die neue Festung jedoch reichten die mitgeschleppten Geschütze keineswegs aus. Und auch die Minengräber des osmanischen Heers versagten, weil sie ihre Tunnel außerhalb der Reichweite der gewaltigen Wiener Festungsgeschütze beginnen mußten und gar nicht bis zur Mauer vorstießen. Als der Großwesir am 26. Juli einen Pfeil mit der Aufforderung zur Übergabe in die Stadt schießen ließ, antworteten ihm die Wiener mit einem ausgelassenen Ständchen.

Erst am 7. August, folglich mehr als drei Wochen nach Belagerungsbeginn, schaffte es der erste Janitschar, bis zum Fuß der eigentlichen Mauer vorzudringen, wo er ausrief: »Allah sei gepriesen, nun haben wir die Festung erreicht« – und auf der Stelle erschossen wurde. Der Großwesir wartete die ganze Nacht, berichtete sein Zeremonienmeister, und »spähte voll Ungeduld nach der Ankunft der Boten mit der frohen Kunde der Eroberung aus«. Er spähte vergebens.

Mehr noch als unter fehlenden Kanonen litten die Osmanen unter der schlechten Logistik. Jetzt rächte sich die Strategie einer tatarischen Reiterei, die sich nur vom Raub ernährte. Denn die Vasallen von der Krim hatten das Umland verwüstet. Nun gab es für die Armee des Sultans kaum noch Lebensmittel. Ein Maß (knapp ein Kilo) Gerste kostete im August mehr als das Doppelte des Tagesgehalts eines osmanischen Generals. Um Heu für die Pferde zu besorgen, waren die osmanischen Proviantbeschaffer eine Woche unterwegs. Und über all das waren die Österreicher bestens informiert, denn ihr von den Osmanen mitgeschleppter Gesandter Georg Christoph von Kunitz fand immer wieder Mittel, seine Landsleute über die Situation im türkischen Lager zu informieren.

Ganz anders lagen die Dinge bei den Belagerten. Ihnen hatten armenische Händler des Sultans sogar Mehl aus den Beständen der osmanischen Armee verkauft und waren dafür mit 300 Stockhieben bestraft worden. Aber es kamen weiterhin Lebensmitteltransporte aus der ferneren Umgebung in die Hauptstadt, weil der Belagerungsring löchrig war. Bauern der Umgebung trieben ganze Rinderherden in die Stadt, auch wenn einige Erwischte dafür Prügel einstecken mußten.

Daß die Europäer nicht nur besser schossen, sondern auch besser geschützt waren, erfuhren die Türken durch einen christlichen Gefangenen. Der wurde in vollem Harnisch vor den Großwesir geführt und brüstete sich damit, daß keine Kugel seinen Panzer durchschlagen könne. Den Beweis trat er sofort an. »Dreimal schoß man Flinten auf ihn ab«, berichtete Karas Zeremonienmeister im Tagebuch, »die Kugeln trafen den Panzer, ohne ihn jedoch durchschlagen zu können. Schließlich hieben sie ihn nieder, zogen ihm den Harnisch herunter und schlugen ihm den Kopf ab.«

Am 10. August vermeldete der Zeremonienmeister in seinem Tagebuch erstmals, daß der erfahrenste Wesir, Hüseyin Abaza Sari Pascha, sich darüber beschwert habe, daß Munition und Kriegszeug »nicht einmal dem üblichen Bedarf« entspräche – angesichts der Tatsache, daß osmanische Chronisten stets nur Positives berichten, fast das Eingeständnis einer Niederlage. Sodann beschwerte sich der Chronist über vier türkische Soldaten, die volltrunken von einem Ausflug nach Wien zurückgekehrt waren. Doch auch die Verteidiger kamen in Bedrängnis, denn die Hälfte der Soldaten und jeder dritte bewaffnete Bürger waren ums Leben gekommen, weniger durch das Kanonenfeuer der Osmanen, als vielmehr durch eine Ruhrepidemie.

Kriegsentscheidend waren schließlich die heranrückenden Hilfstruppen: 11 300 Bayern unter dem Kurfürsten Max Emanuel, 11 400 Sachsen unter ihrem Kurfürsten Johann Georg, 8000 Franken unter der Leitung von Georg Friedrich Fürst von Waldeck, besonders aber die polnische Reiterei unter ihrem König Johann Sobiesky – zusammen mit dem österreichischen Heer insgesamt 70 000 Mann. Sie sammelten sich nahe der Donaustadt Tulln und zogen am 9. September gen Wien.

Dem Großwesir unterliefen Fehler auf Fehler. Zum einen schätzte er die anrückenden Truppen gering ein (»drei- oder viertausend Polen und fünf- oder zehntausend Deutsche, was ist das schon«), dann überwarf er sich mit seinen Verbündeten. Als die Deutschen sich am Donauufer sammelten, sollte der Tataren-Khan Muradgirai (»diese Memme«, so Karas Zeremonienmeister über ihn) sie angreifen, blieb aber am anderen Ufer untätig und zog wieder ab. »Wie oft habe ich ihm mitgeteilt«, verriet er seinem Imam, der ihn zum Handeln aufforderte, »er solle die Truppen aus den Gräben ziehen und wir würden uns der Feldschlacht stellen. Aber er hat mir immer wieder Schmähbriefe geschickt und darin sogar geschrieben, daß wir stinkendes Pferdefleisch äßen. Ich bin mir bewußt, daß das jetzt ein Verrat an unserem Glauben ist, aber jetzt sollen die Türken nur sehen, was ihr Feldherr wert ist und was es heißt, ohne die Tataren kämpfen zu müssen.«

Wenngleich der Tatarenführer die Kampfkraft seiner Truppen überschätzte, hatte er mit seiner Beurteilung recht. Die osmanischen Truppen hatten sich ganz auf die Belagerung eingerichtet und keinerlei Vorbereitungen zum offenen Kampf getroffen, obgleich sie schon seit Wochen sehen konnten, daß der Feste Wien mit ihren Mitteln nicht beizukommen war. Sie schaufelten sich zentimeterweise in unterirdischen Gängen an die Mauern heran, obgleich die Belagerer immer genauer mit Gegenminen die Wühlmäuse vertrieben. Als die christliche Streitmacht schon nahe der Hauptstadt war, buddelten sich die besten Truppen immer noch sinnlos unter die Stadt.

Am 10. September erreichten die Verbündeten den Norden Wiens. Der österreichische Oberst Heißler erklomm mit 300 Mann den Kahlenberg (den heutigen Leopoldsberg) und gab der Stadt das Feuerzeichen der Ankunft. Am nächsten Tag erstieg die gesamte Armee die Höhen des Wienerwalds, die Kara Mustafa gegen den Rat seiner Generäle nicht verbarrikadiert hatte. Erst jetzt brachte der Großwesir seine Truppen in Stellung. Aber immer noch hatte er die Wucht des bevorstehenden Angriffs nicht richtig eingeschätzt, obgleich die von tatarischen Reitern angeschleppten Gefangenen keinen Zweifel an der Truppenstärke der Christen gelassen hatten.

Und nun erlebten die Osmanen erstmals seit langer Zeit, was zuvor für die christlichen Verteidiger der Festungen und Palanken galt: Allein der Anblick des Feindes versetzte sie in Angst und Schrecken. »Die Giauren tauchten an den Hängen auf wie die Gewitterwolken, starrend vor dunkelblauem Erz«, notierte Karas Zeremonienmeister, »es war, als wälze sich eine Flut von schwarzem Pech bergab, die alles, was sich ihr entgegenstellt, erdrückt und verbrennt.«

Es kam gar nicht zu einer richtigen Schlacht. Schon nach den ersten Gefechten flohen viele Osmanen in die Lager, um ihre Bagage zu packen, aber die Christen setzten sofort nach und hinderten sie daran. »Sie stürmten wie wildgewordene Schweine auf die Unseren los«, notierte der osmanische Chronist entsetzt, »da erkannten die Muslime, daß alles verloren war. So zogen sie ab, nur ihr nacktes Leben rettend und blutige Tränen vergießend.« Dieser 12. September 1683 war eine Zäsur in der Geschichte Europas, obgleich es blutigere Schlachten gegeben hatte: Die Osmanen hatten vielleicht 10 000 Mann verloren, die Europäer nicht einmal 2000.

In seltener Eintracht waren sich die Zeitzeugen einig darüber, daß das osmanische Heer vernichtet worden wäre, hätten die Christen energisch nachgesetzt. »Es war eine Katastrophe«, schrieb der osmanische Zeremonienmeister, »wie sie das Reich seit seinem Bestande noch niemals erlitten hat.« Und auch Alexander Maurokordator, der offizielle Dolmetscher der Pforte, stimmte ihm zu: »Die Türken flohen in völliger Panik. Wenn nur 5000 bis 6000 Mann sie verfolgt hätten, wären viele von ihnen im Fluß ertrunken.« Karas Chronist konnte kaum fassen, daß die Christen das fliehende Heer nicht verfolgten, »sonst wäre es um uns schlimm bestellt gewesen.«

Großwesir Kara Mustafa hatte alles auf eine Karte gesetzt. Wäre sein Heer zerstört worden, hätten die Christen möglicherweise bis zu den Meerengen vorstoßen und die Osmanen aus Europa vertreiben können. Das morgenländische Großreich, das die Geschicke des Balkan bestimmte, lag am Boden, und das slawische, das seine Geschicke in den nächsten Jahrhunderten entscheidend mitbestimmen sollte – Rußland –, war noch fern und noch schwach. In Wien wurde denn auch bald diskutiert, »die Conquesten bis Constantinopel zu poussieren«, wie der Wiener Osmanen-Spezialist Richard F. Kreutel schreibt.

Doch genau diese Aussicht hielt die europäischen Verbündeten der Wiener davon ab, den Österreichern zu helfen. Denn fast ausschließlich die Habsburger hätten von dem Vorstoß profitiert. Nur die Polen waren an einer zügigen Verfolgung interessiert, denn sie wollten Podolien zurückerobern. Die übrigen Verbündeten zog es in die Heimat zurück. Und der österreichische Kaiser tat alles, ihnen den Entschluß zu erleichtern. Am 14. September erschien der geflohene Herrscher mit einem Schiff in Wien. Die Verteidiger standen artig Spalier, aber Leopold beachtete sie kaum. Das mochte noch hingehen, denn die Untertanen waren an seine Arroganz gewöhnt. Nicht aber die Feldherrn, denen die Habsburger den Sieg zu verdanken hatten. Sachsens Kurfürst Johann Georg war über den Empfang so entsetzt, daß er grußlos in seine Heimat zurückkehrte. Und auch der Feldmarschall Fürst von Waldeck, der schon in Mogersdorf die Türken geschlagen hatte, zog ohne ein Wort wieder ab.

Dem polnischen König Johann Sobiesky ritt der Kaiser entgegen und bedankte sich für die Hilfe. Als der ihm sodann seinen Sohn vorstellte, »griff der Kaiser nicht einmal an den Hut«, so Sobiesky: »Ich war darüber wie vom Blitz erschlagen. Die Deutschen scheinen zu bedauern, daß wir dem Kaiser beigestanden haben. Sie sind zu ihrem alten Hochmut zurückgekehrt«. Sicher, seine Soldaten hatten, zusammen mit Bayern und anderen Hilfsvölkern, gesoffen, was das Zeug hielt, und handelten sich ein Stadtverbot ein. Doch das waren in erster Linie die etwa 10 000 Fußsoldaten, deren Undiszipliniertheit die Verbündeten sehr gestört hatte. Der polnische König verfügte jedoch auch über 14 000 hochkarätige Reiter, die jederzeit für weitere Siege über die Türken gut waren.

Erst am 18. September nahmen Österreicher und Polen die Verfolgung der Osmanen auf, die sich inzwischen in Sicherheit gebracht hatten. Die Niederlage ihrer Herren vor Wien hatte die Ungarn zutiefst verunsichert. Mehrere Magnaten schlugen sich sogleich auf die Seite der Österreicher und brachten die ihnen zugeteilten osmanischen Truppen um. Feldherr Thököly, noch vor wenigen Wochen die Hoffnung vieler Ungarn, hielt sich den Osmanen gegenüber nun sehr zurück und wurde von ihnen später in Ketten geschlagen nach Konstantinopel abgeführt.

Der unterlegene Großwesir hatte, um von seiner Niederlage abzulenken, innerhalb einer Woche mehr als 50 verdiente Feldherrn hinrichten lassen, doch der Hof in Konstantinopel fiel nicht auf die Finten herein. Als Kara Mustafa nach Belgrad kam, erschienen am 25. Dezember 1683 der Oberstkämmerer des Sultans, Ahmed Agha, und der Pfortenmarschall Mehmed Agha und verlangten von ihm die Insignien der Macht. »Ist mir der Tod bestimmt?« fragte Kara und der Oberstkämmerer antwortete: »Gewiß, es muß sein.« Nach einem Gebet ließ Kara Mustafa den Teppich wegräumen (»Ich will, daß mein Leichnam mit Staub besudelt sei.«), hielt seinen Vollbart hoch und bat die Henker: »Legt mir die Schlinge auch richtig an.« Dann starb der Verlierer von

Wien. Seine Kopfhaut wurde abgetrennt und ausgestopft dem Sultan vorgelegt, als Beweis, daß der großherrliche Befehl ausgeführt worden war. Doch die Trophäe sollte noch Karriere machen. Österreichische Truppen erbeuteten sie in einem späteren Feldzug, und so zierte sie lange Jahre das Wiener Historische Museum, wo sie in einem Glaskasten Touristen das Gruseln lehrte.

Tiefste Referenzen vor dem Kaiser
Der »Große Türkenkrieg«

Nach der türkischen Niederlage vor Wien änderte die Hofburg, der Wiener Regierungssitz, seine Balkanpolitik grundlegend. »Von der Reaktion zur Aktion« wurde zum Slogan der kommenden Jahrzehnte: Stück für Stück wollten die Habsburger sich in den Balkan fressen, wenn es denn die anderen Europäer – und auch die Osmanen – zuließen. Nachdem das Gespenst eines türkischen Europas verflogen war, tat sich das eines habsburgischen Balkans auf. »Unersättliche Vergrößerungssucht«, nannte Friedrich der Große Österreichs Expansionskurs.

Auch der Papst schmiedete erneut Pläne für einen Kreuzzug wider die Moslems und hatte Erfolg: Seit mehr als einem Jahrhundert entstand wieder eine Heilige Liga, der die katholischen Länder Österreich, Polen und Venedig beitraten. Der russische Zar blieb ihr nominell zwar fern, sagte aber Angriffe auf die Krim zu, deren tatarische Herrschaft er beenden wollte. Auch mehrere deutsche Staaten versprachen Hilfstruppen.

Nachdem er in der Vergangenheit stets nur Ziel türkischer Aggressionen war, erklärte der venezianische Bailo in Konstantinopel am 15. Juli 1684 erstmals dem Osmanischen Reich den Krieg. Dann ließ er sich Bart und Haare scheren und entfloh unerkannt mit einem Schiff. Während die Polen und Russen anfangs Rückschläge hinnehmen mußten, waren Österreicher und Venezianer erfolgreich.

Der Herzog von Lothringen eroberte als Generalleutnant, wie die Habsburger ihren Oberkommandierenden nannten, 1686 die Hauptstadt des osmanischen Ungarns, Buda, das der Sultan 145 Jahre lang beherrscht hatte. Dann besetzten die Österreicher erst ganz Ungarn, worauf der Kaiser sofort seinen Sohn, den Erzherzog Joseph, zum erblichen König von Ungarn krönen ließ, nahmen sodann Siebenbürgen und 1688 schließlich auch Belgrad ein, das Tor zum Balkan.

Die Venezianer, unterstützt von deutschen Truppen, griffen derweil an der dalmatinischen Küste und in Griechenland an und nahmen die einstige Griechenmetropole Athen ein, die damals freilich nichts anderes mehr war als eine Ansammlung armseliger Häuser um die Akropolis herum. Am 26. September 1687 schoß ein Artillerie-Leutnant aus Lüneburg eine Granate in die Akropolis, in der sich die letzten türkischen Truppen verschanzt hatten, und traf das als Pulvermagazin benutzte Parthenon. So bombten die Deutschen im Dienste der Kunstmetropole Venedig das bis dahin völlig unversehrte größte Denkmal altgriechischer Kunst zur Ruine. Den Rest gaben ihr beutegierige venezianische Kommandeure, die die Pferde und Wagen der Athene so ungeschickt vom Westgiebel herunterholten, daß sie zerbrachen. Der Sieg war ein Sieg für nichts und wieder nichts, denn schon ein halbes Jahr später räumten die Venezianer das von der Pest heimgesuchte Athen, weil sie es angeblich nicht halten konnten.

Im Osmanischen Reich hatten die Niederlagen eine schwere Krise ausgelöst. Weil die Äcker nicht mehr bestellt werden konnten, denn die Heerführer hatten jeden verfügbaren Bauern ausgehoben, waren die Brotpreise horrend angestiegen. »Tausende mußten Gras, Eicheln und Baumrinde essen«, schreibt der amerikanische Historiker Stanford Shaw in seinem Standardwerk über die Osmanen. Als Verantwortlichen für die Niederlage machten die Osmanen ihren Herrscher Mehmed aus, weil er sich nur noch seiner Jagd widmete.

Der alte Sultan wanderte in den goldenen Käfig (wo er fünf Jahr später starb) und sein zweimal durch die Mutter geretteter Bruder wurde 1687 als Suleiman II. inthronisiert. Wie inzwischen bei Sultanwechseln üblich, kam es am 24. Februar 1688 zu einem Aufstand der Janitscharen und Spahis der Pforte, die erstmals nicht nur den äußeren Serail stürmen wollten, sondern auch den Harem. Als sich ihnen der Großwesir Siawusch in den Weg stellte, brachten sie ihn um.

Sodann luden sie Christen und Juden zur Plünderung ein und zerstörten den kaiserlichen Palast. Sie rissen die Fenster- und Türbeschläge ab und holten das Blei von den Dächern. Lastenträger schleppten nicht nur das Beutegut durch die Stadt, sondern auch die geraubten Sklavinnen. Ihnen entgegen stellten sich die Ulema, die das moslemische Stadtvolk hinter sich brachten und nach fünf Monaten die Aufrührer besiegten.

Der neue Sultan ernannte nach einigen kurzlebigen anderen Kandidaten am 7. November 1689 Mustafa Köprili, den 13 Jahre zuvor verschmähten Bruder Ahmed Köprilis, zum Großwesir. Der damals 52jährige Köprili, den die osmanischen Chronisten »den Tugendhaften« nennen, war mehr an Wissenschaften als am Krieg interessiert. Trotzdem sollte er ein ordentlicher Feldherr werden, und ein bescheidener, der stets zu Fuß ging und abends auch nach einer Schlacht noch las. In seiner Eröffnungsrede schreckte der gestrenge Moslem seine Mitstreiter, denn er prophezeite den Zusammenbruch des Reiches und schloß selbst den Verlust Konstantinopels nicht mehr aus.

Sofort machte sich der neue Regierungschef nach Art der Köprili ans Reformieren. Vor allem brachte er die Staatsfinanzen in Ordnung. Er übergab sein eigenes Silber dem Staatsschatz und begnügte sich mit verzinntem Kupfergeschirr. Dadurch zwang er auch den Sultan, das großherrliche Edelmetall für die Rettung des Reichs zur Verfügung zu stellen. Dann besteuerte er erstmals die Einkünfte der Großverdiener und sparte sein eigenes Salär nicht aus. Auch durften künftig dem Sultan keine Geschenke mehr gemacht werden, womit die Würdenträger ihrerseits keinen Grund mehr vorschieben konnten, sich bestechen zu lassen.

Wichtiger noch war eine Reorganisation der Armee. Köprili strich 30 000 nicht wehrfähige Janitscharen von den Lohnrollen und ließ die schon pensionierten Janitscharen als Ausbilder wieder einrücken. Weil sich kaum noch Osmanen zum Kriegsdienst meldeten, mußte die Regierung zunehmend Söldner einstellen. Schon vor Wien kämpften etwa 15 000 bis 20 000 von ihnen, zumeist Bosnier oder Albaner. Köprili reformierte auch die Lehnstruppen, feuerte alle Nichtmilitärs und schob erneut Spahis die freien Pfründe zu.

Vor allem aber verbesserte er das Los der Balkanchristen, die die größten Opfer in den Kriegen gegen den Westen gebracht und deshalb mehrfach Aufstände angezettelt und den ebenfalls orthodoxen russischen Zaren zu Hilfe gerufen hatten. Der Großwesir schaffte zahlreiche Sondersteuern ab und regelte die Kopfsteuer für Christen neu. Sie wurde fortan nach Maßgabe der Einkommen erhoben und damit gerechter verteilt. Zum Gouverneur des Peloponnes ernannte er erstmals einen Christen, Liberius Geratschari, der zuvor sieben Jahre lang Galeerensklave gewesen war.

Nachdem er sein Land gestärkt hatte, führte Mustafa Köprili 1691 seine Truppen gegen die Europäer. Er hatte Emerich Thököly wieder als Fürst Siebenbürgens eingesetzt, und der Ungar revanchierte sich mit einem Sieg über ein kaiserliches Truppenkorps, mußte aber in die Walachei ausweichen, als die österreichische Hauptmacht anrückte. Immerhin hielt er damit dem Großwesir Köprili den Rücken frei, und der eroberte Belgrad zurück. Dabei half ihm eine Großexplosion, bei dem drei Pulvermagazine gleichzeitig in die Luft flogen und mehrere Regimente der Kaiserlichen unter ihren Trümmern begruben. Den zurückflutenden Österreichern schlossen sich Serben an, nachdem schon im Sommer 39 000 serbische Familien, darunter viele wehrhafte Männer, nach Südungarn in die Vojvodina zwischen Donau und Theiß gezogen waren. Die Wiener erörterten schon wieder Verteidigungsvorbereitungen, doch die fortgeschrittene Jahreszeit hinderte Köprili am Weitermarsch.

In Konstantinopel hatte 1691 nach Suleimans Tod, der an Wassersucht gestorben war, sein Bruder Achmed II. den Thron bestiegen. Doch nicht seine Wahl sollte das Schicksal des Reichs entscheiden, sondern der Tod des Großwesirs. Mustafa Köprili fiel am 19. August 1691 in einer Schlacht auf dem Blachfeld in der Ebene von Slankamen (dem heutigen Szalankemen rund 40 Kilometer nordwestlich von Belgrad), die die Österreicher für sich entschieden hatten. Der Schwung nach der Wahl des charismatischen Großwesirs war dahin, die Truppen hatten große Verluste erlitten und fluteten nach Belgrad zurück. Doch auch die Kaiserlichen hatten ein Viertel ihrer Soldaten verloren. Die Österreicher konnten aus der Niederlage der Osmanen und dem Tod des

Großwesirs schon deshalb kein Kapital schlagen, weil das Habsburgerreich auch im Westen Krieg führen mußte.

Gleich nach der Eroberung Belgrads durch die Österreicher war Ludwig XIV. ins Deutsche Reich eingefallen. Doch daraufhin schlossen sich alle deutschen Staaten zu einem Bündnis gegen die Franzosen zusammen, und auch Niederländer und Engländer waren mit von der Partie. Die »Große Allianz« erklärte Frankreich den Krieg. Schließlich mußten die Franzosen Barcelona und Lothringen wieder herausgeben, behielten aber das Elsaß und brachten Savoyen unter ihre Vorherrschaft.

Nach dem Friedensschluß mit Ludwig XIV. taten die Habsburger einen Glücksgriff und ernannten als Oberbefehlshaber den erst vierundzwanzigjährigen Prinz Eugen von Savoyen, den der Sonnenkönig nicht zur militärischen Laufbahn zugelassen hatte. Der gedemütigte Prinz kam in österreichische Dienste und sollte sich als einer der fähigsten Generäle in der gesamten Geschichte des Reichs entpuppen. »Ich weiß keinen«, hatte ihn der Hofkriegsratspräsident und Wien-Verteidiger Ernst Rüdiger Graf von Starhemberg seinem Kaiser empfohlen, »der mehr Verstand, Experienz, Applikation und Eifer zu Euer kais. Majestät hätte, als der Prinz von Savoyen.«

Die Osmanen hatten nach dem Tod Mustafa Köprilis noch keineswegs aufgesteckt. »Ich habe mir vorgenommen«, hatte der inzwischen inthronisierte Sultan Mustafa II. in seiner Eröffnungsrede geschworen, »an den Ungläubigen Rache zu nehmen und in eigener Person in den Heiligen Krieg zu ziehen«. Bei Zenta an der Theiß (dem heutigen Senta etwa 150 Kilometer nördlich von Belgrad) kam es am 11. September 1697 zur Entscheidungsschlacht. Eugen griff die Osmanen an, obgleich es schon dämmerte. Denn sie waren gerade dabei, den Fluß zu überqueren, ein Manöver, das die Osmanen noch nie beherrscht hatten. Prinz Eugen hatte die mißglückte Überquerung am St. Gotthard genau studiert und überraschte die noch im Brückenkopf befindlichen Truppen. Die Osmanen versuchten, das andere Ufer zu erreichen, doch die Brücke brach zusammen. Daraufhin trieb der Prinz die türkischen Soldaten in die Theiß, und viele von ihnen ertranken.

Die Osmanen mußten eine ihrer größten Niederlagen hinnehmen. Mit dem Großwesir Elmas Mohammad und fünf

Wesiren fielen mehr als 1000 Offiziere und 30000 Soldaten, deren Leichname sich nahe einer Brücke, so der Schlachtbericht »fast wie zu einer Insel auftürmten«. »Diese victoriose Aktion«, schrieb Sieger Eugen, der nicht einmal 1500 Mann verloren hatte, an seinen Kaiser, »hat sogar die Sonnen selbsten von dem Tag nit eh under weichen wollen, bis sie mit ihrem glänzenden Auge den völligen Triumph E. Kais. Majestät glorwürdisten Waffen hat vollständig mit anschauen dürfen.« Nicht nur die gesamte osmanische Artillerie fiel in die Hände der Reichstruppen, sondern auch die vollständige Kriegskasse mit baren drei Millionen Gulden, ferner 60000 Kamele, 500 Janitscharentrommeln, der mit 18 Pferden bespannte Wagen des Sultans, zehn seiner Haremsfrauen sowie – erstmals – das Reichssiegel des Großwesirs, das der stets um den Hals trug. »Selten«, schreibt Historiker Redlich, »ist in so wenig Stunden ein so großer, so vollständiger und entscheidender Sieg erfochten worden.«

Der Anfang vom osmanischen Rückzug aus Europa
Der Frieden von Karlowitz

Zum Neuen Großwesir machte der Sultan erneut einen Köprili, Husein, allgemein Amudschasade (des Oheims Sohn) genannt, denn sein Vater Hasan war ein Bruder des ersten Köprili. Es war insgesamt der vierte Köprili der Großwesirsfamilie. Der neue Regierungschef stellte sofort die erneut eingerissenen Bereicherungen ab. Sodann schloß Husein einen Waffenstillstand mit dem Kaiser ab. Unter der Vermittlung von England und Holland, den österreichischen Verbündeten der Großen Allianz, begannen die Friedensgespräche, doch mußte zuerst ein Konferenzort gefunden werden. Weil keine Partei auf dem Territorium des Gegners verhandeln wollte, die Türken außerdem keinen Ort nördlich der Donau akzeptierten, beschlossen die Kriegsgegner, zwischen den Fronten ein Gebiet von acht Reiterstunden Länge und vier Reiterstunden Breite unweit des gänzlich zerstörten Kastells von Karlowitz (dem heutigen Sremski Karlovci) für neutral zu erklären und dort die Verhandlungen zu führen.

Die Österreicher erbauten eigens ein Konferenzgebäude,

dessen Räume symbolisch ausgerichtet waren: Vom Verhandlungsraum aus befand sich in Richtung Anatolien das osmanische und in Richtung Wien das österreichische Sitzungszimmer, woran sich die der Vermittler aus England und Holland seitlich anschlossen. Genau festgelegt war, wer mit fliegenden, nur erhobenen oder gar nur eingerollten Fahnen empfangen wird. Um weiteren Schwierigkeiten des Protokolls vorzubeugen, wurden alle Bereiche des Konferenzorts als gleichrangig erklärt, damit niemand aus der Entfernung seines Hauptquartiers zum Konferenzgebäude Schlüsse auf eine Rangfolge ziehen könne. Die Russen, die erstmals auf einem Kongreß Friedensgespräche führten, scherten sich wenig darum und vertrieben sogleich die Polen von ihrem Lagerplatz. Und auch die Österreicher brüskierten die Türken, indem sie – eine alte osmanische Sitte karikierend – ihre Vollmachten im Namen »der von Gott durch glänzende Siege gutgeheißenen gerechten Sache« ausfertigten.

In einer feierlichen Schlußsitzung unterzeichneten am 26. Januar 1699 zu einer von den Osmanen aus astronomi-

Die Türkenkriege Österreichs 1663-1739

schen Gründen auf Viertel vor zwölf festgelegten Uhrzeit auf westlicher Seite erst die Österreicher und zum Schluß die Venezianer den Vertrag. Österreich erhielt Siebenbürgen, den größten Teil Kroatiens und Slawoniens sowie Ungarn mit Ausnahme des Banats von Temesvar. Venedig bekam den Peloponnes und den größten Teil der dalmatinischen Küste. Ragusa wurde unter den Schutz sowohl des Osmanischen als auch des Deutschen Reichs gestellt. Bosnien und die Herzegowina hatten keinen Zugang mehr zum Mittelmeer, Polen erhielt Podolien und den Westteil der Ukraine. Insgesamt verloren die Osmanen 400 000 Quadratkilometer Terrain, fast die Hälfte ihrer europäischen Besitzungen – und die wirtschaftlich wertvollsten dazu. Erstmals erhielten die Osmanen weder Tribute noch Ehrengeschenke, was den Orientalen mehr als alle Landverluste das Ende ihrer Herrschaft über Südosteuropa deutlich machte.

In der Nähe der Festung Knin und an der Grenze zwischen den Territorien Österreichs, Venedigs und dem Osmanischen Reich erbauten die Unterzeichner auf der Anhöhe Beliko Birdo eine Pyramide mit zwei angrenzenden Mauern in Richtung der Grenzen. Der Markstein war für lange Zeit die Scheidelinie zwischen Orient und Okzident. Den Frieden von Karlowitz bezeichnete der amerikanische Historiker Stanford Shaw als »die osmanische Wende von der Offensive zur Defensive«. Für seinen französischen Kollegen Robert Mantran war er »der Anfang vom osmanischen Rückzug aus Europa«.

7
Weder viel Ehr zu erwarten noch viel Unehr zu befürchten

Die Zeit der Tulpen und Aufteilungspläne

»Die Nacht der Barbarei lichtet sich allmählich«, schreibt Historiker Hammer-Purgstall, von der Überlegenheit europäischen Wesens noch ganz überzeugt, über den Beginn des 18. Jahrhunderts im Reiche der Sultane, »die starre Eisrinde des Türkenthumes thauet wenigstens nach außen auf.«

Nach dem Frieden von Karlowitz hatten nicht wenige Europäer das Osmanenreich totgesagt, aber Tote leben bekanntlich länger. Die Sultane sollten länger herrschen als die Könige in Frankreich und die Kaiser in Deutschland, länger als die bereits glanzvolle Habsburger Dynastie oder auch die aufsteigende der Hohenzollern, länger vor allem als das russische Zarenhaus der Romanows, das sich das Reich der Sultane als Beute ausgesucht hatte. Zwar hatte das Osmanische Reich aufgehört, die Geschicke Europas zu bestimmen. Aber auch Europa bestimmte nicht die seinen. »Von den Türken«, charakterisierte Englands König Wilhelm III. die Lage etwas eigenwillig, »ist weder viel Ehr zu erwarten noch viel Unehr zu befürchten.«

Im Schatzgemach der Keuschheit aufbewahret
Die Tulpenzeit

Der vierte Großwesir der Köprili-Dynastie, Amudschasade Husein Köprili, hatte das Reich wieder in Schwung gebracht. Wie schon sein Vetter Mustafa verbesserte er das Los der Christen auf dem Balkan, denen er die Kopfsteuer erließ. Sodann zahlte er jenen Bauern eine Prämie, die auf ihre Höfe zurückkehrten, und erschloß neue Gold- und Silberminen. Zur Jahrhundertwende waren die Einnahmen erneut auf 36 Millionen Piaster angewachsen, mit denen er Brücken, Brunnen und Wasserleitungen, Moscheen, Kasernen, aber auch Schulen errichtete. Hauptsächlich kümmerte er sich um die Marine, die er eine Zeitlang als Großadmiral geleitet hatte. Er heuerte europäische Schiffsbauer an, um die osmanische Flotte auf Westniveau zu bringen.

Husein war der letzte starke Großwesir aus dem Hause der Köprili. 1710 folgte noch Nuuman Pascha, ein Sohn Mustafa Köprilis. Er war ein ehrenwerter Mann, aber ihm fehlte das Durchsetzungsvermögen. Nach nur zwei Monaten an der Macht trat er wieder ab. Von da an sollten nur noch – allerdings sehr tüchtige – Feldherrn den Namen der Köprilis in Ehren halten. Und noch einen Köprili gab es, einen besonders unglücklichen: den Oberstallmeister Kiblelisade Alibeg. Er war, so Reichsgeschichtsschreiber Raschid, »einer der Herrinnen, deren Leib im Schatzgemach der Keuschheit aufbewahret, heimlich anhänglich«. Die Liebe zu einer Sklavin des Sultans büßte er mit seinem Leben.

Doch auch nach den Köprilis gab es noch tüchtige Großwesire, allen voran Damat (»der Schwiegersohn«) Ibrahim, »einer der größten osmanischen Großwesire überhaupt«, so der französische Historiker und Osmanenspezialist Robert Mantran. Ibrahim hatte die älteste Tochter des Sultans geheiratet und behandelte, so Hammer-Purgstall, nach persischem Spruch »seine Feinde mit Schonung, seine Freunde mit ausgezeichneter Gunst«. Als erster osmanischer Politiker pflegte er engen Kontakt mit den Europäern, um von ihnen zu lernen. Er schickte – noch nicht ständige – Botschafter in die wichtigsten westlichen Hauptstädte, damit sie über die Gesellschaft in Europa authentisch berichteten. Er solle sich, gab er seinem Abgesandten Tschelebi Mehmed nach Paris mit auf den Weg, »die Errungenschaften der französischen Kultur ansehen.« Tschelebi, was so viel wie Gelehrter hieß, berichtete über Krankenhäuser und Schulen, über die großen Bibliotheken und den Buchdruck, vor allem aber über das glanzvolle Leben am französischen Hof. Als erster ließ sich der Großwesir eine Villa mit Gärten nach französischem Muster bauen. Sein Schwiegervater, der Sultan, war so begeistert, daß ihm der Großwesir das Anwesen sogleich schenkte.

Sodann ließ der Sultan am Goldenen Horn seinen Sommerpalast Saadabad (»Ort der Glückseligkeit«) erbauen.

Zur Eröffnung gab der Sultan einen großem Empfang. »Laßt uns lachen«, dichtete der Hofpoet Ahmet Nedim, »laßt uns spielen, laßt uns die Vergnügungen der Welt voll auskosten.« Besonders die Schiffsprozessionen und Festumzüge fielen dem französischen Gesandten Louis Sauveur de Villeneuve auf. »Manchmal treibt der Hof in eleganten, mit silbernen Zeltdächern bedeckten Kajaks auf den Wassern des Bosporus«, schrieb er nach Paris, »manchmal bewegt er sich in einem langen Zug auf einen der Vergnügungspaläste hin.« Ein Zug war bei allen eher gefürchtet: die Spaziergänge des großherrlichen Harems. Denn dann mußten die Eunuchen sicherstellen, daß sich keine Männer in den Straßen aufhielten. Erwischten sie jemanden, bedeutete das nicht selten den Tod, mindestens aber Säbelhiebe und Prügel.

Die rauschendsten Feste gab freilich nicht der osmanische Hof, sondern Frankreichs Botschafter Marquis de Fériol. Er trieb es einmal so laut, daß einige schwangere Sultaninnen Fehlgeburten befürchteten. Als der Botschafter seine Feierei nicht einschränken wollte, rückten die Osmanen sogar mit Truppen und zwei Kanonen an. De Fériol bewaffnete daraufhin seine gesamte Dienerschaft und wollte es auf einen Kampf mit den Türken ankommen lassen, bis einige seiner Freunde heimlich die Lampions auslöschten und damit die Feier beendeten.

Die osmanischen Geschichtsschreiber nannten das erste Drittel des 18. Jahrhunderts die »Tulpenzeit«, weil sich der in diesen Jahren regierende Sultan Achmed III. außer für Frauen nur noch für Vögel und Blumen, insbesondere Tulpen interessierte. Die wuchsen einst wild in Anatolien, ehe der kaiserliche Resident Busbecq die Holländer für sie interessiert hatte, die sie zu mehr als 1200 Sorten weiterzüchteten. Nunmehr reimportierten die Osmanen 30 000 Tulpenzwiebeln für die Gärten des Sultans. Einmal im Jahr feierte der Sultan bei Vollmond ein Tulpenfest. Für die Haremsdamen versteckte er dabei Süßigkeiten im Garten oder auch schon mal Juwelen. Die Blumenspiele nahmen solchen Aufschwung, daß die Regierung schließlich die Tulpenzwiebel besteuern ließ.

Strenge Disziplin und sorgfältige Rechtspflege
Der Vorfall von Edirne

Sultan Achmed III. war durch eine – höchst anständige – Revolution an die Macht gekommen. Die gut 200 Waffenschmiede und Zeugwarte der osmanischen Armee hatten gemeutert, weil sie zwei Jahre keinen Sold erhalten hatten. Ihnen schlossen sich die Janitscharen und die Spahis der Pforte an, auch die Ulema und die Studenten der Rechtsschulen – am Ende schließlich die ganze Bevölkerung Konstantinopels.

Ihre Wut richtete sich vornehmlich gegen den Scheich ul-Islam, Seid Feisullah, der sich wenig um die Religion, viel aber um seine Familie kümmerte. Mehr als 30 Söhne und 30 Töchter hatte der oberste Geistliche nicht nur mit viel Geld versorgt, sondern ihnen auch die einträglichsten Posten verschafft. Weil Sultan Mustafa II., der Vorgänger Achmeds, nichts gegen den korrupten Gottesmann unternahm, richtete sich die Wut der Massen schließlich gegen den Herrscher selbst, der sich nach Adrianopel zurückgezogen hatte. Erst stürmten die inzwischen auf fast 80 000 Mann angewachsenen Rebellentruppen den großherrlichen Palast in Konstantinopel, dann luden sie Sultan Mustafa förmlich vor ihre Versammlung. Bis zur Antwort, so die Zusage der Umstürzler, würden sie sich ruhig verhalten.

Tatsächlich herrschte in der Stadt eine Ordnung wie schon lange nicht mehr. »Das Regime der neuen Machthaber«, schreibt Historiker Josef Matuz, »zeichnete sich durch eine strenge Disziplin aus, mit straffgeführter Polizei und sorgfältiger Rechtspflege.« Die Umstürzler finanzierten ihre kleine Revolution mit Zwangsanleihen bei Reichen und aus den Kirchenschätzen, aber sie waren durchaus gottesfürchtig. Sie feierten nicht ihren Sieg, sondern schlossen sogar noch die Wein- und Kaffeehäuser der Hauptstadt.

Der Ursprung der Revolte lag in einer Landflucht, die wiederum die Folge der Herausbildung eines Großgrundbesitzes war. In Anatolien waren die ersten sogenannten »Talfürsten« aufgetaucht: Mächtige Herren, die sich kleine eigenständige Reiche aufgebaut hatten, die sie durch Privatarmeen verteidigen ließen. Womöglich noch mächtiger waren die Besitzpächter, die auf Lebenszeit bestallten Steuerpächter. Sie behandelten ihre Untertanen zwar pfleglicher als die ehemaligen Steuerpächter, die von ihnen in kürzester Zeit ein Maximum an Steuern herauszupressen versuchten, doch vermehrten sie auch ihre Macht, wenngleich die Domänen im Prinzip weder verkäuflich noch vererbbar waren.

Der Sultan versuchte die Rebellen mit Geldzuwendungen an einige Anführer zu spalten, aber die Meuterer lehnten ab. Schließlich beschloß die Versammlung, den Sultan abzusetzen. Für ihn sollte sein Bruder Achmed die Macht übernehmen. Sultan Mustafa II. mobilisierte daraufhin seine Armee, und schließlich standen sich nahe Adrianopel zwei Heere gegenüber. Doch dann gingen auch die Truppen des Sultans, zumeist rumelische Spahis und Albaner, zu den Meuterern über. Der Machtkampf war ohne Blutvergießen entschieden. Die Rebellen richteten den Mufti hin und sperrten den alten Sultan ein.

Ein neuer Sultan war von einer Versammlung der Stände und des Volkes gewählt worden. Nicht mehr und auch nicht weniger. Die Erbfolge des Hauses Osman war gewahrt, die Ordnung im Land vorbildlich. Die Machtwechsel früherer Jahre waren weit blutiger. Der Putsch hätte ein Signal sein können, der Eintritt des Osmanischen Reichs in eine neue Zeit, fast ein Jahrhundert vor der Französischen Revolution. Aber es kam ganz anders. Nachdem er seine Macht konsolidiert hatte, rechnete Achmed III. mit den Rebellen ab und ließ alle Rädelsführer hinrichten. Die bedeutendste Rebellion im Osmanischen Reich ging als »Vorfall von Edirne« in die Geschichte ein – als ein Vorfall, der eher ein Unfall war.

Einer der Gründe für die Folgenlosigkeit des Umsturzes war, daß sich im Osmanischen Reich kein Bürgertum herausgebildet hatte, das im Westen kleine und große Revolutionen tragen sollte. Es gab keine selbstbewußten Städte, wie in Italien oder im Deutschen Reich, und es gab auch keinen Adel, der sich gegen die Reichsspitze behaupten konnte. Es gab Verlangen nach Menschlichkeit und Gerechtigkeit, aber nicht nach Menschenrechten. Es gab geistreiche Gesprächspartner und Gespräche, aber kein reiches geistiges Leben, das mit jenem Europas vergleichbar gewesen wäre. Die Intellektuellen im Osmanischen Reich waren immer noch die Geistlichen, und mit ihnen war keine Revolution zu machen.

Europas neues Gleichgewicht
Spanischer Erbfolgekrieg und Nordischer Krieg

Habsburgische Inzucht bescherte den Europäern einen neuen Krieg – und den Osmanen einen neuen Freund. Am 1. November 1700 war Karl II. von Spanien nach einem kümmerlichen Leben gestorben. Er hatte noch mit fünf Jahren die Brust bekommen, lernte erst mit zehn Jahren gehen. Das typische ausladende Kinn der Habsburger war bei ihm so monströs, daß er kaum essen konnte, und mit seiner ungewöhnlich großen Zunge fiel ihm das Sprechen schwer. Außerdem litt er unter epileptischen Anfällen. Das alles wäre noch hingegangen. Doch Karl II. war außerdem noch impotent. So starb mit ihm die spanische Habsburgerlinie unwiderruflich aus.

Als Erben kamen der französische Herrscher Ludwig XIV. und der österreichische Kaiser Leopold infrage – beide gleichzeitig Vettern und Schwäger. Aber sie gehörten heftig verfeindeten und konkurrierenden Königshäusern an. Als der Sonnenkönig versuchte, die spanischen Niederlande seinem Reich anzugliedern, entfesselte er einen Krieg, in dem England, Holland und Österreich gegen Frankreich, Spanien und Portugal standen. Schließlich unterlag der Süden dem Norden, und das geschwächte Frankreich trat seine Vorherrschaft in Europa an England ab, das auch für die Osmanen nunmehr zum wichtigsten Partner aufstieg.

Und auch ein Neuer trat ins europäische Konzert: der Herrscher von Brandenburg-Preußen, von allen Europäern inzwischen als König anerkannt. Zur Dynastie der Habsburger gesellte sich die der Hohenzollern, die Deutschlands Geschicke im kommenden Jahrhundert bestimmte. An der Spitze Europas hatten sich fünf Staaten etabliert, die sogenannte Pentarchie: Frankreich, England, Österreich, Rußland und das – noch – kleine Preußen, wie sich der Zusammenschluß von Brandenburg und Ostpreußen bald nennen sollte. Die Großen sollten sich künftig gegenseitig daran hindern, zu mächtig zu werden, denn vor allem die Briten hatten eine neue Doktrin aufgestellt: Jeweils den zweitstärksten europäischen Staat gegen den stärksten zu unterstützen. Am meisten davon profitierte – langfristig – das Osmanische Reich.

Kurzfristig kamen die Osmanen durch europäische Händel sogar zu einem unerwarteten Triumph. Anlaß dazu war Karl XII. von Schweden, der im Alter von 15 Jahren an die Macht gekommen war und sich als eine Art schwedischer Sonnenkönig sah. Er hatte gleichzeitig Krieg gegen Dänemark, Polen und Rußland geführt, anfangs sogar sehr erfolgreich. Doch dann lockten ihn die Russen in die unwirtlichen Steppen des Südens, die sie sogleich verbrannten. Schließlich besiegten sie ihn 1709 bei Poltawa, und Karl konnte sich nur mühsam mit ein paar hundert Getreuen zur nahen osmanischen Grenze durchschlagen.

Der Sultan ließ den Schwedenkönig auf seinem Territorium mit großen Ehren empfangen, stellte ihm fünf Hundertschaften Janitscharen als Ehrengarde zur Verfügung und zahlte täglich 500 Taler für die Verpflegung der Gestrandeten. Doch der charismatische Schwedenherrscher hatte nur eines im Sinn, wofür er auch seine türkischen Gastgeber zu gewinnen suchte: Krieg gegen Rußland. Das aber hätte Krieg gegen die nordische Allianz bedeutet, der sich inzwischen auch der preußische König angeschlossen hatte. Mit immer neuen Tricks und einem mächtigen Verbündeten – dem Khan der Tataren – brachte der Schwede die zögernden Osmanen schließlich dazu, Rußland am 20. November 1710 den Krieg zu erklären.

Der Zar wandte sich daraufhin erstmals an jene Bevölkerungsgruppe, die er als Fünfte Kolonne zu mobilisieren trachtete: die orthodoxen Christen des Balkans. Sie sollten sich erheben, um an der Seite der Russen gegen die Osmanen zu kämpfen. »Die Abkömmlinge des Heiden Mohammed«, schloß der Zar, nicht sehr kundig über die Ursprünge der Osmanen, seinen Aufruf, »werden in ihre alte Heimat zurückgetrieben – den Sand und die Steppen Arabiens.« Doch kein Christ des Balkans folgte dem Aufruf, und die Russen mußten um einen Frieden bitten, den die Osmanen sogleich gewährten. Der Hafen von Asow fiel an die Osmanen zurück.

Wütend erschien nun Karl XII. im Lager des Großwesirs Baltadschi, stürmte dessen Zelt und fragte, warum der Feldherr den geschlagenen Zar nicht gefangengenommen hätte. Tatsächlich hatte Peter der Große schon sein Testament gemacht und selbst nicht mehr an die wundersame Rettung geglaubt. »Wer sollte dann in seiner Abwesenheit das Reich regieren?« war Baltadschis ungewöhnliche Antwort. Karl warf sich mit seinen schmutzigen Dragonerstiefeln auf das Sofa, preßte den Sporn in das kostbare Kleid des Großwesirs und zerriß es. Dann verließ er höhnisch grinsend das Zelt.

Zu einem neuen Krieg kam es nicht, und die Osmanen forderten den sich weiter einmischenden Schwedenkönig auf, ihr Land zu verlassen, wofür sie ihm eine ansehnliche Eskorte anboten. Doch der beschimpfte die Osmanen, die daraufhin die Janitscharen schickten. Die Elitekrieger beschworen den König, sich doch freiwillig zu stellen, aber Karl erschlug mehrere von ihnen. Dann überwältigten ihn die Infanteristen, und nun erst war Karl bereit, über Österreich zurück in sein Reich zu reiten. Ein letztes Mal widersetzte sich der Schwedenkönig dem von den Deutschen angebotenen freien Geleit und schlug sich als simpler Reiterfähnrich inkognito zum damals noch schwedischen Ostseehafen Stralsund durch.

Nur noch Handel
Das Ende der Weltmacht Venedig

In Konstantinopel stellten sich die Verantwortlichen einmal mehr die Frage: Wer von den Gegnern ist wohl am leichtesten zu besiegen? Auf welches Land ihre Wahl gefallen war, konnten die europäischen Vertreter in Konstantinopel leicht erraten. Kein Christ durfte sich mehr den Werften nähern und damit war klar, daß Venedig Kriegsziel sein würde.

Ende 1714 erklärten die Osmanen ihrem Lieblingsfeind Venedig den Krieg. Ihr Ziel war vor allem die Wiedereroberung von Morea, dem Peloponnes. Dort war es den Venezianern nicht gelungen, die einheimische Bevölkerung auf ihre Seite zu ziehen. Die meisten Reibungen mit den katholischen Venezianern gab es in religiösen Dingen. Die orthodoxen Griechen zahlten trotz Verboten weiterhin ihren Obolus an den griechischen Patriarchen in Konstantinopel, und der bedrohte bei Kriegsausbruch alle Griechen mit Exkommunikation, wenn sie mit der Waffe die Osmanen angriffen.

Feldherr und Großwesir Damad Pascha tat ein weiteres, die Griechen für sich zu gewinnen, indem er seinen Soldaten jeden Übergriff ihnen gegenüber verbot. Die Griechen empfingen daraufhin die osmanischen Soldaten mit Freudenkundgebungen und versorgten sie ausreichend mit Lebensmitteln. Die Kolonien der Seemacht Venedig auf dem Peloponnes gingen unter, diesmal für alle Zeiten. Und in Konstantinopel stiegen Freudenfeste mit Feuerwerk, das ausnahmsweise nicht zu einem Großbrand führte, was die Chronisten extra notierten.

Vom leichten Sieg über den einstigen Hauptfeind ermuntert, bereiteten sich die Osmanen wieder auf einen Krieg mit dem derzeitigen Hauptfeind Österreich vor. In den Moscheen beteten die Hodschas wieder zweimal wöchentlich für die Eroberung Wiens und – ganz unbescheiden – auch Roms. Doch auch die Österreicher waren auf Krieg aus, von dem sie sich gleich zwei Siege versprachen: einen gegen die aufständischen Ungarn und einen gegen die Türken.

Unter der Führung von Franz II. Rakoczy, dem Sohn des 1676 verstorbenen Franz I. Rakoczy, hatten sich erst ungarische Bauern, dann auch Adlige in Oberungarn zusammengeschlossen und die Habsburger bekämpft. Frankreich unterstützte die Rebellen, aber nur knapp 5000 der insgesamt 70 000 Kuruzzen konnten mit Louisdors bezahlt werden. Rakoczy versuchte auf Vermittlung der Holländer und Engländer mit den Habsburgern zu verhandeln, doch die waren nicht bereit, die Eigenständigkeit Siebenbürgens zu garantieren und schon gar nicht Rechte der Protestanten. Als Rakoczy beim russischen Zaren um Hilfe bat, ergaben sich seine Truppen den Österreichern. Der auf absehbare Zeit letzte ungarische Freiheitskämpfer flüchtete ins Osmanische Reich, wo er 1735 vereinsamt starb.

Nach der Niederwerfung des ungarischen Aufstands schlossen sich Venedig und Österreich gegen die Osmanen zusammen. Dank der Feldherrenkunst des alten Osmanenschrecks Prinz Eugen eroberten die Österreicher das vor allem von Deutschen besiedelte Banat mit seiner Hauptstadt Temesvar, die nach 164 Jahren wieder in europäischen Besitz überging. Vor allem aber eroberte der österreichische Feldherr, der damit ins Volkslied vom »edlen Ritter Eugen« einging, im August 1717 die Festungsstadt Belgrad. Den Sieg gegen die etwa doppelt so zahlreichen Osmanen hatte Eugen in einer offenen Schlacht vor der Stadt errungen, die bei Nebel begann, aber in vollem Tageslicht endete.

Über diese Niederlage gibt es einen Rechtfertigungsbrief des unterlegenen (und kampfesmüden) Wesirs, der viel über die Denkweise türkischer Feldherren verrät. »Vor Tagesanbruch erhob sich mit göttlicher Erlaubnis ein so starker Nebel«, schrieb er, »daß einer den anderen nicht erkennen konnte. Nachdem man sich lange geschlagen hatte, ohne daß es des Nebels wegen möglich gewesen wäre zu erfahren, was geschehen war, verließ unsere Armee ihre Schanzen. Die Schlacht war beendet, und infolge des zufälligen Nebels, den Gott geschickt hatte, faßte man den Entschluß zurückzukehren. Die Beschlüsse hängen von Gott ab, und mit Gottes Hilfe hoffen wir von nun an, immer siegreich zu sein.«

Im Frieden von Passarowitz mußten die Osmanen 1718 das Banat – und damit den Rest ihrer ungarischen Besitzungen –, den Norden Serbiens mit der Stadt Belgrad sowie Teile der Walachei und Bosniens an die Habsburger abtreten und ihnen Handelsprivilegien einräumen. Venedig kam schlechter davon, denn es mußte sich mit den Ionischen Inseln und vier kleinen Häfen an der Küste von Epirus zufriedengeben. Auch dort durfte es nicht mehr militärisch tätig werden, sondern nur noch Handel treiben. »Der Friede von Passarowitz«, schreibt Historiker Wilhelm Zinkeisen, »hat der Macht Venedigs im europäischen Oriente den Todesstoß versetzt.«

Welle von Fremdenhaß
Der Aufstand des Janitscharen Patrona Khalil

Mehr als 80 Jahre hatten die alten Todfeinde, das Persische und das Osmanische Reich, Frieden miteinander. Um herauszufinden, wie es um den Nachbarn wirklich steht, schickten beide Länder Emissäre. Die kamen mit erlesenen Geschenken und wurden fürstlich bewirtet. Vor allem versuchten die Gastgeber, ihnen zu imponieren. Dem persischen Gesandten führten die Osmanen im Arsenal ein Schiff vor, das Kanonen tragen konnte, die drei Zentner schwere Kugeln verschossen. Ein Einschlag, versicherte der türkische Schiffsbauer, würde selbst das größte Schiff, und sei es aus Eisen, »wie schwarze

Augenschminke von Isfahan zermalmen.« Noch mehr angetan mußte der persische Gast von einem Empfang bei Sultan Achmed III. sein. Ganz ungewöhnlich war, daß der Großherr im Anschluß daran seine Eindrücke in einem Schreiben zusammenfaßte, das er dem persischen Botschafter zustellen ließ. »Das Meer meiner Sehnsucht nach dir«, schrieb er darin, »schlägt hohe Wogen, und der Geschmack deiner süßen Gespräche hat mein Hirn durchzogen.«

Alles orientalische Höflichkeit. Kurz darauf erklärten die Osmanen den Persern den Krieg. Gegenüber den Schiiten sei es Glaubenspflicht, hatte der Mufti in einem Gutachten angemahnt, »diese Verfluchten auszurotten« und er hatte auch das Prozedere festgelegt: »Die Männer sind durch Totschlag auszurotten, die Knaben und Weiber werden durch andere Mittel als Totschlag zur Annahme des Islam gezwungen, doch ist es nicht erlaubt, die Weiber zu beschlafen, ehe sie den Islam angenommen.« Da ging es den christlichen Männern besser, weil sie, nach der gleichen Fetwa, zur Annahme des moslemischen Glaubens nicht mit Gewalt gezwungen werden konnten, und ihren Frauen ging es schlechter, da es »erlaubt ist, ihre Weiber zu beschlafen, auch wenn sie nicht Muslime geworden sind.«

Der Krieg war für beide Seiten verlustreich wie eh und je. Seine Besonderheit lag darin, daß erstmals Rußland mitmischte und aus dem traditionellem Zweikampf ein Dreikampf wurde. Truppen des Zaren hatten 1723 das Kaspische Meer erreicht und seine westlichen und südlichen Ufer besetzt. Wenngleich der russische Vorstoß nach Zentralasien noch auf militärisch sehr schwachen Beinen stand, kamen sie doch erstmals mit den Persern in direkten Kontakt. Und auch mit den Osmanen, die ihrerseits die westlichen persischen Provinzen mit den Städten Täbris, Hamadan und Jerewan erobert hatten. Zar Peter der Große schlug den Osmanen vor, die Eroberungen in Persien brüderlich zu teilen. Am 24. Juni 1724 unterzeichneten beide Reiche in Konstantinopel einen Teilungsplan, der ihre Interessensphären festlegte. Weil genaue Landkarten noch nicht existierten, wohl aber relativ präzise Uhren, legten die Unterhändler die Entfernungen zu den jeweiligen Grenzen nach Pferdetempo (»bei mittlerem Trab«) und Stunden fest.

Doch beide hatten die Rechnung ohne den persischen Wirt gemacht. In ihrem eigenen Land vertrieben die Perser erst ihre afghanischen Herren, und dann ernannte sich der siegreiche Feldherr, Thamas Koulichan, selbst zum Schah. Anschließend vertrieb er nicht nur die Russen, sondern auch die Osmanen aus seinem Reich. Und das hatte weitreichende Konsequenzen in Konstantinopel. Dort kam es zur Rebellion.

Ihr Anführer war der albanische Janitschar Patrona Khalil, ein ehemaliger Matrose, der nunmehr sein Geld als Altkleiderhändler verdiente. Die Rebellen protestierten gegen Inflation und zunehmende Steuerbelastung und bekamen schnell Zulauf. Am 28. September 1730 versammelten sich bereits Hunderte von Unwilligen. Sie hatten sich in den Kasernen der Spahis Waffen verschafft, trachteten aber anfangs danach, unblutig zu revoltieren. Als sich weitere Janitscharen, Spahis und andere Truppenteile den Rebellen anschlossen, die sich mit ihren roten Turbanen zu erkennen gaben, machte sich auch der Sultan auf den Weg, um mit den Meuterern zu sprechen. Er solle alle seine Minister mitnehmen, hatte ihm seine Schwester Khadidsche geraten, dann könne er diejenigen opfern, deren Kopf die Rebellen verlangten, um seinen eigenen zu retten.

Patrona verlangte in der Tat den Tod von vier ihm zu westlich orientierten Würdenträgern, darunter den des Muftis und des Großwesirs. Bei zweien stimmte der Sultan sofort zu, Mufti und Großwesir aber wollte er nur in die Verbannung schicken. Patrona und seine Gesinnungsgenossen bestanden aber mindestens auf dem Tod des Regierungschefs. Daraufhin ließ der Sultan die drei Spitzenpolitiker in ihren Gemächern erdrosseln und ihre Leichen zum Fleischmarkt karren. Aber Aufrührer Patrona gab sich nicht zufrieden. Die Leiche des Großwesirs, behauptete er, sei in Wahrheit die eines griechischen Ruderknechts. Khalil und seine Genossen erzwangen die Absetzung des Sultans und inthronisierten seinen Neffen Mahmud, der seit 27 Jahren im goldenen Käfig lebte.

Mit dem Vermögen der ermordeten Würdenträger – 7500 Beutel oder umgerechnet 3,2 Millionen Goldstücke, die auf 150 Wagen herbeigekarrt worden waren – konnte der neue Sultan genügend Soldaten auf seine Seite ziehen, um die Rebellen zu isolieren. In einer Diwansitzung, auf der Patrona die Wesire zum Krieg gegen die Russen aufrief, ließ der Sultan die Rebellen überwältigen und töten. Weil daraufhin besonders albanische und bosnische Janitscharen meuterten – sie monierten vor allem, daß der Janitschar Patrona nicht im geheimen und bei Nacht ermordet worden war, wie es Janitscharen zustand –, ließ der Sultan auch sie bestechen. Diesmal verwendete er dazu jene Gelder, die Rebell Patrona inzwischen als Chef einer Schutzgelderpresserbande eingenommen hatte. Eine Welle von Fremdenhaß ging durch Konstantinopel und Tausende von Albanern und Bosniaken mußten als vermeintliche Gesinnungsgenossen der Meuterer sterben.

Den Krieg mit Persien nahmen die Osmanen wieder auf, doch brachte er keine Geländegewinne. Als sie schließlich 1746 Frieden schlossen, einigten sich Osmanen und Perser auf die Uraltgrenzen von 1639. Gefährlich hingegen schienen die Russen zu werden. Die konzentrierten ihre Eroberungen in erster Linie auf das Schwarze Meer, denn dort mündeten fünf ihrer großen Flüsse: Dnjestr, Bug, Dnjepr, Don und Kuban. Hauptsächlich hatten sie es auf die Krim abgesehen, weil sie das Schwarze Meer beherrschte und dort ihre langjährigen Widersacher, die Tataren, siedelten.

Die Krim war damals eine blühende Landschaft. Nunmehr gelang es erstmals russischen Truppen, sie zu erobern. Sie zerstörten sie blind und folgenreich: Die meisten Soldaten hatten ihre Satteltaschen mit Blei vollgestopft, das sie von den Moscheen gerissen hatten, und dafür Brot und Trinkwasser zurückgelassen. Auf ihrem Rückzug in den Norden verlor die Armee des Zaren durch Durst und Hunger mehr als die Hälfte ihrer 75 000 Soldaten, obgleich im Kampf mit den Tataren nur etwa 2000 gefallen waren.

Nicht viel besser erging es Österreich, das sich, trotz leerer Kassen, auf dem Balkan eine Kompensation für Landverluste erhoffte, die es im Konflikt mit Frankreich und Spanien erlitten hatte. Welche Seite einen Krieg länger durchhalten konnte, hing hauptsächlich von der Qualität der jeweiligen Heerführer ab. Österreich hatte diesmal ziemlich mäßige und kassierte Niederlage auf Niederlage. Daran änderte auch nichts, daß der besonders mäßige General Doxat de Morez per Kriegsgericht ins Jenseits befördert worden war. Das konnte gelegentlich auch besonders Tüchtigen passieren.

Österreich mußte Belgrad wieder preisgeben. Großen Anteil am türkischen Sieg hatte der Kommandeur der osmanischen Kanoniere, Claude Alexandre Graf von Bonneval alias Ahmed Pascha. Er war einer jener Söldneroffiziere, die – typisch für das Jahrhundert – gleich mehrmals die Fronten gewechselt hatten. Anfangs französischer General im Kampf gegen die Österreicher, dann österreichischer General gegen Franzosen und Türken, schließlich osmanischer General gegen die Österreicher, konvertierte er zum Islam, weil die Osmanen noch keine christlichen Berater akzeptierten.

Er war vom Großwesir Topal Osman, selbst ein Militär, ins Land geholt worden, um der Armee europäische Kriegstaktik beizubringen. Bonneval schlug eine Heeresreform nach französischem und österreichischem Vorbild vor, mit Berufssoldaten und häufigen Manövern. Die Janitscharen sollten nach seinen Plänen in kleinen Einheiten organisiert werden, doch die Eliteinfanteristen fürchteten um ihre Privilegien und machten gegen den Franzosen Front. So blieb ihm nur die Erneuerung des heruntergekommenen Artilleriekorps, zu deren Training er eine Schule einrichtete.

Tugend und Mäßigung

Phanarioten, Juden und europäisierte Türken

An der Öffnung des Osmanischen Reichs zum Westen hatten jene einen großen Anteil, die sich nach dem alten byzantinischen Leuchtturm ihres Konstantinopler Viertels »Phanarioten« nannten – die Griechen. Sie waren im 18. Jahrhundert zur führenden Klasse unter den Nichtmoslems aufgestiegen und lösten damit die Slawen ab.

Bis tief ins 16. Jahrhundert hinein hatten die Südslawen, besonders die Serben, die größte Fraktion der Renegaten gestellt und auch der nichtkonvertierten Ausländer im osmanischen Staat. Der gebürtige Serbe und Großwesir Sokolli hatte viele seiner ehemaligen Landsleute in wichtige Positionen gehievt und 1557 ein serbisches Patriarchat eingerichtet. »Die Slawen regieren das Osmanische Reich«, berichtete damals Zeitzeuge Nicola Luccari aus Konstantinopel. Doch dann diskreditierten sie sich, weil immer wieder Serben zu den vorrückenden Österreichern überliefen.

Dadurch kamen die Griechen wieder auf. Seit der Eroberung Konstantinopels war stets ein Grieche Oberhaupt aller orthodoxen Christen. Die Griechen beherrschten den Seehandel, stellten die meisten Steuerpächter und kontrollierten das Salzmonopol. Als weniger die Kriegskunst als die Diplomatie den Bestand des Reichs zu garantieren schien, kam ihre Stunde auch in den Staatsgeschäften. Denn die Kunst des Überlebens beherrschten sie nach Jahrhunderten der Unterdrückung weit besser als die so lange siegreichen Türken.

Schon der Grieche Panaiotakis Nikousis war zum Chefdolmetscher der Pforte aufgestiegen, und damit nicht nur zum Herrn der Sprache, sondern zu einer Art Staatssekretär für Auswärtige Angelegenheiten. Galionsfigur der Phanarioten wurde dann sein Nachfolger, der gelehrte Alexander Maurokordatos, der sehr gut Italienisch und Lateinisch sprach, an der vom Sultan Mehmed IV. gegründeten »Großen Schule der Nation« lehrte und außerdem das Amt des Großrhetors und Großlogotheten in der Patriarchatskirche innehatte. Er war offiziell und standesgemäß ein orthodoxer, heimlich aber ein katholischer Christ, der Anfang des 18. Jahrhunderts die Belange des Osmanischen Reichs gegenüber den Europäern vertrat, nachdem er den Vertrag von Karlowitz weitgehend mitbestimmt hatte.

Wie ein Jahrhundert zuvor die Großwesire der Köprili gründete Maurokordatos eine Dynastie griechischer Honoratioren im Dienste der Osmanen. »Eindringlinge duldeten sie nicht«, schreibt Historiker Nicolae Jorga über die neue Familie, »und wenn einer in die höchsten von Christen erreichbaren Stellungen gelangen wollte, so hatte er sich zuerst mit Frauen aus dem Blute der Maurokordaten verbinden müssen«.

»Die Phanarioten«, schreibt Jorga, »bildeten eine geschlossene Kaste, aus der Großdolmetscher, diplomatische Agenten, Spione, Bischöfe, Metropoliten, Patriarchen, hohe Würdenträger der Großen Kirchen von Konstantinopel und schließlich erlauchteste Authenten der Walachei und Moldau hervorgehen sollten«. Besonders die »Dragomane« genannten Dolmetscher (zumeist der Botschaften) spielten für das Image des Osmanischen Reichs bei den Europäern eine große Rolle, weil sie weit mehr Berater waren als Übersetzer.

Phanarioten dienten den Sultanen als Gouverneure der Moldau und der Walachei. Bis zur griechischen Unabhängigkeit 1821 stellten sie die Hospodare (Prinzen) genannten Statthalter der Osmanen. Sie bildeten eine Führungsschicht und formten das Bildungsideal der einheimischen Bojaren, die mit ihren blutsverwandten Untertanen nicht das Geringste zu tun haben wollten. Sehr zu Unrecht werden die griechischen Spitzenbeamten von den heutigen Rumänen den Fremdherrschern zugerechnet, denn lange Zeit waren sie es, die dem Land westliche Kultur verschafften und auch soziale Reformen propagierten.

Dieser griechischen Intelligenz im Osmanischen Reich stand seit dem 18. Jahrhundert eine muslimische gegenüber, die ihre Ausbildung im Ausland hinter sich gebracht hatte. Immer mehr Osmanen paßten sich den europäischen Sitten an. Herrschten nach persischem Vorbild in der klassischen Zeit noch die drei Künste Dichtung, Musik und Schönschreiberei vor, so wandte sich die junge osmanische Intelligenz nunmehr auch den anderen Disziplinen zu. »Die Großen und besonders die Gesetzeskundigen«, schrieb der Dalmatiner Dadich, der damals in Konstantinopel lebte, »hatten seit einiger Zeit angefangen, an den Wissenschaften Vergnügen zu finden, und übten ihre Geisteskräfte daran«. Sie wurden »Efendis« (Gelehrte) genannt und bestimmten das Geistesleben im Osmanischen Reich, wobei besonders jene hervortraten, die in Europa gelebt hatten.

Die Efendis bestimmten auch zunehmend die Außenpolitik. Sie predigten »Tugend und Mäßigung«, waren dem Frieden zugetan und wollten aus dem Diwan ein Parlament machen, »in dem«, so Dadich, »das Zusammenwirken der angesehensten Personen der Macht eines Einzelnen das Gegengewicht hält«. Die Efendis leiteten eine türkische Renaissance ein, die Mitte des 18. Jahrhunderts dazu führte, daß die Renegaten ganz aus den Staatsgeschäften verschwanden – nur die Janitscharen hielten sich noch – und türkische Noble aufrückten.

Zur Verwestlichung trug auch die erste Druckerei mit arabischen Schriftzeichen bei, die der Sohn des osmanischen Botschafters in Paris 1727 in Istanbul einrichtete. Bis 1745 brachte die Druckerei 23 Bände heraus, darunter auch Übersetzungen aus europäischen Sprachen, besonders aber Abhandlungen über Geschichte, Geographie und Technik. Doch dann setzten sich die konservativen Ulema durch und ließen sie schließen.

Dadurch jedoch machten sie den Weg frei für Druckerzeugnisse aus dem Westen. Angefangen hatten damit die Missionare, die in Anatolien unter den dortigen Christen ein Betätigungsfeld suchten und fanden, weil ihnen die Konvertierung der Moslems untersagt war. In Anatolien gab es viele Christen, die nur türkisch sprachen. Aber es gab auch muslimische Gemeinschaften, die zwar in der Moschee dem Arabischen lauschten, deren Umgangssprache aber Griechisch war, wie beispielsweise die Flüchtlinge aus Kreta. Hinzu kam, daß Türkisch keineswegs überall Arabisch geschrieben wurde, wie am Hofe in Konstantinopel. Die ersten amerikanischen Missionare in Anatolien brachten eine Bibel in türkischer Sprache mit, die in armenischer und griechischer Schrift gedruckt war. Nur so konnten ihre Schäflein sie lesen.

Die Betreuung der Christen lag nicht nur in der Hand der Missionare. Bei der Verlängerung der Kapitulationen hatte Ludwig XIV. seinen Botschafter Fériol angewiesen: »Die Hauptaufgabe ist es, die Religion und den Handel im gesamten Osmanischen Reich zu schützen«. Wobei »schützen« ein Euphemismus war. In den 1673 erneuerten Kapitulationen hatte sich Frankreichs König als den einzigen Patron der östlichen Katholiken einsetzen lassen, um seinen Einfluß besonders auf die Katholiken des Libanon auszudehnen. Die Europäer mischten sich immer mehr in die Angelegenheiten der Osmanen ein. »Das 18. Jahrhundert«, schreibt Historiker Mantran, »markiert den wirklichen Beginn der Offensive der europäischen Großmächte.«

Durch ihre Glaubensbrüder waren die Europäer weit besser über die Verhältnisse im Orient informiert als die Türken über das Geschehen in Europa. Und, folgenreicher noch, die Europäer lernten mehr und mehr die Türken mit den Augen ihrer christlichen Untertanen sehen. Besonders außerhalb Konstantinopels verkehrten die Europäer mit Juden, christlichen Syrern, den polyglotten Armeniern und vor allem mit den Griechen, die ihnen nicht nur als Dolmetscher dienten, sondern generell als Sekretäre. Schon im 17. Jahrhundert erhielten sie dafür den Status von »Protégés« – und damit den gleichen Schutz wie die Europäer.

In Konstantinopel beherrschten Juden und Christen große Teile des Wirtschaftslebens. Weil beispielsweise im Zoll hauptsächlich Juden arbeiteten, waren sie die bevorzugten Partner der ausländischen Händler und Schiffskapitäne. So stiegen Juden zu wichtigen Zwischenhändlern im Fernhandel auf, während die Griechen in den Provinzen ihren Einfluß bei den Europäern für Geschäfte nutzten. Die Juden beherrschten das Bankwesen und kontrollierten den Edelmetallmarkt, aber sie verwalteten auch die Steuereintreiber-Gesellschaften. Sie dominierten den Fernhandel mit Bagdad und in Nordafrika, wohin viele von ihnen vor den christlichen Rekonquistadoren Spaniens geflohen waren. Die griechischen Händler waren insbesonders im Schwarzmeerhandel und die armenischen im Seidengeschäft mit dem Iran tätig. Syrische Christen trieben Handel mit den Küstenländern, während ihre koptischen Glaubensbrüder in Ägypten als Buchhalter und Manager höchst beliebt waren. Die moslemischen Handelshäuser widmeten sich besonders dem Gewürzfernhandel oder dem Kaffeehandel mit jemenitischem Mokka. Kaffee war auch das einzige Handelsgut, das die Osmanen im 18. Jahrhundert auf den Weltmarkt brachten.

Zwar lebten nur wenige Ausländer in Konstantinopel – das im 17. Jahrhundert mit etwa 700000 Einwohnern weit größer war als London, Paris oder Neapel –, aber sie bekamen den Außenhandel immer mehr in den Griff, einschließlich des Handels mit ausländischer Währung, der durch die Abwertungen der osmanischen Münzen an Bedeutung gewann. Schon im 17. Jahrhundert hatte der spanische Piaster die osmanischen Münzen als harte Währung verdrängt, zumal sich die Ausländer nur mit gutem Geld bezahlen ließen. Den Export von Weizen und Holz hatte die osmanische Regierung verboten – nur Ägypten machte eine Ausnahme –, nun mußte sie erleben, daß die westlichen Kaufleute klassische Produkte der Osmanen immer häufiger in Amerika und Asien kauften. Die Europäer beherrschten den Welthandel, und ihre Filialen im Osmanischen Reich entwickelten sich zu Außenstellen nicht nur der großen Handelskontore, sondern auch der Regierungen.

Umgestürzt ist dieses Reich
Janitscharen und Hochzeitszeremoniell

Sultan Mahmud I., ein »wohlwollender und friedliebender Fürst« (Zinkeisen), der von 1730 bis 1754 das Reich führte, befolgte den Rat des schwarzen Eunuchen Elhadsch Beschir, der schon seinem Vater als Ratgeber gedient hatte, und wechselte regelmäßig seine Großwesire. Denn deren Ruhmsucht, so der alte Verschnittene, sei Ursache vieler Kriege und Unruhen.

Von der Regel profitierte anfangs hauptsächlich Elhadsch Beschir, der die hohen Würdenträger absetzte und neue ernannte. Doch der Herr des Harems hatte eine gute Hand und zeigte Maß. Besonders in die auswärtigen Dienste delegierte er tüchtige Leute, die durch geschickte Verhandlungen dafür sorgten, daß das Osmanische Reich seinen Bestand halten und sogar leicht vermehren konnte. Denn die alte Armee war kaum noch in der Lage, große Siege zu erfechten. Frankreichs Offiziersimport Bonneval hatte in einem ausführlichen Memorandum die Schwächen des osmanischen Heeres aufgelistet und Neuerungen vorgeschlagen. Von der Einführung des Bajonetts abgesehen, realisierten die Osmanen nichts davon.

Besonders die Janitscharen wehrten sich gegen Änderungen, denn sie lebten nicht schlecht unter dem alten Regime. Nur wenige der damals etwa 160 000 Janitscharen – von denen freilich höchstens 10 000 in Konstantinopel stationiert waren – standen unter Waffen. Die meisten gingen in den Provinzen, wo sie eingeschrieben waren, dem Handel nach, denn Sultan Mahmud hatte ihren ohnehin schon großen Privilegien noch die Zollfreiheit für die von ihnen eingeführten Waren hinzugefügt. »Man wurde Janitschar«, schreibt Zinkeisen, »um reicher Kaufmann zu werden.« Der inneren Ruhe war diese Regelung zeitweise sogar förderlich, denn die einmal zu Wohlstand gekommenen Infanteristen waren am wenigsten an Umstürzen interessiert, noch weniger freilich an Kriegen, die sie am Geldverdienen gehindert hätten.

Wichtigste Finanzierungsquelle des Staates war nach wie vor der Einzug der Vermögen der wichtigen Würdenträger nach ihrem Tod, die allerdings nur noch selten aus diesem Grund hingerichtet wurden. Als Beschir, der einst als Sklave für 30 Piaster gekauft worden war, mit 96 Jahren starb, soll er Hunderte von Kisten voller Goldstücke und 800 juwelenbestückte Uhren hinterlassen haben.

Nach einem kurzen Intermezzo des Sultans Osman III., der drei Jahre regierte, kam 1757 mit Mustafa III. ein Sultan an die Macht, der die Dichtkunst liebte und in Versform seine Philosophie verkündete. »Umgestürzt ist dieses Reich«, lautete einer der Verse, »denke nicht, daß es sich unter uns wieder aufrichten werde.« Ein anderer Spruch ließ wenig Verständnis für seine Untergebenen erkennen: »Jetzt sind die Staatsbeamten allzumal Taugenichtse geworden.«

Immerhin ließ der »menschliche, milde und freigebige« (Hammer-Purgstall) Sultan Gefangene freikaufen, die wegen ihrer Schulden eingesperrt waren, und wünschte sich von den fremden Botschaftern als Antrittsgeschenk freigekaufte moslemische Sklaven. Schon immer hatten die Sultane Großwürdenträger an sich zu binden versucht, indem sie ihnen ihre Schwestern und Töchter zur Frau anboten. Mustafa III. war ein besonders eifriger Kuppler, der die Frauen seiner Umgebung auch mehrmals an den Mann brachte. Hochzeiten mit Prinzessinnen aber erfolgten stets nach strengem Hofzeremoniell.

Im Frühjahr 1758 vermählte der Sultan seine Schwester Saliha mit dem Großwesir Mehmed Raghib. Als der Haremswächter die Braut brachte, behandelte die, der Hofsitte folgend, ihren künftigen Gemahl äußerst schäbig und würdigte ihn kaum eines Blickes. Sodann verließ sie ungehalten den Raum und zog sich in ihre Privatgemächer zurück. Auch die Eunuchen verdrückten sich und der Großwesir betrat das Gemach der Braut. Er warf sich ihr, der Etikette folgend, zu Füßen und wartete auf einen Befehl. Er solle ihr Wasser bringen, verlangte die Sultanschwester. Er reichte es ihr kniend und bat um die Gnade, ihren Schleier lüften zu dürfen, hinter dem sie ihr Haar in sieben Zöpfen geflochten hatte.

Doch noch zeigte sich die Prinzessin nicht bereit. Zwei Dienerinnen brachten eine gebratene Taube und Zuckerwerk und der Großwesir bat seine künftige Frau, sie füttern zu dürfen, aber sie lehnte ab. So mußten weitere Geschenke vor ihren Füßen ausgebreitet werden, bis sie sich zum Tisch begleiten ließ und die Fütterung erlaubte. Dann setzte die Braut sich erneut auf ihr Sofa und der Großwesir bestritt die nächste Stunde mit Konversation, um sich dann zurückzuziehen.

Auf die Kunde, die Braut habe sich ins Bett gelegt, schlich sich der Bräutigam ins Schlafgemach, entkleidete sich und näherte sich seiner künftigen Frau vorsichtig von den Füßen her, die er berührte und küßte. Nur auf Anordnung seiner Gemahlin durfte der Ehemann ihr näher kommen. Freilich war ihre Zeit der Weigerung begrenzt. Am dritten Tag nach der Hochzeit sandte der Sultan eine eiserne Keule mit der Order, seine Schwester totzuschlagen, wenn sie dem Gemahl noch immer nicht die eheliche Gunst gewährte.

»Die Geschichte erwähnt keinen solchen Martyrtod«, schreibt Hammer-Purgstall. Auch hatte der Großwesir möglicherweise weniger Probleme. Seine Braut war nämlich schon verwitwet und 43 Jahre alt, und auch der Regierungschef hatte die 60 Jahre überschritten. Vielleicht, spekuliert Hammer-Purgstall, »hat sie ihm das Zeremoniell der Kriecherei von den Sohlen hinauf erspart.«

Das System des Gleichgewichts ist den Türken völlig fremd
Europäische Machtpolitik

»Ihre politischen Kombinationen«, schrieb der zurückkehrende französische Gesandte Charles Gravier Graf von Vergennes in einer Denkschrift für seinen König über die Osmanen, »sind von denen der christlichen Mächte sehr weit entfernt«. Die Türken seien, so der spätere Außenminister Frankreichs, »auf sich selbst und ihr ungeheures Reich konzentriert« und davon überzeugt, über genügend Hilfsmittel zu verfügen, »um Pläne derjenigen zu vereiteln, die sie anzugreifen versuchen. Die Feinheiten des europäischen Gleichgewichtssystems ist den Türken völlig fremd.« Wie unter Beachtung der Balance Kriege geführt, Länder gewonnen und Macht angehäuft werden konnten, führten in Europa besonders die Preußen vor.

Ein halbes Jahrhundert hatten die Brandenburger an der Seite Österreichs gestanden, und nicht zuletzt dafür hatte Kurfürst Friedrich I. 1701 die Königswürde erhalten. Nach dem prunksüchtigen Friedrich I. legte »Soldatenkönig« Friedrich Wilhelm I. mit eiserner Sparpolitik und dem Ausbau eines großen stehenden Heeres den Grundstein für Preußens Machtentfaltung unter seinem Sohn, Friedrich dem Großen. Während sein pietistischer und unnachsichtiger Vater (von den rebellischen ostpreußischen Adligen forderte er: »Sie sollen nach meiner Pfeife danzen«) die Gelehrten vergraulte und die Offiziersuniform zum nationalen Symbol erhob, gab sich sein Sohn Friedrich tolerant (»hier muß jeder nach seiner Fasson selig werden«) und führte sich mit philosophischen Schriften ein, darunter einer harschen Kritik am Florentiner Machiavelli, dem er die Forderung nach Moral in der Politik gegenüberstellte.

Doch schon wenige Monate nach seinem Machtantritt betrieb Friedrich II. machiavellistische Politik in Reinkultur. Mit Kaiser Karl VI. starben im Oktober 1740 die Habsburger in männlicher Linie aus, und damit erlosch ihr Anspruch auf den Kaisertitel. Zugleich brach ein Erbstreit aus, der das im Krieg gegen die Osmanen ohnehin gerupfte Land weiter schwächte. Friedrich marschierte kurzerhand ins österreichische Schlesien ein, das nur von drei Bataillonen verteidigt wurde. Als dann die österreichische Armee anrückte und ihre Reiterei die preußische – mit Friedrich an der Spitze – schon in die Flucht geschlagen hatte, entschieden die preußischen Grenadiere die Schlacht für ihren König.

Die neue österreichische Herrscherin Maria Theresia trat den Preußen Schlesien ab, um sich gegen die Bayern zu wenden. Deren Wittelsbacher Kurfürst Karl Albrecht wurde am 24. Januar 1742 in Frankfurt als Karl VII. in einem Augenblick zum deutschen Kaiser gekrönt, in dem österreichische Truppen München einnahmen. Als die Soldaten der resoluten Herrscherin ins Elsaß einmarschierten, griff Friedrich der Große die böhmischen Lande an und zwang die Österreicher zur Schlacht, die sie verloren. Die Kämpfe tobten noch, als der Wittelsbacher Karl VII. am 20. Januar 1745 nach nur drei Kaiserjahren starb. Zum Nachfolger wählten die Deutschen Maria Theresias Ehemann als Franz I. Der preußische König erkannte ihn als Kaiser an und sicherte sich im Gegenzug endgültig Schlesien. Maria Theresias Überlegungen gingen nun in erster Linie dahin, so eines ihrer Memoranden, »wie die teutschen Erblande von denen so mächtigen beeden Feinden, Preußen und Türken, zu beschützen wären.«

Zwei andere Feinde hatte sie nicht genannt: Frankreich, der Erzfeind der Vergangenheit, und Rußland, der große Rivale der Zukunft. Frankreichs Stern war nach dem Tod des Sonnenkönigs gesunken, doch brachte die Regierung unter dem Kardinal Fleury die Wirtschaft wieder in Schwung und kurbelte den Handel an. Wichtiger noch war, daß die Franzosen weitgehend ihre natürlichen Grenzen erreicht hatten. Sie sahen nunmehr in den Österreichern eher Verbündete als Gegner. Am 1. Mai 1756 schlossen die Erzfeinde in Versailles ein förmliches Neutralitäts- und Verteidigungsbündnis ab. Europa hatte sein »renversement des alliances«, den großen Wechsel der Allianzen. Damit war eine Konstellation wiederentstanden, die sehr mittelalterlich anmutete: Katholiken standen gegen Protestanten.

In Rußland hatte Peter der Große sein Land fast brutal auf Westkurs gebracht, was ihm die Altmoskowiter verübelten. Der Kampf zwischen russischen Traditionalisten und westlich orientierten Reformern sollte zu einer Konstante der russischen Geschichte werden. Peters Tochter Elisabeth kam das Verdienst zu, die Verwestlichung ihres Vaters im Land verwurzelt zu haben. Zum Ärger der Preußen schlug sich Elisabeth auf die Seite der Österreicher.

Die Osmanen waren unangenehm überrascht über den plötzlichen Wechsel ihres Uraltfreundes Frankreich zum Erzfeind Österreich, zumal beide Staaten zwei Jahre später ihr Bündnis insofern erweiterten, als Frankreich sich verpflichtete, Österreich nach einem beendeten Krieg (für den auch noch 100 000 Mann Hilfstruppen zur Verfügung gestellt werden sollten) die eroberten Gebiete zu überlassen. Territorien in Europa aber hatten die Osmanen in der Vergangenheit fast ausschließlich an Österreich verloren. Freilich galten die Vertragsbestimmungen nur für den Fall, daß Österreich angegriffen würde – ein Grund mehr für die Osmanen, den Habsburgern keinen Anlaß für einen Krieg zu geben.

Als die Russen in Ostpreußen siegten, die Österreicher kurzfristig Berlin besetzten und beider Heere am 12. August 1759 bei Kunersdorf die Preußen schlugen, bereitete sich Friedrich ernsthaft auf den Freitod vor. Zwar gelangen den

Preußen sodann einige Siege, als aber der verbündete englische König Georg II. starb, suchte Friedrich neue Freunde, wo immer er sie zu finden glaubte, selbst in Konstantinopel.

Die Anfänge der Beziehungen beider Staaten waren eher beiläufig. 1718 empfahl der von den Osmanen als König (ohne Land) von Ungarn aufgebaute Franz Rakoczy dem Großwesir, bei den Preußen einmal vorzufühlen, ob nicht eine Allianz gegen Österreich möglich sei. Daraufhin bot der Sultan dem Soldatenkönig die Freundschaft der Osmanen an, mit der die Preußen aber nichts Rechtes anzufangen wußten.

Zwei Jahre später erschien der erste Preuße in offizieller Mission am Goldenen Horn: Wilhelms Stallmeister Jurgofsky. Doch er kam nicht mit diplomatischem Gepäck, sondern wollte für seinen Herrn schlicht Pferde kaufen. 1739 reisten erneut Abgesandte des Königs ins Osmanenreich, diesmal zur Krim, um neben Pferden »lange Kerls« für die Palastgarde des Königs mitzubringen. Obgleich der Großwesir dem königlichen Boten jede Hilfe angedeihen ließ, mußte der sich erneut nur mit den Pferden zufriedengeben: Es fanden sich keine Bewohner mit Gardemaß.

Erst im März 1755 traf erstmals ein ordentlicher Vertreter des Königs im Osmanenreich ein, der Geheime Commerzienrath Karl Adolf von Rexin. Freilich war Rexin in Konstantinopel kein Fremder. Unter dem Namen Hauden war der gebürtige Schlesier für eine Breslauer Handelsgesellschaft tätig gewesen und hatte hernach sogar den Österreichern gedient. Obgleich der Vertreter Preußens in Konstantinopel sogleich eine gehörige »goldene Salbung« vornahm, wie Englands Botschafter Porter spottete, erreichte er nicht viel, weil offenbar der Vertreter Wiens besser gesalbt hatte.

Nach dem Beginn des Siebenjährigen Kriegs forcierten die Preußen ihre Avancen. »Ich war genötigt«, schrieb Friedrich der Große, »meine Zuflucht zu der Menschlichkeit der Muselmänner zu nehmen, weil solche bei den Christen nicht mehr zu finden ist.« Am 22. März 1761 wurden sich beide Seiten einig, aber nur über einen Freundschafts- und Handelsvertrag. Die Preußen erlangten nur Vergünstigungen, die auch Staaten wie Neapel oder Dänemark gewährt worden waren.

In Berlin versuchte der König den osmanischen Botschafter Resmi Ahmed Efendi mit einer Landkarte in der Hand von den Vorteilen eines Bündnisses zu überzeugen, doch der Türke wand sich heraus und gab nur den guten Rat, der preußische König solle sich aus der Königswahl in Polen heraushalten. Als dann der Osmane von Friedrich drei seiner besten Astrologen für den Sultan verlangte, weil nur deren glückliche Berechnungen zu den preußischen Siegen geführt haben könnten, gab auch der König auf. Er habe keine, antwortete er und belehrte seinen Gesprächspartner: Zum Kriegführen brauche es die notwendigen Kenntnisse, ein wohlgerüstetes Heer und eine volle Staatskasse. Die Ratschläge Friedrichs machten auf den Sultan großen Eindruck, denn der meinte später einmal, mehr als die Kriegsmacht der Preußen fürchte er den Verstand ihres Königs. Ein Bündnis schlug sich der Preuße nunmehr aus dem Kopf.

Nicht Türken und Tataren retteten Friedrich, sondern viel Glück. Einmal waren die Österreicher nach den langen Kriegen erschöpft, zum anderen starb seine Feindin Elisabeth am 5. Januar 1762. Ihre Nachfolger aber waren den Preußen wohlgesonnen. In Europa hatten sich die Machtverhältnisse verschoben. »Rußland und Preußen«, schreibt Historiker Stavrianos, »übernahmen nun im Osten den Platz von Schweden, Polen und der Türkei.« Wobei Polen sogar für eineinhalb Jahrhunderte ganz von der europäischen Landkarte verschwinden sollte. Aber noch war Polen nicht verloren.

Die Großmachtstellung endgültig eingebüßt
Der Frieden von Kütschük-Kainardsche

Es gab zur damaligen Zeit Königreiche und Republiken, wobei die Republiken in der Regel die rückständigen Staatsgebilde waren, während an den Königs-, besonders aber Fürstenhöfen schon der Geist der Aufklärung wehte. Polen war Königreich und Republik zugleich, wo inzwischen ein machtloser König (aus dem Herrscherhaus der Sachsen) einem machtlosen Adels-Parlament gegenüberstand. Die Adligen wiederum waren gespalten nicht nur in wenige Magnaten und Zehntausende von Kleinadligen, sondern auch in rivalisierende Familien. Die damit verbundene Anarchie, meinten viele Polen, schütze sie, weil niemand ein Interesse daran haben könne, ein solches Land zu erobern. Doch in Wahrheit führte sie zu seinem Untergang, den besonders Preußen und Rußland nach Kräften förderten.

Die Intoleranz der Katholiken gegenüber den Angehörigen anderer Religionen hatte dazu geführt, daß Russen und Preußen sich 1730 zum Schutz ihrer jeweiligen Glaubensgenossen in Polen verpflichteten, was beiden Mächten sodann als Vorwand für offene Interventionen diente.

Gegen den von Katharina eingesetzten polnischen König Stanislaw August Poniatowski, ihren früheren Liebhaber, schlossen sich im Februar 1768 in Podolien die Oppositionellen zur »Konföderation von Bar« zusammen mit dem Ziel, die Russen zu vertreiben, den König abzusetzen und die uneingeschränkte Vorherrschaft der katholischen Kirche sicherzustellen. Russische Truppen machten daraufhin Jagd auf polnische Konföderierte, die sich über die Grenze ins osmanische Bessarabien flüchteten. Als die Soldaten der Zarin ihnen folgten, den Ort Balta verwüsteten und nahezu alle Einwohner töteten, sprach sich die Mehrzahl der Minister im Diwan für den Krieg gegen die Russen aus.

Es war schon ein kleiner Treppenwitz der Geschichte: die ultraorthodoxe russische Zarin schwang sich zur Verteidigung der Protestanten auf und die Osmanen kamen den ihnen zutiefst verhaßten Katholiken zu Hilfe. Die Sultane und ihre Großwesire machten Schnellkurse in europäischer Gleichgewichtspolitik. Am 22. September 1768 erklärten die Osmanen Rußland den Krieg. Über den Termin konnte sich Friedrich der Große nur amüsieren, denn die türkischen Truppen waren erst zum Frühjahr einsatzbereit. So konnten die Russen den Winter für militärische Aufrüstungen nutzen, und das machten sie gründlich. »Diese Leute können weder vernünftig Frieden schließen noch Krieg führen«, spottete der preußische König über die Osmanen.

Zwar hatten sich die Generäle des Sultans auf den Krieg vorbereitet wie eh und je, auch waren die Kassen nicht schlecht gefüllt, nur war die türkische Militärmaschinerie gegenüber der europäischen inzwischen hoffnungslos veraltet. »Es fehlte an einem tüchtigen System der Kriegführung«, schreibt Zinkeisen, »und vor allem an erfahrenen Heerführern.« Die frühere Zucht der türkischen Soldaten war dahin. So brannten die einstmals disziplinierten Spahies – wie früher die Akindschis – gut 150 Ortschaften nieder, trauten sich aber nicht an die wenigen befestigten Plätze heran. Als dann auch noch der kriegerische Tatarenchef Krim-Girai starb (oder wahrscheinlich umgebracht wurde), flohen die türkischen Verteidiger. Die Truppen der Zarin drangen in Richtung Schwarzes Meer und Kaukasus, eroberten Teile Bessarabiens und veranlaßten die Führer der Moldau und Walachei, sich vom Osmanischen Reich loszusagen. Erstmals überschritten russische Soldaten die Donau.

Größer noch schien die Gefahr von einer völlig unerwarteten Seite: Der Aufwiegelung christlicher Untertanen durch russische Agenten. Die hatten schon monatelang besonders die Griechen auf dem Peloponnes bearbeitet. Jetzt wartete Katharina mit einer Überraschung besonderer Art auf: Sie griff mit Seestreitkräften im Mittelmeer an. Weil sie weder im Schwarzen Meer noch im Mittelmeer eine Flotte besaß, schickte die Zarin ihre Ostseeflotte. In englischen Häfen bestens verproviantiert – die Engländer suchten eine Annäherung an Rußland, mit dem der Handel florierte –, hatten die russischen Schiffe die Küsten Griechenlands erreicht.

Dort war schon früher der russische Artillerie-Hauptmann griechischer Abstammung, Gregorios Papadopulos, auf der Halbinsel Magne abgesetzt worden und hatte versucht, die dortigen Christen für einen gemeinsamen Kampf gegen die Osmanen zu gewinnen. Nur wenn mindestens 10000 russische Soldaten anlanden würden, hatten die Griechen vorausgesagt, hätte ein Aufstand Erfolg. Nun aber kamen gerade vier Schiffe und nur einige Hundert Mann gingen an Land, die nicht mehr als 40 Kisten Munition entluden. Als dann jedoch weitere russische Schiffe aufkreuzten, ließen sich einige tausend Griechen zum Widerstand hinreißen. Tatsächlich gelang es ihnen, die Hafenstadt Navarino (das heutige Pylos) an der Südwestküste des Peloponnes zu erobern. Doch die angeblichen Helfer aus dem fernen Rußland zogen wieder ab, und ihr hünenhafter Admiral Alexej Grigorjewitsch Graf Orlow, der einst eigenhändig den Zaren Peter III. erdrosselt und damit Katharina zur Macht verholfen haben soll, beschimpfte die Griechen als »angeberisch, hinterlistig, unverschämt, launisch und feige, nur ans Geld denkend und an Plünderungen«. Die Russen hatten den Aufstand nur geprobt und waren nicht in der Lage, die Aufständischen wirksam zu unterstützen. Von den Türken geschickte moslemische Albaner wüteten so brutal unter den Einwohnern, daß deren zuvor relativ gutes Verhältnis zu den Osmanen für immer dahin war.

Erfolglos bei ihrer Landeoperation, segelte die russische Flotte mit mehreren englischen Offizieren an Bord zur kleinasiatischen Küste, wo sie im Juli 1770 die Marine des Sultans in die Flucht schlugen. Als ein englischer Offizier noch ein Feuerschiff in die nach Tscheschme (dem heutigen Cesme gegenüber der Insel Chios) geflohene Flotte steuerte, ging die in Flammen auf. Der britische Berater Admiral Elphinstone forderte seinen russischen Kollegen auf, sofort in die Dardanellen einzulaufen und Konstantinopel zu belagern, doch Orlow lehnte ab. So hatte der von den Franzosen an die Meerengen delegierte ungarische Offizier François Baron von Tott Zeit genug, die Dardanellen mit Artillerie zu befestigen.

Der Sultan war noch einmal davongekommen. Denn Konstantinopel war auf keinerlei Verteidigung eingerichtet, und ein Überraschungscoup wäre bei der osmanischen Russenangst möglicherweise geglückt. Doch auch die Russen waren auf keine Landemanöver vorbereitet. Ihre Armeen aber hatten alle Festungen der unteren Donau besetzt.

Einen Kantersieg der Russen wünschte niemand in Europa, vor allem nicht die Österreicher. Die Aussicht auf russische Truppen südlich der Donau versetzte sie in solche Panik, daß sie ihre Armee in Ungarn mobilisierten. Den tiefen Fall des Osmanischen Reichs machte ein höchst geheimer Vertrag klar, den Österreicher und Osmanen im Juli 1771 in Konstantinopel abgeschlossen hatten. Darin gewährte die Pforte den einstigen Erzfeinden für die Vorbereitung eines Krieges gegen Rußland Subsidien in der vergleichsweise gewaltigen Höhe von 10 Millionen Piaster oder 11,25 Millionen Gulden.

Die Österreicher hatten sich verpflichtet, den Osmanen zur Rückgewinnung ihrer Territorien zu verhelfen (wobei sie sich selbst allerdings einen Teil der Walachei reservierten). Doch kaum war der Vertrag unterzeichnet, hatten sich die Engländer ein Exemplar verschafft und an die Russen weitergegeben, die ihren Vormarsch fortsetzten. Auf Druck der Preußen und Österreicher kam es am 5. August 1772 zu einem Frieden, den in erster Linie die Polen bezahlen mußten. Denn Österreich, besonders aber Rußland und Preußen hatten große Teile Polens besetzt und zwangen die machtlose Adelsrepublik, ein Drittel seiner Territorien mit der Hälfte seiner Bevölkerung an die drei Sieger abzugeben. Das machte es der Zarin leicht, den Osmanen gegenüber auf den Erwerb der Donaufürstentümer zu verzichten. Doch die Ulema torpedierten alle Friedenspläne, wenn nicht sichergestellt würde, daß die Krim wieder völlig in den Besitz der Osmanen fiele. Dazu jedoch war die Zarin unter keinen Umständen bereit.

Während der Tatarenkhan Selimgirai nach Konstantinopel geflohen war, unterwarfen sich die Tataren den Russen unter der Bedingung, daß sie weiterhin ihren Khan wählen und frei ihre Religion ausüben dürften sowie keinen Kriegsdienst in der russischen Armee leisten müßten. Katharina sagte zu, aber die Osmanen lehnten auf Druck der Ulema die Unterwerfung ihrer jahrhundertealten Alliierten rigoros ab.

Im Sommer 1774 gelang dem russischen General Alexandr Wassiljewitsch Suworow, einem der genialsten russischen Feldherrn, mit dessen Namensorden selbst die Sowjetunion später verdiente Offiziere auszeichnete, ein totaler Sieg. Er überrumpelte die Armee des Sultans, und nun ging alles sehr schnell. Nach nur vier Stunden Verhandlung einigten sich am 21. Juli 1774 russische und osmanische Vertreter in Kütschük-Kainardsche (dem heutigen bulgarischen Dorf Kajnardza nahe der Stadt Silistra) auf einen Friedensvertrag, der Geschichte machte.

In ihm akzeptierten die Osmanen die Unabhängigkeit der Krimtataren. Rußland erhielt das so oft umkämpfte Asow, einen Küstenstrich beiderseits der Mündung des Don sowie die Kertsch-Halbinsel, die den Ausgang des Asowschen zum Schwarzen Meer beherrscht, ferner den Küstenstrich zwischen den Flüssen Dnjepr und Bug. Schließlich mußten die Osmanen nicht nur einer russischen Flotte auf dem Schwarzen Meer und der Donau zustimmen, sondern auch Bosporus und Dardanellen russischen Handelsschiffen öffnen. Dafür räumten die Russen Bessarabien und entließen auch die Moldau und die Walachei wieder in osmanische

Vasallenschaft, behielten sich allerdings das Recht vor, die Belange dieser Staaten in Konstantinopel zu vertreten.

Für die Zukunft bedeutsamer als die territorialen Verluste war Artikel 14, in dem die Osmanen den Russen zugestanden, künftig im Istanbuler Diplomatenviertel Pera eine öffentlich zugängliche orthodoxe Kirche errichten zu dürfen. Nur auf diese Kirche bezog sich Artikel 7, der bestimmte, daß »Geistlichen des russischen kaiserlichen Hofs gestattet wird, alle Interessen der in Konstantinopel errichteten Kirche zu vertreten«. Die Kirche wurde nie gebaut, und deshalb leiteten die Russen aus den beiden Artikeln 7 und 14 Protektionsrechte über die orthodoxen Christen des gesamten Reichs her, wenngleich ebenfalls in Artikel 7 der Sultan ausdrücklich »einen dauernden Schutz der christlichen Religion und der Kirchen dieser Religion« zusagte.

In diesem Passus sah Moskau eine Bestätigung seines Anspruchs, Zentrum der orthodoxen Christenheit zu sein. Christen im Osmanischen Reich aber waren – mit Ausnahme der Maroniten im Libanon – fast ausschließlich Orthodoxe. Wie zuvor schon die Franzosen, durften nun auch die Russen Konsulate errichten, die sich allerdings weniger als Handelsniederlassungen verstanden, sondern ihre Hauptaufgabe darin sahen, die orthodoxen Glaubensbrüder zu protegieren. »Fortan«, legte die Zarin Katharina II. acht Monate später den Vertrag aus, »steht die orthodoxe Kirche in den Orten, wo sie entstand, unter Unserer herrscherlichen Obhut.« Die Osmanen versäumten es, ihr zeitig genug zu widersprechen.

»Dieser Frieden«, schrieb der französische Historiker Robert Mantran, »der schlechteste je von den Osmanen unterzeichnete, bestätigte den von den Russen international erreichten Rang und den Erfolg ihrer Expansion.« Und für Historiker Josef Matuz »büßte das Osmanenreich seine Großmachtstellung endgültig ein«. Nur dem Umstand, so Matuz, »daß es zum Zankapfel der rivalisierenden europäischen Mächte wurde«, verdankte das Osmanische Reich noch einen Aufschub vor dem Zerfall. Die »orientalische Frage«, die Frage, was zu tun sei mit dem Vakuum, das da im Südosten entsteht, und wer davon profitieren könnte, beschäftigte von nun an die europäischen Kabinette. Den Friedensvertrag nannte der österreichische Gesandte »ein rares

Beispiel russischer Geschicklichkeit und türkischer Blödsinnigkeit«. Hatte der Frieden von Karlowitz den Verlust christlicher Provinzen im Westen mit sich gebracht, so war der von Kütschuk-Kainardsche für den Sultan insofern härter, als die Osmanen mit der Krim erstmals moslemisches Territorium preisgeben mußten.

Allerdings brachte der Vertrag im religiösen Teil auch dem osmanischen Sultan-Kalifen eine Stärkung, die sich einmal auszahlen sollte. Denn der Sultan wurde völkerrechtlich als »oberster Kalif des moslemischen Glaubens« anerkannt, dem die geistliche Jurisdiktion über die moslemischen Tataren zugesprochen wurde. Damit war erstmals nach der Übernahme des Kalifats die Führerschaft des osmanischen Kalifen über die moslemischen Gläubigen festgeschrieben. Von diesem Zeitpunkt an stellten die Sultane immer häufiger ihr Kalifat heraus und versteckten es nicht mehr schamhaft, wie so oft in der Vergangenheit.

Die Unterentwicklung ist auf innere Gründe zurückzuführen
Die Wirtschaft im Zeitalter des Zerfalls

Eine starke Zentralgewalt, das war einmal die Stütze des Osmanischen Reichs. Jetzt hatten Talfürsten und örtliche Notable die Macht im Lande übernommen. Der vererbbare Großgrundbesitz war zur Regel geworden, und die Bauern sanken auf den Status von Fronarbeitern herab. Von einem Weg in die Moderne konnte in den Provinzen nicht die Rede sein.

In Anatolien herrschten die Osmanen nur noch im äußersten Westen und in Karaman uneingeschränkt. Das übrige viel größere Gebiet teilten sechs Feudalfamilien unter sich auf. Und auch in Rumelien hatten vier Familien das Sagen. Eine war die des Ali Tepelenelioglu, des Ali von Tepelene, einem kleinen Dorf in Albanien. Er schwang sich zum Herrn über Südalbanien auf. Ende des Jahrhunderts beherrschte seine Familie ganz Epirus, Thessalien und den Peloponnes. Diese lokalen Herrscher bestellten selbst die der Zentrale unterstellten Gouverneure oder Walis, wie sie nunmehr hießen.

Doch auch in den Zentren gab es keine Anzeichen der Moderne. Die Zünfte funktionierten wie eh und je und sorgten für die Ausschaltung jeder Konkurrenz. Wer Geld hatte, tauschte es gegen Gold oder kaufte sich Grund und Boden – eine sterile Geldanlage im Zeitalter expandierender Manufakturen. Nur wenige Moslems investierten in Handelsgeschäfte, die sie sodann weitgehend Ausländern überließen.

Der größte Reichtum im Osmanischen Reich hatte sich bei jenen angehäuft, die am wenigsten bereit waren, die modernen Zeiten einzuläuten: die Ulema. Auf sie entfielen zwei Drittel der Staatseinkünfte, behauptete der Großwesir Derendeli Mehmed Pascha, ein Kurde, der kaum lesen und schreiben, aber umso besser rechnen konnte. Alle großen geistlichen Stiftungen hatten jährliche Einkünfte von etwa 100 000 Goldstücken, die Sophienmoschee sogar über eine Million. Der oberste Mufti, einstmals unter Suleiman mit 300 Aspern Tagegeld zufrieden, verdiente schon Mitte des 18. Jahrhunderts 20 000 Goldstücke jährlich, zum Ende sogar das Sechs- bis Achtfache. Allenfalls die Hälfte dieser Einkünfte steckten die Geistlichen in die Moscheen. Als Großwesir Derendeli, der die Hälfte seiner Diener entlassen hatte, um mit gutem Beispiel voranzugehen, den Mufti besuchte, wies er angewidert die goldbestickten Handtücher zurück, die der ihm reichte.

Als in Italien das Bankwesen bereits in Blüte stand, gab es im Osmanischen Reich kein Kreditinstitut, weil Kredit mit dem moslemischen Glauben nicht vereinbar war, ebensowenig wie Zinsen, die logische Ergänzung der Kredite. Ihren Gebrauch wußten die Ulema zu verhindern, »der einzige verfassungsmäßige Stand des Osmanischen Reichs, welcher in das Radwerk der Regierungsmaschine wirksam eingreift«, wie Hammer-Purgstall schreibt. Ohne Banken aber konnte eine moderne Geldwirtschaft nicht aufkommen. Und ohne Geldwirtschaft war eine Industrialisierung unmöglich.

Zwar gab es durch die Landflucht Arbeiter in Hülle und Fülle, doch sie bildeten keine Reservearmee, die im Westen, bei allem persönlichen Elend, den Motor der Industrialisierung mit billiger Arbeit antrieb. Im Osmanischen Reich versorgte die Geistlichkeit die Entwurzelten mit Almosen, wenn auch nur dürftig, und auch die Sultane rechneten es sich hoch an, wenn sie den Armen halfen. Es entstanden keine

Großunternehmen, allenfalls Handwerksbetriebe, und die wurden sofort in die sterile Zunftordnung eingebunden. Weil nach wie vor alles dem Sultan gehörte, verbuddelten selbst weltläufige Beamte lieber ihr Geld in der Hoffnung, daß die Häscher des Sultans eine Kiste übersehen und so ihre Kinder oder Nachfahren etwas erben konnten.

So waren es nur die Christen und Juden im Reich, die ohne religiöse Zwänge den Geld- und auch den Warenhandel nach modernen Gesichtspunkten betrieben. Die osmanische Regierung ließ sie gewähren, weil sie die einzigen waren, an die sie sich wenden konnte, wenn sie Geld brauchte. Besonders die Griechen investierten ins Handelsgeschäft und fuhren unter russischer, venezianischer, englischer, französischer oder auch osmanischer Flagge. »Von allen Völkern des Osmanischen Reichs«, schreibt Robert Mantran, »hatten sie die meisten Kontakte mit den Europäern.« Sie zogen daraus nicht nur materiellen Profit, sondern wurden auch zu den Vorkämpfern erst ethnischer, dann nationaler Freiheit.

Doch auch die Investitionen der Andersgläubigen konnten das Osmanische Reich nicht vor dem Verfall retten. Sie waren nur eine Minderheit, und ohne staatliche Hilfen konnten ihre Unternehmungen niemals die Größe erreichen, die notwendig war, um mit den Europäern zu konkurrieren. Staatliche Hilfen aber für Handel oder gar Industrialisierung existierten nicht. Es gab im Reich der Türken keine Erfindungen, keine technischen Innovationen, überhaupt kein Interesse an wissenschaftlichem oder auch nur technischem Fortschritt und erst recht keine Theorie oder Philosophie, die Wirtschaft zu stärken. »Der permanente, sich verschärfende Zustand der Unterentwicklung der osmanischen Wirtschaft«, schreibt Historiker Josef Matuz, »ist in vieler Hinsicht primär auf innere Gründe zurückzuführen.« So machten es die Osmanen den Europäern leicht, ihr Land zu beherrschen. Die mit dem Westen abgeschlossenen Kapitulationen wandelten sich in echte Kapitulation der Türken vor den Europäern.

Die Krim als oströmische Basis ausgebaut
Rußlands Traum vom neuen Byzantinischen Reich

Der Frieden von Kütschük-Kainardsche war im Osmanischen Reich bald so unpopulär, daß die Regierung daran ging, eine Revision zu verlangen. Als Vermittler schaltete sie die Preußen ein. Friedrich II. hatte zwar keine Forderungen an die Osmanen, war aber keineswegs neutral, denn er hatte es auf weitere polnische Territorien – vor allem Danzig und Thorn – abgesehen, und die konnte er nur in Übereinstimmung mit der Zarin erhalten. So wiegelte er in Konstantinopel ab und riet dem Sultan, den Vertrag zu erfüllen. Der neue Sultan Abdul Hamid I., ein schwacher Mann, der von seinen 49 Jahren 43 im goldenen Käfig verbracht hatte, unterzeichnete den unpopulären Frieden.

Für die Russen war der Vertrag nur der Einstieg in den Kampf gegen die Osmanen. Katharina die Große, die sich auf ihren Gedenkmünzen als »Verfechterin des Glaubens« feiern ließ, empfing im Frühjahr 1780 in Mohilew am Dnjepr den Herrscher von Habsburg-Österreich und Nachfolger der gerade verstorbenen Kaiserin Maria-Theresia, Joseph II., zu Besuch und entwickelte dem überraschten Monarchen gegenüber einen höchst sonderbaren Plan:

Ihr vor einem Jahr geborener Enkel, so Katharina, werde dereinst als Prinz in Konstantinopel residieren und das alte Byzanz als griechisch-orthodoxes Reich (von russischen Gnaden) wieder auferstehen lassen. Diesem neuen Byzanz sollten die europäischen Provinzen des Osmanischen Reichs zugeschlagen werden. Österreich solle dafür Serbien, Bosnien, die Herzegowina und Dalmatien erhalten, Venedig den Peloponnes, Kreta und Zypern, und die Franzosen könnten mit Ägypten und Syrien geködert werden. Rußland schließlich würde Anatolien und die nahöstlichen Gebiete bis nach Indien einkassieren. Es war der erste konkrete Teilungsplan für das Osmanische Reich und ging als »Griechisches Projekt« in die Geschichte ein.

Programmatisch hatte Katharina ihren Enkel »Konstantin« genannt und zu seiner Geburt eine Münze prägen lassen, die auf der einen Seite die Konstantinopler Hagia Sophia zeigte und auf der anderen das Schwarze Meer mit einem aufgehenden Stern. Sie hatte ihren Enkel auch schon malen lassen, wie er die Fahne Konstantins des Großen in der Hand hielt. Sechs griechische Ammen von den Inseln des Archipels, meldeten die Diplomaten ihren Höfen, waren schon auserwählt, damit der junge Prinz mit griechischer Muttermilch aufwachse. Auch sollte er nach griechisch-orthodoxem und nicht russisch-orthodoxem Ritus getauft werden, um aus ihm einen echten Konstantin zu machen. Doch dann klappte es mit den Ammen nicht und deshalb mußte russische Muttermilch her. Und auch den abweichenden Ritus sagte die verärgerte Zarin daraufhin ab. Die bereits geprägten Gedenkmünzen ließ sie einstampfen.

Der russische Teilungsplan stieß sofort auf die Ablehnung Frankreichs. Zwar stimmte der französische Botschafter in Sankt Petersburg der Zarin darin zu, den, wie er sich ausdrückte, »blödsinnigen Despoten im Serail, den die Ulema beherrschen und die Janitscharen bewachen«, nach Asien zu verjagen, doch könne Frankreich die Teilung der Türkei unter keinen Umständen erlauben. Sollte es aber doch dazu kommen, dann melde es Ansprüche auf Kreta an.

Auch auf österreichischer Seite gab es Vorbehalte gegen eine zu starke russische Präsenz auf dem Balkan. Schon 1776 hatte sie der Staatskanzler Wenzel Anton Fürst von Kaunitz-Reitberg dahingehend geäußert, daß ein schwacher türkischer Nachbar einem starken russischen stets vorzuziehen sei. Die Österreicher hatten bereits mit einer Art Salamitechnik versucht, sich osmanische Territorien anzueignen. Sie annektierten jeweils nur wenige Orte auf osmanischer Seite, die aber große Einzugsgebiete hatten. Dabei nutzten sie die Tatsache aus, daß die »Minister der Pforte nicht die geringsten geographischen Kenntnisse besitzen«, wie der damalige österreichische Botschafter in Konstantinopel, Franz Maria Freiherr von Thugut, feststellte. Mit alten Urkunden versuchten die Österreicher, ihre Besitzansprüche auf osmanisches Gebiet zu begründen. Sie schickten nicht nur ihre Meßtrupps in die osmanische Walachei, um von dort Karten anlegen zu lassen, sondern hatten an der Grenze zu Moldau auch ein größeres Gebiet einfach besetzt. Es gehöre ohnehin zu einer Region, die im Friedensvertrag an Österreich gefallen sei, argumentierten die Gesandten des Kaisers, und die Osmanen gaben sich damit zufrieden, weil sie den Frieden nicht stören wollten.

Zarin Katharina ließ unterdes auf der Krim einen ihr hörigen Khan wählen, der 1783 prompt abdankte und sein Reich russischem Schutz unterstellte. Später floh er reuevoll zu den Osmanen, die ihn nach Rhodos verbannten und dort hinrichteten. So starb 1787 der letzte Khan aus dem Geschlecht der Girai.

Auf der Krim hatte sich unterdes der General und Geliebte Katharinas, Grigorij A. Potemkin, ans Russifizieren gemacht, wozu ihm auch viele deutsche und österreichische Siedler dienten. Er gründete einen Schwarzmeerhafen und nannte ihn programmatisch »Stadt des Augustus« – Sewastopol. Auch die weiteren Neugründungen erhielten römische Namen mit dem Hintergedanken einer Wiederherstellung des oströmischen Imperiums unter russischer Ägide.

Um der Welt und seiner Geliebten die neue Pracht vorzustellen, lud er die Zarin zum Besuch der Krim ein. Mit großem Gefolge und vielen ausländischen Botschaftern segelte Katharina 1787 den Dnjepr hinab Richtung Süden. Vorbei an angeblich nur aus Fassaden bestehenden reichen Dörfern, die Potemkin berühmter machten als seine wirklichen Verdienste, erreichte die Zarin die Stadt Cherson, wo ein Triumphbogen die Inschrift trug: »Auf dem Weg nach Byzanz«. Im neuen Palast von Sewastopol speiste die Zarin mit dem österreichischen Kaiser Joseph. Auf ein Signal Potemkins ging ein Vorhang auf, der den Blick auf die Bucht eröffnete.

Der Besuch der beiden Hauptfeinde der Türken auf der Prestigehalbinsel Krim machte das Maß für die Osmanen voll. Sie hatten sich schon seit einiger Zeit an den Griechen schadlos gehalten, die der Parteinahme für die Zarin oder auch den österreichischen Kaiser verdächtigt wurden. Im Oktober 1785 hatte die Pforte einen Befehl an den griechischen Patriarchen erlassen, in allen Kirchen und im Griechenviertel Konstantinopels zu verkünden, daß jeder Grieche, der sich in die Politik einmische, und sei es auch zu Gunsten des Sultans, mit dem Tode bestraft würde. Ein Jahr später forderte die Hohe Pforte alle ausländischen Vertretungen auf, ihren Protégés, hauptsächlich Griechen und Armeniern, zu untersagen, sich in die inneren Angelegenheiten des Reichs zu mischen. Alle nicht in der Hauptstadt angestellten griechischen Priester mußten Konstantinopel verlassen.

Inzwischen hatten die Osmanen ein Heer von fast einer halben Million Mann aufgestellt, darunter 60 000 Tataren, die vor den Russen ins Osmanische Reich geflohen waren. Allerdings war es auch eine Armee, in der keine der Mängel abgestellt waren, die in den letzten Kriegen zu schweren Niederlagen geführt hatten. Nach dem ersten gescheiterten Versuch des Renegaten Graf von Bonneval, eine moderne Artillerietruppe aufzubauen, hatte der in französischen Diensten stehende Ungar von Tott seit 1774 zusammen mit anderen westlichen Offizieren ein zwar kleines, aber gut trainiertes Artilleriekorps aufgestellt. Und auch französische Marineoffiziere hatten sich an einer Erneuerung der hoffnungslos veralteten osmanischen Flotte versucht. Um die Besatzungen besser zu schulen, gründeten sie eine Militärakademie. Zwar gelang es Tott, seine Artilleristen so zu drillen, daß sie pro Minute 14 Schuß abfeuern konnten, was den Sultan begeisterte. Als sie aber mit der russischen Armee in Berührung gekommen waren, banden die Kanoniere ihre Pferde ab und flohen, ohne auch nur einen Schuß abgegeben zu haben. Entnervt verließen die fremden Helfer 1787 das Land.

Dennoch fühlten sich die Osmanen stark genug, die Krim zurückzuerobern. Den direkten Anlaß zum Krieg gab ein russisches Ultimatum, Georgien und Bessarabien zu räumen. Die Osmanen antworteten, von Preußen und Engländern moralisch unterstützt, mit einem Gegenultimatum, das die Rückgabe der Krim einforderte. Als Katharina sich weigerte, erklärten die Osmanen am 15. August 1787 Rußland den Krieg.

Katharina II. kämpfte »mit ihrer üblichen Energie«, (Stavrianos), zumal sich inzwischen auch griechische Freischärler gegen die Osmanen erhoben hatten. Sie sei zum Frieden nur bereit, ließ sie die Gegner wissen, wenn die Regionen nördlich des Dnjestr künftig an Rußland fielen. Weil auch den Osmanen keine Siege mehr gelangen, kam es 1792 in der Moldau-Hauptstadt Jassy zum Frieden zwischen den Erzfeinden. Künftig war der Dnjestr Grenzfluß zwischen dem Russischen und dem Osmanischen Reich. Rußland hatte sich endgültig als Großmacht auf dem Balkan etabliert.

Die osmanische Vorherrschaft hielt die Europäer fern

Die arabischen Provinzen

In den arabischen Provinzen war vieles anders als im eigentlichen Mutterland gelaufen. Die Macht war an bodenständige Familien übergegangen, so in der Damaszener Region, in Galiläa und Ägypten, oder an türkische Militärs wie in Tripolitanien, Tunis und Algier. Doch selbst in diesen zum Teil sehr entfernten Ländern waren die neuen Herren immer darauf bedacht, sich als Gouverneur vom Sultan anerkennen zu lassen. Der Glanz von Konstantinopel faszinierte noch immer die Provinz, zumindest die Mächtigen dort. Und auch die Regierung des Sultans versprach sich von der Machtteilung eine stabilere Verwaltung als von nur für kurze Zeit eingesetzten Gouverneuren aus dem Mutterland, die zumeist wenig Interesse an den ihnen zugewiesenen Provinzen zeigten. Selbst die Europäer spielten mit. Keine Macht richtete in den nahezu selbständigen Provinzen eine Botschaft ein.

Waren die Bindungen an die afrikanischen Besitzungen gering, so stieg die Abhängigkeit mit der Nähe zu Konstantinopel. Vor allem, wenn eine Provinzhauptstadt Bedeutung für die jährlichen Pilgerzüge hatte, die religiöse Klammer des Osmanischen Reichs. Denn die Haddsch war nicht nur eine heilige Pflicht, sondern auch ein gigantisches Wirtschafts- und Militärunternehmen: Eine Provinz wie Ägypten gab für die Pilgerzüge einen nicht geringen Teil seiner gesamten Einnahmen aus, um etwa 1000 Soldaten zum Schutz der Pilger zu bezahlen oder die kriegerischen Beduinen zu bestechen. Die Pilgerfahrt, schreibt Historiker André Raymond, »trug in sehr starkem Maße zur moralischen Einheit der arabischen Welt unter der Schirmherrschaft des Osmanischen Reichs bei«.

Die dem osmanischen Machtzentrum Konstantinopel nächste arabische Provinzhauptstadt war Aleppo, die viertgrößte Stadt des Osmanischen Reichs mit mehr als einer halben Million Einwohnern. Sie war auch Ausgangspunkt aller Landrouten nach Asien und Afrika. Für die Haddsch jedoch noch bedeutsamer waren die beiden Städte Damaskus, mit 20000 bis 60000 Pilgern pro Jahr und Kairo mit 30000 bis 40000.

In Aleppo herrschte bis ins 19. Jahrhundert der von der

Hohen Pforte eingesetzte Gouverneur. Sein Einflußbereich beschränkte sich allerdings auf ein Umfeld von etwa 30 Kilometern, in dem sich die landwirtschaftlichen Anbauflächen befanden. Hinter dieser Grenze lagen karges Land und Wüste, und in ihr herrschten die Beduinen. Sowohl in Aleppo wie auch in Damaskus hatten wenige Familien die wirtschaftliche Macht an sich gezogen. In Aleppo zogen drei Familien mehr als die Hälfte aller Steuern ein, in Damaskus herrschte die Familie Azm, die ein halbes Jahrhundert alle Gouverneure stellte und seit 1725 praktisch eine Wali-Dynastie begründet hatte.

Auch in Palästina hatte sich Scheich Dahir el-Umar Mitte des 18. Jahrhunderts praktisch zum Herrscher der Hafenstadt Akka aufgeschwungen, dem neuen Zentrum der lokalen Baumwoll-Wirtschaft. Erst nach 30 Jahren konnten ihn osmanische Truppen vertreiben. Doch sogleich fand er einen Nachfolger, den zum Gouverneur von Sidon bestellten Mamelucken Ahmad. Er hieß allgemein nur »der Schlächter«, denn er ließ die gesamte Familie Dahirs ausrotten. Weil er aber besonders viele Steuern aus seiner Region herauspreßte, ließ ihn die Konstantinopler Zentrale gewähren. Erst nach seinem Tod im Jahre 1804 konnten die Osmanen wieder die volle Macht in Palästina übernehmen, wenn auch nur für kurze Zeit.

Im Gegensatz zu Syrien und Palästina war der Irak nur auf Landrouten durch kurdisches und persisches Gebiet zu erreichen und entzog sich damit weitgehend dem Griff der Zentrale. Und er war seit altersher der Zankapfel zwischen Osmanen und Persern. Gut zweieinhalb Jahrhunderte lang führten die beiden Mächte Krieg mit dem Resultat, daß nach Hunderttausenden von Toten auf beiden Seiten die Grenze immer noch die gleiche war. In den beiden irakischen Regierungsstädten Mossul und Bagdad setzten sich bereits im 17. Jahrhundert Gouverneursdynastien durch, die ihre eigenen Janitscharen aufstellten, nach dem Beispiel der Mamelucken zumeist Sklaven aus dem georgischen Tiflis. Die machten sich schließlich selbständig und gründeten eine reine Sklaven-Dynastie, die sich von den Osmanen nicht gängeln ließen. Erst um die Wende zum 19. Jahrhundert besiegten die Beduinen mit ihrem Herrscher Ibn Saud, dem

Stammvater der Saudis, die Iraker. Die strenggläubig sunnitischen Wahhabiten erstürmten und verwüsteten 1802 die heilige schiitische Stätte Kerbela und raubten sie aus.

In Ägypten hatten die Osmanen zwar die Mamelucken besiegt, ihre Angehörigen aber nicht vertrieben, sondern in die Regierung aufgenommen. Zwischen 1631 und 1656 hatte sogar der Mamelucke Ridwan Bey unumschränkt Ägypten beherrscht. Die Mamelucken holten sich weiterhin, wie sie es jahrhundertelang gemacht hatten, ihre Sklaven zumeist aus dem Kaukasus, mit Vorliebe die zu jener Zeit noch christlichen Tscherkessen. Hinzu kamen Christensklaven aus dem Balkan, die sich bald mit ihren asiatischen Glaubensbrüdern vermischten. Die Mamelucken verzichteten darauf, den Gouverneur zu stellen, reduzierten aber die Macht des offiziellen Vertreters Konstantinopels auf reine Repräsentation.

Und die Gouverneure akzeptierten ihre beschränkte Rolle. Als 1740 die Mamelucken den Gouverneur Sulayman Pascha unter Hausarrest stellten, protestierte die Regierung des Sultans zwar, schickte aber flugs einen neuen, sogar einen Ex-Großwesir, was die ägyptischen Machthaber besonders ehrte. »Der Sultan, unser Herr«, führte sich der neue Gouverneur ein, »hat mir das Territorium überlassen, das ich euch meinerseits schenke. Nur macht mir keine Schwierigkeiten mit der Steuereinziehung.«

Unter dem Georgier Ali Bey el-Kabir, der 1743 in Kairo als Sklave gekauft worden war und 17 Jahre später die Macht übernahm, schickten die Mamelucken die Würdenträger der Osmanen ins Exil oder brachten sie sogar um. Vor seinem Regierungsrat tat der Georgier 1769 kund, es sei an der Zeit, »uns vom Joch zu befreien, das eine kriminelle Politik des Sultans diesem schönen Königreich verpaßt hat«. Der Usurpator stellte die Zahlungen an die Zentrale ein und ließ eine Münze prägen, die auf der Vorderseite seinen Namen trug und nur noch auf der Rückseite den des Sultans. Der Gipfel der Gotteslästerung war erreicht, als der Prediger das Freitagsgebet »im Namen des Sultans *und* Ali Beys« las.

Weil die Osmanen gerade Krieg mit Rußland führten, das seine Flotte sogar zur Unterstützung Ali Beys nach Alexandrien dirigiert hatte, mußte der Sultan sich zurückhalten. Und um Unruhen in Mekka zu begegnen, mußte er Ali Bey sogar um die Entsendung einer Expedition bitten, weil er keine eigenen Truppen bereitstellen konnte. Der Mamelucke eroberte im Juni 1770 Mekka – und die gesamte arabische Rotmeerküste gleich mit –, wodurch die Ägypter mit dem Indischen Ozean das Handelsmonopol erwarben. Mehr noch. Ein Jahr drauf drangen 40 000 Mann seiner Truppen in Palästina ein. Gegenüber dem Sultan beschönigte der ägyptische Herrscher sein Vorgehen mit der Begründung, er wolle den abtrünnigen Gouverneur von Damaskus domestizieren. Am 6. Juni 1771 marschierten die Ägypter in Damaskus ein: Das Mameluckenreich war praktisch wiederhergestellt. Doch die Osmanen zettelten in Ägypten eine Revolte gegen den Damaskussieger an, und Ali fand am 8. Mai 1773 den Tod.

Zwar kehrte Ägypten de facto ins Osmanische Reich zurück, doch die Steuermoral hatte sehr gelitten. Zwischen 1779 und 1785 blieben die Mamelucken ihren Herren in Konstantinopel bei einer auf jährlich 25 Millionen Paras festgelegten Summe 103 Millionen schuldig – genug für den Sultan, um 1786 in einer Kriegspause 38 Schiffe mit 4000 Soldaten nach Ägypten zu schicken und die Zahlungsunwilligen zu besiegen. Doch nur fünf Jahre später hatten die Mamelucken-Nachfahren das Heft wieder in der Hand.

War für die Osmanen die lockere Zahlungsmoral der Ägypter noch Anlaß für eine Strafexpedition, so erwarteten sie von den Maghreb-Ländern und Tripolitanien kaum noch Steuern. Auch deshalb nicht, weil die Einkünfte der Barbareskonstaaten stets zurückgegangen waren. Noch Mitte des 17. Jahrhunderts fingen die zumeist christlichen Seeräuber noch etwa 25 000 Sklaven ein, hundert Jahre später waren es nur noch etwa 3000 und kurz vor Ende des Jahrhunderts nur noch wenige hundert. Die Deys mußten die Steuern erhöhen, und das führte zu Unruhen.

Immerhin reichte die nominelle Herrschaft aus, Angriffe von außen zu verhindern. »Die arabischen Provinzen stellten eine Art Commonwealth dar«, schreibt der französische Historiker André Raimond, »zusammengehalten durch das Prestige der kaiserlichen Institutionen und die islamische Solidarität. Die osmanische Vorherrschaft rettete die Länder des arabischen Westens drei bis vier Jahrhunderte vor der Kolonisation durch die Europäer.«

Die zweite Hälfte des 18. Jahrhunderts hatte die Landkarte der Welt verändert wie selten zuvor. Aus Nordamerika wurden erst die Franzosen von den Engländern, dann die Engländer mit französischer Hilfe weitgehend von den US-Amerikanern vertrieben. Die Karibik entwickelte sich immer mehr als Einflußsphäre der Vereinigten Staaten, Mittel- und Südamerika blieb eine Domäne der Spanier und Portugiesen. Von Kanada einmal abgesehen, reduzierten sich die Besitzstände der Europäer in der Neuen Welt auf Inselchen und unbedeutende Landstriche.

Und auch andere Teile der Welt verschlossen sich den Europäern. China und Japan machten ihre Grenzen dicht, das Osmanische Reich und Persien ließen lediglich Handelsverbindungen zu. Nur Afrika und Ozeanien sowie Teile der arabischen Welt und Hinterindiens, wie es damals hieß, standen europäischen Kolonisierungsgelüsten noch offen. Um diese weißen Stellen auf der Landkarte europäischer Expansion stritten sich vor allem Franzosen und Engländer, ein wenig auch die Holländer, sehr begrenzt und erst später Italiener und Belgier, ganz zum Schluß auch die Deutschen.

Die Russen hatten ihren eigenen Kontinent, den sie zwar nie verließen, aber umso zielstrebiger eroberten. Im 18. Jahrhundert hatten sie das Schwarze Meer erreicht und stießen südlich des Kaukasus vor, wo sie die Georgier bereits zu Vasallen degradiert hatten. Im Südosten bildete China die Grenze der Ausbreitung – sowie Persien, Afghanistan und Indien. Neben den Osmanen wurden somit die Engländer zu Grenzhütern vor den russischen Expansionisten.

Für England stand immer die Perle des Kolonialreichs, Indien, im Vordergrund. Indiens Schutz und ein sicherer Weg zum Subkontinent waren die Koordinaten englischer geographischer Interessen. Der reine Seeweg rund um Afrika war sicher aber lang, der reine Landweg über den Konkurrenten Rußland unsicher und mühsam. Interessant hingegen war eine Route über Ägypten, wo nur eine kurze Landbarriere den Seeweg unterbrach. Ab 1780 etwa befaßten sich die Briten mit dem Plan einer Eroberung Ägyptens.

Frankreich hatte im 18. Jahrhundert stets zwei vorrangige außenpolitische Ziele in Europa: erst die Macht der Habsburger und dann die der Russen einzuschränken. Die noch von Kardinal Richelieu konzipierte Politik der »Barrière de l'Est« sollte ursprünglich das Habsburger Reich einkreisen, und in diesem Konzept spielten die Osmanen den Part bevorzugter Partner. Im Laufe des 18. Jahrhunderts veränderte sich Frankreichs Barrierepolitik und richtete sich in erster Linie gegen Rußland, das eingedämmt werden sollte, wobei wieder den Osmanen eine wichtige Rolle zukam.

Allerdings war für den französischen Außenamtschef Charles Gravier Graf von Vergennes noch wichtiger, nicht in einen Krieg mit Rußland hineingezogen zu werden. Als der spätere Sultan Selim noch als Prinz mit Ludwig XVI. Kontakt aufnahm und sich nach französischen militärischen Beratern erkundigte, hielt sich Vergennes bedeckt. Der letzte große Minister des Ancien Régime kannte das Osmanische Reich aus dem Effeff, denn er war dort von 1754 bis 1768 als Botschafter tätig und traute dem Land keine wirksamen Reformen zu. Französische Offiziere in osmanischen Diensten, fürchtete er, könnten für die Russen ein Vorwand zu einem Krieg sein.

Im weltbewegenden Jahr 1789, in dem George Washington zum ersten Präsidenten der Vereinigten Staaten gewählt wurde und in Paris die Revolution ausbrach, kam Sultan Selim III. an die Macht. Der neue Herrscher galt zeitlebens als frankophil, wenngleich er als erster Sultan Frankreich den Krieg erklären sollte. In der Französischen Revolution sah er in erster Linie eine nützliche Krankheit, vor dessen Virus die europäischen Staaten zittern müßten. »Möge Gott dafür sorgen«, schrieb der Leiter des Privatsekretariats des Sultans Anfang 1792, »daß der Aufruhr in Frankreich sich wie die Syphilis unter den Feinden des Reichs ausbreitet.« Worin genau der Bazillus besteht, war dem Sultan wohl nicht klar, denn die Dragomane hatten alle Mühe, die Schlagworte der Revolution – Freiheit, Gleichheit und Brüderlichkeit – ins Osmanische zu übersetzen. Allerdings setzte sich Selim für eine gewisse Gleichberechtigung der Frauen ein – eine Unerhörtheit in den Augen der Ulema. Nach außen hin hielt sich der Sultan gegenüber den Franzosen zurück.

Am Bosporus ankerten zwei französische Schiffe, die neben der osmanischen Flagge das Sternenbanner und die Trikolore gehißt hatten – die beiden neuen Symbole von Freiheit und Brüderlichkeit. Am Ufer pflanzten begeisterte Jakobiner unter den französischen Residenten nach Pariser Revolutionsvorbild einen Freiheitsbaum. Der Nationalkonvent teilte nicht mehr die Bedenken des königlichen Außenministers Vergennes und bot den Osmanen Offiziere als Berater an.

Ein militärischer Ausbilder freilich blieb dem Sultan erspart: Napoleon Bonaparte. Er hatte in Italien einen glänzenden Krieg für die Revolution geführt und sah sich nach neuen Horizonten um. »Wenn ich darum bitte«, schrieb er am 20. August 1795 seinem Bruder Joseph, »werde ich von der Regierung in die Türkei geschickt, mit gutem Salär und einem schmeichelhaften Botschaftertitel, um die Artillerie des Großtürken zu organisieren.« Ein Paß schien schon ausgestellt zu sein, doch dann rief die Revolution Napoleon nach Paris. Aber er sollte das Osmanische Reich noch betreten: Nicht als Berater oder Freund, sondern als Eroberer.

8
Das Reich bricht immer mehr auseinander

Von der Unabhängigkeit Griechenlands zum Tansimat

Zwei geistige Strömungen bedrohten das Osmanische Reich: Der aus der Aufklärung abgeleitete Liberalismus und der aus der Romantik hervorgegangene Nationalismus. Beide standen sich in ihren Kernaussagen diametral gegenüber.

Die Erkenntnis, daß unumstößliche Gesetze die Natur regelten, übertrugen die Philosophen der Aufklärung auch auf die Gesellschaft. Jeder Mensch, so ihr Postulat, besitze seit seiner Geburt natürliche Rechte, wie das Recht auf Leben, auf Freiheit und die Entfaltung der Persönlichkeit. Einige fügten noch das Recht auf Privatbesitz hinzu. Ein Katalog von Menschenrechten war der wichtigste Beitrag sowohl der Französischen Revolution als auch der amerikanischen Unabhängigkeit zum liberalen Weltbild.

Ganz anders die Nationalisten. Ihr geistiger Vater, der deutsche Philosoph Johann Gottfried Herder, sah die Individuen nur als Teil eines Volks, das ein einheitlicher Geist eint, der Volksgeist. Das einigende Band war vor allem die Volkssprache, die von Fremdworten zu säubern sei. Volkstum und Märchen seien eher die geistigen Wurzeln eines Volkes als gemeinsame geschichtliche Erfahrungen. Dabei waren die ersten Nationalisten noch nicht so borniert, nur im eigenen Volk Werte zu entdecken – das sollte den Rassisten vorbehalten bleiben –, und gerade die deutschen Romantiker hielten große Stücke auf die Folklore der Balkanvölker, besonders die mündlich überlieferten Erzählungen der Serben.

Bevor der Liberalismus im Osmanischen Reich seinen Einzug hielt und Jahrzehnte mühsamer Auseinandersetzung mit Reformen europäischer Herkunft einleitete, verursachte der Nationalismus erste Risse im europäischen Teil des Türkenreichs. Westliche Ideen sollten das Staatsgebäude der Osmanen unterminieren, doch vorerst waren es vor allem die westlichen Armeen.

Was bewundern die da eigentlich?
Die Eroberung Ägyptens durch Napoleon Bonaparte

Fast während der ganzen Geschichte des Osmanischen Reichs waren die Franzosen Freunde der Türken. Oft hatten sie den Sultan durch ihre Interventionen gerettet. Jetzt griffen sie nach einer Perle seines Reichs: Ägypten.

»Ägypten war eine Provinz des Römischen Reichs«, dozierte Frankreichs Außenminister Charles Maurice de Talleyrand vor dem Direktorium, »jetzt muß es eine der Französischen Republik werden.« Er erwarte wenig Widerstand: »Die mameluckischen Militärs werden uns nicht lange widerstehen, und die Ägypter werden uns als Befreier empfangen.« Wer diese Ägypter allerdings seien, darüber machte sich Talleyrand wenig Gedanken, mehr schon über die weltpolitischen Konsequenzen der Eroberung.

Einmal am Nil, so seine Argumentation, könnte das revolutionäre Frankreich »über das Rote Meer ein zweites Expeditionskorps schicken, das einen allgemeinen Aufstand der indischen Prinzen gegen England unterstützt«. Das also war des Pudels Kern: Erzfeind England sollte in seinem kolonialen Herz getroffen werden. Die Durchführung des Plans, glaubte der Franzose, sei »leicht und zwangsläufig erfolgreich« – zumal die Große Nation mit einem Feldherrn besonderer Qualität aufwarten könne: Napoleon Bonaparte.

Am 1. Juli 1798 landete der glorreiche Italien-Feldherr, der den osmanischen Uraltfeind Venedig endgültig ausgelöscht und dessen letzte Besitzungen in Griechenland übernommen hatte, in der ägyptischen Stadt Alexandria, um »seinen Ruhm warmzuhalten«, wie Napoleon später zugab. Den Ägyptern gegenüber gaben sich die Franzosen als Befreier. Vor allem aber kamen sie mit einer Heilsbotschaft. »Das republikanische Frankreich«, verkündete Napoleon nach seiner Landung, »bringt euch die Zivilisation.«

Das Wort »civilisation«, mit denen die Bewohner des Niltals nicht das geringste anfangen konnten, war im Frankreich der Revolution entstanden, sollte sich aber im übrigen Europa nur langsam durchsetzen. Noch zur Zeit der Weimarer Republik zog ein Thomas Mann in seinen *Betrachtungen eines Unpolitischen* vehement gegen das »Imperium der Zivilisation« zu Felde. »Zivilisation« im französischen Sinn bedeutete weit mehr als nur die gutbürgerliche Lebensart, wie das Wort damals in Deutschland verstanden wurde, und schloß Kultur, Technik und wissenschaftliche Erkenntnis ein, aber auch wirtschaftliche und soziale Organisation eines Staates. Dem setzten die Deutschen ihren Kulturbegriff entgegen, der besonders in der Romantik dann immer mehr zu einer diffusen »Innerlichkeit« verkam.

Nur Europa, so Napoleon nach seiner Landung, verfüge über eine zivilisierte Gesellschaft, und er sei gekommen, die barbarische Welt daran teilhaben zu lassen. Tatsächlich war seine Invasion eine Mischung aus irrationaler Großmachtpolitik und revolutionärem Sendungsbewußtsein. Denn seine Armee bestand nicht nur aus Soldaten, sondern auch aus 165 Wissenschaftlern, Gelehrten und Technikern, die begierig darauf waren, den Nilbewohnern europäisches Know-how zu vermitteln. Eine Bewässerung des Niltals zählte für Napoleon ebenso dazu wie die Errichtung von Handelshäusern, die den Ägyptern die Segnungen der europäischen Industrie bringen sollte, und den Europäern natürlich Absatzmärkte.

Die Ägypter nahmen die neuen Ideen – zumindest anfangs – durchaus positiv auf. »Wenn irgendein Moslem zu ihnen kam, um sich umzusehen«, schrieb der in Kairo lebende arabische Historiker el-Dschabarti damals, »dann durfte er sich alles ansehen. Und wenn sie feststellten, daß er mehr wissen wollte, dann bekundeten sie Freundschaft und Zuneigung für ihn. Sie zeigten ihm alle Karten und Bilder von Tieren, Vögeln und Pflanzen. Und sie machten ihn vertraut mit der Vorzeit und den Berichten über die Propheten. Ich war oft bei ihnen und sie zeigten mir alles.«

Napoleon und seine Leute propagierten auch als erste Europäer einen arabischen Patriotismus. Doch mit dem Wort »Araber« wußten die Ägypter so wenig anzufangen wie mit der Zivilisation, denn als Araber bezeichneten sie lediglich die Beduinen. Auch die Bezeichnung »Ägypter« verstanden sie zu jener Zeit nicht. Sie selbst sprachen von »Fellachen«, wenn sie die einheimischen Bauern meinten, und das war fast ein Schimpfwort. Die Herrscher Ägyptens ihrerseits hatten sich den Zusatz »Misirli« zugelegt, von »Mirs« abgeleitet, der türkisierten Form von Ägypten oder Kairo, was aber auch schlicht mit »städtisch« oder »osmanisch« übersetzt werden konnte.

»Ruhm für den Sultan«, hatten die verdutzten Nilbewohner nach einer Verfügung der Besatzer zu rufen und »Ruhm für die französische Armee, seine Freunde.« Mehr schon ging ihnen ein, wenn Napoleon von der Tyrannei der Mamelucken sprach. Die hatten viele von ihnen leibhaftig erlebt. Als die Franzosen dann anordneten, alle Häuser eines Dorfes zu verbrennen, wenn sich deren Bewohner den neuen Herren nicht fügten, da kam den Fellachen dann alles doch sehr bekannt vor.

Es war ein Zusammenprall zweier Welten, und auch die Europäer hätten allen Grund gehabt, als Lernende aufzutreten. Wie wenig der große Feldherr vom Orient mitbekommen hatte, verriet er nach seiner Rückkehr. »Was mich am meisten in Ägypten erstaunt hat«, vertraute er dem Dichter Chateaubriand an, »das waren die Reiter. Sie stiegen vom Pferd ab, um den Sand mit der Stirn zu berühren. Was ist das eigentlich, was sie da im Osten bewundern?«

Mit den Franzosen kamen auch die Engländer, vorerst allerdings als Gegner der Invasoren und Verbündete der Osmanen, die inzwischen Frankreich den Krieg erklärt hatten. In der Bucht von Abukir, wo das französische Landheer gegen die osmanischen Soldaten kämpfte, vernichtete der englische Admiral Horation Lord Nelson die französische Transportflotte und versperrte den Franzosen die Rückkehr. »Dieser Sieg«, schreibt der Historiker Richard Nürnberger, »hat die englische Mittelmeerherrschaft für das ganze 19. Jahrhundert begründet.« Daraufhin entschloß sich Napoleon, klammheimlich nach Frankreich zurückzukehren, und überließ seinem General Jean-Baptiste Kléber, der bis 1785 noch in der österreichischen Armee gedient hatte, das Kommando im fernen Nordafrika. 1802 eroberten osmanische Truppen ihre ägyptischen Besitzungen zurück.

Doch einer der osmanischen Helfer, der albanische Offizier und ehemalige Büchsenmacher Mehmed Ali, den die Araber

Muhammed Ali nannten, putschte 1805 und sicherte sich und seinen albanischen Truppen die Macht. Sechs Jahre später ließ er sich vom Sultan als Gouverneur Ägyptens bestätigen, hielt aber engen Kontakt zu den Franzosen und auch den übrigen Europäern. Die titulierten ihn als »Vize-König«, was der Usurpator gern zuließ, verschaffte es ihm doch dem Sultan gegenüber einen besonderen Rang. Das Herrschaftshaus Muhammed Ali nahm Türken, Albaner und Tscherkessen auf sowie die wichtigsten Beduinenchefs, aber auch Christen gehörten zur neuen Machtelite. Sehr bald hatte sich eine Aufgabenteilung eingespielt: Die Osmanen leiteten die Verwaltung und das Militär, die christlichen Kopten die Finanzen und die ebenfalls christlichen Armenier die Diplomatie.

Als die Engländer 1807 ein Expeditionskorps in Alexandria an Land setzten, angeblich um einer französischen Intervention zuvorzukommen, wurden sie von Muhammed Ali und seinen Albanern vertrieben. Den Sieg münzte der Emporkömmling in einen Sieg über die Ungläubigen um und ließ sich sein Leben lang als Verteidiger des Islam feiern.

Nachdem Muhammed Ali 1811 die letzten Mamelucken ausgeschaltet hatte, modernisierte er seine Armee, und die von der Napoleon-Expedition zurückgebliebenen französischen Offiziere halfen ihm dabei. Einer von ihnen, ein Oberst Sève, konvertierte zum Islam und stieg unter dem Namen Soliman Pascha zum Generalstabschef der ägyptischen Armee auf, die bald an Qualität der osmanischen im Mutterland weit überlegen war. Ali nahm immer häufiger Fellachen in seine Armee auf, Offiziere aber blieben Türken, Albaner und Tscherkessen. So gab es bald nicht nur zwei Kasten, sondern auch zwei Sprachen in der Armee: Türkisch für die Offiziere und Arabisch für die Mannschaften. In beiden Welten heimisch war sehr bald Alis ältester Sohn Ibrahim, der hervorragend Arabisch sprach und sich gern mit den einfachen Soldaten unterhielt. Muhammed Ali hatte ihn dazu auserkoren, sich die osmanische Provinz Syrien anzugliedern, um sie, wie er vorgab, ähnlich wie das Niltal zu erschließen. Die Pforte beauftragte den kriegerischen Sohn daraufhin mit einem Ablenkungsmanöver: Er sollte sich die Wahhabiten des Beduinenchefs Ibn Saud unterwerfen, die das Innere der arabischen Halbinsel erobert hatten. Ibrahim Pascha, der sich bei diesem und den folgenden Feldzügen als glänzender Stratege erwies, vertrieb die puritanische islamische Sekte vom größten Teil der arabischen Halbinsel und verschaffte damit seinem Vater – und erstmals überhaupt einem Ägypter – die Herrschaft über die heiligen Stätten des Islam.

Meine Macht hängt von meinem Ruhm ab
Die Napoleonischen Kriege und der Wiener Kongreß

Die »Befreiung der Völker« war einer der großen Slogans der Französischen Revolution. Was von den meisten französischen Revolutionären als ein Kreuzzug für die Freiheit gedacht war, als missionarische Weltverbesserung, sollte in schlichter Annektionspolitik enden – wie alle Revolutionskriege zuvor und danach. Wünschten die Eroberten den Anschluß nicht, erklärten die Revolutionäre sie für unreif und schlugen die Gebiete Frankreich zu – »im Namen der Gerechtigkeit und Humanität«, wie der Auftrag des Revolutionärs und Justizministers Georges Jacques Danton lautete.

Die Franzosen eroberten fast ganz Europa und bewiesen, daß sich die Kraft der Ideen – zumindest eine Zeitlang – mit der Macht der Waffen paaren konnte. Als sich Napoleon 1804 zum Kaiser der Franzosen krönen ließ und Ansprüche auf ein neues Karolingisches Reich erhob – und damit die Idee des Heiligen Römischen Reichs (Deutscher Nation) übernahm –, sich andererseits 16 süd- und westdeutsche Fürsten zur Gründung des Rheinbunds unter französischer Oberherrschaft zusammenschlossen, legte der Habsburger und letzte deutsche Kaiser Franz II. (der sich 1804 bereits als Franz I. zum österreichischen Kaiser hatte krönen lassen) am 6. August 1806 die Reichskrone nieder. Das Heilige Römische Reich Deutscher Nation, seit langem schon vom Siechtum befallen, ging endgültig unter und machte den neuen Nationalstaaten Platz.

Österreich und Preußen sanken, von den Franzosen mehrfach besiegt, auf den Rang von Vasallen des Kaisers der Franzosen – ebenso wie Spanier und Portugiesen, Italiener und Schweizer. Oder sie wurden, wie Belgier und Niederländer, aber auch die deutschen Nordseeanrainer, gleich ganz einkassiert. Freilich brachten die französischen Besatzer auch den Europäern ihre Zivilisation: moderne Straßen, eine straffe Verwaltung und vor allem den Code Napoléon mit seinen fortschrittlichen Menschenrechten.

Ernsthaften Widerstand in Europa mußte Napoleon nur noch von den traditionellen Gegnern England und Rußland erwarten. In mehreren Treffen zwischen Kaiser und Zar versuchte Bonaparte die Russen mit Teilungsplänen des Osmanischen Reichs zu ködern, doch war er nicht bereit, dem Zaren einen Zugriff auf die Meerengen und besonders die osmanische Hauptstadt zu gestatten. »Konstantinopel? Niemals!«, so Napoleon, »das ist das Weltreich!«

Napoleons Krieg gegen Rußland brachte dann die Wende für Europa. Zwar zog er noch in den Kreml ein, den der Zar fluchtartig verlassen hatte, aber dann dezimierte der russische Winter die Große Armee. »Ein Mann wie ich schert sich wenig um das Leben von einer Million Menschen«, erklärte Napoleon später. Er unterlag einer großen Koalition aus Rußland, England, Preußen und Österreich, und die Alliierten zogen in Paris ein. Der Kaiser dankte ab, zog nach Elba, und die von den Revolutionären vertriebenen Bourbonen kehrten an die Macht zurück. Auch Napoleons hunderttägige Rückkehr änderte nichts mehr, zumal die Alliierten den Diktator nach seiner Niederlage bei Waterloo endgültig verbannten, diesmal aufs ferne St. Helena.

Auf dem Wiener Kongreß einigten sich die Europäer auf eine Nachkriegsordnung, die in ihren Grundzügen bis zum Ersten Weltkrieg hielt. Sie zerschlugen das revolutionäre – und französische – Europa und restaurierten das alte. Österreichs Staatskanzler Klemens Wenzel Fürst Metternich, der dem Wiener Kongreß seinen Stempel aufdrückte, machte klar, daß seine »Sorge vor allem auf die Erhaltung des Bestehenden gerichtet war«. Revolution und Nationalstaat waren ihm ein Greuel. Er erstrebte ein Europa der Dynastien statt eines der Staaten und erhielt es.

Das Deutsche Reich erstand nicht neu, dafür ein Deutscher Bund mit 36 Mitgliedern und dem Bundestag in Frankfurt als Art ständigem Gesandtenkongreß unter Führung Österreichs. Es war, ganz auf der Linie Metternichs, kein Bund deutscher Staaten, sondern ein Bund deutscher Fürsten –

und deshalb konnten auch der englische König (für Hannover), der dänische (für Holstein und Lauenburg) oder der niederländische (für Luxemburg und Limburg) dazugehören. Die beiden mächtigsten deutschen Staaten, Preußen, das seinen Bestand verdoppelt hatte, und Österreich, das nicht nur in Deutschland, sondern auch in Italien die Führerschaft übernehmen wollte, kämpften künftig um die Vorherrschaft in Deutschland. In Wien kassierten die Habsburger neben norditalienischen Territorien, darunter Venedig, auch die dalmatinische Küste. Ansonsten hielten sie sich auf dem Balkan zurück, denn sie konnten keine Gebiete erobern, ohne mit den Russen in Konflikt zu geraten. Österreich wechselte für Jahrzehnte ins Lager der Bewahrer der Türkei.

Dem Ringen der beiden deutschen Duellanten um die Vorherrschaft in deutschen Landen übergeordnet war das Ringen der beiden Giganten England und Rußland um die Weltherrschaft. England hatte alles darangesetzt, die Russen einzudämmen, die zu Anfang des Jahrhunderts nicht nur die Beringstraße überschritten und Alaska besetzten, sondern auch in Hawaii gelandet waren und in Kalifornien ihre ersten Stützpunkte aufgebaut hatten. Das Angebot des Zaren, England die Weltherrschaft zur See und Rußland die zu Lande zu überlassen, hatten die Briten abgelehnt. Russische Expansion in Richtung Osmanisches Reich stieß nun vor allem auf den Widerstand Englands, mit dem sich Frankreich mehr und mehr aussöhnte.

Rückkehr zur alten Ordnung gewünscht
Die ersten Unabhängigkeitskämpfe auf dem Balkan

Den Balkan hatten die großen Kriege in Europa kaum tangiert. Wohl aber die Siege Napoleons in Italien, denn mit Venedig waren Ende des 18. Jahrhunderts auch die Inseln der Signorie in der Ägäis und die Stützpunkte auf dem griechischen Festland von Frankreich okkupiert worden. Und damit fanden die Ideen der Französischen Revolution ihren direkten Weg in den Balkan. Sie erwiesen sich als höchst explosiv.

Napoleon hatte sofort die Bedeutung der Inseln erkannt, deren Besitz er als »weit wichtiger als den ganz Italiens« einstufte. Denn, so sein Kalkül: »Das Osmanische Reich bricht immer mehr auseinander. Der Besitz der Inseln erlaubt uns, das Reich zu unterstützen, solange das möglich ist, oder uns unseren Teil zu sichern.« Er hatte mehrere Griechen seiner korsischen Heimat auf den Peloponnes geschickt, um dort die Unabhängigkeit des Landes zu propagieren.

Doch nach Frankreichs Angriff auf Ägypten hatte der Sultan seinen traditionellen Feind, den Zaren, zu Hilfe geholt. Osmanisch-russische Seestreitkräfte eroberten die Ionischen Inseln zurück, die als »Republik der Sieben Vereinigten Inseln« in den osmanischen Staatsverband zurückkehrten, aber nur als freier Vasall – freilich von russischen Gnaden. Das seltsame Gebilde war der erste autonome und rein griechische Staat der Moderne und wurde ein Vorreiter der griechischen Unabhängigkeit. Sofort installierten sich die Russen, die sich auch in den Donaufürstentümern einnisteten.

Dort hatte der Sultan dem Zaren zwei Konzessionen machen müssen: Die von den Konstantinopler Griechen gestellten Hospodare durften künftig nur mit Zustimmung des Zaren ernannt werden und Türken nicht mehr in die Fürstentümer einreisen, es sei denn, sie seien Kaufleute. Doch die gab es kaum. Der Zar bestimmte fortan die Geschicke der Walachei und Moldau weit mehr als der Sultan.

Rußland verfügte zwar über eine umfangreiche Armee, doch war ihre Kampfkraft vergleichsweise gering. Das lag zum einen daran, daß die Russen eine riesige Grenze zu verteidigen hatten und sich deshalb auf keinen Teilabschnitt konzentrieren konnten. Zum anderen war Rußland ein wirtschaftlich rückständiges Land, in dem die industrielle Revolution auch nicht in Ansätzen stattgefunden hatte. Deshalb setzten die Russen mehr auf diplomatischen Druck als auf Krieg. Russische Konsuln in allen Regionen des Osmanischen Reichs bündelten geschickt den Widerstand gegen den Sultan und brachten ihren Zaren in die vorteilhafte Situation, als Schiedsrichter aufzutreten, ohne Truppen einsetzen zu müssen.

Nur ein Jahrzehnt nach Venedig hatte auch die kleine Schwester Ragusa für alle Zeiten die Unabhängigkeit verloren und war als Teil Kroatiens an Österreich gefallen. Seine Bedeutung hatte es schon vorher weitgehend verloren, weil sich die Handelsströme von der Adria ins Binnenland verlagert hatten, zum Teil auf von den Franzosen erbaute Straßen, Kanäle und besonders auf die Donau. Nur ein Handelsweg war noch wichtiger und immer mehr umkämpft: Bosporus und Dardanellen. Schließlich entschieden die Engländer die Frage 1809 im Dardanellenvertrag mit den Osmanen erstmals in jener Form, die – zur Jahrhundertmitte endgültig kodifiziert – bis in die Neuzeit weitgehend Bestand hatte: Das Osmanische Reich behält die Kontrolle über die Meerengen und sperrt sie in Friedenszeiten für Kriegsschiffe.

Auf dem osmanischen Balkan hatten, wie überall im Reich, lokale Herrscher die Macht an sich gerissen, oft gestützt, wie auf Kreta und in Serbien, auf die örtlichen Janitscharen. Manche dieser Lokalfürsten – so Ali Pascha von Janina (dem griechischen Yoannina in Epirus) in Südalbanien und Osman Pasvanoglu in Nordbulgarien – waren zuvor Bandenchefs gewesen und regierten nach Freibeuterart. Doch hielten sie Ordnung, und die einfachen Leute, ob Moslems oder Christen, profitierten von ihrem Regime, das weit weniger belastend war als die frühere osmanische Verwaltung. Dem Sultan waren große Teile des Landes entglitten.

So konnten sich nationale Bewegungen bilden, die uralte Träume von Selbständigkeit mit den modernen Ideen der Französischen Revolution verbanden. Sie richteten sich anfangs noch ziemlich diffus gegen die osmanische Herrschaft oder gegen Herrschaft schlechthin, oft ausgeübt von Griechen, die als Steuerpächter auftraten und vor allem als Geldverleiher. Darüber hinaus besetzte die griechisch-orthodoxe Kirche nicht nur alle höheren Posten in der geistlichen Hierarchie, sondern dominierte auch durch die griechische Unterrichtssprache in den kirchlichen Schulen, den einzigen weit und breit.

Von allen Balkanvölkern hatten die Griechen die beste Ausgangsposition für den Sprung in die Moderne. Sie dominierten den Handel im Osmanischen Reich und hatten das Geld, ihre Kinder auf die westlichen Universitäten zu schicken. Und neben der dominanten Kirche hatten sie eine glorreiche Vergangenheit. Schon Napoleon hatte seine Vertreter auf den Ionischen Inseln angewiesen, »der Bevölkerung zu schmeicheln und in den verschiedenen Verlautbarungen vom Griechenland Athens und Spartas zu sprechen«.

Auch die Serben hatten durch ihre Brüder in der österreichischen Woiwodina Kontakt zum Westen. Die Habsburger Serben übernahmen, obgleich numerisch der weit kleinere Teil des serbischen Volks, die religiöse und intellektuelle Führung. »Das Herz der serbischen Kirche«, schreibt der französische Balkan-Historiker Georges Castellan, »schlug in Karlowitz«, denn dort, im österreichischen Teil, saß der Metropolit. Auch das geistige Zentrum hatte sich verlagert, und die erste serbische Zeitung war in Wien erschienen. »Montenegro mit seinen tapferen Kriegern bewahrte Serbien vor der Hoffnungslosigkeit«, hieß es im Volksmund, »die Woiwodina mit ihren Schulen bewahrte es vor Unwissenheit.«

In allen Balkanstaaten hatte sich eine einheimische Aristokratie gebildet, die ebenfalls zum nationalen Aufbruch beitrug. Oft waren es von der lokalen Bevölkerung gewählte Vertreter, die sich unterhalb der verfallenen osmanischen Bezirksregierung etablierten. Allerdings stand das Volk oft nicht hinter seinen Herren, wie denn überhaupt nicht nur religiöse und ethnische Barrieren den Balkan durchzogen, sondern auch soziale. Das Land leide, aus der Sicht der Bevölkerung, unter drei Plagen, hatte ein englischer Reisender Anfang des 19. Jahrhunderts berichtet: dem Klerus, den hohen Herren und den Türken – und zwar in dieser Reihenfolge. Tatsächlich knechteten die Osmanen den Balkan nicht so sehr, wie in der Folgezeit von den Europäern behauptet. »Die Horrorvision von einem rigiden islamischen Unterdrückungssystem«, schreibt der Historiker Edgar Hösch, »paßt mit der sozialen Wirklichkeit nicht recht zusammen.«

Die ersten nationalen Bewegungen entstanden aber im Zusammenschluß gegen die Osmanen. Genährt wurden sie in einer Region, wo nahezu alle Landbewohner des Lesens und Schreibens unkundig waren, vom Sagengut der verschiedenen Völker. Durch die mündlich überlieferten Erzählungen war den Einheimischen die Geschichte vom Untergang des alten byzantinischen, serbischen und bulgarischen Reichs präsent, und aus den Haiduckenliedern lernten die Jungen, wie sie sich gegen Tyrannen zu wehren haben, um selbst einmal in den Olymp der Heroen einzugehen.

Weil im Balkan praktisch jedes Tal seinen Dialekt hatte, kam der Wahl einer einheitlichen Sprache die größte Bedeutung zu. Es waren zwei Emigranten, die die Sprachen ihrer Heimat reformierten. Der in Paris lebende griechische Linguist und Gelehrte Adamantios Korais setzte für seine Landsleute eine Sprache durch, die er am klassischen Griechisch orientierte. Sein serbischer Kollege Vuk Stefanovic Karadzic entschied sich im Wiener Exil für den Dialekt der Herzegowina, den auch die Kroaten als ihre Sprache akzeptierten – eine Tatsache, die später die Staatsbildung Jugoslawiens sehr erleichterte und heute bei den Kroaten zu linguistischen Eiertänzen führt, um wieder auf sprachliche Distanz zum serbischen Nachbarn zu gehen.

Auf den Karten des frühen 19. Jahrhunderts verzeichneten die Ethnologen nur zwei Völker auf dem Balkan: Türken und Griechen. Angehörige anderer Rassen waren den Europäern so fremd, wie heute viele Völkerschaften Rußlands nach dem Zerfall der Sowjetunion. Anders als in Rußland oder in Osteuropa, wo Griechen stets eine große Rolle spielten, wurden sie im europäischen Westen wie lebende Relikte aus einer längst vergangenen Zeit bestaunt, wie Linguist Korais in Paris selbst erlebte. Rumänen, Bulgaren, Kroaten und Slowenen kamen in den Aufstellungen der Europäer oft gar nicht vor, und auch nicht die Serben, die außerhalb ihres Kernlands um Belgrad über Montenegro, Bosnien-Herzegowina, Kroatien und Ungarn verstreut waren.

In ihrem eigentlichen Siedlungsgebiet, dem Paschalik (Distrikt) Serbien zwischen den Flüssen Donau, Save, Drina und der bulgarischen Grenze lebten etwa 370 000 Serben, viele von ihnen gefürchtete Freischärler. Einige türkische Beamte und etwa 900 Spahis (zumeist konvertierte Serben), die sich fast ausschließlich in den Städten niedergelassen hatten, regierten sie. In den Dörfern waren die bäuerlichen Serben in Großfamilien organisiert und lebten zumeist von der Schweinezucht. Die Beziehungen zwischen Herrschern und Beherrschten waren relativ gut, weil die serbischen Bauern im Gegensatz zu ihren Nachbarn nicht Leibeigene waren und sich frei bewegen konnten, was die Spahis zwang, sie pfleglich zu behandeln.

Die ersten Aufstände der Serben richteten sich nicht gegen die Osmanen schlechthin, sondern hauptsächlich gegen die Janitscharen, die sich Grundbesitz verschafft hatten und

Moslems wie Christen terrorisierten. Sultan Selim III. verbot daraufhin den Janitscharen, sich in der serbischen Provinz anzusiedeln, und erlaubte den Bewohnern, sich zu bewaffnen und Milizen zu ihrem Schutz zu bilden. Als Gouverneur schickte er den griechischen Renegaten Hadschi Mustafa Pascha, der sogleich 15 000 Mann serbischer Hilfstruppen aufstellte, um gegen den Lokalherrscher Pasvanoglu einzuschreiten, der sich mit den Janitscharen verbündet hatte. Frankreichs Überfall auf Ägypten hatte jedoch den Sultan gezwungen, mit seinem Rebellen Frieden zu schließen. Erneut erlaubte er den Janitscharen, sich in serbischen Wohngebieten niederzulassen. Sie brachten den griechischen Vertreter des Sultans um und nahmen auch viele serbische Honoratioren gefangen, von denen sie 72 köpften.

Einer der Gefangenen entkam und führte die erste serbische Unabhängigkeitsbewegung an: George Petrovic, genannt Karageorge, der »schwarze Georg«. Der riesenhafte Rebell hatte in einem serbischen Freikorps der Habsburger gedient und machte anschließend sein Geld als Schweinehändler. Als Hadschi Mustafa Pascha die Serben gegen Pasvanoglu führte, war er mit von der Partie gewesen. Nach seiner Flucht sammelte er aufständische Serben um sich und nahm auch fremde Söldner in seinen Dienst. Um die serbischen Bauern zum Kampf zu zwingen, ließ er am Dorfausgang schon mal einen gefangenen Janitscharen aufhängen, damit die Bauern aus Furcht vor Repressalien sich in die Berge flüchteten. Dort rekrutierte sie Karageorge und hatte schließlich 30 000 Aufständische zusammen. Oft waren sie mit erbeuteten Gewehren bewaffnet, manchmal auch nur mit Forken. Die Revolutionäre besaßen nur eine Kanone, die ihnen der Bischof von Temesvar geschenkt hatte.

Karageorge ging es anfangs keineswegs um die Unabhängigkeit. Die später als erste serbische Freiheitskämpfer verehrten Helden »wollten keine neue Ordnung«, so Historiker Stavrianos, »sondern die Rückkehr zur alten«. Doch der Sultan sah in den kampfbereiten Serben nicht Verbündete gegen die Janitscharen, sondern Banditen, zumal der Zar die Aufständischen mit Waffen und Offizieren unterstützte. Im August 1805 gab es nach Jahrhunderten wieder eine Schlacht zwischen serbischen und osmanischen Truppen, und die Serben gewannen. »Der serbische Sieg«, schreibt die Historikerin Barbara Jelavich, »war der eigentliche Beginn der serbischen Revolution.«

Die Bauernsoldaten des Schwarzen Georgs eroberten daraufhin Belgrad und alle türkischen Festungen im Norden Serbiens. Doch nach Napoleons Angriff auf Rußland hatte der Zar seinen Krieg gegen die Osmanen abbrechen müssen. Im Friedensvertrag von Bukarest, den der Zar 1812 in aller Eile abschloß, konnte er für die Serben in Artikel acht nur das vage Versprechen auf Autonomie und »größte Milde« durchsetzen. Vorsorglich flohen die serbischen Rebellenführer ins österreichische Ungarn. Nach neun Jahren Krieg war der erste ernsthafte Aufstand auf dem Balkan zusammengebrochen, und türkische Truppen zogen erneut in Belgrad ein. Die kleine serbische Revolution war jedoch ein Fanal.

Karageorges Nachfolger Milos Obrenovic gelang es mit diplomatischen Mitteln und reichlich Bakschisch, den Serben die Vorstufe zur Unabhängigkeit zu verschaffen. Der Sultan erkannte ihn schließlich als serbischen Prinzen an, die Rebellen durften ihre Waffen behalten und kamen in den Genuß einer Amnestie. Freilich zahlten die Serben weiterhin ihre Steuern nach Konstantinopel und erkannten die Oberherrschaft des Sultans an.

Der neue serbische Herrscher, der weder lesen noch schreiben konnte, führte sich auf wie ein osmanischer Pascha und betrachtete sein Reich als Privateigentum. Das von türkischen Besitzern konfiszierte Land behielt er selbst und besaß bald große Ländereien nicht nur in Serbien, sondern auch in der Walachei. Ferner schanzte er sich das Monopol für Viehexport und Salz zu. Im Jahr 1837 flossen so 1,6 Millionen Piaster in seine Taschen – 17 Prozent aller serbischen Einnahmen. Aus dem einst armen Bauern war einer der reichsten Männer Europas geworden.

Nach einem weiteren Krieg zwischen Rußland und dem Osmanischen Reich zahlten die Serben keine Steuern mehr, sondern einen Tribut von 2,3 Millionen Piaster jährlich. Nach Jahrhunderten völliger Abhängigkeit bekam die osmanische Provinz Serbien wieder den Status eines Vasallen. Die Autonomie, daran bestand kein Zweifel, war nur ein erster Schritt zur endgültigen Unabhängigkeit. Und obgleich das autonome

Gebiet nur die nähere Umgebung Belgrads umfaßte und nur einen kleinen Teil der serbischen Bevölkerung, war Kleinserbien der Nukleus für das serbische Reich der Zukunft.

Der Sultan erkannte Milos als Erbprinzen an, der sich Konkurrenz per Mord vom Hals hielt. Als Vorgänger Karageorge ins Land zurückkehrte, brachten ihn Milos' Leute um, und der Prinz präsentierte den Kopf seines Intimfeinds dem osmanischen Pascha. Es war der Auftakt zu einer serbischen Tragödie, die eineinhalb Jahrhunderte dauerte: die Familien der Karageorges und Obrenovics wechselten sich bis zum Zweiten Weltkrieg in der Herrschaft Serbiens ab und brachten sich nicht selten auch gegenseitig um. Aber die Serben waren wieder unter sich.

Der Rebellenfeind wurde zum Symbol der Rebellion
Die Wiedergeburt Griechenlands

Drei verarmte griechische Händler gründeten 1814 im russischen Schwarzmeerhafen Odessa die Vereinigung »hetairia ton philikon«, die »Gesellschaft der Freunde«. Sie war eine von vielen Geheimbünden, die damals allenthalben in Europa entstanden, und drei Jahre lang tat sich nicht viel. Dann machte die Gesellschaft (griechische) Geschichte.

Als Ziel hatten sich die Klubmitglieder die Wiedererrichtung des Byzantinischen Reichs gesetzt. Erst trugen sie dem aus Korfu stammenden russischen Außenminister Joannes Kapodistrias die Führung an, doch der lehnte ab, nicht ohne zuvor seinen Herrn, den Zaren, über die Verschwörungspläne unterrichtet zu haben. Dann wählten die Mitglieder 1820, möglicherweise auf Anraten von Kapodistrias, den russischen General und Flügeladjutant des Zaren, Alexandros Ypsilantis, Sohn eines früheren Hospodars, an die Spitze ihres Klubs. Er hatte auf Seiten der Russen gegen Napoleon gekämpft, in der Schlacht bei Dresden einen Arm verloren, und der Zar zählte ihn zu seinen Freunden. Nach der Klubgründung jedoch ließ sich Ypsilantis »Vizekönig« nennen und erweckte dadurch den Anschein, der Zar persönlich stünde hinter ihm.

Das Zentrum in Südrußland hatte den strategischen Vorteil, daß sich die Griechen vergleichsweise frei bewegen und gut Kontakt zu den übrigen Auslandsgriechen herstellen konnten, besonders zu denen der Donaufürstentümer Moldau und Walachei. Händler stellten bald die Hälfte der Mitglieder, und sie waren es auch, die das Programm der Freunde in den griechischen Landen verbreiteten. Bauern waren kaum im Verein. Nur sechs von mehr als tausend Mitgliedern gehörten jener Klasse an, die die große Mehrheit der Griechen stellte. Trotzdem wuchs die Zahl der Mitglieder schnell, und auch griechische Geistliche aus dem Peloponnes kamen hinzu. Dort hatte der Klub sein Rekrutierungsbüro im russischen Konsulat. So schien für jedermann sichtbar zu sein, daß der Zar, dessen Konsuln auf dem Balkan zumeist Griechen waren, die Ziele des Vereins unterstützte.

Die Mehrheit der Freunde war zweifellos konservativ, wie die Mehrheit der zwei bis drei Millionen Griechen im Osmanischen Reich, von denen nur etwa eine halbe Million auf dem Peloponnes lebte. Aber die Klubmitglieder konnten sich nur schwer über ihre Ziele einigen, wie denn überhaupt die Idee einer griechischen Nation im modernen Sinn bei den damaligen Hellenen noch sehr nebulös war. Viele Griechen verstanden sich auch nicht als Nachfolger der alten ethnischen Hellenen, die höchstens noch auf einigen Inseln anzutreffen waren, sondern fühlten sich – je nach Herkunft ihrer Vorfahren – als Slawen, Albaner oder Walachen. Jeder hatte andere Vorstellungen von einer griechischen Zukunft.

Da waren die radikalen Verfechter französischer Revolutionsideale und die Anhänger westlicher Bildungsideen, die Vertreter der weltweiten Diaspora und des Phanars sowie die bodenständigen Honoratioren. Da waren die peloponnesischen Großgrundbesitzer und die ziemlich besitzlosen Bauern der Region, aber auch die reichen Händler und Reederfamilien. Da waren die armen, aber weitgereisten Seeleute, die in den Armeen Rußlands tätigen hohen Militärs und die populären Führer der Klephten – jene Räuber oder Rächer, die stets gegen die osmanischen Herren und für das Volk gekämpft hatten und in den Erzählungen hochgeehrt wurden. Und neben diesen Führern gab es die Familienklans. Kurzum: eine griechische Vielfalt, die zur sprichwörtlichen griechischen Uneinigkeit führte.

Die Zukunfts-Vorstellungen der Griechen gingen von der Wiederherstellung des Byzantinischen Reichs, von der besonders die Phanarioten träumten, bis hin zu einer lokalen Autonomie, mit der manche der gewählten Bürgermeister und Kreisvorsteher zufrieden gewesen wären. Während der griechische hohe Klerus stockkonservativ blieb und die Sultansmacht stützte, waren viele Griechen der Diaspora von der Aufklärung fasziniert. Die Mehrheit dachte aber wohl an eine Vereinigung auf linguistischer oder auch ethnischer Grundlage, die sich freilich besonders die Händler im Kontext eines Balkan-Vielvölkerstaates wünschten. Deshalb machten die griechischen Revolutionäre alle Anstrengungen, die Serben auf ihre Seite zu ziehen. Sie erreichten, daß der Schwarze Georg, der sich nach seiner Flucht in Bessarabien niedergelassen hatte, der Gesellschaft beitrat und eine aktive Rolle spielte. Konkurrent Milos Obrenovic hingegen lehnte jede Zusammenarbeit ab.

Ypsilantis hatte den Plan, erst die Donaufürstentümer zu erobern, weil dort die Griechen bereits eine Macht waren. Tatsächlich ähnelten Städte wie die walachische Hauptstadt Bukarest oder die moldauische Jassy griechischen Städten wie Athen. Seit Beginn des 18. Jahrhunderts war Griechisch in den Donaufürstentümern die Sprache der Verwaltung und der Schulen, dominierte die griechische Liturgie in Kirchen und Klöstern. So konnte Ypsilantis mit Recht darauf hoffen, von den moldauischen und walachischen Griechen unterstützt zu werden. Nach der Eroberung Moldaus und der Walachei wollte er mit seiner Armee weitere Balkanländer durchqueren. Viele Völkerschaften würden sich seinem Zug anschließen, so sein Kalkül, und den ganzen Balkan in Aufruhr versetzen.

Am 6. März 1821 überschritt Ypsilantis mit seinem »Geweihten Bataillon«, das freilich nur aus etwa 20 jungen Leuten bestand, den Fluß Pruth und marschierte ins Moldaufürstentum, wo die Phanarioten die Jungrevolutionäre gastlich aufnahmen. Die einheimischen Griechen unterstützten die Menschenfreunde, die auf ihrem Weg einige hundert Moslems (und Juden) umgebracht hatten, mit Geld und Waffen, und weitere junge Griechen strömten in die Rekrutierungsbüros. Alle waren davon überzeugt, die russische Armee würde bald auf Seiten der Revolutionäre eingreifen. Doch der extrem konservative Zar Alexander I. war gegen jedweden Aufstand. Als erstes untersagte er seinem Konsul in Bukarest, eine gleichzeitig ausgebrochene Rebellion junger Rumänen zu unterstützen, die sich ausschließlich gegen die Bojaren erhoben hatten. Dann ergriff er Partei gegen die Griechen, strich Ypsilantis von seiner Gehaltsliste und setzte auch seinen eigenen Außenamtschef Kapodistrias ab, weil der die Griechen-Gesellschaft unterstützt hatte. Den Griechen war die Machtbasis im Norden entzogen.

Drei Monate nach ihrem Einmarsch in das Moldaufürstentum griffen osmanische Truppen das (dem Tode) Geweihte Bataillon an, dessen Soldaten militärisch nicht ausgebildet waren und kaum Waffen besaßen. Ypsilantis floh nach Siebenbürgen, und die Österreicher sperrten ihn für den Rest seines Lebens ein. Der Marsch in die Freiheit endete in einer Katastrophe für die Griechen. Nicht nur die Rebellen gingen unter, auch die von den Rumänen gehaßten Phanarioten in den beiden Fürstentümern verloren ihre Macht – für immer.

Weder die russische Mißbilligung noch die Niederlage der Griechen in der Walachei war auf dem Peloponnes bekannt geworden, wo sich die Bevölkerung inzwischen erhoben hatte. So begann die Revolution im griechischen Kernland, als sie eigentlich schon gescheitert war. Doch weil den Osmanen Fehler unterliefen, wurde plötzlich die Drohung mit der russischen Keule wieder akut.

In Konstantinopel hatte der ökumenische (griechische) Patriarch Gregorius V. am Palmsonntag 1821 die griechischen Freiheitskämpfer offiziell verdammt und ihre führenden Mitglieder exkommuniziert. Er befahl allen Prälaten und Priestern, sich gegen die Rebellion zu stellen. Aber der Sultan witterte Verrat und ließ den Patriarchen mit seinen Bischöfen und Priestern nach der feierlichen Ostermesse vor dem Kirchenportal aufhängen. Drei Tage lang durften die Leichen nicht entfernt werden. Für den Zaren aber war der höchste orthodoxe Geistliche im Osmanischen Reich, noch dazu ein den Rebellen übelgesonnener, der Wichtigste aller Schutzbefohlenen. Als die ins Goldene Horn geworfene Leiche des Patriarchen just neben einem russischen Schiff auftauchte, brachten ihn die Seeleute nach Odessa, wo Gregorius das Begräbnis eines Märtyrers bekam. Später kam sein Leichnam nach Athen, wo sein Grab noch heute verehrt wird. Der Rebellenfeind war zum Symbol der Rebellion geworden.

Durch die Hinrichtung des Patriarchen und die Greuel türkischer Soldaten an Orthodoxen in Rumänien – wenngleich nur als Repressalie für Massaker der Griechen an Türken – fühlte sich Zar Alexander I. als heimlicher Herrscher der orthodoxen Christenheit herausgefordert. Mehr noch erzürnte ihn freilich, daß die Osmanen den neuen, rumänischen Machthabern in den Donaufürstentümern Konzessionen machten, denn der Sultan hatte zwei Abordnungen der Moldau und der Walachei empfangen und den Rumänen zugestanden, künftig das Land selbst zu regieren. Die albanischen Besatzungstruppen sollten durch rumänische ersetzt werden und die rumänischen Bojaren wieder ihre Rechte erhalten, was sie auf die Seite der Osmanen trieb. Am meisten empörte den Zaren, daß der Sultan die beiden Delegationschefs zu seinen Statthaltern ernannte, ohne das Plazet des russischen Herrschers einzuholen.

Auf dem Peloponnes hatten die griechischen Aufständischen inzwischen etwa 15 000 der insgesamt 40 000 dort siedelnden Moslems ermordet. Die Osmanen revanchierten sich, indem sie griechische Untertanen in den von ihnen kontrollierten Territorien umbrachten, so auf der Insel Chios, was den Schriftsteller Victor Hugo zu seinem Stück *Das griechische Kind* und den Maler Eugène Delacroix zu berühmten Werken (wie *Das Gemetzel auf Chios*) animierte. Denn »osmanische Aktionen wurden in Europa in der Regel mit allen grausamen Details verbreitet«, wie Historikerin Barbara Jelavich schreibt, »während die Grausamkeiten der Christen oft totgeschwiegen wurden.«

Die griechische Uneinigkeit sorgte dafür, daß die Erhebung nicht alle griechischen Regionen erfaßte, denn schon bald bekämpften die Griechen andersdenkende Fraktionen ebenso heftig wie ihre türkischen Gegner. Immerhin gelang es ihnen immer wieder, die Osmanen aus dem Peloponnes zu vertreiben und Athen, Theben und die wichtige Stadt Mesolongion, die den Golf von Korinth beherrschte, zu besetzen, wenngleich sie den Norden nicht halten konnten. Doch dann griffen fremde Truppen ein. Als erste kamen die Soldaten des ägyp-

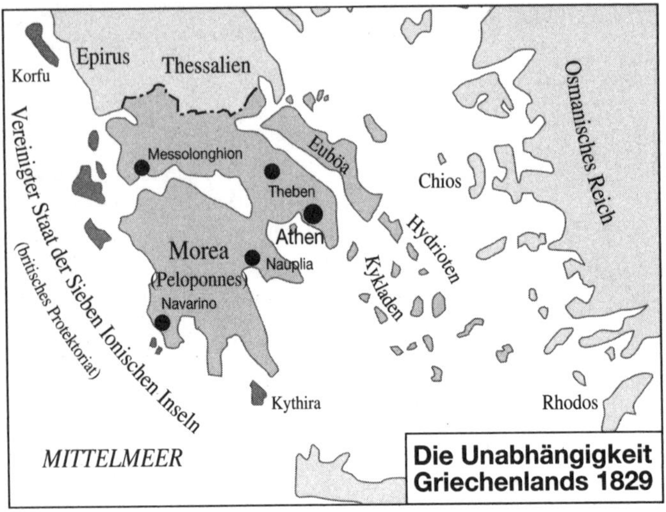

Die Unabhängigkeit Griechenlands 1829

tischen Vizekönigs Muhammed Ali. Der hatte vom Sultan als Preis für seine Hilfe die Gouverneursstelle der Insel Kreta und für seinen Sohn die des Peloponnes gefordert und erhalten. Daraufhin besetzten die Ägypter Kreta, landeten am 24. Februar 1825 ihre bestens trainierte und ausgerüstete Armee auf dem Festland und eroberten in kürzester Zeit den Peloponnes zurück. Griechenlands erster Anlauf zu einem eigenen Staat stand vor dem Aus.

Doch die Niederwerfung brachte die Europäer auf den Plan, denn der Westen war dabei, sich des alten Griechenlands zu erinnern. In vielen Ländern hatten sich philhellenistische Vereinigungen gebildet, die einen propagandistischen Feldzug gegen die Griechen-Unterdrücker eröffneten, der für die Freiheitskämpfer wertvoller war als Waffen und Offiziere. Französische romantische Schriftsteller und Politiker wie Chateaubriand, Victor Hugo und Alphonse de Lamartine setzten sich für die Griechen ein, besonders aber der Brite Lord Byron, den der Orient stets fasziniert hatte. Erst hatte er für die griechischen Freiheitskämpfer Geld gestiftet, dann ein Schiff ausgerüstet und schließlich war er selbst in das Land seiner Sehnsucht gezogen.

Frankreich, England und Rußland kamen im August 1827 überein, zwischen Türken und Griechen zu vermitteln und den Griechen vollständige Autonomie zuzuerkennen, allerdings unter der Souveränität der Osmanen. Die Griechen akzeptierten, aber die Osmanen lehnten ab. Daraufhin ließen Engländer und Franzosen mit ihren Flotten den Nachschub für die Ägypter stoppen. Dabei kam es am 20. Oktober 1827 im Hafen von Navarino, wo alle Flotten friedlich nebeneinander lagen und die meisten osmanischen Kapitäne zu Land speisten, zu einem Kampf, der so nicht geplant und in seiner Abfolge bis heute nicht geklärt ist. Es fielen plötzlich Schüsse und am Ende war fast die gesamte osmanisch-ägyptische Flotte zerstört. 57 türkische Schiffe sanken und mit ihnen starben etwa 7000 Matrosen, fast ausschließlich Griechen in osmanischen Diensten.

In England gab es einen Sturm der Entrüstung, weil die Briten die Flotte eines Staates vernichtet hatten, mit dem sie in Frieden lebten. Die Engländer zogen ihre Schiffe zurück. Noch heftiger war die Reaktion in Konstantinopel, das seine Beziehungen zu den drei Mächten abbrach und Rußland, dem vermeintlichen Hauptfeind, den Heiligen Krieg erklärte. Doch die Truppen des Zaren stießen in kürzester Zeit auf die Meerengen vor. Im August 1829 fiel die alte Sultanstadt Adrianopel, und die Konstantinopler hörten bereits das Röhren der russischen Geschütze. Im Osten eroberten die Russen die Festungen Kars und Erzurum.

Der französische Außenminister Fürst von Polignac schlug dem Zaren vor, eine Allianz zu schließen mit dem Ziel, das Osmanische Reich komplett aufzuteilen und die Grenzen in Europa neu festzulegen. Doch ein sechsköpfiges Expertenteam des Zaren kam zu dem Schluß, daß ein Verschwinden des Türkenreichs »ein Labyrinth von Schwierigkeiten und Komplikationen« auslösen würde, »eine unüberwindlicher als die andere«. Fiele der Balkan in die Hände starker Mächte, bekämen die Russen »gefährliche Feinde in Südeuropa, statt der indifferenten Türken.« Die Vorteile einer Erhaltung des Osmanischen Reichs, so das Gutachten, »sind weit größer als die Nachteile der derzeitigen Situation«. Die Empfehlung der Experten: einen ehrenhaften Frieden abzuschließen.

Den bekamen die Osmanen im Vertrag von Adrianopel, in dem die Russen zwar das gesamte Donaudelta einheimsten, sich ansonsten aber auf die alten Grenzen zurückzogen. Allerdings durften künftig keine Moslems mehr in den Donau-Fürstentümern leben, die damit de facto mehr oder weniger ein Protektorat Rußlands wurden, das auch noch Georgien und andere kaukasische Territorien zugesprochen bekam.

Über Griechenland befanden die drei Großmächte getrennt in London. Zwar einigten sie sich auf einen unabhängigen Staat für die Hellenen, beschnitten seine Grenze aber derart, daß praktisch nur der Peloponnes, ein Festlandstreifen mit Athen, Theben und Messolonghion sowie einige Inseln übrigblieben. Der inzwischen unter britischem Protektorat stehende »Vereinigte Staat der Sieben Ionischen Inseln« durfte noch nicht mit Griechenland vereinigt werden. So konnten die Osmanen zustimmen, und der Sultan erkannte im Juli 1832 die Unabhängigkeit Klein-Griechenlands an.

Dem von den Europäern als griechischen König auserkorenen Leopold von Sachsen-Coburg (dem späteren König von Belgien) war das Gebiet zu klein und er lehnte ab. Daraufhin übernahm Otto, der Sohn des philhellenischen bayrischen Königs Ludwig I. in der griechischen Version seines Namens als Othon I. die Krone. »Das Wichtigste an diesem türkisch-griechischen Konflikt«, schreibt der französische Osmanenforscher Robert Mantran, »ist zweifellos die direkte Einmischung aller Großmächte und nicht mehr nur der Russen und Österreicher.«

Die ersten Unabhängigkeitsbewegungen im Balkan zeigten auch schon deutlich, wo die Schnittlinien der Interessenssphären verliefen: Moldau und die Walachei, das Gros des späteren Rumänien sowie Serbien standen unter russischem, Griechenland hingegen unter westlichem, hauptsächlich englischem Protektorat: eine Konstellation, die noch nach dem Zweiten Weltkrieg die Staatenbildung bestimmte, als Stalin und Churchill sich den Balkan aufteilten.

Für die Griechen, die immerhin ein Viertel der Bevölkerung des Osmanischen Reichs stellten, hatte der Sieg einen schalen Beigeschmack. Der Winzling im Süden des heutigen Griechenlands hatte nichts mit den Träumen der Wiederherstellung des Byzantinischen Reichs zu tun, und nur ein kleinerer Teil der Griechen lebte künftig im eigenen Staat. Für die Mehrheit der Griechen war die Unabhängigkeit Griechenlands eine Katastrophe, denn die Osmanen entmachteten viele von ihnen.

Künftig dominierten die Armenier im Bankwesen, und die Bulgaren stiegen zu den wichtigsten Waffenlieferanten auf. Nach der Macht in den Donaufürstentümern verloren die Griechen auch ihre im 18. Jahrhundert errungene Vorherrschaft im Osmanischen Reich für immer. »Die Revolution«, schreibt Leften S. Stavrianos, »beendete ihre Rolle als Juniorpartner.«

Niemandem wird Pardon gewährt
Das Ende der Janitscharen

Die Kriege des 18. und beginnenden 19. Jahrhunderts hatten den Osmanen klargemacht, daß ohne eine rigorose Reorganisation der Armee keine wirksame Verteidigung ihres Reichs möglich ist. Schon um die Jahrhundertwende hatten die Sultane Abdul Hamid I. und besonders sein Nachfolger Selim III. das Heer zu reformieren versucht. Selim baute ab 1794 eine neue Infanterieeinheit Nisam i Dschedid (»die neue Organisation«) auf, die bis 1806 insgesamt 22 000 Soldaten und 1500 Offiziere umfaßte und von französischen Offizieren nach europäischem Vorbild gedrillt werden sollte. Aber die Konservativen, vor allem Janitscharen und Ulema, machten Front gegen Sultan und Reformer.

Im Mai 1807 rebellierten albanische und tscherkessische Hilfstruppen der Janitscharen, die als Regimente der »Neuen Ordnung« organisiert werden sollten. Ihnen waren französische Uniformen verpaßt worden, doch sie weigerten sich, die Kleidung der Ungläubigen zu tragen. Die Hilfstruppen marschierten auf die Hauptstadt zu, und immer mehr Studenten der Religionsschulen schlossen sich ihnen an. Die Meuterer zwangen den reformfreudigen Sultan Selim zum Rücktritt und machten seinen erzkonservativen Neffen Mustafa zum Nachfolger, denn Selim besaß keinen Sohn. Kurze Zeit darauf wollte Mustafa IV. seinen Vorgänger sowie den letzten überlebenden Bruder Mahmud hinrichten lassen, doch der entkam auf die Dächer des Harems, während Selims blutüberströmte Leiche vom Statthalter Bulgariens und Reform-Freund Bayraktar Mustafa Pascha gefunden wurde.

Bayraktar Mustafa war einer der vielen Provinzchefs, die praktisch das Reich regierten und sich ihre eigenen Truppen hielten. Mit seinen Soldaten hatte er 1809 die Macht in der Hauptstadt übernommen. Nun sorgte er dafür, daß Mustafa in den Käfig wanderte und der geflohene erst 23jährige Mahmud an die Macht kam. Sultan Mahmud II. ernannte seinen Retter zum Großwesir, und der machte sich dann auch gleich an die Rettung des Landes.

Bayraktar war der erste Regionalfürst, dem der Sprung zum Regierungschef gelang. Er nutzte sein hohes Ansehen bei seinen mächtigen Kollegen in den Provinzen, um sie zu einer großen Konferenz einzuladen. Auf ihr handelte er eine Art Vertrag zwischen den Provinzgrößen und dem Sultan aus, der von einigen Historikern als der erste Versuch einer Verfassung angesehen wird. Tatsächlich verpflichteten sich die Anwesenden, ihre Truppen der Zentrale zu unterstellen und stimmten der Reorganisation der Janitscharen zu, wofür der Sultan ihre Ämter erblich machen wollte. Sie vereinbarten auch eine Art Gewaltenteilung zwischen Sultan, Großwesir und Provinzfürsten. »Damit hatte eine dritte Phase des osmanischen Feudalismus ihren Kulminationspunkt erreicht«, schreibt Historiker Matuz, »die lokalen Notablen galten nunmehr offiziell als halbautonome Vasallen der Pforte.«

Doch die Vereinbarung scheiterte, weil der Sultan seine Unterschrift verweigerte, denn er war nicht gewillt, seine absolute Macht zu teilen, und auch von den Regionalvertretern unterzeichneten nur vier. Zwei mächtige Provinzfürsten waren erst gar nicht erschienen: Muhammed Ali aus Ägypten und der Herr von Südalbanien, Ali Pascha von Janina, der ein halbes Jahrhundert lang nahezu unangefochten in seinem Reich regierte, sogar diplomatische Beziehungen mit dem Ausland unterhielt und insgesamt fünf Sultanen widerstand.

Über die anstehende Militärreform hatte die Runde zwar diskutiert, doch kaum etwas notifiziert. Immerhin gaben die Provinzgrößen grünes Licht für weitere Reformen, ohne sich festzulegen. Aus eigenen Truppen und Überlebenden der »Neuen Ordnung« formte Bayraktar eine neue Armee-Einheit, die er »Neue Hundewärter« nannte, nach den alten Hundeführern, die den Janitscharen angegliedert waren. Auch für die Ulema hatte der Großwesir ein Bonbon, indem er die neue Truppe einem »Minister für den Heiligen Krieg« unterstellte. Nach seinem Plan sollte die Truppe einmal 160000

Mann umfassen, doch kamen gerade 10 000 zusammen. Die Feinde des Großwesirs zettelten Ende 1808 einen Aufstand in Bayraktars bulgarischer Statthalterschaft an, und der Regierungschef schickte seine ihm ergebenen Regionaltruppen. Als dann Soldaten seiner neuen Formation den letzten – und heiligsten – Tag des Ramadanfastens brachen, war es für die Janitscharen leicht, einen Aufstand zu organisieren. Bayraktar flüchtete in ein Pulvermagazin, das – von ihm gezündet oder per Zufall – in die Luft flog und neben dem Großwesir auch Hunderten von Janitscharen das Leben kostete.

Ein weiterer Versuch, die Armee zu reformieren, war gescheitert. Weil der Sultan während der Rebellion seinen Halbbruder und letzten männlichen Vertreter Mustafa umbringen ließ, konnten ihn die Janitscharen nicht absetzen, ohne die Dynastie der Osmanen zu beenden. Es war der letzte Brudermord in der osmanischen Geschichte. Dem Sultan aber war klar: Eine Reform der Armee mußte generalstabsmäßig vorbereitet werden, wenn sie gelingen soll.

Die Macht lag erneut bei den Janitscharen, »ein bestenfalls undisziplinierter, untrainierter und schlechtbewaffneter Mob«, so der amerikanische Historiker Stanford J. Shaw. Als 1811 eine Aushebung stattfand, meldeten sich in Konstantinopel 13 000 Krieger und kassierten ihren Sold. Dann marschierten sie Richtung Front, doch nur 1600 von ihnen kamen dort an. Der Rest war desertiert.

Statt abermals eine neue Truppe aufzubauen, erweiterte der Sultan vorsichtig und fast unmerklich eine alte – das von Sultan Selim geschaffene und von den Franzosen nach europäischen Normen gedrillte Artilleriekorps von etwa 7000 Mann. Der Sultan verbesserte Ausbildung, Sold und Unterkünfte der Artilleristen und stockte die Mannschaft schließlich auf gut 15 000 Mann auf. Dann ersetzte er die griechischen Matrosen durch moslemische, denen er den harten Drill mit hohen Salären versüßte. Aus Europa besorgte er sich moderne Handfeuerwaffen und auch Kanonen, die er im Palast und an anderen sicheren Stellen lagerte.

Der Sultan vergab alle wichtigen Kommandoposten an Vertraute, die er zu unbedingter Diskretion verpflichtete. Auch unterminierte er die Janitscharen, indem er Schlüsselpositionen mit ihm ergebenen Offizieren besetzte und V-Männer einschleuste, die ihm über Scharfmacher berichteten. Wichtiger noch war, daß Mahmud II. die Ulema auf seine Seite zog. Er ließ Moscheen erbauen, erneuerte die Privilegien der religiösen Stiftungen, forcierte den Unterricht in den Medressen und hielt sich streng an die religiösen Regeln. Vor allem hievte er mit Kadisade Mehmet Tahis Efendi einen Mann seines Vertrauens auf die Stelle des Scheich ul-Islam.

Im Frühjahr 1826 startete der Sultan eine regelrechte Kampagne – die erste PR-Aktion in der osmanischen Geschichte –, in der er die hohe Schlagkraft der ägyptischen Armee mit der geringen der Janitscharen verglich. Im Frühsommer kündigte er eine grundlegende Reform des Janitscharenkorps an. Jedes Bataillon sollte 150 Mann abstellen, die nach modernen Kriterien, aber islamischen Grundsätzen und von moslemischen Ausbildern gedrillt werden sollten.

Das brachte sofort die Janitscharen auf, die in der Selektion der übrigen Infanteristen eine Kaltstellung sahen, die zweifelsohne auch beabsichtigt war. Bei einer Parade am 6. Juni trug dann der Großwesir demonstrativ eine Uniform, wie sie bei den Europäern üblich war. Zwei Wochen später, kündigte er an, würden auch die Janitscharen mit europäischen Uniformen eingekleidet. Prompt meuterten mehrere Kompanien und stürzten ihre Suppenkessel um – das Signal für einen weiteren Aufstand der Elitekrieger. Doch als sie zum Palast stürmten, stießen sie dort auf die Artilleristen. Unter Feuer genommen, zogen sich die Janitscharen in ihre Kasernen zurück. Daraufhin berief der Sultan am 15. Juni eine Versammlung der Getreuen in seinen Palast, Ulema eingeschlossen, und alle verurteilten den Aufstand.

Das war das Signal für die Endabrechnung mit den Elitekriegern von einst. Eine halbe Stunde lang schossen die Artilleristen die Janitscharenkasernen zusammen, und die meisten der dort versammelten Rebellen verbrannten. Im ganzen Land begann die Jagd auf die einstigen Wunderkinder. »Die bloße Bezeichnung Janitschar«, berichtete der englische Botschafter bei der Hohen Pforte, Stratford Canning, »kam einem Todesurteil gleich.«

Mit dem gleichen Dekret, mit dem Mahmud II. die Janitscharen abgeschafft hatte, war eine neue Einheit ins Leben gerufen worden. Sie erhielt den großsprecherischen Namen

»Siegreiche Moslemische Armee«. Ihr Oberbefehlshaber hieß nunmehr »Serasker«. Er kommandierte auch die Polizei und damit die nach der Armee wichtigste bewaffnete Macht. Als Import aus dem Westen galten die neuen Militärkapellen unter der Leitung von Giuseppe Donizetti, dem Bruder des italienischen Komponisten. Aber ansonsten versteckten die Reformer ihre Neuerungen so weit es ging, um nicht die Ulema gegen sich aufzubringen. Jede Kompanie bekam für die religiöse Unterweisung einen Iman. Dafür verminderte der Sultan den Einfluß der Ulema auf die modernen Truppen, die er zur Vorsicht nicht in Konstantinopel, sondern an der Donau stationierte. Dort durften erstmals Christen, als Teil der Osmanischen Armee, Waffen tragen. Und auch den zweiten Arm altosmanischer Militärtradition ließ der Sultan verschwinden: die Spahis. Als Ende 1828 von den insgesamt mehr als 30 000 Feudalherren nicht einmal tausend einrückten, schaffte Mahmud 1831 die ehrwürdige Institution ab.

Dem Sultan war klar, daß er auf ausländische Militärberater zurückgreifen mußte, wenn er seine Armee auf europäischen Standard bringen wollte. Franzosen lehnte er ab, weil die dem ägyptischen Konkurrenten auf die Beine verholfen hatten, und den Briten mißtraute er, weil die es mit den Russen hielten. So kamen Experten jener Macht ins Land, das soldatische Traditionen vorweisen konnte, aber keine Ambitionen auf osmanische Territorien zeigte: Preußen.

Einer der von den Preußen nach Konstantinopel geschickten Militärs war der spätere preußische Generalfeldmarschall Helmuth Graf von Moltke. Am meisten war der junge deutsche Offizier über das Niveau der osmanischen Bildung entsetzt. Der Unterricht in den Medressen reichte auch nicht entfernt aus, beispielsweise einem Artilleristen die Funktion einer Kanone zu erklären. »Es ist den Europäern fast unmöglich«, schrieb von Moltke, »sich den Stand der Intelligenz im Orient so niedrig zu denken, wie er wirklich ist. Ein Türke, welcher lesen und schreiben kann, heißt 'Gelehrter'; die Kenntnis des ersten und letzten Verses aus dem Koran vollendet seine Bildung. Einer der türkischen Würdenträger, den ich den Aufgeklärtesten nennen möchte von allen, konnte sich von der Kugelgestalt der Erde keine Vorstellung machen, und nur aus Courtoisie gab er nach, daß sie nicht flach wie ein Teller ist. Niemand spricht irgendeine europäische Sprache, und viele Türken in hohen Ämtern müssen sich die Briefe, welche sie in ihrer Sprache erhalten, vorlesen lassen.«

Auf Anregung der preußischen Berater richtete die Regierung Schulen nach europäischem Vorbild ein. Schon im 18. Jahrhundert hatten die Sultane eine Seefahrt- und Militäringenieurschule aufgebaut, aber sie war wieder eingeschlafen, wie auch die unter Vorgänger Selim III. von den Franzosen eingerichteten Militärschulen für Ingenieure, weil die Verwaltung die Gebäude für andere Zwecke benötigte. 1827 richtete Sultan Mahmud eine Militärmedizinschule ein, und 1834 sollte sodann eine allgemeine Kriegsschule den Abschluß bilden. Nur noch Absolventen der Seefahrtschulen durften künftig ein Kapitänspatent erwerben.

Das Osmanische Reich hatte mit der Vernichtung der Janitscharen, wenngleich geschwächt, den Weg in die Zukunft freigemacht und richtete seine Hoffnung auf Europa. Doch auch das Vorbild im Westen hatte sich verändert – mit großen Konsequenzen für das Reich der Sultane.

Soldaten gegen Demokraten
Entstehender Nationalismus und die Revolutionen von 1848

Die von der Französischen Revolution Europa aufgezwungene Ordnung war durch Metternich begraben worden. Doch die Ideen der Pariser Rebellen bestimmten Europa weiterhin. Im Europa nach dem Wiener Kongreß »wurden die Kriege seltener«, schreibt der Historiker Reinhard Koselleck, »die Bürgerkriege dagegen nahmen zu, und die Revolution fand kein Ende«.

Als im Juli 1830 in Frankreich erneut die Revolution ausbrach und den Bürger-König Louis Philippe an die Macht brachte, rückte das Bürgertum in Frankreich endgültig ins politische Zentrum, und bald auch in Belgien und anderen Ländern. Dann zündete der Funke der Revolution 1848 wieder in Paris, wo am 12. November die Zweite Republik entstand, aber er erfaßte bald ganz Europa – besonders heftig den Habsburger Vielvölkerstaat. Die Italiener vertrieben die

Österreicher, und in Ungarn und Böhmen erhoben sich die Einheimischen gegen die Wiener, die flugs ihren Kanzler Metternich entließen, um zu retten, was zu retten war.

In der Frankfurter Paulskirche zerstritten sich die deutschen Patrioten über die Frage, ob ein künftiges Deutschland die deutschsprachigen Habsburger Gebiete umfassen solle oder nicht. In Prag beriefen tschechische Patrioten einen Slawenkongreß ein, sahen die Zukunft allerdings durchaus im Rahmen der Habsburger Monarchie. Nur die Ungarn verlangten die volle Selbständigkeit, ohne sie allerdings den von ihnen beherrschten Slawen und Rumänen zuzugestehen.

Überall hatten sich die Bürger mit anderen Volksschichten gegen die Herrschenden verbündet, in Ungarn sogar mit dem Adel. Parteien im heutigen Sinn freilich gab es nirgendwo in Europa, nicht einmal in England. Und die Arbeiter waren diffus und unorganisiert, die Bauern noch mehr. Die späteren Väter des Sozialismus kämpften zwar mit, so Karl Marx in Köln und Friedrich Engels in Elberfeld, aber es gab auch die kuriosesten Bündnisse – so in Dresden, wo sich der extreme Linke und Anarchistenpapst Bakunin mit dem Idol der späteren extremen Rechten, Richard Wagner, zusammengeschlossen hatte.

Schließlich siegte die Reaktion und vor allem die Habsburger Monarchie. »Dieses Kaiserreich ohne Namen« (so Golo Mann) handelte nach dem damals gebräuchlichen Motto: »Gegen Demokraten helfen nur Soldaten«. Die Habsburger schickten ihre Truppen und baten darüber hinaus den von revolutionären Unruhen völlig verschonten Zaren um Hilfe. Österreichische Berufskrieger schlugen in Italien und Böhmen, russische Kosaken in Rumänien, Galizien und Ungarn die Aufstände nieder und führten den Absolutismus wieder ein.

Immerhin war es das Volk, das den 1848 an die Macht gekommenen Napoleon III. per Plebiszit als Präsidenten bestätigte, nachdem das Parlament ihm eine Verlängerung der Amtszeit verweigert hatte. Um sich die Gunst des Volkes zu bewahren, suchte der 1852 zum erblichen Kaiser proklamierte Neffe des großen Napoleons außenpolitische Erfolge, die fast ausschließlich zu Lasten des Osmanischen Reichs gingen.

Die 48er, wie sie damals hießen, hatten zwar nicht die politische Landschaft verändert, wohl aber die politischen Werte durcheinandergewirbelt und den Nationalismus hoffähig gemacht. Das betraf in erster Linie das Habsburger Reich, aber auch das Osmanische, denn seine Völker, vor allem die auf dem Balkan, sahen auf den Westen. Aber auch den Osten hatten die Europäer sehr beeinflußt, besonders über ihren Quasi-Vasallen, den Vizekönig Ägyptens. Nun lernte der die Europäer von einer ganz anderen Seite kennen.

Fröhlich und singend das Schlachtfeld verlassen
Krieg mit den ägyptischen Vasallen

Das griechische Abenteuer hatte Muhammed Ali viel gekostet, aber nichts eingebracht. Kreta warf keinen Gewinn ab, weil dort die Bevölkerung in Aufruhr war, Syrien hatte ihm der Sultan verweigert. Nun holte er sich seinen Preis selbst. Im November 1831 zog Ali-Sohn Ibrahim Richtung Norden und eroberte Syrien und den Libanon. Im Dezember des folgenden Jahres besiegte er ein osmanisches Heer bei Konya und nahm den Großwesir gefangen. Im Februar 1833 schließlich standen die ägyptischen Truppen nur noch gut 300 Kilometer vom Bosporus entfernt. Die Metropole des Osmanischen Reichs war bedroht, und die Meerengen schienen in ägyptische Hand zu fallen. Daraufhin wandte sich der Sultan an den Mann, der das größte Interesse an der Wasserstraße hatte: den Zaren.

30 000 russische Soldaten rückten an, um Konstantinopel zu verteidigen. Das wiederum rief den Westen auf den Plan, und die Franzosen vermittelten ein Abkommen mit Muhammed Ali, wonach die ägyptischen Truppen Anatolien verließen, die Osmanen dafür seinen Sohn Ibrahim zum Gouverneur von Damaskus, Aleppo und Adana ernannten. Damit brach ein weiteres Stück des türkischen Ostens ab, auch wenn dem Sultan nominell noch die Herrschaft zustand.

Um Syrien zurückzuerobern, hatte der Sultan Mitte April 1839 seinen Feldherrn Hafiz Pascha gegen Muhammed Ali in Marsch gesetzt. Doch in der Schlacht von Nizip (einem Ort 50 Kilometer östlich von Gaziantep) erlitten die Osmanen am 24. Juni 1839 eine ihrer bittersten Niederlagen, als die Ägypter sie überrollten und mehr als 10000 Gefangene machten. Einer der Teilnehmer war Militärberater Helmuth von Moltke. »Die Pforte hatte in Kleinasien drei Korps aufgestellt«, berichtete er, »die zusammen 70000 Mann stark waren (ich rede von der wirklich ausrückenden Stärke, denn die nominelle Ziffer ist viel größer); diese Truppen bestanden zur größeren Hälfte aus Landwehren, die schnell etwas von der europäischen Taktik lernen mußten, und aus Offizieren, die nicht die geringste Kenntnis ihres Standes besaßen. Es herrschte eine so furchtbare Mortalität, daß wir die Hälfte der Infanterie begraben haben.« Das jedoch war noch vor der Schlacht.

»Die Kanonenkugeln kamen so matt, daß man sie mit den Augen verfolgen konnte«, berichtete der Deutsche, »aber schon nach wenig Minuten hatten wir kaum ein Bataillon, welches nicht durch Verluste moralisch erschüttert worden wäre. Sieben Achtel dieser Leute hatten noch nie eine Kugel sausen gehört; wenn eine Granate in eine Kolonne einschlug und dort krepierte, so stäubten ganze Kompanien auseinander. Fast alle Bataillone standen mit erhobenen Händen und beteten. Andere haben sich unter dem Vorwand, Verwundete wegzubringen, in Trupps von vier, fünf Mann entfernt. Die Infanterie feuerte in ungeheurer Entfernung das Gewehr in die Höhe ab, die Kavallerie zerstreute sich und bald löste sich alles auf.«

Kaum habe der Rückzug begonnen, beobachtete von Moltke, »waren alle Bande der Disziplin gelöst. Die Kurden, und diese bildeten die größere Hälfte unseres Korps, waren unsere Feinde; sie schossen auf ihre eigenen Offiziere und Kameraden; andere warfen die Gewehre weg, streiften die lästige Uniform ab und wanderten fröhlich und singend ihren Dörfern zu. Die Landwehr ging fast in korpore nach Hause.«

Der Sultan erfuhr nichts mehr von der Niederlage. Er litt schon länger an Tuberkulose und hatte sich durch übermäßigen Alkoholgenuß außerdem eine Leberzirrhose zugezogen. Am 29. Juni, fünf Tage nach der Schlacht, als die Boten noch unterwegs waren, starb er.

Auf den Rat von Freunden angewiesen
Der Hattischerif von Gülkane

Der neue Sultan Abdul Medschid war erst 16 Jahre alt, als er an die Macht kam. Sein Sultanat begann mit einer Demütigung für das Osmanische Reich, auch wenn es damit vorerst gerettet wurde: Die europäischen Großmächte (anfangs noch ohne Frankreich) beschlossen, ohne osmanische Vertreter hinzuzuziehen, dem ägyptischen Herrscher Muhammed Ali ein Ultimatum zu stellen: Er habe sich innerhalb von zehn Tagen dem Sultan erneut zu unterwerfen, verlangten sie. Dafür würde er Ägypten als Erbreich bekommen und Syrien auf Lebenszeit. Entschlösse er sich innerhalb der Frist nicht dazu, bliebe ihm nur noch Ägypten, nach einer weiteren Frist nur noch der Gouverneursposten im Nilreich. Europa, hauptsächlich England, machte nun ohne Scham osmanische Politik. In Konstantinopel etablierten sich die Vertreter der europäischen Großmächte als permanenter Botschafterklub – ein Aufpassergremium für die Osmanen. Türkische Herren und türkische Rebellen hatten nur noch zu gehorchen.

Als eine britische Flotte vor dem ägyptischen Hafen Alexandria erschien und die Engländer Anstalten machten, Truppen zu landen, gab Muhammed Ali schließlich nach. Die Westmächte sattelten einen drauf: Der Vizekönig war zwar fortan nur Gouverneur, durfte das Nilreich aber nach seinem Ableben seinen Erben vermachen. So hielt sich die Dynastie Ali bis 1952, als Nachkomme Faruk abtrat.

Auch für das Osmanische Reich legten die Europäer die Marschroute fest. Während Russen und Österreicher wenig von Reformen im Türkenreich hielten, drängten die Franzosen und besonders die Briten darauf, das Land gründlich umzugestalten. Und auch viele Osmanen sahen ihr Heil in einer Anpassung an den Westen. »Wenn wir es nicht schaffen, Europa nachzueifern«, hatte der Großadmiral Kalil Pascha 1830 nach einer Reise durch Rußland prognostiziert, »bleibt uns nur übrig, nach Asien zurückzukehren.«

Als sein Vermächtnis hatte Sultan Mahmud II. eine kaiserliche Charta hinterlassen, die sein Nachfolger am 3. November 1839 feierlich verkünden ließ. Im Hofe vor dem »Gülkane« genannten Rosenkiosk hatten sich der Großwesir mit seinem gesamten Gefolge eingefunden, und der Sultan sah vom Gartenhaus zu. Die Ulema waren zugegen und die Beamten und Offiziere, die Häupter der Zünfte und die Patriarchen der Griechen, der gregorianischen und katholischen Armenier, der Großrabbiner sowie die Vertreter der fremden Staaten. Dann las Außenminister Mustafa Reschid, der sich dabei zweimal vor dem Sultan und Kalifen zu Boden warf, ein Dokument vor, das Geschichte machte.

Nach diesem sogenannten Hattischerif von Gülkane (wörtlich: »Edles Großherrliches Handschreiben«) wurden wichtige Ideen der Französischen Revolution auf das Osmanische Reich übertragen – insbesonders Gleichheit und Freiheit –, wenngleich einige Historiker behaupten, dem Sultan sei es in erster Linie darum gegangen, gerade diese Ideen abzuwehren. Immerhin herrschte nach dem Erlaß ein neuer Geist im Land, und es entwickelte sich eine Art Doktrin, die sehr bald den Namen »Osmanismus« bekam.

Das Handschreiben sicherte den Untertanen Leben, Ehre und Privateigentum. Vor Gericht sollten alle Bürger künftig nach dem Gesetz und nicht mehr willkürlich abgeurteilt werden. Jeder hatte seine Steuern nach Vermögen und Einkommen gestaffelt direkt an den Staat abzuführen. Sowohl die Sondersteuern als auch das Steuerpachtsystem sollten abgeschafft werden. Schließlich sah der Erlaß eine allgemeine Wehrpflicht auf Zeit vor, die den willkürlichen lebenslangen Dienst ersetzte.

Der Hattischerif von Gülkane wird von vielen als die Magna Charta des Osmanischen Reichs angesehen. Aber er war nicht mehr als eine Absichtserklärung. Kein Kontrollorgan war vorgesehen und der Sultan konnte alles jederzeit widerrufen. Von Bürgerrechten war nicht die Rede, und wenn auch die Grundlinien des Erlasses einer freiheitlich bürgerlichen Gesellschaft entsprachen, fehlte doch das wichtigste Instrument: die Volkssouveränität.

Die Zentrale hatte Reformen verordnet und die Frage war, wie die Untergebenen darauf reagierten. Die nächsten 40 Jahre, die Zeit des Tansimat (nach dem türkischen Wort »Tanzimat-i Hayriye«, was, ähnlich dem russischen Perestroika, so viel wie »wohlwollende Anordnung« hieß), war angefüllt mit immer neuen Erlassen der Regierung, die den Behörden der Hauptstadt und der Provinz europäische Richtlinien eintrichterten. Die Tansimatperiode sollte darüber entscheiden, ob die osmanische Gesellschaft, die über keinerlei demokratische Erfahrung verfügte, reformierbar war.

Reformfreudige Großwesire und Minister prägten die Tansimatzeit mehr als die Sultane. Der erste dieser modernen Regierungschefs war Mustafa Reschid Pascha, der bald nur noch »Vater des Tansimat« hieß. Der oberste Reformer kam eigentlich aus dem falschen Lager, denn der Sohn eines Konstantinopler Stiftungsbeamten hatte nur Koranschule und Medresse besucht und nicht einmal abgeschlossen. Als einundzwanzigjähriger Soldat war er auf dem Peloponnes Zeuge, wie die europäisch trainierten ägyptischen Truppen die Rebellen besiegten, und erkannte: Die Türken mußten von Europa lernen, wollten sie überleben. Beinahe wäre er auch im Öffentlichen Dienst gescheitert, als er die Aufnahmeprüfung nur mit großer Mühe bestand, aber er bekam starke Fürsprecher, darunter die georgische Sultansmutter Besmialem, die ihn schließlich in die Nähe des Sultans hievten. Der schickte ihn zu mehreren Verhandlungen mit den Ägyptern, und Muhammed Ali versuchte den aufgeweckten jungen Mann abzuwerben. Schließlich stieg Reschid zum Botschafter in Paris und London auf, obgleich er erst dort damit begann, europäische Sprachen zu erlernen.

Vom Sultan im Juli 1837 zum Außenminister ernannt, war Reschid der eigentliche Autor des Hattischerif von Gülkane. Fast vier Jahrzehnte – wenn auch immer wieder durch Regierungszeiten der Reformgegner unterbrochen – leiteten er und seine beiden wichtigsten Schüler, Mehmed Emin Ali Pascha und Mehmed Fuat Pascha, das Reformwerk, zumeist als Großwesire oder Außenminister. Ali kam ebenfalls aus kleinen Verhältnissen – sein Vater war Schuster –, wohingegen Fuat aus einer Ulemafamilie stammte, sich aber über die Medizinschule emporarbeiten mußte, als der Sultan seinen Vater in die Provinz versetzte. Während Reschid sehr eng mit den Briten zusammenarbeitete, hielten es seine Schüler eher mit den Franzosen.

Die Opposition gegen die Reformen kam von den Ulema, die um ihre Vorrangstellung fürchteten, weil die weltliche Rechtsprechung zunehmend an das Justizministerium fiel.

Aber auch der Sultanspalast und die Armee machten oft Front. Beide waren nicht unbedingt reformfeindlich, sahen aber im Machtzuwachs des Großwesirs und Außenministers Gefahren für ihre eigenen Ressorts. Nach außen hin freilich unterstützten die beiden Tansimatsultane, Abdul Medschid und sein Nachfolger Abdul Aziz, die Reformen, ehe Abdul Hamid II. sie gleichzeitig auf den Gipfel führte und sabotierte.

Neues Machtzentrum war das Amt des Großwesirs, der nunmehr offiziell Premierminister hieß, ein Name, der sich nicht einbürgerte. Bis 1869 unterstand ihm auch das Innenministerium direkt und damit die Polizei und auch der Beamtenapparat der Provinz. In Abwesenheit eines Wirtschaftsministeriums, für das die Osmanen keinen Bedarf sahen, lenkte das Innenressort den Handel des Reichs. Auch das Außenministerium kümmerte sich nicht nur um die eigentliche Außenpolitik, sondern regelte ebenfalls die Affären der Millets und gab die großherrlichen Befehle weiter. Dem Großwesir gleichgestellt waren der Scheich ul-Islam und der Serasker, der erst seit 1900 offiziell einem Verteidigungsministerium vorstehen sollte. Aber nach der Zerstörung der Janitscharen spielte die Armee lange Zeit nur eine untergeordnete Rolle.

Eine wirksame Kontrolle der Reformen freilich fehlte. Zwar waren verschiedene Ratsgremien geschaffen worden, und Experten sollten nicht nur beraten, sondern auch nach dem Rechten sehen. Aber statt unabhängiger Gutachter saßen – alter osmanischer Tradition entsprechend – immer noch die Mächtigen in den Gremien und kontrollierten sich selbst. Das änderte sich erst, als die Reformer ihre Leute durchsetzten und 1854 den Tansimatrat schufen. Er stand über den Ministerien und war frei in der Wahl seiner Projekte. Erstmals konnten sich auch simple Bürger mit Vorschlägen an ein Regierungsgremium wenden, und vor allem standen dem Rat Rechte zur Überwachung der Ministerien zu, deren Gesetzesvorhaben überdies den Rat passieren mußten. Das Osmanische Reich machte zaghafte Schritte in Richtung Demokratie.

Doch erst der 1867 geschaffene Staatsrat entwickelte sich zu einer Vorform eines Parlaments, denn seine Mitglieder vertraten verschiedene Schichten der Gesellschaft, wurden allerdings vom Sultan ernannt. Der Ministerrat, dem freilich noch die Geschlossenheit europäischer Kabinette fehlte, entpuppte sich als Gegengewicht zum mächtigen Großwesir. Dieses Gremium vertrat zwar nicht das Volk, denn die Osmanen konnten sich einfache Bürger nicht als Souverän vorstellen, unterrichtete aber die Allgemeinheit über die Diskussionen in seinen Reihen.

Zwar lag die Macht theoretisch immer noch beim Sultan, aber sowohl Abdul Medschid wie auch sein Nachfolger Abdul Aziz – ein Riese von mehr als zwei Zentnern, dessen zweieinhalb Meter langes Bett noch heute im Dolmabahçepalast bewundert werden kann – machten wenig Gebrauch davon. Sie nutzten ihre neuen Freiheiten für lange Reisen bis nach Ägypten, wo nach dem Eroberer Selim erstmals wieder ein Sultan auftauchte, aber auch nach Europa, so 1867 zur Weltausstellung nach Paris und anschließend nach London.

Schon mit Sultan Mahmud hatte der Großherr aufgehört, ein unnahbarer Fast-Gott zu sein, den zu sehen für einen normalen Sterblichen das Ende bedeuten konnte. Die Sultane kleideten sich europäisch und hatten den Turban, den künftig nur noch die Geistlichen tragen durften, gegen den aus Nordafrika importierten Fez eingetauscht. Sie besuchten die Empfänge der europäischen Botschafter, gingen gern ins Theater und residierten im westlich eingerichteten Palast Dolmabahçe am Bosporus, wenn sie sich nicht in einem ihrer Schlösser aufhielten. Der alte Sultanspalast war bald nur noch ein Altersheim für die Verwandtschaft und ausgediente Sklaven.

9
Autonomie oder Anatomie

Vom Krimkrieg bis zum Berliner Kongreß

»Wir haben es mit einem sehr kranken Mann zu tun«, vertraute 1853 Rußlands Zar Nikolaus I. dem englischen Botschafter Sir Hamilton Seymour an, »ich sage ihnen ganz offen, daß es ein großes Unglück wäre, wenn er uns entkäme, bevor wir die notwendigen Vorbereitungen getroffen haben.« Der »kranke Mann am Bosporus« war geboren – ein Fluch, den das Osmanische Reich nie wieder loswurde.

Zumindest Rußland war entschlossen, dem Reich der Sultane den Garaus zu machen. Sein Hebel waren die orthodoxen Christen. »Die Orientfrage«, schrieb Frankreichs Botschafter Edouard Engelhardt, »ist auf der politischen Bühne unter dem Mantel der Religion aufgetaucht und eng gebunden an die Lage der unterschiedlichen Religionsgemeinschaften, auf die die ausländischen Mächte sukzessive ihr Protektorat ausgedehnt haben.« Eigenständigkeit für die Christen, die dann den Russen als Fünfte Kolonne dienten, so die Hoffnungen in Moskau, oder Eigenstaatlichkeit unter der Ägide des Zaren. Ein russischer Diplomat brachte die Politik seines Landes auf die kurze Formel: »Autonomie oder Anatomie.«

Ein teuer bezahlter Sieg
Der Krimkrieg

Aufruhr in den Balkanländern lieferte Rußland den Vorwand zu einem Generalangriff auf die Osmanen. Im Fieber der in Europa ausgebrochenen Revolution von 1848 hatten sich die Ungarn von Österreich losgesagt. Aber auch in den Fürstentümern Moldau und Walachei waren junge Rumänen gegen die nominell osmanische, in Wahrheit aber russisch kontrollierte Herrschaft aufgestanden. Sie strebten einen gemeinsamen Staat Rumänien an. Daraufhin kamen russische Truppen erst einmal den Habsburgern gegen die Ungarn zu Hilfe, marschierten aber auch in Rumänien ein. Viele der Revolutionäre retteten sich ins Osmanische Reich. Gestärkt durch Frankreich und England weigerte sich der Sultan, die Rebellen auszuliefern.

Der Zar aber glaubte, die britische Regierung auf seiner Seite zu haben. Denn in vertraulichen Gesprächen mit dem englischen Botschafter hatte er ein modifiziertes griechisches Projekt vorgeschlagen – dabei den Engländern Kreta und Ägypten angedient – und der Brite hatte ihm nicht direkt widersprochen. So fühlte sich der Zar ermutigt, offen gegen Frankreich vorzugehen, den Garanten osmanischer Souveränität. Als Schauplatz für die Auseinandersetzung wählte er Jerusalem. Denn in der Heiligen Stadt waren sich Franzosen, Russen und Osmanen über eine eigentlich lächerliche Frage in die Quere gekommen. Seit Jahren herrschte Zank darüber, wer welchen Schlüssel für welche Kirche besitzen dürfe.

Von Frankreich unterstützte katholische Priester hatten 1850 von den Orthodoxen einen der Schlüssel für das Hauptportal der Geburtskirche in Bethlehem verlangt, nachdem sie bis dahin die Kirche immer durch ein Nebenportal betreten mußten. Aber der russische Zar lehnte ab. Nach zwei Jahren fällte der Sultan ein salomonisches Urteil: Die Katholiken erhielten die Schlüssel, durften aber keine Messe dort lesen. Nach dem vermeintlichen Schulterschluß mit den Briten in der Frage der Aufteilung des Osmanischen Reichs verlangten die Russen nunmehr einen Vertrag, in dem die orthodoxe Kirche dem Schutz des Zaren unterstellt wird. Erst jetzt machten die Engländer klar, daß sie ganz auf Seiten der Osmanen stünden, die daraufhin die Forderung des Zaren ablehnten. Nun vermeinte der Zar »die fünf Finger des Sultans auf der Wange« zu spüren.

Am 2. Juli 1853 überschritten russische Truppen den Pruth und besetzten rumänisches Territorium. Frankreich und England schickten ihre Flotte, doch die Briten drängten auf einen Kompromiß. In Wien einigten sich ihre Botschafter in der Kernfrage der Protektion schließlich auf die Formel, die (nur unscharf umrissenen) Rechte der Russen gegenüber den Orthodoxen aus früheren Verträgen zu bestätigen. Doch nun legte sich der Sultan quer, denn die Osmanen waren gar nicht eingeladen worden.

Am 29. September erklärten die Osmanen Rußland den Krieg. Im Westen überschritten türkische Truppen die Donau, im Osten marschierten sie in Richtung Kaukasus, und auch die veraltete Flotte segelte gegen den Erzfeind ins Schwarze Meer. Einen Monat später versenkten die Schiffe des Zaren fast die gesamte osmanische Flotte. Nur ein Schiff entkam – es hatte einen englischen Kapitän. Die Aktion traf die Briten fast noch mehr als die Türken. Sie fühlten ihre Exporte ins Osmanische Reich, die mit 8,5 Millionen Pfund umfangreicher waren als die Österreichs und Rußlands zusammen, durch eine russische Mittelmeerflotte bedroht, und die hatte ihre Basis auf der Krim.

Wenn auch zögernd, erklärten am 28. März 1854 England und Frankreich – zum ersten und letzten Mal – den Russen einen von keiner Seite so recht gewünschten Krieg, der als Krimkrieg in die Geschichte einging. Sofort begannen die drei Mächte damit, über einen Frieden zu sprechen. Aber Rußland war nicht bereit, seine Seemacht im Schwarzen Meer einzuschränken. Sonst könne es nicht, wie seine Vertreter verrieten, im Fall des Zusammenbruchs des Osmanischen Reichs als erster in Konstantinopel sein.

Der trotz des Zögerns mit großer Härte geführte Krimkrieg stellte einen Wendepunkt für das Osmanische Reich dar. In ihm spielten erstmals die türkischen Truppen nur noch eine geringe Rolle. Als englische und französische Truppen in Gallipoli an Land gingen, versuchte der Zar den Krieg abzuwenden, indem er seine Truppen aus den Donaufürstentümern abzog. Die Osmanen kamen sofort mit den Österreichern überein, daß Habsburger Truppen für die Dauer des Krieges die Moldau und Walachei besetzten. Damit war ein Landkrieg über den Balkan für Engländer und Franzosen nicht mehr möglich, ohne mit Österreich in Konflikt zu geraten.

So verlagerte sich das Kriegsziel der Briten immer mehr auf die Ausschaltung der russischen Seemacht und damit auf die Krim, während es den Franzosen vor allem darum ging, durch glänzende Siege das Trauma der verlorenen Revolutionskriege loszuwerden. Ein Jahr kämpften Franzosen, Engländer und auch einige Bataillone der Osmanen im ersten Stellungskrieg der Weltgeschichte, dem die neuentdeckte Fotografie zu großem Echo verhalf, gegen die Russen. Es war ein verlustreicher Krieg. Allein beim Schlußangriff der Franzosen auf den sogenannten Malakoff-Turm Sewastopols fielen 10 000 alliierte Soldaten und 13 000 Russen. Auf der Krim geschlagen, waren die Russen in Anatolien erfolgreich und drangen – nachdem sie im Kaukasus mehrere muslimische Bergvölker unterworfen hatten – bis Kars vor.

Im Pariser Friedensvertrag vom 30. März 1856 wurde festgelegt, daß künftig nur noch Handelsschiffe das Schwarze Meer befahren durften. Der südliche Teil Bessarabiens fiel wieder an Moldau, wodurch Rußland nicht mehr Donauanrainer war. Die Russen erhielten Sewastopol zurück, mußten aber Kars abtreten. Das Osmanische Reich wurde feierlich (erstmals unter dem Namen »Türkei«) in die Gemeinschaft der europäischen Staaten aufgenommen. Die Sieger machten in Artikel sieben des Friedensvertrags klar, daß alle Mächte »jeden Akt und jedes Ereignis, das die Integrität des Osmanischen Reichs in Frage stellt, als Frage europäischen Interesses« betrachten und eine Verletzung als casus belli ansehen. Damit waren nicht mehr die Türken, sondern die Europäer Garanten des Osmanischen Reichs.

Österreichs Beziehungen zu Rußland hatten einen folgenschweren Bruch bekommen, weil die Habsburger den Russen mit der Besetzung der Donaufürstentümer in den Rücken gefallen waren. Aus Wut und Enttäuschung zertrümmerte Zar Nikolaus höchstpersönlich in seinem Arbeitszimmer eine Statue Franz Josefs an der Wand.

Die Christen sind noch raubgieriger als die Türken
Die Millets und die Reformen

Als der Sultan das Bankett zur Feier des Pariser Friedens verließ, schreckte ein ungewöhnliches Donnern die Besucher. Alle Lichter im Palast gingen aus und plötzlich rief eine schrille Stimme: »Mene mene tekel upharsin – dies ist ein zweites Festmahl des Balthasar.« Gewogen und zu leicht befunden – wie einst beim biblischen Gastmahl – hatte der mysteriöse Rufer ein Hattischerif, das der Sultan wenige Tage zuvor, am 18. Februar 1856, um drei Uhr nachmittags, einer große Menschenmenge bekanntgegeben hatte. Wichtigster Punkt der großherrlichen Anordnung: Alle Untertanen des Sultans, unabhängig von ihrem Glauben, werden künftig gleichgestellt. Im Klartext: die Moslems standen nicht mehr über den Christen.

Einem Menetekel gleich sollte dieses Edikt die osmanische Gesellschaft zutiefst erschüttern. Denn die Gleichstellung verstieß, nach Meinung der moslemischen Geistlichkeit, gegen fundamentales islamisches Recht und brachte die Ulema gegen das Reformgesetz auf. Und nicht nur sie. Der Glaube an eine gottgewollte Höherstellung der Moslems war im Volk so tief verankert wie einst der Glaube an die Unbesiegbarkeit der türkischen Ghasis. Selbst die Intellektuellen empfanden den laizistischen Grundsatz als Anschlag auf das osmanische Volk. Fast alle türkischen Historiker, ob linker oder rechter Herkunft, sehen bis heute im Gleichheitsgebot den Versuch des Westens, die Nation zu spalten und sich der Christen als Sprengsatz zu bedienen.

Erstaunlicher als die türkische Reaktion aber war die der Christen. Zwar begrüßten die Millet-Religionsgemeinschaften die Gleichstellung vor dem Gesetz, aber Einheit und Gleichheit, die Stützen der Tansimatbewegung, vertrugen sich auch nicht mit dem Selbstverständnis der Millet-Oberen. Denn die Grundsätze der Französischen Revolution hatten auch eine Verweltlichung zur Folge. Die aber lehnten die geistlichen Führer ab, da sie eine Einschränkung ihrer bis dato fast unbeschränkten Macht fürchteten. Als der griechische Erzbischof von Nikomedia nach der Lektüre das kaiserliche Gleichheitsedikt wieder in das Seidencouvert zurücksteckte, seufzte er: »Beten wir zu Gott, daß es darin auch bleibt.« In der französischsprachigen Ausländerkolonie Konstantinopels wurde sein Flehen zu einem geflügelten Wort, wenn in den folgenden Jahren davon die Rede war, daß das Hattischerif »lettre morte« (wörtlich: »toter Brief«) geblieben sei – eben nur leere Worte.

Die Furcht der Milletführer war verständlich, denn die Reform sah auch eine Demokratisierung der Glaubensgemeinschaften vor. Sogleich hatten sich die protestantischen

Armenier einen laizistischen Rat gegeben, ein Verwaltungsorgan für weltliche Angelegenheiten, der gleichberechtigt neben den geistlichen Führern stand. Damit gingen sie weit über den alten Milletstatus hinaus. Eine weltliche Führung legte sich 1863 auch das sehr viel größere armenisch-gregorianische Millet zu, die sich bald zu einem regelrechten Parlament entwickelte, in dem liberale und an Europa orientierte Armenier immer häufiger die Forderung nach regionaler Autonomie erhoben.

Wie sehr die Reformen Moslems wie Millets spalteten, zeigte sich an der Reformbestimmung, nach der künftig auch Christen in der Armee dienen konnten. Insgesamt wären davon etwa zwei Million Christen betroffen gewesen. An einer Einberufung christlicher Soldaten jedoch waren weder die osmanischen Offiziere interessiert – »das hieße ja«, so Kriegsminister Namik Pascha, »die Avantgarde für die Armee des Zaren zu schaffen« – noch die Christen, die es vorzogen, weiterhin ihren zivilen Berufen nachzugehen und die nunmehr Bedel genannte Freikaufsteuer zu zahlen. Sie war zwar höher als die frühere Kopfsteuer, aber niedriger als die Freikaufsteuer der Moslems. Im europäischen Teil des Osmanischen Reichs drohten die Christen sogar mit Auswanderungen (Frankreichs Botschafter Engelhardt: »Eine unerwartete Belehrung«), so daß die Pforte das Christenkontingent für die Armee schließlich aufhob.

Die einzelnen Millets hatten es übernommen, ihre Mitglieder durch Zahlung einer kollektiven Steuer freizukaufen. Doch bald stieß diese Regelung auf Widerstand, weil sich der obere Klerus an den Abgaben bereicherte. »Die christlichen Behörden«, berichtete der britische Konsul Charles J. Calvert in den sechziger Jahren aus Saloniki, »sind noch raubgieriger und tyrannischer im Kleinen als die türkischen Behörden im Großen.« Und sein Kollege A. Cathcart aus Preweza fügte hinzu: »Von den hiesigen Christen wird jede Art von Ungerechtigkeit, Amtsmißbrauch, Bestechung und Korruption offen ihrem eigenen Klerus zugeschrieben.«

Klagen der Europäer über die Machenschaften der Christen im Türkenreich waren jedoch selten, Klagen über deren Los hingegen Routine, zumal sich im Westen im Zuge der Restauration eine längst vergessen geglaubte Kreuzzugsstimmung breitmachte. »Die Türken«, schrieb der konservative französische Regierungschef François Guizot in seinen Memoiren, »haben sich als sterile Eroberer und Zerstörer erwiesen und sind unfähig, die unter ihrem Joch stehenden Völker zu assimilieren.« Ähnlich rigoros vertraten auch die Briten die Sache der Christen, wobei es ihnen hauptsächlich darum ging, Moslems durch ihre Missionare zu bekehren. »Erzählen Sie mir nichts von Ihrer Religion und Ihrem Kalifat«, hatte der britische Botschafter Lord Stratford de Redcliffe nach dem Krimkrieg dem Großwesir Fuad Pascha entgegnet, »das sind alles Absurditäten. Wenn man für ein anderes Land sein Blut opfert, hat man auch das Recht, im Namen der Christenheit und Europa das zu verlangen.« Daraufhin brach der Großwesir in Tränen aus: »Und wenn das der Tod der Türkei ist?«

Direkter Anlaß für die Forderung des Briten war eine Hinrichtung in Konstantinopel: Ein zum Islam übergetretener Armenier war zu seinem Glauben zurückgekehrt und daraufhin zum Tode verurteilt worden. Auf den Protest der Europäer hin versicherten die Osmanen, daß es künftig für dergleichen Delikte keine Hinrichtungen mehr geben würde, der Sultan-Kalif aber als oberster Diener des Islam niemals das Verbot eines Austritts aus dem Islam aufheben könnte.

Tatsächlich war auch in Europa zu jener Zeit ein Religionswechsel nicht überall möglich. In Spanien war ein Übertritt zum Protestantismus verboten, in Schweden mußte ein katholischer Konvertit mit seiner Ausweisung rechnen. Griechenland hatte sofort nach seiner Unabhängigkeit die Bekehrung von orthodoxen Griechen verfassungsmäßig verbieten lassen. Und in England konnte niemand Abgeordneter werden, der nicht einer christlichen Religionsgemeinschaft angehörte.

Für die osmanischen Reformer begann ein Wettlauf mit der Zeit. Würden sie ihr Land auf westliches Niveau bringen? Nur ein Erfolg des Tansimat, davon waren sie überzeugt, könnte das Osmanische Reich zu neuem Ruhm führen.

Die in der Regel europäerfreundlichen Reformer hatten vom Krimkrieg gleich mehrfach profitiert. Einmal konnten sie nachweisen, daß die Europäer sich für die Belange des Osmanischen Reichs geschlagen hatten. Tausende von Militärexperten der Westmächte in Konstantinopel hatten darüber hinaus die osmanische Bevölkerung an die europäischen Sitten gewöhnt, auch wenn es immer wieder zu Übergriffen gegen die Westler kam. Auch hatten sich viele der europäischen Flüchtlinge – besonders aus Ungarn und Polen – im Osmanischen Reich niedergelassen, wo sie manchmal geschlossen siedelten. Noch heute heißt ein von den Polen gegründetes Dorf an der Schwarzmeerküste Anatoliens Polonezköy. Die Fremden brachten ein Expertenwissen mit, das die Reformer dringend brauchten.

Die sechziger Jahre des 19. Jahrhunderts waren Jahre des Aufbaus, hauptsächlich des Schulsystems, aber auch der allgemeinen Bildung. Gab es 1859 nur eine osmanische und dazu noch offizielle Tageszeitung, so waren 13 Jahre später bereits drei auf dem Markt sowie mehrere Wochenblätter. Hinzu kamen sechs französische Tageszeitungen in den Großstädten. Sie führten zu einer westlich orientierten osmanischen Literatur und Kultur.

Und auch mit der Infrastruktur kamen die Reformer voran. Es entstanden große Überlandstraßen und vor allem die ersten Eisenbahnen – hauptsächlich in Rumelien, aber, wenngleich noch als kurze Stichstrecken von Häfen ins Landesinnere, auch schon in Anatolien. Begeistert war der Sultan von den neuen Telegrafenstrecken, die Konstantinopel im September 1855 erstmals mit London und Paris verbanden. Bis 1861 konnten die Provinzstädte Bukarest, Belgrad und Saloniki an die Metropole angeschlossen werden und auch zwischen Üsküdar und Bagdad funktionierte der Morseverkehr. Damit war die Zentrale in der Lage, innerhalb weniger Minuten wichtigen Provinzzentren Anordnungen zu übermitteln, wo früher Wochen vergingen.

Aber die Reformer mußten auch mit großen Schwierigkeiten kämpfen, wenn es galt, die Verordnungen durchzusetzen, besonders in den Provinzen. Als Großwesir Dschewdet Pascha 1859 bei einer Inspektionsreise die Bosnier nach ihren Sorgen befragte, beschwerten die sich zu seinem Erstaunen über Steuern, die bereits vier Jahre zuvor abgeschafft worden waren. Dschewdet verlangte daraufhin von den Beamten, ihm die Vorschriften zu zeigen, nach denen diese Steuern erhoben würden, doch die konnten sich nicht einmal daran erinnern, sie überhaupt gelesen zu haben. Dschewdet ließ die Amtsstuben durchsuchen. Im Magazin fanden die Rechercheure einen ganzen Stapel ungeöffneter Verordnungen, deren Siegel noch verschlossen waren. »Es hört sich an, wie ein Märchen«, schrieb Dschewdet, »doch es ist Wirklichkeit. So verschwand ein vom mächtigen Staat mit großem Aufwand erarbeitetes Gesetz in der Ecke des Vergessens.«

Dabei hatte die Regierung 1867 eine große Reorganisation der Verwaltung durchgeführt und das Land nach französischem Vorbild administrativ unterteilt. Den nunmehr Wilajets genannten Provinzen stand ein Wali oder Gouverneur vor. Jede Provinz bestand aus mehreren Sandschaks, die den französischen Departements entsprachen. An ihrer Spitze stand ein Mutessarif. Darunter kamen die Kantone (Kasas) mit einem Kaimakan und schließlich die Gemeinden (Nahijes) mit einem Müdir als obersten Beamten. Die Städte erhielten nach französischem Vorbild Arrondissements (das sechste von Konstantinopel war, wie das Pariser, das schickste und umfaßte das noble Viertel Pera) sowie einen Bürgermeister.

Erstmals durfte das Volk zumindest teilweise seine lokalen Repräsentanten wählen. Allerdings sorgten komplizierte Ausführungsbestimmungen dafür, daß stets die Moslems die Oberhand behielten. So vertraten beispielsweise im Stadtrat von Adrianopel elf Moslems insgesamt 4000 Glaubensbrüder, während die rund 60 000 Christen der Stadt nur drei Vertreter stellten. Und Volksvertreter allein boten noch keine Gewähr für Mitspracherechte, in die weder die Moslems noch die durch jahrhundertelange Unterdrückung gefügig gemachten Christen eingeübt waren. Im Volksmund hießen die Gemeinderäte nur »Pekis«, nach dem türkischen Wort für »Ja«, denn dieses war, so der rumänische Historiker Nicolae Jorga, »die einzige Stellungnahme, die den Neuen gestattet wurde«.

Schwerer noch als in den Verwaltungsorganen war die verordnete Gleichstellung in der Rechtsprechung durchzuführen. Bis zur Tansimatzeit mußten sich die Christen von den Moslems Zeugnisse und Aussagen erkaufen, weil immer nur die moslemischen berücksichtigt wurden, und auch milde Urteile hatten ihren Preis. Noch kurz vor dem Gleichheitsedikt von 1856 hatten britische Konsuln ein Fazit der bis dahin angeordneten Gerichtsreformen gezogen und festgestellt, daß sich praktisch nichts geändert hatte. »Kein Christ kann im allgemeinen gegen einen Moslem Recht bekommen, weder im Zivil- noch im Strafrecht«, schrieben sie, »auch wenn in einem Prozeß 50 Glaubensbrüder bereit sind, seine Klage zu unterstützen, muß er sich doch zwei Moslems kaufen.« Weitere Urteile der Konsuln: »Ein Moslem, auch wenn er ein Mörder ist, hat alle Chancen, freigelassen zu werden, wenn gegen ihn nur christliche Zeugen aussagen.« »Das Zeugnis eines Christen ist ohne jeden Wert.« »Oft weigert sich ein Richter, das Zeugnis eines Christen überhaupt anzuhören.«

An der Spitze der Reformbestrebungen stand die Einführung eines neuen Gesetzbuchs nach französischem Vorbild. Das Zivilrecht, »ein würdiges islamisches Pendant zum Code Napoleon«, so der französische Tansimat-Forscher Paul Dumont, umfaßte allein 15 Bücher. Zwar gelang den Gesetzesvätern nach Meinung Dumonts ein Kompromiß zwischen Scharia und weltlichem Recht, doch konnten Konservative schwer verkraften, daß Christen und Laien im Gericht als Beisitzer fungierten oder das Handelsrecht Zinsen vorschrieb. Aber die Gerichte wurden fast nie einberufen. Das Oberste Gericht in Konstantinopel trat in elf Jahren ein einziges Mal zusammen, danach gerieten die Verfahrensregeln in Vergessenheit. »Verfahren wegen Korruption oder Veruntreuung von Beamten«, berichtete Frankreichs Botschafter Engelhardt, ein scharfsinniger Begleiter der Tansimatreformen, »blieben ohne jede Nachwirkung.«

Dem Land fehlte eine gut ausgebildete Beamtenschaft. Im 18. Jahrhundert war das Reich mit etwa 1000 bis 1500 Schreibern ausgekommen, zum Ende der Tansimat-Zeit sollten es etwa 100 000 Sekretäre und andere Schreibkundige sein – rund doppelt so viele wie in einem zentralistischen europäischen Staat der damaligen Zeit. Einen solchen enormen Personalbedarf konnten die geistlichen Schulen nicht befriedigen.

Erst unter Sultan Mahmud II. waren die ersten weltlichen Schulen eingerichtet worden. Als die Regierung versuchte, ein Grundschulsystem einzurichten, stieß sie sofort auf den Widerstand der Ulema. Deshalb konzentrierten sich die Reformer anfangs auf Oberschulen und Fachhochschulen, die allen Religionen offenstanden. Später richtete die Regierung nach einem Bevölkerungsschlüssel Grund- und Oberschulen ein, doch mußten die Oberschüler zumeist selbst für die Kosten des Unterrichts aufkommen, was höhere Bildung auf die Kinder reicher Familien beschränkte. Auch entsprach das Niveau noch lange nicht dem französischen Vorbild. Nur in wenigen sogenannten Sultansschulen unterrichteten die Lehrer in Französisch und mit importiertem Lehrstoff.

Schulsysteme und Erziehung erwiesen sich bald als Sprengsatz, denn zu den Schulen der Moslems gesellten sich die von den Ausländern errichteten Bildungsanstalten, die bald zu den Eliteschulen zählten. Besonders aber mußten die Reformer mit den Schulen der einzelnen Millets konkurrieren, die eine weit bessere Bilanz als die moslemischen Schulen aufwiesen. Mitte des 19. Jahrhunderts besuchten nur 3371 Jungen die staatlichen Schulen, während 19 348 Schüler beiderlei Geschlechts in den Milletschulen der Christen und Juden büffelten. In der Provinz Izmir schickten 1,1 Millionen Moslems 3500 Kinder auf weiterbildende Schulen, die nur 300 000 Christen aber ließen 7300 Kinder ausbilden. »War das eine kulturelle Kolonisierung?« fragte der französische Historiker Paul Dumont und antwortete: »Zweifellos, und den Osmanen war das auch bewußt. Die Situation war um so bedrohlicher, als ein Großteil dieser Millet-Schulen zum nationalen Erwachen der Minderheiten beitrugen.«

Die Zerschlagung der Janitscharen hatte einen Neuaufbau der Armee notwendig gemacht. Es war das einzige Reformprojekt, dem auch die Konservativen zustimmten. Doch gerade die Armee war in einem miserablen Zustand. Für den einfachen türkischen Soldaten kam der Militärdienst einer Versklavung gleich, denn die Armee zog ihn für gewöhnlich auf unbestimmte Zeit ein, und das hieß in der Regel lebenslang. Ein Dekret bestimmte 1843, daß nicht mehr als ein Sohn pro Familie und nicht mehr als zehn Prozent der wehrfähigen Jugendlichen eines Dorfes eingezogen werden durften – ein schwacher Trost für jene, die es traf. Insgesamt etwa 150 000 – im Prinzip ausgeloste – Rekruten hatten nunmehr einen Grundwehrdienst von fünf Jahren abzuleisten. Wollten sie in der Armee aufsteigen, mußten sie sich bis zu ihrem 40. Lebensjahr verpflichten. Gegen 1870 dienten etwa 700 000 Mann in der osmanischen Armee – eine durchaus europäische Dimension, wenngleich die Preußen beispielsweise ohne weiteres eine Million Soldaten aufbringen konnten.

Doch die Zahl täuschte. »In der türkischen Armee«, schrieb der französische Kriegsminister, Marschall und Oberkommandierende der Orientarmee, Jacques Achille Leroy de Saint-Arnaud, »gibt es einen General und die Soldaten. Dazwischen ist nichts. Es gibt weder richtige Offiziere noch Unteroffiziere. Nichts reizt sie, sich durch Verdienste auszuzeichnen, denn nur Intrigen oder Geld öffneten den Weg zu führenden Rängen.«

»Ich bewundere die Geduld, mit der diese ausdauernde und genügsame asiatische Rasse die Leiden über sich ergehen läßt, die überall sonst zu Meutereien führen würden«, beschrieb der britische General Williams die Armee, »die Ernährung ist bejammernswert, es fehlen die primitivsten Regeln der Hygiene, was zu fiebrigen Krankheiten und Typhus führt. Die Offiziere erweisen sich als ihrer Stellung unwürdig, sind die meiste Zeit betrunken und damit beschäftigt, Soldaten auszurauben. Die Komplizenschaft der Generäle, Obersten und Buchhalter, mit denen er seine Beute teilt, erlaubt es dem Oberbefehlshaber, nach Konstantinopel die unglaublichsten Falschmeldungen zu schicken. So erhält er für 33 000 Mann Rationen, obgleich er nur 17 500 unter Waffen hat. Der Sold der Soldaten ist für ihn und die Chefs der ganzen Bande eine Quelle der Bereicherung. Die Generäle und Obersten schicken Soldaten in die Umgebung, um die Ernte von den Feldern zu holen und die Dörfer zu demolieren, dann verkaufen sie die Nahrungsmittel zu ihren Gunsten.«

Nur sehr mühsam kam die Armee nach der Zerschlagung der Janitscharen wieder auf die Beine. Eine ganze Generation von englischen, französischen und preußischen Beratern zerschliß sich beim Versuch, Ordnung ins Chaos der osmanischen Armee zu bekommen. Erst zu Ende des 19. Jahrhunderts stand den Osmanen wieder eine Truppe zur Verfügung, die begrenzte Kriege siegreich führen konnte.

Die Türkei ist unter unserer Kuratel
Wirtschaft und Finanzen bis zum Staatsbankrott

Die Reformer hatten sehr wohl die Bedeutung der Wirtschaft erkannt, wenngleich ihre Beamtenschaft nur geringe volkswirtschaftliche Kenntnisse hatte. Für die Regierung stand die Erhöhung der Produktion und damit der Steuern im Vordergrund. Es kümmerte sie wenig, wenn sich die sich neu bildende Elite riesige Ländereien zulegte, sei es durch Fälschung von Dokumenten oder andere Tricks. Die Folge waren »Familien, deren wirtschaftliche und politische Macht«, so Osmanenforscher Stanford Shaw, »die der alten Klasse bei weitem überstieg.«

Besonders die Landwirtschaft entwickelte sich gut. Zwischen 1840 und 1880 verfünffachten sich die Ausfuhren von Baumwolle, dem wichtigsten Rohstoff der damaligen Zeit, nachdem sie im halben Jahrhundert zuvor um 80 Prozent gestiegen waren. 1855 exportierte das Osmanische Reich 413 Tonnen des weißen Goldes nach Frankreich, 20 Jahre später waren es 2569 Tonnen. Doch die osmanische Verwaltung hatte die Folgen falsch eingeschätzt: Als billiger Webstoff kehrte die Baumwolle ins Reich zurück und vernichtete die einheimische Bekleidungsindustrie.

Mit ihrem Laisser-faire wollten die Reformer vor allem die Steuereinnahmen erhöhen, doch die Rechnung ging nicht auf. Gleich zu Beginn der Reformen hatten sie alle Steuern der Scharia, mit Ausnahme der Kopf- und Schafsteuer, abgeschafft und durch eine Art Mehrwertsteuer ersetzt. Vom Staat bezahlte Finanzbeamte sollten die Steuern eintreiben und außerdem Kataster mit dem Ziel erstellen, eine Bodensteuer zu erheben. Doch auf dem Land funktionierte das System nicht, weil kaum ein Beamter bereit war, sich mit dem relativ geringen Gehalt zufriedenzugeben. Die Folge: Die

Zehntensteuer fiel so dramatisch, daß die Regierung bereits 1840 das alte Pachtsystem wieder einführte und mehr oder weniger bis zur Jahrhundertwende beibehielt. Um die wachsenden Ausgaben zu bezahlen, verfielen die Osmanen sehr bald auf ein Mittel, das die Europäer in ihren Volkswirtschaften mit zunehmendem Erfolg einsetzten: Kapitalbeschaffung über Banken.

Finanzen – das waren früher die Privatschatulle des Sultans und eine ordentliche Buchhaltung über die Steuer-Einnahmen des Reichs. Ein Finanzministerium richteten die Reformer erstmals 1839 ein, und erst 1863 veröffentlichten sie ein Budget, was jedoch noch nicht hieß, daß sie Einnahmen und vor allem Ausgaben auch kontrollierten. »Einen Finanzminister, der diesen Namen verdient, gab es nicht«, schrieb Engelhardt, »der Inhaber des Titels war nicht mehr als ein Staatsfinanzbuchhalter, der von seinen Ministerkollegen darüber hinaus oftmals nicht einmal über neue Schulden informiert wurde.« Weiterhin war das Privateinkommen des Herrschers Staatsgeheimnis, und der Sultan konnte auch die offiziellen Ausgaben erhöhen, ohne Rechenschaft abzulegen.

Ihre Freiheiten nutzten die Großherrn weidlich aus, besonders um sich Paläste zuzulegen. Sie bezahlten ihre Rechnungen mit einer der formidabelsten Erfindungen der damaligen Zeit: Papiergeld. Während aber Europa schnell dafür sorgte, daß die bedruckten Scheine mit seriösem Geld – sprich Gold – gedeckt waren, sahen die Osmanen in ihnen eine Art monetäres Perpetuum mobile. Wie wenig selbst die osmanischen Spitzenbeamten von moderner Geldwirtschaft verstanden, verrieten sie, als sich Sultan Abdul Aziz nach den Kosten des Dolmabahçe-Palastes erkundigte, der bis dahin 2,8 Millionen Pfund Sterling verschlungen hatte. Als Preis nannte ihm sein Finanzminister: 3500 Piaster, entsprechend 32 Pfund Sterling: Es war der Preis für den Druck der Geldnoten, mit denen der Prunkbau bezahlt worden war.

Die ersten türkischen Noten waren nur handgeschrieben und führten sehr schnell zu Fälschungen. Die europäischen Regierungen, verlangte die Pforte, sollten ihre Untertanen auffordern, die Schatzbriefe »wie ganz normales Geld anzusehen, ohne Zweifel zu hegen und ohne jede Angst«. So war es kaum verwunderlich, daß das Papiergeld sehr schnell an

Wert verlor. Nur noch jene akzeptierten es, die der Staat zur Annahme zwingen konnte – seine eigenen Beamten und seine Soldaten. Um das Vertrauen der Händler wiederherzustellen, griff die Hohe Pforte zu einem Mittel, das nur wenig seriöser war: den Rückkauf des schlechten Geldes durch Anleihen.

Die Zeit dafür war günstig, denn die Europäer schwammen in Geld, besonders Briten und Franzosen. Zwar war England Mitte des 19. Jahrhunderts die führende Industriemacht der Welt, aber das ländliche Frankreich hatte mächtig aufgeholt. 1860 betrug das Einkommen der französischen Bauern umgerechnet etwa 200 Millionen Pfund Sterling – viermal so viel wie die Industrieproduktion. »In England und Frankreich«, schrieb die damalige Pariser Zeitung *Journal des Débats*, »gibt es genügend Kredite für alle Regierungen der Welt.«

Europäische Bankiers waren die ersten, die die Osmanen auf die scheinbar leichten Finanzierungsmöglichkeiten aufmerksam machten, und auch die westlichen Botschafter rieten ihren türkischen Partnern zu massivem Pump. Um den Krimkrieg zu finanzieren, nahm das Osmanische Reich im August 1854 bei einer englischen Bank die erste Anleihe über drei Millionen Pfund Sterling auf. Schon ein Jahr darauf legten die Osmanen nach, zumal Frankreich und England die Anleihe garantierten.

Die Osmanen fanden immer mehr Gefallen am scheinbar leichten Geld, und die Europäer spielten mit. Selbst der Vatikan hatte sich an der Finanzierung der Ungläubigen beteiligt »Das Geld fließt, das Leben ist schön«, faßte der amerikanische Historiker Donald C. Blaisdell die Haltung der Osmanen zur damaligen Zeit zusammen, »borge! borge! borge!« Statt Industrien aufzubauen, steckten die Sultane das Geld in ihre Paläste – allein die laufenden Kosten beliefen sich auf zwei Millionen Pfund Sterling jährlich, das Achtfache des mit Abstand größten Tributs, des ägyptischen –, und ihre Haremsdamen kauften mehr und wertvollere Juwelen als je zuvor.

In den nächsten Jahrzehnten borgten sich die Osmanen in Westeuropa insgesamt umgerechnet 200 Millionen Pfund Sterling zusammen. Erreichte die jährliche Zinsbelastung 1858 eine Million Pfund Sterling, so stieg sie im Budget 1874/75 auf zwölf Millionen Pfund Sterling – bei geschätzten

Einnahmen von 22 Millionen Pfund. Fünf Millionen Pfund Ausgaben waren ungedeckt. Am 6. Oktober 1875 ließ die Regierung mitteilen, daß sie nur noch die Hälfte der Schulden in bar zahle und für die andere Hälfte neue Anleihen ausgebe. »Europäische Sorglosigkeit und türkische Verschwendungssucht«, schreibt Blaisdell, »führten zum Bankrott.«

Das Osmanische Reich schien ein ideales Terrain fürs schnelle Geld zu sein, denn es war reich an Rohstoffen und anderen Ressourcen. Das handelspolitische Kredo des Westens faßte 1856 die Londoner *Times* in einem Leitartikel zusammen: »Ein reiches und jungfräuliches Land liegt vor uns. Die Industrie des Westens soll es in Besitz nehmen.«

Erst nach dem Staatsbankrott legten besonders England und Frankreich dem Osmanischen Reich finanzielle Fesseln an, von denen sich die Türken nicht mehr befreiten. »Die Türkei ist unter unserer Kuratel«, schrieb Frankreichs Außenminister Louis Herzog Decazes et de Glücksberg am 10. Januar 1876, und drei Jahre später sagte Englands mehrmaliger Premier Edward Stanley Earl of Derby: »Die tägliche Überwachung hat die Souveränität der Türkei praktisch auf Null reduziert.«

Kein ehrlicher Türke wird die Europäer je bewundern

Das Ende der Reformer

Im Krimkrieg hatten die Europäer für die Osmanen die Kastanien aus dem Feuer geholt. Doch nur zwei Jahrzehnte später wurden wieder Europäer auf den Straßen angegriffen. Die Botschaften verbarrikadierten sich.

Zum Zorn auf die Fremden hatten auch die Minderheiten beigetragen, die sich der Europäer bedienten. Viele osmanische Christen wechselten ihre Religionsgemeinschaft und nahmen den Glauben an, der unter den europäischen Verbündeten den größten Beschützer hatte. So traten die Armenier des Ortes Zeitun, wo es zu einem Aufstand gekommen war, fast geschlossen zum Katholizismus über, weil Napoleon III. den Rebellen Straffreiheit zugesagt hatte. Die Zahl der von den Briten geschützten Christen im Osmanischen Reich soll eine Million betragen haben.

Um 1879 lebten in der Türkei etwa 300 000 Angehörige des erst ein halbes Jahrhundert zuvor gegründeten unabhängigen Staates Griechenland. Etwa die Hälfte von ihnen aber waren Kinder osmanischer Griechen. In Athen soll es einen regelrechten Handel mit der griechischen Staatsangehörigkeit gegeben haben, und nur der massenhafte Nationalitätenwechsel kann erklären, wieso die Bevölkerung Griechenlands innerhalb von 40 Jahren von 750 000 während der Befreiungskriege auf 1056 000 bei der Volkszählung von 1870 angewachsen war.

Nicht nur die Ausländer, die per Kapitulationen nur der Gerichtsbarkeit ihres Landes unterstanden, auch die von den Europäern akzeptierten und damit der osmanischen Gerichtsbarkeit entzogenen Protegés bildeten bald einen Staat im Staate. »Der Einfluß der Fremden ist so groß«, hatte schon von Moltke geschrieben, »daß der Sultan nicht Herr in seiner Hauptstadt ist, sobald es sich um einen Franken handelt. Selbst bei dem gröbsten Polizeivergehen kann der Schuldige nur verhaftet, nicht aber bestraft werden.« In Konstantinopel erreichte die Verbrechensquote einen traurigen Rekord, weil die Europäer die Verfolgung der Übeltäter verhinderten. »Am hellen Tage und in den belebtesten Straßen wurden Menschen ermordet«, berichtete der deutsche Reisende Mordtmann, »und sobald die Polizei einen solchen Feind der öffentlichen Sicherheit verhaftet hatte, erschien am nächsten Morgen der Dolmetscher irgendeiner Gesandtschaft auf dem Polizeiministerium, um den Verhafteten als Untertan zu requirieren.«

Die osmanischen Konservativen machten die Ausländer und ihre christlichen Hilfstruppen zu einem Hauptthema. Darunter litten am meisten die Tansimatreformer. Als dann auch noch die energischsten von ihnen starben, Fuat Pascha 1869 und Ali 1871, bekamen die Gegner der Tansimatreformen wieder Oberwasser. Das waren, wie zu erwarten, die Ulema, aber auch einst begeisterte Anhänger Europas: die Jungosmanen.

Sie waren zum Ende der Tansimatzeit aufgekommen – westlich orientierte Intellektuelle, die dann aber nicht den Weg in die osmanische Bürokratie fanden. Sie diskutierten über Parlamentarismus, Nationalismus und Patriotismus und hielten die Tansimat-Reformer für zu autoritär. Die Bürokratisierung sei nur zu stoppen, so ihre Ansicht, wenn sich das Land eine Verfassung zulegt und ein Parlament. Andererseits griffen sie die Reformer auch in religiösen Fragen an, denn sie weigerten sich, die Millets zu reformieren, und plädierten für deren Abschaffung. Alle Bürger des Osmanischen Reichs sollten gleichberechtigt sein, unabhängig von ihrer Religion, ihrer Rasse und ihrer Sprache. Nur im Parlament, so die Jungosmanen, könnten sie ihre unterschiedlichen Interessen zur Sprache bringen und den Ausgleich suchen.

Ob freilich westliche Ideen im Osmanischen Reich überhaupt Wurzeln schlagen konnten, bezweifelte der wohl beste Kenner der damaligen Türkei, Englands Botschafter Stratford de Redcliffe. »Europäische Regierungssysteme, europäische Ideen, europäische Gesetze und Bräuche«, belehrte er während des Krimkriegs seinen Adjutanten, »kein ehrlicher Türke wird je so tun, als ob er sie bewundere.« Das Fazit des Briten: »Wenn Orientalen jemals von liberalen Ideen des Regierens durchdrungen werden, ist ihr Schicksal besiegelt.«

In der Tansimatzeit waren zwei Kulturen entstanden, eine moslemische und eine westliche. Es gab nebeneinander zwei Arten von Gerichten, von Schulen, von Steuern, von Staatsetats und von Gesetzen. Damit hatten sich die Tansimatreformer sowohl die moslemische wie auch die nichtmoslemische Geistlichkeit zum Gegner gemacht. Die Moslems betrachteten die Millets als potentielle Staatsfeinde, die das Osmanische Reich von innen heraus zerstören wollen. Das wiederum führte dazu, so Historiker Shaw, »daß viele Moslems die Minoritäten mit einem ausländischen Angriff in Zusammenhang brachten und sogar mit Verrat«. Vielleicht war schon deshalb eine wirkliche Reform nicht möglich. Ein im Westen, wenn auch mit Eruptionen, organisch gewachsenes Staatsverständnis konnte nicht auf eine in großen Teilen noch archaische Gesellschaft aufgepfropft werden.

Es konnte kein Zweifel daran bestehen, daß die osmanische Führung eine Zeitlang ernsthaft die Reformen betrieben hat und auch bereit war, dazu notwendige Opfer zu bringen. Besonders Mitte der fünfziger Jahre des 19. Jahrhunderts war die Begeisterung der osmanischen Minister und des Sultans Abdul Aziz für die Reformen echt. »Sie suchten die vertraulichen Ratschläge der Europäer und genossen ihren Beifall«, schrieb Engelhardt. Aber sie wußten auch, daß die Reformen auf Kritik im eigenen Land stießen. »Flüstert uns die Reformen ins Ohr«, hatte der damalige Großwesir Fuad Pascha den Botschaftern vertraulich gesagt, »aber überlaßt uns den öffentlichen Auftritt und die Rolle, sie auszuführen.«

Doch es bestand ein zu großer Unterschied zwischen den Bestimmungen des Tansimat und ihren Durchführungen. Viele Verordnungen, wenn nicht die meisten, wurden immer wieder hintergangen. Oft von einheimischen Notablen, die um ihre Macht fürchteten, besonders von den islamischen Führern. Die Tansimatreformen hatten die Gesellschaft nicht verändert. Vielen Osmanen ging es in erster Linie darum, die alten Sozialstrukturen mit neuen europäischen Techniken aufrechtzuerhalten. Besonders die Ulema sahen den Grund allen Übels in der Säkularisierung sowie der Gleichberechtigung der Christen, die ihre neue Stellung angeblich nur nutzten, um die Fremden auf ihre Seite zu ziehen. Ihr Heil sahen sie in einer islamischen Erneuerung, und sie erhielten Zulauf aus den Reihen der Moslems Zentralasiens, die vor den vordringenden Russen ins Osmanische Reich geflohen waren. Allein von der Krim kamen zwischen 1854 und 1876 mehr als 1,4 Millionen Tataren.

Und auch die prowestliche Grundhaltung der führenden Politiker des Osmanischen Reichs änderte sich. 1874 verbot die Regierung den Verkauf von christlichen Werken in osmanischer Sprache und schränkte die Ausbreitung westlicher Schulen ein. Die Moslems kehrten oft zur traditionellen Bekleidung zurück. Als es dann in den Provinzen immer häufiger zu Zusammenstößen zwischen Christen und Moslems kam, begann sich die Bevölkerung auf Kampf einzustellen und bewaffnete sich.

Am 8. Mai 1876 demonstrierten die Schüler der geistlichen Schulen, und viele einfache Türken schlossen sich ihnen an. Schließlich dankte Abdul Aziz am 30. Mai 1876 zugunsten seines Neffen Murad ab, der als Sultan Murad V. nur ein kurzes Gastspiel geben sollte. Nur wenige Tage darauf, am 4. Juni, fand Großwesir Midhat den alten Sultan mit aufgeschnittenen Adern tot auf. Zwar bestätigten 19 Ärzte einen

Selbstmord mit dem Rasiermesser, aber der Arzt der englischen Botschaft, der an der Untersuchung teilgenommen hatte, lehnte diese These ab. Als wieder einige Tage später die Lieblingsfrau des Sultans starb, brachte ihr Bruder aus Rache den Außen- und den Verteidigungsminister um.

Der neue Sultan hatte schon den Tod seines Onkels nicht verkraftet und sich zwei Tage lang erbrochen, weshalb erstmals in der osmanischen Geschichte die feierliche Säbelumgürtung verschoben werden mußte. Als jetzt die Regierung seinen Schwager öffentlich hängte, brach er erneut zusammen. Ein Ärzteteam stellte fest, daß er den Aufgaben eines Herrschers nicht gewachsen war. So beschloß das Kabinett am 31. August 1876, den Sultan zugunsten seines jüngeren Bruders abzusetzen. An die Macht kam der Mann, der die Reformen endgültig begraben sollte: Abdul Hamid II.

Zum Ende der Tansimatzeit war das Klima im Osmanischen Reich umgeschlagen. Nach Jahrzehnten der fast bedingungslosen Bewunderung Europas suchten die Osmanen nach neuen Werten, die auch uralte sein konnten. Aber auch Europa hatte sich geändert.

Ein schlichtes Hoch auf Kaiser Wilhelm
Europa und das Deutsche Reich

Nach der Restauration in der Folge der Revolutionen von 1848 bestimmte in Europa der politische Liberalismus, der das Recht des Einzelnen in den Vordergrund stellte, die zweite Hälfte des 19. Jahrhunderts. Die Liberalen, deren Name erstmals 1812 für die Verfassungsbewegung in Spanien auftauchte, machten Front gegen den absolutistischen Staat wie auch gegen linkstotalitäre Bewegungen, die damals in Europa aufkamen. Gewaltentrennung und ein Rechtsstaat, der die Grundrechte garantiert, waren die wichtigsten Neuerungen der Liberalen. Frei gewählte Vertreter, wenn auch noch nicht nach allgemeinem Wahlrecht, bildeten die demokratische Basis.

Ein entwickelter Liberalismus setzte ein starkes Bürgertum voraus – eine Bedingung, die besonders in den Balkanländern fehlte. Aber auch in Deutschland und Österreich taten sich die Liberalen schwer. In Preußen war die Beamtenschaft oft reformfreudiger als das Bürgertum, im Habsburgerreich war das – wegen des wirtschaftlichen Rückstands ohnehin schwach ausgebildete – Bürgertum von der Regierung praktisch ausgeschlossen, und damit fehlte dem Liberalismus die Grundlage.

Während Rußland, England und Frankreich ihre Nationenbildung weitgehend abgeschlossen hatten, brachte die zweite Hälfte des 19. Jahrhunderts Italien und Deutschland die Einheit und der Habsburgermonarchie seine letzte Ausbildung als Österreich-Ungarn.

In Italien brachte Freiheitsheld Giuseppe Garibaldi seinem Land die Einheit, die schließlich auch dem Papst den Kirchenstaat kostete. Der Heilige Vater erklärte sich daraufhin zum Gefangenen des neuen Königreichs und verließ für ein halbes Jahrhundert den Vatikan nicht mehr.

Die Habsburger Monarchie war nach der Restauration in den Absolutismus zurückgefallen. Sie belohnte Polizisten für Verhaftungen mit Geld und führte die Prügelstrafe wieder ein – freilich nur für die unteren Schichten. Das Bürgertum blieb vom Staatsgeschehen weitgehend ausgeschlossen, und die Völkergemeinschaften der Ungarn und Tschechen rebellierten, weil die Zentrale sie durch kleine Minderheiten – beispielsweise Polen und Slowenen – zu beherrschen versuchte.

Die Reaktion hatte auch in Preußen gesiegt, wo sich die bestimmenden Junker der (nicht zum Deutschen Bund gehörenden) ostelbischen Provinzen nach Rußland orientierten, die Beamtenschaft hingegen englandfreundlich blieb. Allerdings entwickelte sich die Wirtschaft weit besser als in Österreich, weil der 1834 gegründete Deutsche Zollverein, dem alle Länder des späteren Deutschen Reichs sowie Luxemburg angehörten, mit seiner Freihandelspolitik für einen industriellen Aufschwung sorgte. Der preußische Silberthaler vertrieb überall den Habsburger Goldschilling. Vollends an die Wand spielte die Österreicher schließlich der zum preußischen Ministerpräsidenten ernannte Otto von Bismarck.

Er isolierte das Habsburgerreich so geschickt, daß es 1866 über einen schwer nachzuvollziehenden Anlaß in den damals dänischen Territorien Schleswig und Holstein zu einem Krieg mit Österreich kam. Er war bereits nach zwei Wochen zu Ende, denn die Habsburger unterlagen im böhmischen Königgrätz den Preußen. Bismarck zeigte sich jedoch großzügig, beließ, von Venedig abgesehen, den Österreichern ihren Vielvölkerstaat, der nunmehr, ohne deutsche Rückendeckung, den Wirren des Balkans und damit des Osmanischen Reichs ausgeliefert war.

Die Habsburger retteten 1867 ihr Reich für ein halbes Jahrhundert, indem sie die Macht weitgehend mit der anderen großen Volksgruppe ihres Reichs – den Ungarn – und zu Lasten der übrigen Minderheiten teilten. Die neue Doppelmonarchie Österreich-Ungarn teilte der Fluß Leitha. Westlich von ihr waren die Österreicher mit 35 Prozent, östlich die Ungarn mit 40 Prozent die größte Minderheit, stellten aber nirgends die Mehrheit. Auch in seiner Bevölkerungsstruktur glich sich die Doppelmonarchie dem Osmanischen Reich an, in dem die Türken immer noch in der Minderheit waren.

Ganz anders der Rest des Deutschen Bundes. Bismarck hatte alle norddeutschen Staaten in einen Norddeutschen Bund unter Preußens Vorherrschaft vereint. Doch der katholische Süden, besonders Bayern und Württemberg, sperrte sich noch gegen einen deutschen Einheitsstaat. Der eiserne Kanzler zwang sie über einen Krieg gegen Frankreich zur deutschen Einheit. Wegen einer weiteren Nebensächlichkeit – der spanischen Erbfolge – kam es 1870/71 zu einem Waffengang, den die Franzosen verloren. Preußen kassierte Elsaß-Lothringen und verschaffte dem Reich zu den drei Millionen Polen noch eine Minderheit von eineinhalb Millionen zwar weitgehend deutschsprachigen, aber reichsunwilligen Franzosen.

Der Sieg bewog auch die süddeutschen Zögerer, dem Norddeutschen Bund beizutreten, der sich am 18. Januar 1871 als Deutsches Reich proklamierte. Blieb nur noch die Krönung des Preußenkönigs als Kaiser. Während der Kronprinz wünschte, daß sein Vater als »Kaiser der Deutschen« ausgerufen würde, war der Preußen-König mit dem Titel »Kaiser von Deutschland« einverstanden, aber Bismarck bestand auf »Deutscher Kaiser«, um auch Bayern und Württembergern die Zustimmung möglich zu machen. Als die Zeremonie dann im Spiegelsaal des Versailler Schlosses über die Bühne ging, brachte im Namen der seit sechs Jahrzehnten kaiserlosen

Deutschen der Großherzog Friedrich von Baden ein Hoch auf den neuen Kaiser aus und nannte ihn dabei schlicht »Kaiser Wilhelm«.

Der kleinste der fünf europäischen Pentarchen, Preußen, war – als Deutschland – der größte geworden. England hatte sich unter Gladstone in eine »splendid isolation« zurückgezogen, Frankreich und Österreich büßten ihre Vormachtstellung ein. »So war Deutschland«, schreibt Balkanexperte Leften Stavrianos, »die erste Macht des Kontinents.« Damit waren die Karten auch für das Osmanische Reich völlig neu gemischt. Die alte Allianz der europäischen Mächte, Garant des Friedens nach dem Krimkrieg, existierte nicht mehr.

In Frankreich hatte die Niederlage Napoleon III. vertrieben und die Republik wurde endgültig etabliert. Der Verlust von Elsaß-Lothringen machte die immer noch große Nation zum unerbittlichen Gegner Deutschlands. Um einer Koalition Frankreichs mit Rußland oder Österreich-Ungarn oder gar beiden vorzubeugen, brachte Bismarck eine Allianz der Monarchen zusammen.

Er nutzte es, daß sich Zar Alexander II. zu einem Treffen zwischen Kaiser Wilhelm I. und dem österreichischen Kaiser Franz Joseph in Berlin selbst eingeladen hatte. Aus dem Drei-Kaiser-Treffen entstand ein Drei-Kaiser-Abkommen. Doch das Bündnis verpflichtete nur zu Konsultationen. Denn Rußland hatte nur widerstrebend Österreich-Ungarn als Partner anerkannt, weil beide auf dem Balkan Konkurrenten waren. Auch Bismarck entdeckte bald, daß der Balkan »die Achillesferse« des Pakts der Majestäten war.

Das ist ein Land mit Zukunft
Die Einigung Rumäniens

Der Krimkrieg sollte eigentlich den Bestand des Osmanischen Reichs retten. Doch über ihn brach das Reich auseinander. Den Anfang machten Moldau und die Walachei.

Die Rumänen hatten bis dahin in ihrem eigenen Land nur eine untergeordnete Rolle gespielt, obgleich sie immer die Mehrheit stellten. In ihrem Siedlungsgebiet Siebenbürgen galten sie nur als »geduldete« Bewohner und hatten keinerlei Vertretung im Landtag, dem nur Ungarn, Szekler und Deutsche angehörten. Und auch in ihren östlichen Siedlungsgebieten standen sie unter fremder – osmanischer, griechischer oder russischer – Herrschaft.

Nach der griechischen Revolution und dem Machtverlust der Phanarioten stützten sich die Osmanen, da Moslems nach der Machtaufteilung zwischen Russen und Osmanen kein Land besitzen durften, auf die einheimischen Bojaren, die nunmehr auch die Hospodare stellten. Griechisch als Kultursprache verschwand und wurde durch Französisch ersetzt. Die lateinische Epoche Rumäniens begann.

Begründet worden war sie durch von Jesuiten in Rom ausgebildeten rumänischen Studenten aus Siebenbürgen. Sie propagierten, daß ihre Urheimat, das alte Dakien, nicht nur eine römische Provinz war, sondern ihre Vorfahren auch direkt von den Römern abstammten. Die jungen Römerfreunde führten das lateinische Alphabet ein und reinigten die Sprache ihrer Väter von allen slawischen, griechischen und osmanischen Wörtern. Französischer Einfluß tat ein übriges, und der kam nicht nur von Franzosen. Auch die russischen Besatzungsoffiziere sprachen zumeist Französisch und führten auch das französischsprachige Bulletin *Courrier de Moldavie* ein. Bukarest bekam seinen Ruf als »Paris des Ostens«.

Die von der Französischen Revolution begeisterten jungen Rumänen, zumeist Bojarensöhne, propagierten die Vereinigung von Moldau und Walachei als Kern eines rumänischen Staates und verlangten die Einführung von Verfassung und Pressefreiheit. Seit 1837 erschien die Tageszeitung *Romania*, die durch ihren Namen bereits ein Programm war. Doch erst nach den europäischen Revolutionen von 1848 bekam die rumänische Bewegung nationalistische Züge und vor allem antirussische. »Sie betrachteten den Zaren«, schreibt Stavrianos, »als den hassenswerten Gendarmen Europas.«

Auf der Pariser Konferenz zum Ende des Krimkriegs hatten sich nicht nur die Franzosen, sondern zum Erstaunen aller auch die Russen für eine Vereinigung der beiden Fürstentümer stark gemacht. Der Zar glaubte mit diesem Schritt die Rumänen hinter sich zu bringen. Vehement widersetzten sich Österreich und das Osmanische Reich und schließlich auch England den Einigungswünschen. Schließlich legten sich die Pariser Signatarmächte auf zwei getrennte Ratsgremien für die beiden Fürstentümer fest. Aber die Rumänen durchkreuzten die Pläne und wählten für beide Staaten den gleichen Präsidenten, den moldauischen Bojaren Oberst Alexandru Ioan Cuza. Am 12. November 1861 genehmigte der Sultan die de-facto-Vereinigung, und wenige Wochen später wurde der neue Staat in der neuen Hauptstadt Bukarest offiziell ausgerufen – als Vasall des Osmanischen Reichs unter dem Namen Rumänien.

Weil sich die Bojaren untereinander selten einig waren, befürwortete die Mehrheit von ihnen nach Cusas Sturz einen ausländischen Prinzen als König Rumäniens. Ihre Wahl fiel auf Karl Eitel Friedrich Zephyrin von Hohenzollern, ein Cousin sowohl des preußischen Königs wie auch Napoleons – und folglich verwandt mit den Chefs jener Staaten, die keine Ambitionen auf rumänische Territorien hatten. Als der damals 27jährige von seiner Ernennung erfuhr, eilte er sogleich zu einem Atlas, denn er hatte noch nie von Rumänien gehört. Nach einem flüchtigen Blick auf die Landkarte erklärte er: »Das ist ein Land mit Zukunft!« und nahm den Ruf an.

Weil gerade Krieg zwischen Preußen und Österreich herrschte, reiste Karl inkognito als »Herr Hettingen« auf einem Dampfschiff nach Odessa. Als das Schiff den ersten rumänischen Flußhafen, Turnu-Severin, erreichte, machte sich der junge Mann zum Landgang fein. Warum er aussteige, wo er doch nach Odessa wolle, fragte der österreichische Kapitän, und Karl antwortete, er müsse sich ein wenig die Beine vertreten. Erst als er die Reling herunterschritt, hörte er den Kapitän ausrufen: »Mein Gott, das kann nur der Prinz von Hohenzollern sein.« Als Carol I. regierte der Preuße Rumänien bis zum Ausbruch des Ersten Weltkriegs.

Durch Sturheit entstand das Balkanproblem Nummer eins
Aufruhr in Bulgarien

Die Bulgaren waren einst die ersten Slawen, die von den nach Europa vorrückenden Osmanen besiegt wurden. Sie sollten die letzten sein, die die Sultansherrschaft abstreiften.

Anfangs hatten die Bulgaren unter den Osmanen nicht

schlecht gelebt – besser zumindest, als unter ihren eigenen Herren. Doch die Nähe zu Adrianopel und Konstantinopel erwies sich als nachteilig, als im Laufe der Geschichte die Disziplin der türkischen Soldaten nachließ, denn alle wichtigen Heerstraßen in den Norden und Westen führten durch Bulgarien. Jeder Feldzug hinterließ vom ausgehenden 17. Jahrhundert an eine breite Spur an Erniedrigung und damit von Haß. Wann immer sich ein Troß türkischer Truppen durchs Land bewegte, floh die Bevölkerung in die Berge. Das bemerkte auch ein englischer Reisender, der 1803 mit dem von türkischen Soldaten begleiteten britischen Botschafter durch Bulgarien zog: »Für die Übernachtungen hatten wir große Auswahl, denn alle Behausungen waren verlassen.«

In den besser geschützten Städten war nach der griechischen Unabhängigkeit zwar eine neue armenische und bulgarische Führungsschicht entstanden, doch dominierte weiterhin die hellenische Kultur. Ein Bulgare, der etwas auf sich hielt, sprach Griechisch, und nur griechische Schulen vermittelten modernes Wissen. Erst 1835 eröffneten die Bulgaren im Städtchen Gabrovo eine eigene Schule. Die Gabrovoschulen breiteten sich schnell aus und beendeten langsam die kulturelle Vorherrschaft der Griechen.

Aber erst die Errichtung einer nationalen Kirche 1870 führte zu einer nationalen Erneuerung, obgleich ein Drittel aller Bulgaren Moslems waren. Das alte bulgarische Patriarchat war bereits 1393 untergegangen, und nur ein Erzbischoftum in Ohrid hielt einen Rest von kirchlicher Eigenständigkeit aufrecht, bis auch diese Einrichtung 1767 verschwand. Seither unterstand die bulgarische Kirche dem griechischen Patriarchat in Konstantinopel, und Griechen stellten den oberen und mittleren Klerus.

Nachdem die griechischen Bischöfe Anfang der sechziger Jahre eine eigene bulgarische Kirche abgelehnt hatten, erwähnte der Priester der bulgarischen Kirche Konstantinopels am Sonntag, den 15. April 1860, beim Ostergebet nicht, wie vorgeschrieben, den Patriarchen, sondern den Sultan, und viele Priester in Bulgarien taten es ihm nach. Sodann wählte der bulgarische Klerus den Bulgaren Ilarion Stoyanovich als Anführer der bulgarischen Kirche. Daraufhin kam es zu einer

Auseinandersetzung zwischen Griechen und Bulgaren, wobei nicht die Geistlichen nationalistische Schärfe in die Debatte brachten, sondern die gemäß dem Hattischerif von 1856 gewählten Laien. Der Kirchenkampf gab einen Vorgeschmack auf den politischen Kampf zwischen beiden Völkern.

Der Sultan hatte am 1. März 1870 ein bulgarisches Exarchat einrichten lassen. Sofort exkommunizierte der griechische Patriarch die neuen bulgarischen Bischöfe. Aufgebrachte Griechen zogen durch die Straßen Konstantinopels und riefen: »Lang lebe das Schisma. Wir wollen nicht von den Slawen vereinnahmt werden.« Der klerikale Streit trieb auch die laizistischen Bulgaren auf die Seite der nationalbulgarischen Kirche, die damit zum Motor für die Errichtung Großbulgariens wurde. Junge Revolutionäre machten im ganzen Land Stimmung nunmehr auch gegen die Türken. Die Hohe Pforte antwortete mit einer brutalen Vernichtungsaktion. An ihr nahmen etwa 5000 türkische Soldaten, besonders aber die sogenannten »Irregulären« teil. Sie stellten etwa 65 000 Mann innerhalb der osmanischen Armee, zählten aber nicht zur regulären Armee. Sie setzte die Regierung besonders gegen Aufständische ein. Weil sie niemandem unterstanden, so die scheinheilige Argumentation, konnten sie auch nicht verantwortlich sein.

Diese Truppe rekrutierte sich oft aus Albanern, Kosaken oder Kurden, der sich in Bulgarien viele der zwangsangesiedelten Krimtataren und Tscherkessen angeschlossen hatten. Viele dieser moslemischen Flüchtlinge rächten sich für ihre Vertreibung an den christlichen Nachbarn in der neuen Heimat »in einer Art und Weise«, so Stanford Shaw, »die bis dahin im Osmanischen Reich unbekannt war«. Sie liquidierten Dorf für Dorf. Wie hoch die Verluste waren, ist schwer nachzuweisen. Die Briten sprachen von 12 000 ermordeten Bulgaren, die Bulgaren selbst von 30 000 bis 100 000 Einwohnern, während die Osmanen von etwa 4000 getöteten Christen ausgingen, aber einer noch viel höheren Zahl umgebrachter Moslems. Die Osmanen machten daraufhin Bekanntschaft mit einem Phänomen, das sie überhaupt nicht gewohnt waren einzukalkulieren: der öffentlichen Meinung. Besonders die britische Presse stürzte sich auf die »bulgarischen Greuel«, wie sie genannt wurden, und bereitete den

Boden für das Eingreifen der europäischen Regierungen im Balkan vor. Am Ende stand ein neuer großer Krieg.

Panslawismus als Waffe gegen die Deutschen

Der Balkan am Vorabend des Russisch-Türkischen Kriegs

Auf dem Balkan war Serbien immer mehr der Motor einer Befreiungspolitik der südslawischen (Serbokroatisch: »jugoslawischen«) Völker geworden, nachdem die Einigung Italiens den Traum der Süd-Slawen nach einem eigenen Staat bestärkt hatte. Obgleich noch immer nominell Vasall des Osmanischen Reichs, hatten die Serben bereits mehrere außenpolitische Verträge abgeschlossen. Ihr Führer, Michael Obrenovic, fühlte sich berufen, der Garibaldi der Jugoslawen zu werden.

Michael, der seit 1860 die Macht von seinem Vater Milos übernommen hatte, war gut ausgebildet und weitgereist – für die Serben der damaligen Zeit eine Ausnahme. Er reorganisierte die Armee, machte sie zur stärksten des Balkans und vertrieb die letzten osmanischen Soldaten aus dem Land. Vor allem aber betrieb Michael Obrenovic die Einigung der südslawischen Völker in einen jugoslawischen Staat unter serbischer Führung. Dabei dachte er nicht nur an die Länder unter osmanischer, sondern auch an die unter Habsburger Herrschaft. So schloß er Verträge mit Montenegro (1866), Griechenland (1867) und Rumänien (1868) ab, doch dann beendeten Mörder im Juni 1868 seine Ambitionen.

Anders als Serbien war das benachbarte Montenegro nie ganz abhängig vom Osmanischen Reich, aber auch nie unabhängig. Im extrem armen und unzugänglichen Land, das bis 1858 keine klar definierte Grenze hatte, gab es zwar einen osmanischen Gouverneur, aber die Macht lag bei den Stämmen, die sich ins unzugängliche Gebirge zurückzogen, wenn sie bedroht wurden. Weil zwischen den einzelnen Klans Blutrache herrschte, führte jeder Tote zu einer Kette von weiteren Toten. Sehr früh waren deshalb die Herrscher dazu übergegangen, Hinrichtungen nur als Erschießungen durchzuführen, bei der alle Schützen aus verschiedenen Klans – wie später in allen Armeen üblich – gleichzeitig schossen, so daß kein einzelner für den Tod verantwortlich gemacht werden konnte.

Das administrative Zentrum Cetinje bestand, so hieß es damals in Europa, aus 13 Konsulaten und einem Hotel. Tatsächlich war die ausländische Unterstützung für die montenegrinische Staatsführung überlebenswichtig – gegen die Osmanen wie auch gegen die eigenen Stämme. Zumeist bestritt Rußland den größten Teil des Staatshaushalts. Das arme Land war für die Russen – wie heute für die Serben – hauptsächlich deshalb interessant, weil es einen schmalen Küstenstreifen an der Adria besaß und damit einen Hafen am Mittelmeer.

Wie mit Montenegro hatten die Serben auch mit Griechenland Kontakt aufgenommen. Dort war der bayrische König Otto durch den von den Briten installierten dänischen Prinzen Wilhelm Georg aus der Glücksburg-Dynastie ersetzt worden. Als Morgengabe trat England die noch besetzten Ionischen Inseln an die Griechen ab. Auch in Griechenland wirkte Italiens Einheit als Katalysator, und die politischen Führer machten keinen Hehl daraus, daß sie ein Großgriechenland anstrebten. Dem inzwischen eingerichteten Parlament gehörten denn auch nicht nur Vertreter aus dem kleinen Königreich an, sondern ebenfalls aus Mazedonien, Epirus und Thessalien. Dem Ziel eines großgriechischen Reichs schienen die Griechen näher zu kommen, als ihnen die Serben einen förmlichen Vertrag anboten. Er sah vor, daß sich im März 1868 die Bevölkerung des gesamten Balkans gegen die osmanische Herrschaft erhebt. Den Griechen waren fürs Mitmachen Thessalien und Epirus versprochen, wofür sie den Serben Bosnien-Herzegowina zugestanden.

Als 1866 in Kreta eine Revolte ausbrach, schien der Moment für einen Aufstand aller Balkanvölker günstig zu sein. Auf der Insel waren zwar viele Bewohner zum Islam übergetreten (Mitte des 18. Jahrhunderts standen etwa 200 000 Moslems nur noch 60 000 Christen gegenüber), aber das hatte wirtschaftliche Gründe, denn Landbesitz war nur Moslems erlaubt. Viele Kreter rekonvertierten in der Folgezeit. Nach der griechischen Unabhängigkeit war es zu schweren Ausschreitungen gegen die moslemische Führung gekommen, nachdem die Insulaner einen Anschluß an Griechenland verlangt hatten. Ägyptische Truppen stellten die Ruhe wieder her, doch kaum hatten sie sich wieder eingeschifft, begannen erneut Metzeleien. Es waren vor allem kretische Mönche, die den Aufstand anheizten, der in einem grandiosen Feuerwerk endete. Als eine türkische Streitmacht Hunderte von Rebellen im Kloster Arkadi zerniert hatte, sprengten die Mönche im Augenblick der Erstürmung sämtliche Gebäude und damit die Angreifer wie auch sich selbst in die Luft. Weil inzwischen Tausende griechischer Freiwilliger auf die Insel gekommen waren, rückten wieder ägyptische Truppen an. Diesmal sorgten sie für einen Frieden, dem auch die Europäer zustimmten.

Mehr noch als über die fehlgeschlagene Vereinigung waren die Griechen über die Freiheitsbewegungen der Bulgaren aufgebracht, denn beide Länder waren auf die gleichen Territorien aus, hauptsächlich Mazedonien mit seiner Hafenstadt Saloniki. Die Bulgaren aber fühlten sich zunehmend als Teil des großen slawischen Volks und die Griechen, denen vor nicht langer Zeit der Panhellenismus zum eigenen Staat verholfen hatte, rüsteten sich zum Kampf gegen den Panslawismus, den besonders die Russen forcierten.

Vorreiter des russischen Panslawismus waren die Kritiker gegen den Westkurs der russischen Regierungen. Ihr Ziel: Ein Großreich aller Slawen unter Führung Rußlands mit der Hauptstadt Konstantinopel. Zwar teilte der Zar die panslawistische Zielsetzung nicht, doch viele Vertreter der Sendungsideologie, die sich immer mehr gegen das romanisch und germanisch beeinflußte Europa auflehnten, saßen auf wichtigen Posten, auch in den Balkanländern. Ihr Apostel war der russische Botschafter in der türkischen Hauptstadt, Graf Nikolaus Ignatiew. »Die österreichischen und osmanischen Slawen müssen unsere Alliierten sein«, forderte er, »als Waffe unserer Politik gegen die Deutschen.« Ignatiew aber war der bestinformierte Botschafter der Balkanhalbinsel. Er hatte so großen Einfluß auf die türkische Regierung, daß er allenthalben nur »Vizesultan« genannt wurde.

Die neue panslawisch-russische Achse reichte weit über Bulgarien hinaus bis in den äußersten Westen des Osmanischen Reichs nach Bosnien-Herzegowina, wo die expansiven Absichten der Russen mit denen Serbiens und Österreich-Ungarns zusammenstießen. Denn auch die Slawen der Habsburger Monarchie hatten ihren Austroslawismus entwickelt, der föderative Modelle für die Slawen des Reichs vorschlug und – gegen den Willen der Mehrheit der Ungarn – auch Bosnien-Herzegowina einschloß. Lieber würde er die Lösung der orientalischen Frage verschieben, sagte Ignatiew, »als diese Provinzen an Österreich-Ungarn zu verlieren oder die Zukunft der serbischen Nation zu opfern«.

Die Habsburger wiederum waren zwar nicht unbedingt darauf aus, die Slawen und damit die in ihrem Reich größte Minderheit durch die Annexion weiterer slawischer Provinzen zu stärken. Aber, ließ Österreich-Ungarns Außenminister Gyula Graf Andrassy von Csikszentkiraly und Krasznahorka – ein sehr gemäßigter Ungar – wissen, eher seien sie bereit, sich Bosnien-Herzegowina selbst anzugliedern, als die Provinz den Serben zu überlassen. Tatsächlich war die Grenze zwischen dem osmanischen Bosnien und Österreich äußerst durchlässig, und die meisten Waffen der Bosnier kamen von ihren Landsleuten in der Habsburger Monarchie.

Besonders die österreichischen Militärs sprachen sich für eine Annektion Bosnien-Herzegowinas aus, weil sie angeblich sonst die dalmatinische Küste nicht sichern könnten. Als die Doppelmonarchie sich auf einen Einmarsch in das jugoslawische Land vorbereitete, begann im Juli 1876 in der Herzegowina eine Rebellion. Die Bauern besaßen keine Aussaat mehr fürs nächste Jahr, weil Steuerpächter und Großgrundbesitzer ihnen nahezu alles abgenommen hatten. Sie hatten Lasten zu tragen wie sonst selten im Osmanischen Reich, zahlten ein Drittel bis zur Hälfte der Ernte an die Großgrundbesitzer und ein Sechstel an die Steuerpächter, die darüber hinaus noch jede Menge weiterer Abgaben eintrieben. Nun stürmten sie osmanische Posten, und die Habsburger in Dalmatien, oft selbst Serbokroaten, gewährten Unterschlupf. »Ich habe die Situation nicht herbeigeführt«, orakelte Rußlands Botschafter in Ragusa, der Panslawist Alexander Jonin, »aber ich werde sie auszunutzen wissen.«

Bosnien-Herzegowina war damals wie heute ein hochexplosives Völkergemisch. Von den 1,2 Millionen Einwohnern zur Zeit der Rebellion waren 40 Prozent Moslems zumeist serbischen Ursprungs, 42 Prozent Anhänger des orthodoxen

Glaubens, zumeist Serben, und 18 Prozent Katholiken, zumeist Kroaten.

Als der Aufstand in der Herzegowina ausbrach, versuchten die Außenminister Rußlands und Österreich-Ungarns zusammen mit dem deutschen Reichskanzler Bismarck, die Partner des Dreikaiserbunds, die Krise zu lösen. Auf ihren Druck hin machten die Osmanen weitgehende Zugeständnisse, aber die Herzegowiner verlangten – von den Russen ermutigt – Eigenständigkeit unter einem christlichen Gouverneur oder Besetzung durch einen fremden Staat. Gleichzeitig griff die Rebellion auf Bosnien über.

Österreicher, Deutsche und Russen arbeiteten ein Reformprogramm aus, dem die Osmanen zustimmten, und legten es Frankreich, Italien und England zur Billigung vor. Doch England lehnte ab. Einmal hatten die Dreikaiserbündler eine Frist von nur zwei Tagen gestellt, die Englands Premier Benjamin Disraeli kommentierte, er sei doch kein Serbe oder Montenegriner. Zum anderen wehte ein neuer Wind in der Downingstreet, denn nach dem Isolationisten William Ewart Gladstone, der sich nach seiner Wahlniederlage 1874 zurückgezogen und ganz dem Studium Homers gewidmet hatte, war mit Disraeli ein Mann an die Macht gekommen, der nur darauf wartete, sich einmischen zu können. Ihn hatte Deutschlands Sieg gegen die Franzosen geschockt, und er wollte keine neuen Veränderungen im europäischen Gleichgewicht zulassen – auch nicht auf dem Balkan.

Die panslawistisch orientierten russischen Konsuln schürten den Brand im Balkan. Pflichtgemäß übermittelten sie der Regierung ihrer jeweiligen Gastländer die moderaten Standpunkte der Moskauer Zentrale, fügten sodann aber privat ihre abweichende Meinung hinzu. Von ihnen ermutigt, gaben Serben und Montenegriner ihre neutrale Haltung auf. Beide Länder erklärten Anfang Juli 1876 dem Osmanischen Reich den Krieg. Serbische Truppen drangen in Bosnien ein, montenegrinische in die Herzegowina. »Dies ist ein Krieg auf Leben und Tod zwischen Südslawen und Türken«, schrieb der rumänische Vertreter in Konstantinopel, »ein Rassen- und Religionskrieg.« So sahen es auch die Türken und strömten zur Armee, die gar nicht genug Uniformen hatte, um alle einzukleiden.

Die Türken wurden ignoriert und beleidigt
Vom Balkankrieg zum Berliner Kongreß

Keiner wollte seinerzeit den Krimkrieg, doch die öffentliche Meinung, besonders in England, hatte die Regierungen in den Kampf getrieben. Keiner wollte einen Balkankrieg, doch wieder war es die öffentliche Meinung, besonders in England, die den brodelnden Kessel des südosteuropäischen Vielvölkergemischs zum Kochen brachte.

Die britischen Konsuln waren mit ihren Berichten insbesonders über die Ereignisse in Bulgarien noch gar nicht fertig, als in London ein Sturm ausbrach, der die britische Regierung zum Handeln zwang. Ex-Premier Gladstone meldete sich in die Politik zurück und verfaßte den Traktat *Die bulgarischen Greuel und die orientalische Frage*, von dem in einer einzigen Woche 40000 Exemplare verkauft wurden. Gladstone verlangte Autonomie für die Balkanstaaten: »Die Türken sollen ihre Übergriffe aus der Welt schaffen, indem sie sich selbst aus der Welt (des Balkans) schaffen.« Beeindruckt von dem Appell des Liberalenführers, riet ein Minister Disraelis seinem Premier: »Selbst wenn wir es wünschten, haben wir nicht die Kraft, irgendeine dieser von Revolten betroffenen Distrikte in die Willkürherrschaft der Pforte zurückzubringen.«

Rußlands Regierung war zwischen den Forderungen der Panslawisten nach Intervention und den Rücksichten auf den Dreikaiserbund hin- und hergerissen. Um im Falle eines Angriffs nicht abermals die Truppen zurückrufen zu müssen wie im Krimkrieg, weil Österreich sich widersetzte, trafen sich die Außenminister Rußlands und der Habsburger Monarchie am 8. Juli 1876 im böhmischen Reichstadt. Sie einigten sich praktisch darauf, Bosnien-Herzegowina zwischen Österreich-Ungarn sowie Serbien und Montenegro – an deren Sieg sie nicht zweifelten – aufzuteilen, wobei sie die Grenzziehung offenließen. Die Russen sagten zu, keinen südslawischen Staat im Balkan ins Leben zu rufen. Dafür gaben die Österreicher ihr Plazet für russische Forderungen auf Teile Bulgariens, Bessarabiens sowie Ostanatoliens und nahmen die Gewißheit mit, daß der Partner Konstantinopel zur offenen Stadt erklärt.

Doch es kam anders. Die unter dem russischen Oberbefehlshaber Tschernajew kämpfenden Serben mußten gegen das inzwischen mit modernsten Gewehren und Geschützen ausgerüstete türkische Heer eine schwere Niederlage einstecken, bei der jeder zehnte serbische Soldat fiel. Damit war auch die Vereinbarung zwischen Österreich-Ungarn und Rußland obsolet. Die Russen stellten daraufhin den Osmanen ein Ultimatum, innerhalb zweier Tage die Feindseligkeiten einzustellen, und der Sultan beugte sich. Eine Konferenz der Großmächte in Konstantinopel sollte die Einzelheiten klären.

Auf dieser Konferenz fand Rußlands Delegierter Ignatiew im britischen Außenminister Robert Lord Salisbury einen kongenialen Partner, denn der hatte ein großes Herz für die Slawen. Die Abgesandten beschlossen, nicht nur den Montenegrinern ihre Eroberungen in der Herzegowina (und Nordalbanien) zu belassen, sondern auch den Serben ihre Territorien zurückzugeben und Bulgarien wie auch Bosnien-Herzegowina einen Autonomiestatus zu gewähren. Doch der englische Außenminister hatte die Rechnung ohne seinen Wirt Disraeli gemacht.

Bestärkt durch den englischen Botschafter in Konstantinopel, Sir Henry Elliot, lehnte der Sultan den Kompromiß ab. Denn der englische Botschafter war besser instruiert als der englische Außenminister und Verhandlungsführer Salisbury, und Disraeli distanzierte sich scharf von seinem Außenamtschef: »Der ist ja russischer als Ignatiew.« Die Briten schickten zur Abschreckung ihre Paradewaffe, die Flotte, und Disraeli orakelte düster: »England kann, wenn nötig, 20 Jahre Krieg führen.«

Rußland und Österreich berieten erneut, diesmal in Bukarest, und wurden wieder handelseinig: Weiterhin würde es keinen südslawischen Staat auf dem Balkan geben. Sollte es zum Krieg zwischen Rußland und dem Osmanischen Reich kommen, bleibt Österreich-Ungarn neutral. Dafür erhält es nach einem Sieg Bosnien-Herzegowina, die Russen den im Krimkrieg aberkannten südlichen Teil Bessarabiens. Zur gleichen Zeit berieten sich die übrigen Europäer in London und setzten im Protokoll vom 13. März 1877 den Artikel neun des 1856 in Paris geschlossenen Vertrags, in dem die Integrität des Osmanischen Reichs garantiert worden war, außer

Kraft. Sie drohten dem Sultan für den Fall, daß er die geforderten Reformen in Bulgarien nicht durchführt, »alle Mittel einzusetzen, die wir für richtig halten, um das Wohlergehen der christlichen Bevölkerung und den allgemeinen Frieden zu sichern«. Die Hohe Pforte antwortete: »Wir führen die Reformen durch, aber wir protestieren gegen die entwürdigende Vormundschaft, die Europa über uns in Mißachtung des Pariser Vertrags und der Menschenrechte ausüben will.«

Wenige Tage darauf, am 24. April 1877, erklärte der russische Zar den Osmanen den Krieg, nachdem er Franzosen wie Engländer zum zeitweiligen Stillhalten überredet hatte, und forderte seine Armee auf, »für Orthodoxie und Slawentum« zu siegen. Der Sultan revanchierte sich, indem er erstmals als Kalif den Heiligen Krieg gegen das Russische Reich ausrief, in dem immerhin etwa zehn Millionen Moslems lebten. Die Parlamentarier trugen ihrem Sultan sogar den Ehrentitel eines Ghasi, eines Kämpfers im Dschihad an. Aber der Heilige Krieg erwies sich als Fehlschlag: Die Gläubigen im Reiche des Zaren reagierten nicht.

Die Russen seien in neun Wochen in Konstantinopel, hatte Disraeli prophezeit. Nach neun Wochen standen sie tatsächlich schon tief in Bulgarien, doch an der Donaufestung Plevna verteidigten sich die Türken so verbissen, daß die Russen den Rest des Jahres brauchten, die Festung zu knacken. Am 4. Januar 1878 eroberte die russische Armee Sofia, nahm die alte Osmanen-Hauptstadt Adrianopel ein und stand schließlich in San Stefano, einem Vorort von Konstantinopel (dem heutigen Yesilköy). Dem Befehlshaber und russischem Großfürsten Nikolaus Nikolajewitsch hätten die Tränen in den Augen gestanden, als er von den Hügeln aus die Hagia Sophia und die vielen Minaretts der Hauptstadt gesehen habe, berichtete ein Mitstreiter. Und er sah auch die Masten der britischen Kriegsschiffe, die die Londoner Regierung zum Schutz Konstantinopels ins Marmarameer beordert hatte. Denn »die Russen sollen Konstantinopel nicht bekommen«, war der Text eines sehr populären englischen Lieds und auch die Meinung der meisten Engländer.

Die Briten konnten verhindern, daß die Russen weiter vorrückten. Aber sie waren machtlos dagegen, daß der noch machtlosere Sultan dem Zaren in San Stefano in einem Vorfriedensvertrag die größten Konzessionen machte: Serbien und Montenegro erhielten nicht nur weitere Territorien, sondern auch die Unabhängigkeit. Auch Rumänien erhielt die Unabhängigkeit, sowie Teile der Dobrudscha, wofür es den südlichen Teil Bessarabiens an Rußland abtrat. Und auch die östlichen Provinzen Batum, Kars und Ardahan fielen an Rußland. Am besten schnitt Bulgarien ab, dem die beiden Mächte zwar noch nicht die volle Unabhängigkeit zuerkannten, dafür aber Mazedonien und einen Küstenstreifen an der Adria zuschlugen. Damit hätte das damalige Bulgarien 163 965 Quadratkilometer umfaßt (im Vergleich zu 110 912 des heutigen Bulgariens), und die europäische Türkei wäre auf ein winziges Gebiet um Konstantinopel, Adrianopel und Saloniki geschrumpft.

Nicht nur die Briten waren konsterniert. Österreich-Ungarn fühlte sich um die Früchte seiner Neutralität gebracht, und Bismarck fürchtete, es würde zu einem Krieg zwischen Rußland und Österreich-Ungarn kommen. Die Briten waren sicher, daß die Bulgarien den Russen einen Zugang zur Adria verschaffen würden. Und auch im Osten wähnten sie den Zaren bereits am Mittelmeer: über eine Landbrücke von den nordostanatolischen russischen Provinzen über armenischbesiedelte Regionen bis zum Hafen Alexandrette (dem heutigen Iskenderun) im armenisch-besiedelten Kilikien. Auch die Griechen protestierten, denn sie waren leer ausgegangen, und selbst die Serben waren gegen den Vertrag, denn alle von ihnen eroberten Gebiete sollten an die Bulgaren fallen.

Den Russen war sehr bald klar, daß die Westmächte ihre Eroberungen nicht akzeptieren würden. Sie begrüßten daher, daß sich Bismarck als »ehrlicher Makler« anbot und zu einem Kongreß nach Berlin einlud, auf dem eine endgültige Regelung getroffen werden sollte. Denn sie hofften auf die Unterstützung durch den deutschen Kanzler und die russophilen Preußen. Zuvor machten sie ihrem vermeintlichen Hauptgegner England die Konzession, Bulgarien in zwei Provinzen aufzuteilen, und sagten Österreich-Ungarn zu, die Forderung nach Bosnien-Herzegowina zu unterstützen. Doch auch die Engländer hatten sich schon im Vorfeld des Kongresses ihren Anteil an der Beute gesichert. Sie wollten einen Inselstützpunkt auf dem Weg zum Nahen Osten, möglichst in der Nähe der befürchteten russischen Landbrücke zum Mittelmeer. »Zypern ist der Schlüssel für Westasien«, hatte Disraeli erkannt, und der Sultan trat schweren Herzens die Insel als Mandatsgebiet an die Briten ab, um mit der Unterstützung Englands eine Revision von San Stefano zu erreichen.

In Berlin eröffnete 1878 Kanzler Bismarck einen Kongreß, auf dem die Großen das Sagen und die Kleinen zu gehorchen hatten – besonders die Balkanvölker und vor allem die Türken. »Während die ersten noch angehört wurden, bevor man sie überging«, schreibt Leften Stavrianos, »wurden die Türken nicht nur ignoriert, sondern auch noch beleidigt.« Kanzler Bismarck machte dem Vertreter des Sultans schnell klar, daß der Kongreß keineswegs für die Türken einberufen worden war.

Einer der Gründe für den Mißmut des Deutschen war die katastrophale Auswahl der drei osmanischen Delegierten durch den Sultan. Denn einer von ihnen war ein deutscher Konvertit aus Magdeburg, der sich damit der Einberufung durch die preußische Armee entzogen hatte – für Bismarck ein Grund mehr, es den Türken heimzuzahlen. Aber auch die übrigen Europäer hielten wenig von den Osmanen. »Die Türken sitzen da«, notierte ein russischer Delegierter, »und reden wie die Holzklötze.«

Die Teilnehmer einigten sich darauf, Großbulgarien aufzuteilen und Ostrumelien (das künftig einen christlichen Gouverneur erhielt) sowie Mazedonien wieder dem Osmanischen Reich anzugliedern. Und auch das zusammengeschrumpfte Bulgarien sollte, wenngleich unter einem gewählten einheimischen Prinzen, dem Sultan weiterhin tributpflichtig sein. Serbien und Montenegro erhielten zusätzliche Territorien und vor allem die uneingeschränkte Unabhängigkeit. Rumänien erhielt die Dobrudscha, mußte aber Südbessarabien an Rußland abtreten. Österreich-Ungarn durfte Bosnien-Herzegowina besetzen, aber nicht annektieren, und erhielt außerdem Garnisonsrecht im Sandschak von Novibasar, der sich als Keil zwischen Serbien und Montenegro schob. Damit konnten die Habsburger das Entstehen eines jugoslawischen Staates verhindern. Schon nach kurzer Zeit scherten sich die Österreicher nicht mehr um die Formalie einer provisorischen Besetzung und hoben in Bosnien-Herzegowina Soldaten aus. Griechenland hatte in Berlin viel verlangt und außer Versprechen nichts erhalten. Bei ihrer tausendjährigen Geschichte, so Bismarck, könnten die Griechen ruhig noch ein paar Jahre warten. Neben Bessarabien erhielt Rußland die besetzten ostanatolischen Regionen zugesprochen.

Als die Franzosen wegen der Quasi-Abtretung Zyperns aufmuckten, speiste Bismarck sie mit dem Rat ab, sich doch Karthago zu holen. »Rußland hat einen kostspieligen Krieg geführt«, kommentiert Stavrianos das Ergebnis von Berlin, »doch die anderen Mächte hatten die Ernte eingefahren.« England genoß noch einen weiteren Erfolg: Aus Ärger über die Deutschen brachen die Russen das Dreikaiserbündnis. »Niemals«, jubelte Disraeli, »haben wir einen größeren Triumph erzielt.«

Das Osmanische Reich hatte zwei Fünftel seines Territoriums verloren und ein Fünftel seiner Bewohner – insgesamt 5,5 Millionen Menschen, davon die Mehrzahl Moslems. Verlierer waren auch die Balkanstaaten Bulgarien, Serbien und Griechenland, die ein Frieden ohne Rücksicht auf ethnische Grenzen praktisch aufeinanderhetzte. Ihr Kampf untereinander löste nicht nur den Ersten Weltkrieg aus, sondern säte Zwietracht – bis heute.

10
Eines der seltsamsten Ereignisse

Das Regnum Abdul Hamids

Als zwei Jahre vor dem Berliner Kongreß die Vertreter der Großmächte am 23. Dezember 1876 in Konstantinopel zusammensaßen, um den Krieg noch abzuwenden, hatten sie Artilleriesalven hochgeschreckt. Doch die Kanonenschüsse sollten nicht Krieg ankündigen, sondern Frieden und Freiheit. Der neue Sultan Abdul Hamid II. präsentierte den Europäern mit militärischem Zeremoniell eine Verfassung für das Osmanische Reich. Er ließ einen Akt feiern, »der im Osmanischen Reich die Regeln der Freiheit, der Gerechtigkeit und der Gleichheit, also den Triumph der Zivilisation begründet«, so Außenminister Safwet Pascha.

Jahrzehnte mühevoller Reformen sollten von einer Verfassung gekrönt werden, die fast alle Rechte enthielt, die in kaiserlichen Erlassen der Tansimatzeit den Untertanen gewährt worden waren. Nunmehr grundgesetzlich verankert, waren sie auch einklagbar. Das Parlament konnte ferner den Staatshaushalt beschließen und bekam damit ein wichtiges Pressionsmittel gegen den Sultan in die Hand. Zwar blieb der Islam Staatsreligion, aber die Verfassung garantierte allen Bürgern gleiche Rechte, unabhängig von ihrer Religion.

Allerdings hatten die konservativen Verfassungsväter für fast alles Ausnahmeregelungen vorgesehen, wenn es im angeblichen Interesse des Staates war, das sich immer unterstellen ließ. Vor allem aber blieb die absolutistische Stellung des Sultans unangetastet, und keiner der Verfassungsväter hatte daran Anstoß genommen. »Nicht einmal das liberalste Kommissionsmitglied«, schreibt Historiker Stanford J. Shaw, »hat eine wesentliche Einschränkung der Souveränitätsrechte des Sultans verlangt.« Die Person des Sultans war nach Artikel 5 heilig, und er war für keine seiner Handlungen verantwortlich zu machen. Nur er konnte Minister ernennen und entlassen sowie über Krieg und Frieden befinden. Kein

Beschluß des Parlaments war gültig ohne das Plazet des Sultans, der seinerseits das Parlament jederzeit übergehen durfte. Vor allem konnte er die Garantien der Verfassung ohne zeitliche Begrenzung außer Kraft setzen. »In allen praktischen Dingen«, schreibt Shaw, »blieb der Sultan so machtvoll wie seine Vorgänger.«

So blieben die meisten europäischen Kabinette skeptisch ob der demokratischen Absichten des Sultans. Obgleich die Istanbuler Konferenz der Europäer ohne Ergebnis endete, weil die Osmanen jeden Kompromiß abgelehnt hatten, eröffnete der Sultan am 19. März 1877 mit großem Pomp die neue Nationalversammlung. Nicht einmal ein Jahr später fand die letzte Parlamentssitzung statt. Naci Ahmet, ein einfacher Bäcker und Vorsitzender seiner Gilde, machte dem Sultan Vorhaltungen, worauf der empört die Abgeordneten nach Hause schickte, den Widerredner verhaften lassen wollte – und nur auf Drängen seines Großwesirs wieder davon Abstand nahm –, und den parlamentarischen Teil der Verfassung außer Kraft setzte. So endete der einzige, vielleicht sogar ernsthaft gedachte Versuch der Osmanen, ein zumindest bedingt demokratisches Regime zu etablieren.

Revanche für den Verlust westrheinischer Gebiete
Frankreichs Griff nach Algerien

Auf dem Berliner Kongreß hatten die Osmanen hauptsächlich auf dem Balkan Federn lassen müssen. Die folgenden Jahre sollten den Verlust Nordafrikas und die Bedrohung des Nahen Ostens mit sich bringen. Diesmal waren es die Uraltfreunde und Reichsbewahrer England und Frankreich, die im Schatten des aufziehenden Imperialismus auf Länderraub gingen, den sie mit einem schon seit langem auf dem Balkan praktizierten Trick kaschierten: Sie schnitten immer mehr Stückchen aus dem osmanischen Kuchen für sich heraus, erklärten den Sultan aber als weiteren Besitzer.

Schon Anfang 1830 hatte der französische Regierungschef Jules Auguste Armand Marie Fürst von Polignac beschlossen, französische Truppen nach Algerien zu schicken. »Arabien wird uns als Befreier begrüßen«, gab er seinen Soldaten mit auf den Weg, »die Sache Frankreichs ist die der Menschlichkeit.« Alles wie gehabt. Polignac hatte den Russen als Ausgleich einen Teil Anatoliens angeboten.

Offizieller Auslöser der französischen Besetzung Algeriens war ein Backenstreich, den der Bey von Algier dem französischen Konsul Deval mit seinem Fächer verpaßt hatte. Im Juni 1830 landeten insgesamt 36 000 Soldaten am Strand Algeriens und vertrieben die osmanischen Truppen.

Um die Maghrebiner für die Franzosen einzunehmen, hatte der berühmteste französische Orientalist seiner Zeit, Sylvestre de Sacy, eine schöne Rede entworfen. Doch keiner der Adressaten verstand sie so recht. Der Universitätsprofessor verwendete für die Bewohner Algiers hartnäckig eine klassische Bezeichnung, die das Volk Algiers inzwischen für die nicht immer geachteten Marokkaner gebrauchte. Und auch nach der feierlichen Eröffnung klappte die Verständigung nicht, denn die Franzosen hatten Dolmetscher aus Ägypten mitgebracht, die den nordafrikanischen Dialekt nicht beherrschten. Künftig nannten die Franzosen die verschiedenen Stämme der arabischen Beduinen, Berber und Kabylen kurzerhand »Algerier«, womit die Einwohner der ländlichen Regionen sich überhaupt nicht identifizieren konnten (und noch heute ihre Probleme haben).

So kam es denn auch sehr bald zu kriegerischen Auseinandersetzungen, und der Emir von Mascara, Abd el-Kadir, brachte den Franzosen mit seinen arabischen Beduinen-Truppen mehrere Niederlagen bei. Wie Ägyptens Muhammed Ali bemühte sich auch der Emir darum, als religiöser Chef angesehen zu werden, weshalb er sich stets »Kommandeur der Gläubigen« nennen ließ. Aufgeklärte Franzosen hielten ihn deshalb für einen Erneuerer der arabischen Nation im Maghreb und machten ihn zum Champion der arabischen Sache, sehr zum Leidwesen ihrer konservativen Landsleute, die etwas ganz anderes mit Nordafrika vorhatten.

Denn Algerien war für die meisten Franzosen anfangs so etwas wie eine Kompensation für die – wie sie es sahen – schändliche Niederlage Napoleons gegen Briten und Preußen. »Algerien war das Ventil der nationalen Leidenschaften«, schreibt der französische Orientalist Henry Laurens, »die Revanche für den Verlust der westrheinischen Gebiete im

Vertrag von 1815. Wenn eine Regierung Algier aufgegeben hätte, würde die öffentliche Meinung sie gezwungen haben, einen Krieg für die Rheingrenze vom Zaun zu brechen.«

Frankreichs Regierungschef François Guizot, eigentlich ein Anhänger der Zivilisations-Mission, beauftragte den französischen General Thomas Robert Bugeaud, einen späteren Marschall Frankreichs, mit der Eroberung Algeriens, was der, so Historiker Laurens, »mit solcher Brutalität besorgte, daß der Krieg zu einem Vernichtungsfeldzug ausartete«. Zwischen 1840 und 1848, als sich Abd el-Kadir ergab, war jeder zehnte Algerier ums Leben gekommen.

»Algerien ist keine Kolonie, sondern ein arabisches Königreich«, hatte Napoleon III. verkündet: »Ich bin gleichermaßen der Kaiser der Araber und der Franzosen.« Seine in Algerien eingesetzten Machthaber freilich taten alles, um diese Vision zu torpedieren. Den wenigen Algeriern beispielsweise, die französische Staatsbürger werden wollten, verweigerten sie die Registrierung. Laurens: »Die einzige den Arabern zuerkannte Freiheit war die, ihre Ländereien sofort den Colons verkaufen zu dürfen.«

Auch Tunesien hatten sich die Franzosen unter Vorwänden – nomadische Beduinenstämme bedrohten angeblich Algerien – angeeignet. Wie schon in Algerien ließen sie nominell den Herrscher im Amt und erkannten damit theoretisch auch die Zugehörigkeit zum Osmanischen Reich an, doch übernahmen französische Beamte die Verwaltung des Landes. Der Maghreb war de facto eine französische Kolonie.

Die Europäer mißbrauchten das Vertrauen
Kampf um den Nahen Osten

Die Inbesitznahme des Maghreb durch Frankreich hatte die Briten ziemlich kaltgelassen. Ganz anders war das in Ägypten und dem Nahen Osten. Schon früh bekundeten die Briten ihr Interesse für die osmanischen Provinzen im Dreieck Aleppo, Bagdad und Jerusalem. Während die Franzosen ihre Zivilisation exportieren wollten, ging es den Briten vorrangig um Handelsrechte.

In Ägypten führten nach dem Tod Muhammed Alis 1849

seine Nachfolger die Politik der begrenzten Abhängigkeit fort. Während die Briten sich im Nilland besonders um die Entwicklung der Baumwollindustrie kümmerten, die ihre Textilfabriken mit Rohstoffen belieferten, favorisierten die Franzosen ein ihren Zivilisationsvorstellungen würdiges Großprojekt: den Suezkanal.

Schon Napoleon hatte 1798 die antiken Anlagen eines Kanals inspiziert, den die alten Ägypter etwa 1800 vor Christus auszuheben begonnen und im 3. Jahrhundert unter den Ptolemäern durchgängig schiffbar gemacht hatten. Allerdings führte er nicht direkt vom Mittelmeer zum Roten Meer, sondern nahm einen Umweg über den Nil. Aus militärischen Gründen war der Kanal im 8. Jahrhundert von den Arabern wieder zugeschüttet worden. Muhammed Ali hatte dem französischen Ingenieur Linant de Bellefonds den Auftrag für einen neuen Kanal gegeben, und der Franzose entschied sich für die heutige Linienführung von Port Said nach Suez. Seinen Plan akzeptierte Ali-Nachfolger Said und vergab 1856 eine Konzession auf 99 Jahre an Ferdinand Marie Vicomte de Lesseps, mit dem er seit dessen Tätigkeit als Konsul in Alexandria befreundet war. Lesseps gründete die »Compagnie Universelle du Canal Maritime de Suez«, die 75 Prozent der Einnahmen behalten durfte und 15 Prozent an Ägypten abführen mußte.

Said war der erste Herrscher Ägyptens, der allen Europäern positiv gegenüberstand. Für den Bau stellte er 20000 Fellachen zur Verfügung und übernahm deren Kosten. Unter Saids Herrschaft, so Historiker Laurens, »strömten die Europäer nach Ägypten und mißbrauchten sein Vertrauen.« Der Vizekönig hätte gewarnt sein müssen. Denn ein Kanal eröffnete den Seeweg nach Indien, der erheblich billiger war als der Umweg über das stürmische Kap der Guten Hoffnung. Noch Muhammed Ali hatte sich stets gegen die Schiffahrtsstraße gewandt, weil er damit eine zunehmende Einmischung der europäischen Mächte befürchtete.

Mit unlauteren Mitteln brachte Lesseps den Herrscher Said dazu, 44 Prozent der Anteile – entsprechend 88 Millionen Francs oder 3,5 Millionen Pfund – an der Suezkanalgesellschaft zu übernehmen. Weil die Ägypter das Geld nicht aufbringen konnten, riet Lesseps zu kurzfristiger staatlicher

Verschuldung. Die Folge: Ägypten zahlte schließlich an die Suezkanalgesellschaft 202 Millionen Francs – zwei Millionen mehr, als das gesamte Gründungskapital. Mit dieser sogenannten »Dette Flottante« legte der Franzose den Ägyptern ein finanzpolitisches Kuckucksei, aus dem sich schließlich eine staatszerstörende Finanzkrise entwickelte.

Die Eröffnung des Kanals am 17. November 1869 durch Said-Nachfolger Ismail, der inzwischen offiziell den persischen Titel eines »Khedive« angenommen hatte (und Verordnungen ohne Genehmigung des Sultans herausgab), war eines der herausragenden Ereignisse des Jahrhunderts. Die österreichische Kaiserin und Gemahlin von Napoleon III, Eugenie, war der Star unter den Gästen, zu denen Adlige wie der preußische Kronprinz oder Schriftsteller wie Emile Zola und Henrik Ibsen zählten. »Mein Land liegt nicht mehr in Afrika«, verkündete Ismail stolz, »sondern in Europa.« Um das zu unterstreichen, gab er bei Verdi die Oper Aida in Auftrag und ließ sie im neuerbauten Opernhaus von Kairo uraufführen.

Ismail hatte sich im Ruhm der Ingenieurstat gesonnt, doch mit seinem Staat ging es bergab, denn Ägypten war hoch verschuldet. 1876 machten die gesamten Zinszahlungen an Franzosen und Engländer zwei Drittel des Staatsbudgets aus, zwei Jahre später überstiegen sie die Staatseinnahmen. Ägypten war, wie ein Jahr zuvor das Osmanische Reich, pleite, doch die Europäer erkannten den Kassensturz nicht an. Der Khedive mußte nicht nur die Anteile Ägyptens am Suezkanal an die Engländer abtreten, sondern auch sämtliche Steuereinnahmen bestimmter Bereiche und sich einer europäischen Zwangsschuldenverwaltung unterwerfen.

Schließlich zwangen die Gläubiger den Vizekönig, einen Engländer als Finanzminister und einen Franzosen als Minister für Öffentliche Arbeiten einzusetzen. Als Ismail wieder Ägypter zu etablieren suchte, setzte ihn der Sultan auf Druck der beiden Großmächte ab und ernannte seinen schwachen Sohn Taufik zum Nachfolger. Die Europäer legten die Höhe der Staatsschuld auf 98,4 Millionen Pfund fest – eine Summe, die Ägypten niemals aufbringen konnte.

Am Nil formierte sich der Widerstand gegen die europäischen Finanziers, aber auch gegen die türkischsprachigen Offiziere. Als im September 1881 einheimische Militärs unter Achmed Urabi, einem der wenigen ägyptisch-arabischen Offiziere, erstmals mit dem Slogan »Ägypten den Ägyptern« die Macht übernahmen und sich daran machten, den Hafen von Alexandria zu verbarrikadieren, landeten die Briten – gegen den Protest der Franzosen – ein Expeditionskorps, das Kairo und den Suezkanal besetzte. Der Sultan stimmte zähneknirschend zu, und so gab es bis zum Ende des Osmanischen Reichs zwei Statthalter am Nil: einen machtlosen osmanischen und den triumphierenden britischen General Evelyn Baring, den späteren Lord Cromer, der bis 1909 der wahre Herrscher Ägyptens blieb.

Waren die meisten arabischen Randstaaten vom Persischen Golf über den Indischen Ozean bis nach Aden mehr oder weniger fest in britischer Hand, so stritten sich Franzosen und Engländer besonders über Syrien, das damals die heutigen Staaten Syrien, Jordanien, Libanon, Israel, einen Teil des Iraks sowie die südliche Türkei um die Städte Urfa und Adana umfaßte. Die Osmanen nannten ihre Provinz Syrien allgemein »Arabistan«, das Land der Araber. Charakteristisch für die Region war die große Vielfalt ethnischer und religiöser Gemeinschaften. Anders als auf dem Balkan, bildeten die Muslime jedoch insgesamt die Mehrheit. Während die größeren Städte von osmanischen Beamten regiert wurden, hatten sich in den ländlichen Gebieten alte Stammes-Strukturen erhalten.

Im Libanon – einer der dichtestbevölkerten Regionen des Osmanischen Reichs – siedelten die moslemischen Gemeinschaften der Drusen, libanesischen Schiiten, Alawiten und der palästinensischen Sunniten. Dort lebten auch die christlichen Maroniten, die nicht den Status eines Millet hatten und besonders stolz darauf waren, daß ihr Patriarch nicht vom Sultan eingesetzt wurde, sondern von ihnen selbst. Diese Gemeinschaften entzogen sich der direkten Herrschaft der Osmanen, denen sie nur einen geringen Tribut zahlten.

Unter der Herrschaft des Ali-Sohns Ibrahim hatten Christen wichtige Funktionen besonders im Finanzsektor übernommen. Als die Sunniten von Nablus, die Alawiten und Drusen gegen die neuen allgemeinen Steuern und mehr noch gegen die bis dahin unbekannte Wehrpflicht protestierten, setzte Ibrahim christliche Bataillone gegen sie ein. Der Kampf der von Frankreich seit alters her unterstützten Maroniten gegen die von den Briten protegierten Drusen zerstörte das prekäre Gleichgewicht im Libanon – bis heute.

Nach der Wiedereroberung Palästinas durch die Türken führte der Haß der Moslems auf die von den Europäern protegierten Christen zu den ersten größeren Massakern außerhalb des Balkans. Schon 1856 hatte es Massenmorde an Nicht-Moslems in Nablus und zwei Jahre später in Dschidda gegeben. Als im Mai 1860 Maroniten ein drusisches Dorf überfielen, kam es zu Ausschreitungen in ganz Syrien. Mehr als 10000 Menschen starben, gut 300 Dörfer, 500 Kirchen und 400 Klöster wurden zerstört. Das größte Massaker fand im Juli 1860 an den Christen von Damaskus statt. Etwa 25000 von ihnen kamen ums Leben, unter ihnen auch der amerikanische und holländische Konsul.

Nur einer stellte sich vor die Christen: Frankreichs alter Feind Abd el-Kadir. Nach seiner Begnadigung war der algerische Freiheitsheld nach Syrien gezogen. Mit seinen ihm dorthin gefolgten Truppen vereitelte er ein weit größeres Massaker und nannte die Morde »eine Schande für den Islam«. Weil Abd el-Kadir nicht bereit war, wie von den Franzosen gewünscht, osmanischer Gouverneur von Syrien zu werden, landeten die Franzosen Truppen in Beirut. Mehrere ihrer Militärs bekundeten Sympathie für Rachepläne der Christen, die im Libanon ein christliches Reich unter dem Protektorat Frankreichs einrichten wollten. Daraufhin intervenierten die Briten in Konstantinopel. Der Sultan schickte seinen Außenminister Fuad Pascha, der als Wiedergutmachung für die Massaker den islamischen Notablen Reparationszahlungen in Höhe von 20 Millionen Piaster auferlegte und 170 islamische Honoratioren, darunter den Gouverneur, aufknüpfen ließ. Schließlich einigten sich die Hohe Pforte und die Europäer auf einen Kompromiß: Die libanesischen Berge – die damals weder Beirut umfaßten noch die fruchtbare Bekaa-Ebene – erhielten den Status einer autonomen Provinz mit einem katholischen Generalgouverneur sowie einem Beirat, in dem die Maroniten die Mehrheit hatten. Kein osmanischer Soldat durfte künftig in der neuen Provinz stationiert werden.

Nach den Aufständen in Damaskus bauten die Tansimatreformer Syrien zu einer Musterprovinz und einem kulturellen Zentrum aus. Überall entstanden weltliche moslemische Schulen. Waren um 1800 herum noch 99 Prozent der Osmanen Analphabeten, beim Ausbruch des Ersten Weltkriegs 1914 immerhin noch 90 bis 95 Prozent, so fiel der Prozentsatz in Syrien auf 75 Prozent, ebenso wie in Ägypten, wo jeder zweite Mann, aber kaum eine Frau, lesen und schreiben konnte. Noch besser stand der vornehmlich christliche Libanon da: Dort konnte jeder zweite, Mädchen eingeschlossen, lesen und schreiben. Die Folge war eine kulturelle Blüte in dem schmalen Küstenstreifen. »Der Libanon«, schreibt Stanford Shaw, »wurde das Zentrum der arabischen Literatur.«

Von allen Seiten belagert
Der Balkan nach dem Berliner Kongreß

Rumänien und Bulgarien, so schien es nach dem Berliner Kongreß, waren eine fast sichere Beute Rußlands, so wie Bosnien-Herzegowina eine Österreich-Ungarns. Doch die Wirklichkeit sah ganz anders aus.

Die Rumänen hatten den Russen im Krieg gegen die Osmanen nach Kräften geholfen, aber der Dank blieb aus. Die neue Nation hatte das fruchtbare Bessarabien endgültig abgeben müssen und dafür nur die landwirtschaftlich wenig ergiebige Dobrudscha erhalten. Enttäuscht schlossen die Rumänen 1883 ein ultrageheimes Bündnis mit Österreich-Ungarn ab, dem auch Deutschland beitrat. Es blieb so geheim, daß zeitweise nicht einmal die rumänische Regierung informiert war. Die rumänischen Deputierten erfuhren bis zum Ersten Weltkrieg nichts von dem Pakt und erst recht nicht das rumänische Volk.

Und auch Rußlands Rechnung mit Bulgarien ging nicht auf, obwohl sich niemand mehr für seine slawischen Brüder eingesetzt hatte als der Zar. Er hatte den Bulgaren ein Großreich zu verschaffen versucht, auch wenn der Westen es wieder zerschlug. Doch in Bulgarien bestimmten die russenfeindlichen Liberalen die Politik des Landes, und erwarben sich damit die Sympathie der Briten. Als in der mehrheitlich von Bulgaren bewohnten osmanischen Provinz Ost-Rumelien bulgarische Rebellen die Macht ergriffen und den Anschluß an Bulgarien forderten, stellte sich England hinter sie. Damit waren die Briten endgültig ins Lager der Spalter des Osmanischen Reichs übergegangen.

Bulgarien war als Pfeiler osmanischer Herrschaft über den Restbalkan fast weggebrochen. Um so solider schien ein anderer zu sein: Albanien. Die Skipetaren, wie die Slawen die Albaner nannten, hatten im 15. und 16. Jahrhundert mehr Großwesire gestellt als die Türken. Und auch der gegenwärtige Sultan Abdul Hamid vertraute den Albanern mehr als seinen eigenen Landsleuten. Sowohl die Palastgarde als auch die in der Hauptstadt stationierte 1. Armee bestand weitgehend aus Albanern.

Das Land hatte sich in den Jahrhunderten osmanischer Herrschaft weitgehend islamisiert, auch wenn sich im schwer zugänglichen Norden noch eine Minderheit von Katholiken hielt und im Süden eine der Orthodoxen. Doch waren die meisten Moslems in der Bektaschi-Sekte, die äußerst tolerant gegenüber anderen Religionen war. Deshalb lebten Christen und Moslems in relativem Frieden miteinander. Nicht selten gehörten die Mitglieder der alles beherrschenden Großfamilien verschiedenen Religionen an. Sie tauften ihre Kinder oft als Christen wie als Moslems. Albaner trugen deshalb häufig einen christlichen und einen moslemischen Namen.

In ihren – wenigen – Schulen lernten die Albaner zumeist Türkisch oder auch Griechisch. Albanisch sprachen sie nur heimlich. Denn obgleich sich die Osmanen in die Erziehungspolitik der Balkanvölker wenig einmischten, hatten sie den Albanern den Gebrauch ihrer Muttersprache verboten, weil nur sie eine Klammer für das albanische Volk bildete. Schreiben allerdings konnten die Albaner ihre Sprache nicht: Erst 1879 entwarfen osmanische Albaner in Konstantinopel in aller Stille ein weitgehend lateinisches Alphabet für ihre Muttersprache. So kam es, daß der albanische Nationalismus nicht in Albanien entstand, sondern in Italien, wohin etwa 200000 Albaner geflohen waren. Zwar hielten sich die Auslandsalbaner mit Forderungen nach nationaler Einheit zurück, drängten jedoch auf Autonomie. Doch dieses Verlangen lehnten die Osmanen ab, denn sie hatten die Erfahrung gemacht, daß Autonomie auf dem Balkan stets dem Verlangen nach nationaler Einheit voranging.

Mazedonien war damals geographisch viel größer als die heutige Republik Mazedonien, und reichte vom heutigen bosnischen Monastir über das südserbische Kosovo bis zum griechischen Hafen Saloniki, einem der bedeutendsten Häfen des Mittelmeers. Das sehr fruchtbare Mazedonien war die Durchgangsstraße von Europa zur Ägäis und vor allem Synonym für Vielvölkerstaat, Terrorismus und Unregierbarkeit. In Mazedonien lebten Moslems (über eine Million), Türken und Albaner, Juden sowie christliche Bulgaren, Walachen, Serben und Griechen, zusammen ebenfalls weit über eine Million. Und dann gab es auch noch Mazedonier, die sich durch einen eigenen Dialekt auszeichneten, ethnisch aber einer der Bevölkerungsgruppen angehörten, wenn auch nicht zugehörig fühlten. Mit anderen Worten: ein Völker- und Religionswirrwarr, wie es selbst für den Balkan selten war. Die bulgarischen, serbischen oder griechischen Nachbarn Mazedoniens nahmen alle Bewohner der Region, die auch nur ein wenig bulgarisches, serbisches oder griechisches Blut in ihren Adern hatten, für sich in Anspruch. Jeder Anrainer versuchte zudem noch, durch von ihm finanzierte und bewaffnete Terrorgruppen Einfluß zu gewinnen. Auch die traditionelle Balkanschutzmacht Rußland mischte mit, weil Mazedonien Zugang zum Mittelmeer hatte. Die osmanische Provinz Mazedonien war der Alptraum nicht nur des Osmanischen Reichs, sondern aller europäischen Mächte – so wie die heutige Republik Mazedonien der Alptraum der Griechen ist.

Griechenland war in Berlin ziemlich leer ausgegangen, doch hatten die Großmächte Landgewinne versprochen, die mit den Osmanen auszuhandeln seien. Auf einer Botschafterkonferenz 1881 in Konstantinopel, zu der die Griechen gar nicht eingeladen worden waren, konnten die Osmanen zwar eine Diskussion über Mazedonien verhindern, mußten aber große Teile Thessaliens und ein kleines epiräisches Gebiet an Griechenland abtreten. Das aber war weit weniger, als die Großmächte den Griechen in Berlin versprochen hatten.

Die Griechen waren nicht nur auf Thessalien und Epirus aus, sondern auch auf Kreta und die Ägäischen Inseln. Einigen griechischen Politikern war auch das noch zu wenig und sie forderten Konstantinopel und große Teile Anatoliens. »Dieser Irredentismus«, schreibt Stavrianos, »war schon wegen seiner fantastischen Disproportion zwischen nationaler Stärke und nationalem Anspruch unrealistisch.« Aber er bestimmte die griechische Politik, die sich nach der enttäuschenden Konferenz Kreta zuwandte.

Dort hatten die Inselgriechen am 6. Februar 1897 die Vereinigung mit dem Mutterland verkündet. Die Europäer versuchten die Krise zu entschärfen, indem sie eine Blockade über Griechenland verhängten, aber die Griechen durchbrachen sie auf ungewöhnliche Weise: Sie griffen völlig unvorbereitet das Osmanische Reich an – und erlitten eine vernichtende Niederlage. Einmal mehr kamen daraufhin die Europäer ihren Hellenen zu Hilfe, und die Osmanen mußten fast alle eroberten Territorien zurückgeben. Mehr noch: Die Europäer setzten durch, daß der Sohn des griechischen Königs, Prinz Georg, als Kommissar nach Kreta ging mit dem Auftrag, die Autonomie der Insel vorzubereiten. »Bei den osmanischen Führern«, schreibt der französische Historiker François Georgeon, »machte sich das Gefühl breit, von allen Seiten belagert zu werden.« Und auch unter der Bevölkerung wuchs der Unmut, zumal Flüchtlinge vor allem aus den Balkanländern ins Reich strömten. »Die Situation«, so Georgeon, »wurde alarmierend.«

Das Sultanat auf einen höheren Stand bringen als je zuvor
Erste Regierungsjahre und die Abhängigkeit von Europa

Die territorialen Verluste im Westen waren ein Trauma des neuen Sultans Abdul Hamid II. Die Unfähigkeit der osmanischen Verwaltung und die Korruptheit ihrer Beamten waren ein anderes.

Der junge Sultan war ein schmächtiger, eher häßlicher Mann. Sein Vater hatte sich wenig um ihn gekümmert, seine Mutter, eine tscherkessische Tänzerin, die auf dem Sklavenmarkt von Trapezunt gekauft worden war, war an Schwindsucht gestorben, als Abdul zehn Jahre alt war. Der Prinz sprach ein wenig Französisch und suchte anfangs durchaus Kontakt mit Ausländern, besonders mit dem englischen Nachbarn seines Sommerhauses am Bosporus, wo er sich am liebsten aufhielt. Der führte ihn in das britische parlamentarische System ein, konnte aber den Sultan offensichtlich nicht überzeugen. Einer der vehementesten osmanischen Vertreter des Parlamentarismus, Midhat Pascha, wurde unter fadenscheinigen Vorwürfen verurteilt und in den Jemen verbannt, wo Mörder den überzeugten Demokraten zwei Jahre später umbrachten.

Immerhin machte Abdul Hamid als Sultan anfangs Anstalten, mit der eigenen Opposition zurechtzukommen. »Laß uns zusammenarbeiten«, forderte er den Jungosmanenführer Namik Kemal auf, »laß uns diesen Staat und das Sultanat auf einen höheren Stand bringen als je zuvor.« Denn darum ging es ihm: Eine effiziente Verwaltung aufzubauen, Korruption und Verschwendung einzudämmen und mit strenger Sparsamkeit die Finanzen zu ordnen. Deshalb ließ Abdul Hamid auch jene Verfassungsbestimmungen in Kraft, die die Organisation des Reiches regelten – immer darauf bedacht, vor allem seine Herrschaft zu sichern. Er »schuf eine Autokratie«, so Osmanenforscher Stanford Shaw, »die weiter ging und vollständiger war als alles, was selbst die größten Sultane vor ihm geschaffen hatten.«

Seine anfänglichen leisen Versuche, auf leidlich zivile Weise Reformen voranzutreiben, gab er bald auf. »Ich machte den Fehler«, zog er ein Fazit seiner ersten Regierungsjahre, »meinen Vater zu imitieren, der Reformen mit liberalen Institutionen vorantreiben wollte. Ich habe begriffen, daß das Volk nur mit Gewalt zu bewegen ist.«

Zum Zentrum der Staatsautorität machte Abdul Hamid wieder den Sultanspalast – demonstrativ zog er in das von hohen Mauern umgebene Schloß von Yildiz – und degradierte seine Großwesire, wie in alten Zeiten, zu reinen Befehlsempfängern. In den ersten sechs Jahren seines Regnums wechselte er die Regierungschefs sechzehnmal aus. Der bekannteste unter ihnen, Said Pascha, floh 1895 in die englische Botschaft, und sein ebenfalls prominenter Kollege Kamil Pascha unterstellte sich 1907 den Briten.

Der Sultan versuchte, die Finanzen in Ordnung zu bringen. Allen Prinzen kürzte er Zuwendungen und strich die Gehaltslisten der Staatsdiener zusammen, die freilich oft schon seit Jahren keinen Lohn mehr bezogen hatten. Er selbst vertraute sein Vermögen dem Armenier Hogop Zarifi Bey an, der die Gelder in Europa deponieren mußte. Allerdings lebte Abdul Hamid in seinem Palast relativ bescheiden, was ihm die Sympathie des einfachen Volkes einbrachte.

Vor allem plagten ihn die enormen Auslandsschulden. Doch die europäischen Gläubiger setzten Ende der siebziger Jahre die Errichtung einer obersten Kontrollbehörde, der »Dette Publique Ottomane« durch – eine Verwaltungsstelle für die öffentlichen Schulden. Diese von der übrigen Finanzverwaltung unabhängige Organisation erhob die von der Regierung verpfändeten Steuern und überwies sie an die Gläubiger.

Die Schuldenverwaltung, in deren Aufsichtsgremium fünf Europäer (darunter ein Deutscher), aber nur zwei Osmanen saßen, entwickelte sich in den Folgejahren zu einem Staat im Staate. Ostrumelien, Zypern, Griechenland, Bulgarien und Montenegro zahlten ihre Tribute direkt an die Schuldenverwaltung. Im Laufe der Jahre weitete die Dette Publique ihren Griff auf den Staat immer mehr aus. Am Ende der Regierungszeit Abdul Hamid besaß sie 720 Filialen und beschäftigte 5500 Personen. Nur noch die von Franzosen – und einigen Deutschen – geführte Tabakregie übertraf um die Jahrhundertwende mit 9000 Angestellten (und einer eigenen Privatpolizei gegen den Schmuggel) die Schuldenbank. Immerhin gelang es der Dette Publique, die Finanzen zu stabilisieren. Die Einnahmen stiegen bis 1909 um 44 Prozent. Weil sich gleichzeitig aber die Militärausgaben verdoppelten, konnte das Budget nicht ausgeglichen werden. Doch hatte die relativ gute Sanierung zur Folge, daß die Osmanen wieder kreditwürdig waren und Anleihen auflegen konnten.

Das Vordringen der Ausländer und in ihrem Gefolge der Christen zeigte sich auch auf wirtschaftlichem Gebiet. Zwar gehörte in der Theorie nach wie vor alles dem Sultan, doch in der Praxis waren die Familienbetriebe bis etwa fünf Hektar frei verkäuflich. Und immer häufiger entstanden auch Großbetriebe, besonders in Kilikien, das zu Kriegsbeginn über den größten Maschinenpark des Osmanischen Reichs verfügte. In der Ebene von Adana gehörten die Großbetriebe zumeist Griechen und Armeniern. Lediglich die Getreideproduktion Anatoliens lag noch in den Händen von Moslems. Griechen und Armenier, die sich in den vergangenen Jahrhunderten im Handel noch als Gehilfen zumeist der Briten engagiert hatten, gründeten auch im übrigen Reich immer häufiger eigene Betriebe. Bei Ausbruch des Ersten Weltkriegs besaßen die Griechen die Hälfte des in osmanischen Unternehmen investierten Kapitals, weitere 20 Prozent gehörte Armeniern, fünf Prozent den Juden. Die Türken waren mit insgesamt 15 Prozent im eigenen Land deutlich in der Minderheit.

Fast ebenso präsent wie im Finanzwesen waren die Europäer im Postdienst. Bis 1841 gab es überhaupt keine Postillions in osmanischen, sondern nur in europäischen Diensten. Als erste hatte die Österreicher 1721 einen Postdienst zwischen ihrer Botschaft in Konstantinopel und Wien aufgebaut, den sie bald auf die Händler in Konstantinopel ausdehnten und seit 1739 mit eigenen Boten sicherstellten. Im 19. Jahrhundert organisierten die übrigen europäischen Staaten Postdienste, anfangs ebenfalls nur für eigene Zwecke, doch sehr bald konnten im ganzen Reich Briefe über die ausländischen Ämter befördert werden. Weil die Ausländer unter dem Schutz der Kapitulationen standen, fielen auch ihre Postämter darunter. Revolutionäre Gruppen übermittelten ihre Botschaften deshalb gefahrlos über die fremden Ämter. Als die Osmanen 1901 in Konstantinopel Postsäcke beschlagnahmten, mußten sie die Operation auf Protest der westlichen Botschafter stoppen. Die Italiener schickten 1907 sogar ihre Flotte, um die Eröffnung neuer Postämter zu erzwingen.

Massaker nach Programm

Die armenische Frage und der kurdische Knüppel

Sultan Abdul Hamid war ein überaus ängstlicher Mann, der überall Verräter und potentielle Mörder sah. Einmal erschoß er seinen Gärtner, weil er ihn nicht gleich erkannt hatte. Den Palast verließ er fast nur noch für das Freitagsgebet in der Moschee. In der übrigen Zeit igelte er sich ein, und niemand wußte genau, auf wessen Rat der Sultan hörte. Seine Wahrnehmungsfähigkeit sank, sein Mißtrauen stieg ins Krankhafte. Schließlich baute er einen Überwachungsstaat auf, wie ihn wohl nur der russische Zar besaß. »Geschützt durch ein Spionagenetz«, schreibt der französische Historiker Georgeon, »umgeben von Schmeichlern und Hofschranzen, entfernte er sich immer mehr von den Realitäten seines Reichs.«

Unerbittlich bekämpfte Abdul Hamid jede Form von Opposition, was ihm wegen des vergossenen Bluts den Beinamen »der rote Sultan« einbrachte. Freilich war nicht nur der Sultan allergisch gegen Kritik, auch die gewählten Volksvertreter hatten nicht das geringste Verständnis für die Presse. So war Kritik an allen Politikern verboten, und die Zeitungen mußten sogar finanziell büßen, wenn offizielle Verlautbarungen sich als nachteilig für die Regierung erwiesen.

Abdul Hamid mißtraute den Geistlichen, die er andererseits hofierte, er mißtraute den jungen Türken, die zum Teil auf europäischen Universitäten studierten, vor allem aber mißtraute er den christlichen Minderheiten, deren Führer er verdächtigte, den osmanischen Staat zerstören zu wollen. Ganz oben auf seiner Horrorliste standen die Armenier.

Die Armenier siedelten relativ geschlossen im Osten Anatoliens, stellten aber, von einigen Städten abgesehen, nirgendwo die Mehrheit. Die allerdings hatten gerade in den östlichen Provinzen auch die Türken nicht, die deshalb in den Statistiken stets alle Moslems zusammenzählten – das waren in erster Linie Kurden, Türken, aber auch Tscherkessen und andere Flüchtlinge. In den Großstädten des Westens bildeten die Armenier eine bedeutende Minderheit – in Konstantinopel beispielsweise lebten Ende der achtziger Jahre ebenso viele Armenier wie Griechen: jeweils gut 150000 im Vergleich zu 385 000 Moslems.

Anders als die Griechen, hatten die Armenier keinen Staat, der ihre Interessen vertrat. Die Armenier in der heutigen Republik Armenien waren Untertanen des Zaren, und auch die Armenier des Iran bildeten nur eine Minderheit in ihrem Land. Allerdings war ein Nationalbewußtsein bei den ländlichen Armeniern des Ostens noch wenig entwickelt. So waren es armenische Studenten im westlichen Ausland und im Kaukasus – die Georgiermetropole Tiflis war damals eine mehrheitlich armenische Stadt –, die die Idee einer armenischen Autonomie im Osmanischen Reich propagierten.

Schon für die Friedensverhandlungen in San Stefano hatten die im Millet immer mehr den Ton angebenden Laien den damaligen Patriarchen Nerses Varjabedian dafür gewonnen, den Zaren um Unterstützung für die armenische Sache zu bitten. Die Russen setzten Reformen für die Armenier in den sechs Provinzen des Ostens durch, konnten die Zusage aber in Berlin nicht einlösen. So blieb nur die Verdächtigung der Osmanen, daß die Armenier nichts anderes seien als die fünfte Kolonne der Russen. Denen jedoch waren gerade die national eingestellten Armenier ein Dorn im Auge, denn die bekämpften die Russifizierung im Kaukasus.

Im Frühjahr 1895 hatten Briten, Russen und Franzosen der osmanischen Regierung ein Reformprojekt vorgelegt, das unter anderem vorsah, einen Hochkommissar für die von Armenien bewohnten östlichen Provinzen zu benennen, der die türkischen Gouverneure überwachen sollte. Ferner sollten die Christen proportional zu ihrem Bevölkerungsanteil Posten in der Justiz und Polizei erhalten. Im August beteuerte die Regierung des Sultans ihre Reformbereitschaft, ging aber nicht weiter auf die europäischen Vorschläge ein. Im September 1895 war es in Konstantinopel bei einer Demonstration von linken Armeniern zu Toten gekommen. Die Botschafter der Großmächte forderten daraufhin eine Untersuchung und legten gleichzeitig ein weiteres Reformprojekt vor. Zu ihrem Erstaunen akzeptierte der Sultan diese Vorschläge und veröffentlichte am 20. Oktober 1895 das Reformdekret.

In Wahrheit war Abdul Hamid entschlossen, die Armenier mit militärischer Gewalt zu dezimieren. Seine Geheimwaffe waren die Kurden.

In deren Stammlande hatten sich die religiösen Scheichs zu den eigentlichen Herren emporgeschwungen. Ihnen hatten die religiösen Gegensätze besonders zu den Armeniern Zulauf verschafft. Nun versuchte Abdul Hamid ihre Macht einzuschränken und gleichzeitig die Armenier zu domestizieren, indem er kurdische Stammesführer zu Chefs von schließlich 63 Kavallerieregimentern machte und sie bestens bewaffnete. Diese dem Sultan direkt verpflichteten und deshalb »Hamidiye« genannten Spezialeinheiten waren militärisch völlig wertlos, aber ein furchterregendes Repressionsmittel gegen die Armenier.

Assistiert von Hamidiye und türkischen Militäreinheiten und oft sekundiert von den Vorbetern der Moscheen verübten die Osmanen im Osten an den Armeniern eines der größten Massaker in ihrer Geschichte. Auf 36 085 bezifferte das französische Gelbbuch Ende Februar 1896 die Zahl der getöteten Armenier, während der britische Botschaftsbericht von 88 243 ermordeten Armeniern (und 1293 Moslems) sprach, sowie von 546 000 Personen, die an Entkräftung litten.

»Die Massaker erfolgten nach einem Programm«, behauptete der deutsche Pfarrer Johannes Lepsius, der sich im Deutschen Reich zu den Fürsprechern der Armenier gemacht hatte, »in dem Ort, Zeitpunkt, Nationalität und sogar die Art und Weise, in der geplündert und gemordet werden sollte, vorgesehen war«. Tatsächlich waren nur jene Regierungsbezirke betroffen, in denen die Reformen durchgeführt werden sollten. »Alle Kinder Mohammeds«, so stand es auf einem Plakat in der Stadt Arabkir, »haben ihre Pflicht zu erfüllen und müssen sämtliche Armenier töten, ihre Habe an sich nehmen und ihre Häuser niederbrennen. Niemand darf verschont werden. Das ist der Befehl des Sultans«.

Den Arabern den Hof gemacht
Ein militanter Islam als Waffe gegen den Westen

Um den Einfluß der Europäer zurückzudrängen, hatte die osmanische Regierung erstmals 1856 versucht, die Kapitulationen abzuschaffen, mußte aber vor den Europäern kapitulieren. Wie sehr die Ausländer an diesen Vorrechten interessiert waren, zeigte sich noch kurz vor dem Ende der Abdul-Hamid-Epoche, als 1907 die Aufnahme diplomatischer Beziehungen zu Japan daran scheiterte, daß die Osmanen nicht bereit waren, den neuen Partnern aus Fernost die gleichen Privilegien einzuräumen wie den Europäern.

Möglicherweise folgenreicher noch war die kulturelle Abhängigkeit, besonders von Franzosen und Amerikanern. Unter der Schirmherrschaft des »American Board of Commissioners for Foreign Missions« hatten die Protestanten aus der

Neuen Welt schon seit 1830 das Osmanische Reich missioniert, vor allem durch den Bau von Schulen und sozialen Einrichtungen. Zwischen 1870 und dem Kriegsausbruch 1914 verdoppelten die Amerikaner die Anzahl ihrer Schulen auf 430 und vervierfachten die Schülerzahl auf 23 500. Im Osten profitierten besonders die Armenier vom amerikanischen Schulsystem, denn sie stellten zehnmal mehr Schüler als die Griechen, die ihrerseits dreimal mehr Kinder als die Türken auf diese Schulen schickten. Im berühmten Robert College in Konstantinopel war nur jeder 20. Schüler ein Türke. Übertroffen wurden die Amerikaner nur noch von den Franzosen, die bei Ausbruch des Krieges 90000 Osmanen unterrichteten, davon nur 8,7 Prozent Türken.

Freilich hatten auch die Osmanen aufgeholt. Zwischen 1867 und 1895 erhöhte sich immerhin die Zahl der türkischen Grundschüler von knapp 370000 auf fast 900000, darunter gut 250000 Mädchen. Zum Ende des Jahrhunderts besuchten 90 Prozent aller schulpflichtigen Jungen und mehr als ein Drittel der Mädchen eine Grundschule. Freilich betrug die Rate aller moslemischen Schüler und Studenten nur 6,5 Prozent der Gesamtbevölkerung, im Vergleich zu 9,5 Prozent ihrer christlichen Landsleute. Den Aufbau einer Universität lehnte der Sultan lange ab, weil er die Studenten fürchtete, die sich überall in Europa den revolutionären Bewegungen angeschlossen hatten. Die erste osmanische Universität öffnete erst am 1. September 1900 ihre Pforten.

So war es kein Wunder, daß das Kulturleben in Konstantinopel zur Jahrhundertwende eher dem einer europäischen als einer asiatischen Stadt glich. Das lag auch an der strengen Zensur, die dazu führte, dqß die Zeitungen hauptsächlich über Ereignisse in Europa und Amerika berichteten. Zum anderen lag es an den vielen Übersetzungen, die kurz vor dem Weltkrieg fast ein Viertel aller Neuerscheinungen auf dem Buchmarkt ausmachten (im Vergleich zu 6,4 Prozent im Jahr 1875). Und es lag an den dem Westen zugeneigten Christen und Juden, denn die Armenier beherrschten beispielsweise die Theaterwelt Konstantinopels, auch wenn Abdul Hamid besonders die italienische Oper schätzte und deren Ensembles in seine Hauptstadt holte.

Um dem Westen Paroli zu bieten, wandte sich Abdul Hamid den Arabern zu. Nicht mehr christliche Berater aus dem Balkan beherrschten das Hofleben, sondern syrische und libanesische Araber, die selbst höchste Posten besetzten. Abdul Hamid forcierte das Studium der arabischen Sprache und soll gedrängt haben, das klassische Idiom gleichberechtigt neben dem Osmanischen als offizielle Sprache einzuführen. Den arabischen Provinzen schenkte er viel Aufmerksamkeit und entsandte dorthin seine fähigsten Beamten. Im arabischen Raum ließ er relativ mehr Schulen bauen als im Kernland. Damaskus und nicht Istanbul erhielt als erste Stadt im Reich 1906 elektrische Beleuchtung und eine Straßenbahn. Insgesamt ließ er in Syrien und im Hedschas 2350 Kilometer Eisenbahnlinien bauen, im Vergleich zu nur 1850 in Anatolien. Dabei beeindruckte er besonders mit der von Damaskus zur Heiligen Stadt Mekka führenden Eisenbahn seine moslemischen Brüder, denn diesen Streckenabschnitt hatten – unter deutscher Planung – fast ausnahmslos türkische Ingenieure errichtet, und türkische Gläubige hatten sie finanziert.

Noch mehr Aufmerksamkeit schenkte der Sultan dem Islam. Großen Einfluß übte auf ihn Dschamal Ad Din Al Afghani aus. Er war in Asadabad nahe Kabul geboren, über Persien und Indien nach Konstantinopel gekommen und predigte eine Vorform des Panislamismus. Er trat für die politische und religiöse Erneuerung des Kalifats ein und forderte eine eigene, nationale Entwicklung der islamischen Länder. Sein Staatsbegriff war eine Mischung aus Islam und Nation. Der Islam, lehrten er und seine Schüler, müsse auf die ursprüngliche Lehre zurückgreifen, um seine erstarrte Glaubens- und Sittenlehre den modernen Verhältnissen anzupassen. Dafür müsse mit der sterilen Nachbeterei, zu der die Religion Mohammeds in weiten Kreisen verkommen sei, ebenso aufgehört werden wie mit den mystischen Orden der Derwische. Ein moderner Islam kenne keinen Widerspruch zur Vernunft und den neuen Wissenschaften. Afghani und seine Gesinnungsgenossen befürworteten moderne Unternehmen, Handel, Banken und Industrie.

Das war eigentlich im Sinne von Abdul Hamid, doch dann überwog erneut sein Mißtrauen. So erhöhte er zwar die Gehälter der Ulema und förderte nach Kräften moslemische

Institutionen und Schulen, weigerte sich jedoch, den Geistlichen wieder mehr politische Macht zu geben. Er mißtraute den Medressen und ihren Studenten und verbannte alle Anhänger einer Modernisierung des Islam nach Ägypten. So entstand dort und besonders in der Al-Azhar-Universität das Zentrum des gemäßigten Islam und nicht in Konstantinopel.

Der Sultan versuchte seine Stellung in der moslemischen Welt zu stärken, indem er seine Rolle als Kalif herausstrich, die von den Vorgängern völlig vernachlässigt worden war. Er nutzte das Vorrecht dieser Würde, in allen Reichsteilen, die förmlich noch der geistlichen Herrschaft des Kalifen unterstanden – also Ägypten, Zypern, der Krim, Bosnien-Herzegowina und Bulgarien –, Kadis, Lehrer und Ulema einzusetzen. Der Kalif hielt Angehörige der Scherifs von Mekka praktisch als Geiseln, um sich die Herrschaft der Heiligen Stätten zu sichern. Nicht wenige westliche Beobachter gingen soweit, ihn zu verdächtigen, aus seinem Palast in Yildiz einen neuen Vatikan machen zu wollen, denn Abdul Hamids Konzeption einer Institutionalisierung des moslemischen Glaubens war dem Islam eigentlich fremd.

Abdul Hamids Hinwendung zum Islam beunruhigte besonders die Briten, in deren indischem Imperium mehr Moslems lebten als im Osmanischen Reich. Aggressionen gegen das Osmanische Reich oder die übrigen Moslems in der Welt, ließ der Sultan speziell den englischen, aber auch den russischen und französischen Botschafter wissen, führten unweigerlich zu einem allgemeinen Aufstand der Moslems, den das Osmanische Reich dann nach Kräften unterstützen werde. »So wurde der Islamismus«, schreibt Historiker Shaw, »eine ideologische Waffe«. Auf sie setzte besonders *ein* Staat seine Hoffnungen: Das Deutsche Reich.

Freund für alle Zeiten
Deutschlands Kaiser entdeckt das Osmanische Reich

Ein verbündeter Sultan und Kalif, der Millionen von Moslems zum Heiligen Krieg aufrufen und für Deutschland in den Kampf schicken kann – das mußte den deutschen Kaiser Wilhelm II. entzücken, der es den Briten geben wollte. Schon im

September 1897 hatte Wilhelm II. auf einen Brief des belgischen Außenministers, der darin vom Aufschwung des Islam sprach, als Marginalie geschrieben: »Solange er in deutscher Controle bleibt, wird er nur die britische Welt beunruhigen.« Denn lange hatte Bismarcks Verachtung für das Osmanische Reich (»eine unhaltbare Einrichtung«) auch seine Nachfolger geprägt. Doch dann setzte sich der Kaiser durch, der ein Faible für den Sultan hatte.

Abdul Hamid hatte dringend – zur großen Freude des Kaisers – um die Entsendung deutscher Militärberater gebeten, die damals die Armeen in Japan, China und Argentinien, in Chile und Bolivien drillten. Sie waren beliebt, weil ungefährlich, denn das Reich Bismarcks war noch keine Kolonialmacht, und seine Offiziere konnten folglich nicht als trojanische Pferde für expansionsfreudige Politiker dienen. 1882 kamen seit langem wieder deutsche Militärs ans Goldene Horn. Ihr Chef war Colmar Freiherr von der Goltz. Mit einigen Dutzend Mitarbeitern reformierte Goltz-Pascha, wie er bald nur noch hieß, die osmanische Offiziersschule.

Doch die Arbeit der Deutschen erwies sich als ungewöhnlich schwierig. Denn der mißtrauische Sultan Abdul Hamid wollte zwar seine Armee stärken, fürchtete sie aber gleichzeitig. Das ging so weit, daß er ihr in Friedenszeiten nicht nur scharfe Munition vorenthielt, sondern den Soldaten auch das Verlassen der Unterkünfte nur mit einer speziellen Genehmigung erlaubte. Die Pferde standen monatelang in den Ställen und hatten »stets dicke Beine«, wie sich der österreich-ungarische Militärattaché Joseph Pomiankowski erinnerte, derweil die Kriegsschiffe im Hafen vermoderten.

Den deutschen Stabsoffizieren war es verboten, Kontakt mit der Truppe aufzunehmen, und von der Goltz berichtete seinem Wiener Kollegen, in den zwölf Jahren seiner Tätigkeit habe er vom Sultan nicht einmal die Erlaubnis erhalten, ein Manöver abzuhalten, um die seinen Schülern vermittelten Kenntnisse in der Praxis zu erproben. Es genüge, habe ihm der Sultan gesagt, gute Vorschriften zu erlassen.

»Der Sultan und seine Minister«, schreibt der Historiker Peter Mansfield, »intrigierten gegen die Mission von Goltz, damit sie nicht zu erfolgreich wurde. Trotzdem erreichte Goltz mit Energie und Durchsetzungsvermögen viel in den 13

Jahren, die er in der Türkei verbrachte.« Ihm war der für die Großmächte völlig überraschende Sieg der Osmanen gegen die Griechen zu verdanken. Vor allem machte er aus den Militärakademien Eliteanstalten, die auf begabte Türken große Anziehungskraft ausübten.

Mehr noch als den Exportartikel Militärberater faszinierte zumindest die Deutschen ein Projekt, das bald den Namen »Berlin-Bagdad« trage sollte. Am Anfang stand die Eisenbahn, zu jener Zeit die wahre Lokomotive des wirtschaftlichen Fortschritts. In den achtziger Jahren gab es größere Eisenbahnstrecken lediglich im europäischen Teil des Osmanischen Reichs, obgleich die Osmanen nicht sonderlich an einer zu engen Anbindung an Europa interessiert waren. Der erste Zug von Wien nach Konstantinopel erreichte die osmanische Hauptstadt erst am 12. August 1888. Der Sultan hatte befohlen, am Tag der Jungfernfahrt alle Flaggen und andere Zeichen der Freude zu entfernen. Kein osmanischer Beamter durfte an dem Ereignis teilnehmen.

Im asiatischen Teil lag der Eisenbahnbau noch mehr im argen. Die Russen hatten verhindert, daß im Nordosten Strecken gebaut wurden, weil sie keine schnelle Verbindung zu ihren Grenzen wünschten. Und die Engländer favorisierten eine Eisenbahnstrecke vom östlichen Mittelmeer zum Persischen Golf, um eine schnelle Verbindung nach Indien zu bekommen. Aber die osmanische Regierung lehnte diesen Plan ab, nicht nur, weil sie politische Konsequenzen – wie am Suezkanal – fürchtete, sondern vor allem, weil Konstantinopel nicht angeschlossen war. Die Hohe Pforte hatte 1872 den österreichischen Ingenieur Wilhelm Pressel damit beauftragt, einen Streckenplan für eine Eisenbahn von Haydarpascha – dem asiatischen Ufer Konstantinopels – über Bagdad nach Basra am Persischen Golf auszuarbeiten. Der im Gebirgsbahnbau erfahrene Österreicher führte die Linie über Ankara, Diyarbakir, Mossul und Bagdad nach Basra. Die Türken akzeptierten den Plan fast ohne Änderungen und bauten 1873 die ersten 91 Kilometer bis zur Stadt Izmit. Dann ging ihnen das Geld aus.

Die Deutschen sprangen ein, und als sich die Deutsche Bank verpflichtete, eine Anleihe über 1,5 Millionen Pfund Sterling unter wesentlich günstigeren Bedingungen als die von den Franzosen kontrollierte Staatsbank aufzubringen, vergab der Sultan am 24. September 1888 die Konzession für das erste Teilstück an die Deutschen. Schließlich durfte das Deutsche Reich die gesamte Strecke bis Bagdad bauen, die beim Untergang des Osmanischen Reichs allerdings noch nicht fertiggestellt war und in der Wüste zwischen der heutigen Türkei und Syrien enden sollte.

Das Bagdadbahn-Projekt fiel in die Blütezeit des imperialistischen Zeitalters. Die Deutschen fühlten sich als junge Weltmacht dazu aufgerufen, den klassischen Kolonialmächten nachzueifern und eigene Gebiete in einer bereits weitgehend aufgeteilten Welt zu fordern. Als Kolonien aber standen nur noch ein ziemlich unattraktives Stück Mittelafrika zur Debatte oder eben die Trümmer des sich in Auflösung befindlichen Osmanischen Reichs. Dabei konzentrierte sich das deutsche Interesse auf einen Korridor, der von Österreich über den Balkan, Kleinasien und Mesopotamien entlang der Bagdadbahn bis zum Persischen Golf führte. »Berlin-Bagdad«, war deshalb die Formel für das besonders von den Alldeutschen propagierte Kolonisierungsprojekt.

Nachdem England und Frankreich im Vertrag vom 8. April 1904, mit dem die Entente cordiale begann, übereinkamen, sich gegenseitig in Ägypten und Marokko freie Hand zu lassen, hatte der deutsche Kaiser 1905 durch eine theatralische Landung in Tanger versucht, die damals »friedliche Durchdringung« genannte Inbesitznahme Marokkos durch Frankreich zu verhindern (und für Deutschland zu sichern). Auf der folgenden Konferenz von Algeciras war das Deutsche Reich erstmals seit seinem Bestreben, eine aktive Weltpolitik zu betreiben, nahezu vollständig isoliert, denn nur Österreich-Ungarn stand an seiner Seite. Ende 1905 schrieb der Kaiser an seinen Kanzler Bernhard Fürst von Bülow – der den Blitzbesuch beim marokkanischen Herrscher eingefädelt hatte –, »eine Allianz mit dem Sultan (müsse) coûte que coûte erreicht werden«, ebenso ein Bündnis mit »allen arabischen und maurischen Herrschern«. Deutschlands Ziel: Die Briten mit der islamischen Keule zu bedrohen.

So ganz verrückt, wie es aus heutiger Sicht erscheint, waren die Hoffnungen der Deutschen nicht, zumindest teilten die Briten diese Einschätzung. In der Tat hatte der Panislamismus – und der Kampf gegen die christlichen Griechen – Abdul Hamid als Diener der heiligen Stätten in der moslemischen Welt Auftrieb gegeben. Erstmals wurde der Name des Sultan-Kalifen um die Jahrhundertwende auch in indischen Moscheen im Freitagsgebet genannt.

Der Sultan und die Moslems interessierten den Kaiser um so mehr, als er eine Reise nach Jerusalem plante. Sie wurde zu einem Höhepunkt der deutsch-osmanischen Beziehungen. Am 18. Oktober 1898 landete der Kaiser in Konstantinopel, wo ihn der Sultan mit orientalischem Pomp empfing. Die Kaiserin inspizierte derweil den Harem und befand, nach ihrem Eindruck befragt: »Ach Gott! Eine Menge sehr dicker Frauen, die Konfitüren und Pralinees aßen und furchtbar gelangweilt aussahen.«

In Damaskus verneigte sich der Kaiser dann am Grab des Sultans von Syrien und Ägypten, dem Kreuzheerbezwinger Saladin, einem »Ritter ohne Furcht und Tadel, der oft seine Gegner die rechte Art des Rittertums lehren mußte«, wie Wilhelm II. lobte. Dann ließ er sich vom Scheich Abdullah begrüßen. Der deutsche Herrscher, verkündete der oberste geistliche Führer der Stadt, habe durch seinen Besuch nicht nur die Dankbarkeit der Osmanen, sondern auch die begeisterte Liebe von 300 Millionen Moslems erworben.

Der Kaiser bedankte sich mit einer euphorischen Tischrede. »Möge Seine Majestät der Sultan und mögen die 300 Millionen Mohammedaner, die auf der Erde zerstreut leben, in ihm ihren Kalifen verehren, dessen versichert sein, daß zu allen Zeiten der deutsche Kaiser ihr Freund sein wird.« Erfreut ließ der Sultan in Baalbek, der letzten Kaiserstation, sogleich eine marmorne Tafel aufstellen, auf der in Türkisch und Deutsch stand: »Abdul Hamid II., Kaiser der Ottomanen, seinem erlauchten Freunde Wilhelm II., zur Erinnerung an die gegenseitige unwandelbare Freundschaft.«

Der Kaiser war fasziniert von seiner Reise und auch einige seiner Militärs, allen voran Türkei-Veteran von der Goltz. »Warum sollte nicht einmal in ferner Zukunft eine Zeit kommen«, schrieb er an seinen türkischen Schüler General Pertev Demirhan, »wo wir als Verbündete die Engländer in Ägypten und Indien angreifen?« In Indien, glaubte Goltz-Pascha, stünden 50 Millionen Moslems bereit, Osmanen und

Deutsche zu unterstützen. Doch noch bevor sich die Deutschen um die Eroberung der arabischen Welt kümmern konnten, putschen Rebellen des Kaisers Freund hinweg.

Ich bin Türke und groß ist meine Rasse
Die Jungtürken

Im Mai 1889 hatten Studenten einen Verein mit dem Ziel gegründet, das Osmanische Reich zu einem modernen demokratischen Staat zu entwickeln – was nicht hieß, daß für einen Sultan nicht auch Platz wäre. Es war eine typisch osmanische Veranstaltung, denn die Gründer waren ein Albaner, ein Tscherkesse und zwei Kurden. Sie alle waren gute Osmanen und gute Moslems, aber ein Türke war nicht unter ihnen.

In der gesamten osmanischen Geschichte waren die Türken nicht nur eine Minderheit im Reich, sondern auch eine wenig geachtete. Als typischer Türke galt der tumbe Bauer Anatoliens, der nicht lesen und schreiben konnte und sich mit List und Schlauheit durchs Leben wurschtelte. Noch heute lebt er in der volkstümlichen Puppenfigur des Karagöz (»Schwarzes Auge«) fort, der, wie der deutsche Kasperl, Gespräche mit Klügeren zumeist damit beendet, daß er ihnen mit dem Knüppel auf den Kopf haut.

Zum Ende des 19. Jahrhunderts jedoch änderte sich die Einstellung vieler junger Leute zum Türkentum. Türkische Historiker begannen nunmehr die Geschichte des Osmanischen Reichs nicht mehr, wie stets in der Vergangenheit, mit der Besiedlung Anatoliens, sondern gruben die türkischen Ursprünge in Asien aus. Daneben entstand eine originär türkische Literatur, die sich bewußt der Sprache des einfachen Volkes bediente und die mit persischen und arabischen Lehnwörtern gespickte offizielle Sprache ablehnte. Im türkischen Versmaß erschien 1897 erstmals ein hohes Lied nicht mehr auf die Osmanen, sondern auf die Türken. Mehmed Emin schrieb das Poem und ein Vers lautete: »Ich bin Türke, mein Name ist groß und groß ist meine Rasse.« Rasse – ein Begriff war dabei, in das Osmanische Reich einzudringen, dem rassistische Kriterien stets fremd waren.

Die türkischen Nationalisten waren mehrheitlich im Westen ausgebildet und vertraten auch westliche Ideale, wenngleich sie die Einmischung Europas strikt ablehnten. Hinzu kam ein völkisches Element, das anfangs besonders russische Moslems vertraten. Theoretiker dieses völkischen Pantürkismus war der Krim-Tatar und Aristokrat Ismail Gasprinski, der 1883 in seiner Zeitschrift *Tercüman* »die Vereinigung der türkischen Völker Rußlands unter der geistigen Führung der osmanischen Türkei« propagierte. Damit reagierte Gasprinski sicherlich auf den Panslawismus der Russen, aber er plädierte hauptsächlich für eine gemeinsame Sprache und schloß darin gute Nachbarschaft mit Russen und Persern ein.

Die nationalistischen Türken wollten den ausschließlichen Gebrauch der türkischen Sprache für alle Nationalitäten im Reich durchsetzen. Einer von ihnen war Ziya Gökalp. Er propagierte ein neues Leben, das nicht »kosmopolitisch, sondern national« sein solle. Gesucht werden müsse eine Synthese zwischen der »nationalen türkischen Kultur« und der Zivilisation. Gökalp gilt als Begründer eines (klein)türkischen Nationalismus, doch er forderte auch ein mystisches patriotisches »pantürkisches« Ideal. Gökalp: »Die Heimat der Türken ist nicht die Türkei und nicht Turkestan. Es ist ein riesiges und ewiges Land – Turan!«

Turan, heute nur noch der geographische Name für ein Tiefland westlich des Kaspischen Meers, stand damals für das von Turkvölkern bewohnte Mittelasien. Als Erfinder des Turanismus gilt der ungarische Turkologe Armin Vambery, der eigentlich Herrmann Weinberger hieß. »Als türkische Dynastie«, schrieb Vambery, »hätte das Haus Osman aus den türkischen Elementen von den Ufern der Adria bis weit hinein in China ein mächtigeres Reich gründen können als jenes, das der große Romanow aus heterogenen Elementen zusammenstückeln mußte.« Auf diese Weise, so Vambery, hätte »ein kolossales Reich« entstehen können. In Budapest entstand die »Turanische Gesellschaft«, und einer der Gründer, Alois von Paikert, forderte den Zusammenschluß von »Magyaren, Finnen, Bulgaren und Türken, einem großen Teil der Kaukasusvölker, der Turktataren, der meisten sibirischen Völker, der Tibetaner, Himalaya-Völker, Tamulen, Mandschu, Chinesen, Koreaner und Japaner, zusammen 610 Millionen Seelen« zu einem großen Staatenbund, der zusammen mit den Germanen die Welt beherrschen könne. Wie weit die Gigantomanie der Jungtürken ging, zeigte die Schrift *Turan* des Tekin Alp. Er hatte als Nahziel ein turanisches Reich nach dem Vorbild des Deutschen Reichs verlangt, als Fernziel aber ein Groß-Turan von Japan bis Norwegen und von Peking bis Wien. Sein Mitstreiter Ömer Seyfeddin forderte die Eroberung des Kaukasus, um sodann ein Südsibirien und den Pamir umfassendes turanisches Reich zu errichten, das unter der Herrschaft des osmanischen Sultans und Kalifen aller Moslems stehen müsse.

Die Jungtürken spalteten sich in eine gemäßigte osmanische Opposition und eine national-türkische Bewegung. Während die Nationalisten einen rigorosen Zentralismus predigten, plädierten die jungen Osmanen, deren Vorbild die partikularistische englische Gesellschaft war, für eine Dezentralisierung. Ihre liberale Einstellung verschaffte den osmanischen Jungtürken die Sympathien der nichtmoslemischen Gemeinschaften des Reichs – und die Feindschaft der jungen Militärs im Mutterland, die sich weit mehr zu den Nationalisten hingezogen fühlten.

Diese Militärs hatten ihr Zentrum in Saloniki, Anfang des Jahrhunderts eine pulsierende Großstadt, eine der modernsten des Reiches. Wesentlich zum Reichtum beigetragen hatte die dominierende jüdische Bourgeoisie, denn mit 40 Prozent der Bevölkerung stellten die Juden die stärkste Volksgruppe. Und Saloniki war eine Stadt der Freimaurer. Besonders die Logen der Ausländer konnten ihre zum Teil revolutionären Ideen über die eigenen Postwege unzensiert propagieren.

Die moslemische Minderheit der Stadt setzte sich vor allem aus Händlern und Bürokraten zusammen, und aus Militärs. Im September 1906 hatten türkische Offiziere eine geheime »Gesellschaft für osmanische Freiheit« gegründet, in der junge türkische Offiziere die Modernisierung ihres Landes propagierten und sich gegen die Einmischung der Europäer wandten. Damit brachten sie auch die jüdischen Mitbürger auf ihre Seite, die nur innerhalb des Osmanischen Reichs Chancen für ihr Fortkommen sahen und kleinstaatliche Lösungen ablehnten. In zwei Jahren war aus einem kleinen Klub von anfangs zehn Mitgliedern eine gewaltige Organisation mit 15 000 Sympathisanten geworden, die auch in fernen osmanischen Städten Anhänger hatten – beispielsweise in Damaskus einen Offizierskreis um den damals unbekannten Absolventen der Militärakademie, Mustafa Kemal, den späteren Staatsgründer Atatürk. Im September 1907 fusionierten die Militärrebellen Salonikis mit den Pariser Jungtürken und nannten sich fortan »Komitee für Einheit und Fortschritt«. Die Militärs in der europäischen Großstadt Saloniki aber hatten vor allem mit den auf Unabhängigkeit drängenden Balkanvölkern ihre Erfahrung gemacht. Dieser Hintergrund entschied ihr Verhalten in den kommenden Jahren – und das Schicksal des Osmanischen Reichs.

Wir haben den kranken Mann geheilt

Die Machtergreifung der Jungtürken und der Balkankrieg

Die Ernte in Anatolien war im Jahr 1907 besonders schlecht. Die Steuern flossen kaum und die Regierung kam mit den Gehaltszahlungen an ihre Beamten nicht nach. Beförderungen fielen deshalb aus. Daraufhin gab es Proteste in mehreren Städten, so auch unter den Soldaten Salonikis. Das alles war nicht neu im Osmanischen Reich, neu aber waren die Folgen.

Der Sultan schickte eine Kommission, doch deren Chef wurde angeschossen. Eine zweite Kommission schien die Verantwortlichen ausfindig gemacht zu haben, die daraufhin in die Berge entwichen. Abdul Hamid sandte einen weiteren hohen Offizier, den Mitglieder des Komitees erschossen. Nun bot der Sultan Mitte Juli 18 000 anatolische Soldaten gegen die Rebellen auf, doch die Soldaten weigerten sich, auf ihre Kameraden zu schießen. Immer mehr Militärführer, unter ihnen der spätere Verteidigungsminister Enver Pascha, solidarisierten sich mit den Meuterern, die in der Nacht vom 22. zum 23. Juli 1908 das Telegrafenamt in Saloniki besetzten und für den nächsten Tag die Delegierten der Lokalkomitees und die Dorfbürgermeister zusammenriefen – alles Vorfälle, die den mit allen Wassern gewaschenen Sultan eigentlich nicht erschüttern konnten. Doch diesmal verlor Abdul Hamid die Nerven, zumal auch seine konservativen Berater Unheil für das Reich fürchteten, das sich im Balkan zusammenbraute.

Denn im März 1908 hatte der britische Außenminister Sir Edward Grey einen autonomen Staat Mazedonien vorgeschlagen. Als sich wenig später, am 10. Juni, der britische und russische Monarch zu Diskussionen über Mazedonien im baltischen Reval (dem heutigen Tallin) trafen, vermuteten nicht nur die jungtürkischen Offiziere der mazedonischen Hauptstadt Saloniki, das europäische Kernland des Osmanischen Reichs solle abgetrennt werden.

Die jungtürkischen Offiziere stellten dem Sultan am 23. Juli ein Ultimatum, innerhalb von 24 Stunden die Verfassung von 1876 in Kraft zu setzen. Der Staatsrat riet dem Sultan, auf das Ultimatum einzugehen, und selbst der Scheich ul-Islam weigerte sich, eine Fetwa gegen die Rebellen zu verfassen. So gab Abdul Hamid nach, proklamierte die Verfassung und beschränkte sich auf die Rolle eines konstitutionellen Monarchen. »Wir haben den kranken Mann geheilt«, frohlockte Rebellenführer Enver.

»Die Revolution der Jungtürken«, schreibt Shaw, »war eines der seltsamsten Ereignisse der Weltgeschichte. Sie war nicht geplant, fand nicht einmal richtig statt, wollte auch nicht Abdul Hamid absetzen. Doch dann gab er fast seine gesamte Macht ab.« Die Jungtürken feierten ihren Triumph und mit ihnen fast alle Reformer – Christen, Juden und Moslems. »Es gibt keine Bulgaren, Griechen, Rumänen, Juden oder Moslems mehr«, rief Enver aus, »wir sind alle Brüder unter dem blauen Himmel, wir sind alle gleich und stolz darauf, Osmanen zu sein.« Doch die Brüderlichkeit dauerte nicht lange.

Weil sie in diplomatischen Dingen völlig unerfahren waren und die Militärs unter ihnen auch fürchteten, in Konstantinopel überwältigt zu werden, überließen die Jungtürken die Politik weitgehend der alten Mannschaft des Sultans. Sie versuchten aus dem Hintergrund zu regieren, doch war die Meinung der Europäer über die Neuen aus Mazedonien eher negativ. »Einen Haufen Kinder mit guten Absichten«, nannte sie der englische Botschafter Sir Gerard Lowther.

Ende Februar 1909 machten Islamanhänger in Konstantinopel mobil und gewannen die Führung der in der Hauptstadt stationierten 1. Armee für sich. Zusammen mit Religionsstudenten forderten sie eine rein moslemische Regierung. Als der Mob am 14. April ins Parlamentsgebäude eindrang und zwei Abgeordnete tötete, akzeptierte Abdul Hamid nur zu gern ihre Forderungen nach der Rückkehr des alten Regimes. Daraufhin machten die Militärs in Saloniki Ernst, marschierten in die Hauptstadt und eroberten sie Ende April 1909 innerhalb weniger Stunden. Sie setzten nunmehr Abdul Hamid endgültig ab, der mit drei Frauen, vier Konkubinen und fünf Eunuchen ins 20 Eisenbahnstunden entfernte Saloniki reiste, eher er nach dem Verlust Salonikis an den Bosporus zurückkehren mußte. Seine verbliebenen Lebensjahre verbrachte »einer der bedeutendsten aller osmanischen Sultane« (so Shaw) zurückgezogen im Schloß Beylerbey auf der anatolischen Seite des Bosporus. Am 10. Februar 1918 starb er dort.

Nach dem Sturz Abdul Hamids erhoben die Sieger seinen Bruder Reschad unter dem Namen Mehmed V. zum neuen Sultan. Der hatte 45 Jahre in einem kleinen Schloß nördlich von Konstantinopel verbracht, das durch eine eigens für ihn eingerichtete Gendarmerie bewacht worden war. Die fast lebenslange Isolation hatte den neuen Sultan gezeichnet: Er war apathisch, konnte kaum noch arbeiten und wußte überhaupt nicht, was in der Welt vor sich ging. In den letzten zehn Jahren, gestand er, habe er nicht eine einzige Zeitung gelesen. Für die Jungtürken, die selbst regieren wollten, war der »gutartige Tattergreis«, (so der Historiker Alan Palmor) da mit ein ideales Staatsoberhaupt, das ihnen nicht in die Quere kommen konnte, zumal sie ihm auch noch die verfassungsmäßigen Prärogativen nahmen, wie die Ernennung der Minister oder die Auflösung des Parlaments.

Ihren endgültigen Durchbruch erreichten die Jungtürken im April 1912 bei einer Wahl, die im Volksmund nur »die Wahl mit dem dicken Knüppel« hieß. Denn mit Drohungen hatten die Rebellen erreicht, daß von insgesamt 275 Mitgliedern des Parlaments nur noch sechs der Opposition angehörten. »Durch eine schamlos manipulierte Wahl«, schreibt der englische Historiker Bernard Lewis in seinem Werk über die Entstehung der modernen Türkei, »hatte das Komitee die liberale parlamentarische Opposition zerschmettert.«

Da intervenierten erneut die Militärs in Mazedonien, doch diesmal waren es nicht die Anhänger der Jungtürken, sondern ihre Gegner, die sich »Befreiungsoffiziere« nannten und der liberalen Partei nahestanden. Der Sultan löste daraufhin im August 1912 das Parlament flugs wieder auf und entfernte alle Jungtürken aus der Regierung. Unterstützung hatten die Liberalen, die nunmehr die Parlamentswahlen gewannen, von den Islamisten bekommen, die ihre Opposition mit der Ablehnung des jungtürkischen Nationalismus in den arabischen Staaten begründeten.

Das Land polarisierte sich. In die Zange zwischen immer bornierteren nationalistischen Jungtürken und Traditionalisten gerieten besonders die Liberalen – zumeist Anhänger Europas. Sie hatten es schwer gegen die griffigen Parolen der türkischen Nationalisten und die scharf antiwestlichen Islamisten. »Der Westen, das war der Imperialismus«, schrieb einer von ihnen, Zekerya Sertel, »solange das Land eine halbe Kolonie war und die Kapitulationen galten, war es schwierig, den Westen zu verteidigen.«

Und die Nationalisten radikalisierten sich. Als es am 23. Januar 1913 – irrtümlich – so aussah, als ob die Regierung die Stadt Edirne an Bulgarien abtreten würde, um einen Krieg im Balkan abzuwenden, drang ein Jungtürken-Kommando unter Enver in den Kabinettsraum und erschoß den Kriegsminister Nazim Pascha. Im Sommer 1913 übernahmen die Jungtürken vollends die Macht und verboten faktisch alle Parteien. »Die Türkei«, schreibt der französische Osmanenforscher Paul Dumont, »legte sich eine Diktatur zu.«

Es war das eigentliche Ende des Osmanischen Reichs. Zwar regierten die Jungtürken formell im Namen des Sultans, doch in Wahrheit bestimmten nur noch sie den Gang der Dinge. Was von nun an im Osmanischen Reich geschah, war schon eher die Vorgeschichte der heutigen Türkischen Republik als die Endgeschichte des großen Reichs der Sultane. Aber das Osmanische Reich hatte noch eine Sternstunde und schließlich seine Sterbestunde. Sie verliefen eher komisch, wie das so ist mit dem Ende vieler Großer.

11
Revolutionen müssen auf Blut gegründet sein

Das Ende des Osmanischen Reichs

Eigentlich wollten sich die beiden Konkurrenten nur auf dem Rücken der Osmanen Vorteile verschaffen, doch am Ende stand der erste sogenannte Balkankrieg – ein Vorspiel zum Ersten Weltkrieg.

Im Schloß von Buchlau, dem heutigen südtschechischen Buchlovice, unterrichtete Österreich-Ungarns Außenminister Alois Graf Aehrenthal am 16. September 1908 – gleich nach der ersten Abdankung Abdul Hamids und damit in einem Augenblick großer innerer Schwäche des Osmanischen Reichs – seinen russischen Kollegen Alexander P. Iswolskij davon, daß die Doppelmonarchie Bosnien-Herzegowina endgültig zu annektieren gedenke. Im Gegenzug gestanden die Habsburger den Russen zu, die Meerengen für russische Kriegsschiffe zu öffnen.

Iswolskij, der sich zuvor mit den Engländern über die Interessenaufteilung in Persien, Afghanistan und Tibet geeinigt und damit eine Aussöhnung der beiden Staaten zuwege gebracht hatte, wollte in den europäischen Hauptstädten für den Plan werben. Doch während er noch unterwegs war, ging Aehrenthal einen Schritt weiter und drängte die Bulgaren, ihre Unabhängigkeit vom Sultan zu erklären. Der ambitionierte bulgarische Fürst Ferdinand – er hatte sich bereits im Gewand des byzantinischen Basileus porträtieren lassen – ernannte sich daraufhin am 5. Oktober 1908 nach mittelalterlichem Brauch zum Zaren der Bulgaren und erklärte die Unabhängigkeit seines Landes. Tags darauf gab Österreich-Ungarn die Annektion Bosnien-Herzegowinas bekannt. Doch damit brachten die Österreicher fast ganz Europa gegen sich auf.

Am heftigsten reagierten die Serben, die einen Augenblick lang daran dachten, Österreich-Ungarn den Krieg zu erklären, ohne jede Chance, ihn zu gewinnen. Sie hätten nur noch Rache im Sinn, berichtete der österreichisch-ungarische Geschäftsträger aus Belgrad. Aber auch in Rußland war die Empörung groß, und Iswolskij geriet völlig in die Defensive. Denn die Briten hatten die Öffnung der Meerengen abgelehnt und damit den Plan der beiden Buchlau-Gäste bereits vereitelt. So verlor Iswolskij auch noch sein Gesicht.

Das Ergebnis: Die jahrzehntelange Interessen-Partnerschaft zwischen Rußland und Österreich-Ungarn zerbrach. »Beide Mächte«, schreibt Balkan-Experte Leften Stavrianos, »ließen sich nunmehr auf ein tödliches Duell um die Vorherrschaft auf der Balkanhalbinsel ein.« Der Zar ging über ins Lager der späteren Weltkriegsalliierten England und Frankreich, während die Deutschen in Nibelungentreue zu den Österreichern standen und den russischen Außenminister aufforderten, klipp und klar zu sagen, ob er die Annektion billige oder nicht. Der in die Enge getriebene Iswolskij billigte und brüskierte damit die Serben noch mehr, die ihm vorwarfen, er habe sich von den Deutschen hypnotisieren lassen.

Die Osmanen, die sowohl von der bulgarischen Unabhängigkeitserklärung als auch von der Annektion Bosniens und der Herzegowina am meisten betroffen waren, hatte niemand gefragt oder auch nur gewarnt. Nie zuvor in der Geschichte des Reichs waren der Sultan und seine Regierung so mißachtet worden. Ohnmächtig erklärten sie sich schließlich mit Annektion und Unabhängigkeit einverstanden, nachdem Österreich-Ungarn und Bulgarien wenigstens eine kleine Abfindung zusagten.

In wenigen Tagen hatten die gerade der Macht sehr nahe gekommenen Jungtürken, die den Zusammenhalt des Reiches auf ihre Fahnen geschrieben hatten, weit mehr Territorien abtreten müssen als Abdul Hamid II. in seiner gesamten Regierungszeit. Damit war »die Kreditwürdigkeit der Jungtürken plötzlich sehr in Frage gestellt«, so der französische Osmanenforscher Georgeon. Die anfangs tolerante Haltung der Rebellen gegenüber den christlichen Minderheiten schlug in offene Feindschaft um. »Die direkte Antwort Europas und der balkanesischen Christen auf die aufregenden Ereignisse vom Juli 1908«, schreibt der Historiker Lewis, »konnte aus türkischer Sicht nur als Aggression beschrieben werden.«

Mit dem Ende der russisch-österreichischen Allianz war auch die Balance auf dem Balkan dahin. Zwischen März und Oktober 1912 schlossen sich Serbien, Bulgarien, Montenegro und Griechenland in zweiseitigen Bündnissen zum sogenannten Balkanbund zusammen, mit dem Ziel, zum einen die Osmanen vom Balkan zu vertreiben, zum anderen sich Mazedonien, Thrakien und Albanien anzueignen. Zwar hatten die Russen den Bund nach Kräften gefördert, wollten ihre Ziele jedoch mit friedlichen Mitteln erreichen. In fast allen Verträgen der Balkanbündler aber war der Krieg gegen das Osmanische Reich bereits vertraglich festgelegt worden, und sogar der Termin zum Angriff stand fest: spätestens am 20. September 1912.

Im Oktober war es dann wirklich soweit: Montenegro erklärte dem Osmanischen Reich den Krieg, und die anderen Staaten folgten. Nach nur einem Monat hörten die Einwohner Konstantinopels das bulgarische Artilleriefeuer. In Paris brachten die Westmächte zwar einen Frieden zustande, doch nur zu Lasten der inzwischen alleinregierenden Jungtürken,

Die Verluste in Europa 1908-1912

die Adrianopel, die alte osmanische Hauptstadt, räumen mußten. Der europäische Teil des Osmanischen Reichs war auf ein Landstück um Konstantinopel und die Meerengen geschrumpft, etwa die Hälfte der heutigen europäischen Türkei. Doch der Krieg auf dem Balkan war noch nicht beendet. Die Bulgaren hatten die Hauptlast getragen und erreichten deshalb erst einen Tag nach den Griechen und auch nur mit einer Handvoll Soldaten den großen mazedonischen Hafen Saloniki. Sofort begann ein Tauziehen um die Stadt und Mazedonien überhaupt.

Schon im Sommer 1913 ging der Krieg weiter. Diesmal bekämpften sich nicht nur die Sieger von gestern – Bulgarien gegen die verbündeten Serben, Montenegriner und Griechen –, sondern auch die Neutralen und Verlierer. Am 10. Juli erklärte Rumänien Bulgarien den Krieg, zwei Tage später schloß sich das Osmanische Reich an. Nach zwei Wochen war der zweite Balkankrieg beendet. Griechenland behielt Saloniki, Serbien gewann Nord- und Zentralmazedonien, Montenegro erhielt eine gemeinsame Grenze mit Serbien, und das Osmanische Reich hatte Adrianopel wiedererobert. Die Maritza bildete fortan die Westgrenze – bis heute.

Bulgarien fühlte sich von den Russen im Stich gelassen und die Türkei von ihren traditionellen Freunden. Beide suchten neue Partner – und fanden sie vornehmlich im Deutschen Reich und der verbündeten Doppelmonarchie Österreich-Ungarn.

Ein neues Kaiserreich für den türkischen Dschingis
Völkermord und Heiliger Krieg

Als der junge serbische Nationalist Gavrilo Princip am 28. Juni 1914 den österreichischen Kronprinzen Erzherzog Franz Ferdinand in Sarajewo auf offener Straße erschoß, brach ein Weltkrieg aus, den angeblich niemand wollte, doch der von allen erwartet worden war.

Für die Jungtürken schien sich die Chance aufzutun, verlorenes Terrain in Europa zurückzuerobern, und sie stellten sich auf seiten der Zentralmächte – Deutschland, Österreich-Ungarn sowie (später) Bulgarien und Rumänien –, weil insbesondere Deutschland damals die beherrschende Militärmacht Europas zu sein schien. Doch nicht nur außenpolitische Gründe bewogen die Jungtürken zu ihrer Wahl. Kriegsminister Enver war davon überzeugt, auch die Turkstämme vor allem Zentralasiens unterwandern zu können. Er träumte von einem neuen Turanischen Reich aller Turkstämme. Darin bestärkte ihn Onkel und Armeeführer Halil, der nach dem Verlust des Nahen Ostens gesagt hatte: »Lassen wir den Engländern diese verfluchte Wüstenei! Gehen wir nach Turkestan. Dort will ich das neue Kaisertum für meinen kleinen Dschingis gründen.«

Ein ultranationalistischer Kreis um den Innenminister Talaat Pascha hingegen schmiedete ganz andere und weitaus radikalere Pläne. Bereits Anfang 1914, somit lange vor dem Beginn des Ersten Weltkriegs, beschlossen die Jungtürkenextremisten, sich der Griechen im Osmanischen Reich zu entledigen. Nach der Eroberung des unabhängigen Griechenland – wovon die Jungtürken ausgingen – planten sie, ihre eigene unruhige griechische Minderheit dorthin auszuweisen. Deportationen sollten auch die andere große Minderheit Anatoliens – die Armenier – aus der türkischen Welt schaffen. Doch diese Deportationen waren nur ein Deckwort für physische Vernichtung. Das Ergebnis war der Völkermord an den Armeniern.

Erst jüngste Forschungen bringen die kriminellen Hintergründe der jungtürkischen Völkermörder nach und nach ans Licht. Besonders der Genozid an den Armeniern, dem vom Frühjahr 1915 an innerhalb weniger Monate praktisch die gesamte armenische Bevölkerung des Osmanischen Reichs und zum Kriegsende hin auch noch ein Großteil der Armenier in den kaukasischen Siedlungsgebieten zum Opfer fiel, belastet die Türkische Republik, denn bis heute zeigte kein türkischer Staatsmann auch nur die Spur von Scham, geschweige denn von Reue. Und auch viele westliche Historiker, unter ihnen Stanford Shaw, einer der prominentesten Osmanenkenner, ließen sich vermutlich durch die Androhung von Informationsentzug einschüchtern und scheuten sich nicht, in Sachen Völkermord an den Armeniern auch die dümmsten Argumente der Völkermordverschleierer nachzubeten.

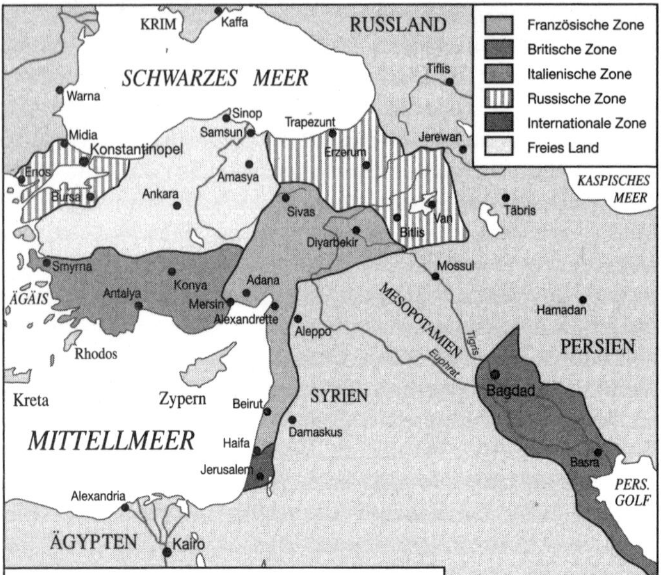

Teilungspläne der Entente-Mächte

Die tödlichen Deportationen waren schwerlich mit Briten und Franzosen zu bewerkstelligen, und auch nicht mit den Russen, die sich als Beschützer der Armenier verstanden. Die Deutschen hingegen hatten gerade zu den Armeniern fast kein Verhältnis und mußten mit ihrem Ruf als harte Militärmacht die jungtürkischen Ultras geradezu anziehen, die im November 1914 denn auch an der Seite der Zentralmächte in den Krieg eintraten.

Für Deutschland war die Türkei ein Nebenkriegsschauplatz. Doch von einer Waffe hatte sich besonders der Kaiser Wunderdinge versprochen: Dem Heiligen Krieg, den nur das Oberhaupt der Moslems ausrufen konnte – der osmanische Sultan in seiner Eigenschaft als Kalif. Er sollte die Engländer treffen, besonders die Kronkolonie Indien – das damals noch die heutigen islamischen Staaten Pakistan und Bangladesch umfaßte –, in der die meisten Moslems der Welt lebten. »England soll wenigstens Indien verlieren«, wünschte der deutsche Kaiser.

Doch es bedurfte noch heftigen diplomatischen Drucks,

bis der Sultan-Kalif am 14. November 1914 den Heiligen Krieg ausrief. Er konnte ihn nur gegen die gesamte Christenheit verkünden, nahm aber sogleich die Deutschen und Österreicher aus. Der Text der Erklärung, hatten die Berliner gefordert, sollte ihnen sofort zugestellt werden, damit sie ihn für Propagandazwecke übersetzen könnten – »ins Arabische und ins Indische«, wie die Deutschen mitteilten, wobei es ihr Geheimnis blieb, was sie wohl unter »Indisch« verstanden.

Schon bei der Ausrufung des Heiligen Kriegs in Konstantinopel hatten die Deutschen beobachten können, wie gering der Enthusiasmus war, obgleich der Sultan-Kalif einen großen Umzug organisieren ließ. Mit dem Aufruf werde der Sultan »nur ein paar Moslems bewegen«, hatte Deutschlands Botschafter in Konstantinopel, Hans Freiherr von Wangenheim gefürchtet, und wirklich war die Kriegserklärung ein Blindgänger. Die von Enver erhoffte Erhebung der Moslems im Russischen Reich blieb aus, und auch die britischen Moslems, von denen mehrere Divisionen gegen die Osmanen und Deutschen kämpften, meuterten keineswegs gegen ihre christlichen Offiziere.

Nach einem halben Jahrhundert als Herren zurückgekehrt
Das Ende des Weltkriegs

Ihren ersten Krieg auf Seiten der Deutschen standen die Türken mit großer Tapferkeit und kleineren Hilfen der Verbündeten durch – und auch mit viel Glück. An den Dardanellen krallten sie sich – unter der Führung Mustafa Kemals, des späteren Landesvaters Atatürk – so verbissen fest, daß eine alliierte Invasionsarmee aufgeben mußte. Im Osten Anatoliens freilich bezogen sie hauptsächlich Prügel, doch kamen ihnen 1917 die Bolschewisten zu Hilfe, indem sie den russischen Zaren und damit seine siegreich vorrückenden Truppen wegputschten. Als die Deutschen die Waffen strecken mußten, waren auch die Türken am Ende. Die wichtigsten jungtürkischen Führer flohen nach Deutschland, und den alten osmanischen Politikern schlug zum letzten Mal in ihrer großen Geschichte die Stunde, weil sich die Nationalisten besonders durch den Völkermord an den Armeniern im Westen völlig diskreditiert hatten.

Der Kriegseintritt auf seiten ihrer Gegner hatte die Alliierten allerdings endgültig zur Aufteilung des Osmanischen Reichs motiviert. Daran konnte auch nicht der gegen Ende des Krieges vom amerikanischen Präsidenten Woodrow Wilson verkündete 14-Punkte-Plan etwas ändern, der erstmals das Selbstbestimmungsrecht der Völker festschrieb.

Am 18. März 1915 bereits hatten sich England, Frankreich und Rußland über die Aufteilung der Meerengen und der europäischen Besitzungen des Osmanischen Reichs geeinigt. Der Zar sollte Konstantinopel und die Meerengen mit angrenzenden Territorien bekommen, mußte sich allerdings verpflichten, die Häfen der Osmanenmetropole den Alliierten als Freihafen zur Verfügung zu stellen. An Italien wollten die Alliierten am 26. April 1915 die Inseln des Dodekanes abtreten, ferner das afrikanische Tripolitanien und einen Teil der Mittelmeerküste Anatoliens. Dazu gehörte unter anderem die Region um Izmir. Den Vertrag hatten die Alliierten geheimgehalten, denn ebenfalls höchst geheim hatten sie auch Griechenland das Hinterland von Izmir zugesagt.

Für den Nahen Osten schließlich hatten sich Engländer und Franzosen am 3. Januar 1916 darauf geeinigt, daß Frankreich Großlibanon sowie Großsyrien bis Mossul als Einflußzone erhalten sollte, während England sich die Region um Bagdad und Basra reservierte. Die Städte Aleppo, Holms, Hama und Damaskus sollten an einen arabischen Staat fallen, wie immer der einmal aussehen würde. Palästina ging an England, während der Rest unter internationale Verwaltung gestellt werden sollte.

Gleich nach ihrer Revolution hatten die Bolschewisten die in den Archiven aufgefundenen Verträge zur Aufteilung des Osmanischen Reichs veröffentlicht. So war nun auch den Türken zum Kriegsende klar, was auf sie zukam. Für eine versierte osmanische Diplomatie alter Schule wäre es wohl möglich gewesen, die sich widersprechenden Vorverträge gegen die Großmächte auszuspielen, um das Kernreich zu retten. Aber die Osmanen hatten keinen Sultan mehr von Format und auch keine Diplomaten alter Qualität.

Am 3. Juli 1918 war Sultan Mehmed V. gestorben, wenige

Monate nach seinem Vorgänger Abdul Hamid. Nach dem Senioritätsprinzip wäre noch kurz zuvor der älteste Prinz Yussuf Izzeddin, der Sohn des Sultans Abdul Aziz, an der Reihe gewesen, aber der war auf rätselhafte Weise ums Leben gekommen. »Yussuf Izzeddin soll die Jungtürken gehaßt haben«, berichtete Joseph Pomiankowski, der Militärattaché der Doppelmonarchie. Schon Anfang 1916 hatte Izzeddin den Wunsch geäußert, nach Wien zu reisen, um dort einen Arzt zu konsultieren. Die mißtrauischen Jungtürken hätten ihm, berichtete Pomiankowski, die besten Ärzte Europas versprochen, doch eine Reise ins Ausland untersagt, weil sie fürchteten, der Prinz wolle Kontakte zu den Ententemächten aufnehmen. Izzeddin hatte jedoch seine Reise auf den 15. Januar 1916 festgesetzt und seinen Salonwagen an den Balkanzug koppeln lassen. Doch er kam nie am Bahnhof an. Die Regierung verkündete, er habe Selbstmord begangen – wie seinerzeit unter ähnlichen Umständen sein Vater. »Man hat an ihm Selbstmord verübt«, erzählten sich die Konstantinopler.

So war nun der jüngste Bruder der letzten beiden Sultane, der 55jährige Vahdettin, an der Reihe, auch er ein ausgemachter Feind der Jungtürken und Anhänger des Absolutismus. Doch nach dem Tod Izzeddins trauten sich die türkischen Machthaber in der für sie ungünstigen Weltlage nicht, sich der Kandidatur Vahdettins zu widersetzen. So bestieg der Sultan am 9. September 1918 als Mehmed VI. den Thron.

Nach dem Rücktritt der jungtürkischen Regierung bildete der Sultan am 13. Oktober 1918 eine unvorbelastete Regierung, an deren Spitze der Marschall Ahmed Izzet Pascha trat, der 1914 vom Eintritt in den Krieg abgeraten hatte. Doch weder der Sultan noch seine Mannschaft hatten eine gute Hand. Statt ihre Feindschaft zu den Nationalisten auszunutzen und direkt mit den Alliierten zu verhandeln, schickten sie als Emissär für einen Waffenstillstand den englischen General Charles Townshend, der sich ihnen im Herbst 1915 ergeben hatte. Der Brite konnte sich, weil die Türken nach alter Sitte einen Gefangenen nicht mehr als Feind ansehen, in Konstantinopel frei bewegen und verkehrte in den feinsten Kreisen. Sofort nach dem Rücktritt der Jungtürken hatte er mit dem neuen Großwesir Kontakt aufgenommen, sich als Vermittler angeboten und ihm seine Vorstellungen von einem Frieden unterbreitet, von denen er seine Landsleute überzeugen wollte. Danach sollte das Osmanische Reich auf Syrien, Mesopotamien und eventuell auch den Kaukasus verzichten und sich darauf beschränken, über diese Gebiete nur noch eine nominelle Oberherrschaft auszuüben wie bislang schon in Ägypten. Die Osmanen waren einverstanden. Auf einem Schlepper stach Townshend von Smyrna aus in See, wo er bald Kontakt mit einem britischen Kriegsschiff bekam, das ihn zum Hafen Mudros der Insel Lemnos brachte. Dort hatte das Flaggschiff des britischen Kommandeurs der englischen Mittelmeerflotte, Admiral Gough-Calthorpe, festgemacht.

Der englische General teilte dem englischen Admiral mit, die Hohe Pforte wünsche nur mit England zu verhandeln und erbäte von Großbritannien Schutz, Freundschaft und Geld, dafür seien die Osmanen bereit, die besetzten Gebiete abzutreten. Die Türken, kabelte Gough-Calthorpe nach London, seien damit einverstanden, den Engländern die Dardanellenforts zu übergeben – für den Admiral besonders wichtig, denn er wollte unbedingt als erster Konstantinopel anlaufen.

Am Sonntag, den 27. Oktober 1918 um halb zehn Uhr morgens begannen die Waffenstillstandsverhandlungen zwischen der vom Townshend-Freund und Marineminister Rauf Bey geleiteten osmanischen Delegation und den Briten, die, trotz schärfster Proteste aus Paris, die Franzosen von den Gesprächen ausgeschlossen hatten. Doch die osmanischen Vertreter verhandelten miserabel. Obgleich sich das englische Kabinett darauf festgelegt hatte, bei auch nur teilweiser Annahme ihrer Bedingungen abzuschließen, wenn die Türken die Forts übergeben, akzeptierten die Osmanen praktisch alle Forderungen und unterzeichneten am 30. Oktober den Waffenstillstand.

Sie verpflichteten sich, die Armee zu demobilisieren, alle Kriegsschiffe abzugeben, in Syrien und Mesopotamien zu kapitulieren und den Transkaukasus bis auf den Südwesten zu räumen. Die Dardanellen und der Bosporus mußten künftig für die internationale Schiffahrt geöffnet werden, und die Alliierten durften an den Meerengen Truppen stationieren. Im Artikel 7 des Waffenstillstandsvertrags behielten sich die Ententemächte darüber hinaus das Recht vor, strategisch wichtige Regionen zu besetzen. »Das war die beunruhigendste

Klausel«, schreibt der französische Historiker Paul Dumont, »denn sie allein genügte, dem Waffenstillstand den Charakter einer bedingungslosen Kapitulation zu geben.«

Am 13. November 1918 dampfte eine Flotte englischer Schiffe am Palast des Sultans vorbei. »Ich kann nicht aus dem Fenster schauen«, wand sich Mehmed VI., »ich hasse es, sie zu sehen.« Britische Truppen besetzten Istanbul, die Dardanellen und alle wichtigen Eisenbahnknotenpunkte. An der Schwarzmeerküste kontrollierten sie den Hafen Samsun, und im Osten okkupierten sie die Stadt Aintab (das heutige Gaziantep). Die Franzosen waren von Syrien aus in Kilikien einmarschiert, und die Griechen hatten Schlüsselstellungen in Ostthrakien übernommen. Am 8. Februar 1919 schließlich ritt der Oberbefehlshaber der Balkanarmee und spätere französische Marschall Franchet d'Espérey auf einem Schimmel – ein Geschenk der ansässigen Griechen – durch die Straßen von Konstantinopel, wie einst Mehmed der Eroberer, als er die byzantinische Metropole erstmals betrat. Nach fast einem halben Jahrtausend kehrten die Christen als die Herren in die Weltmetropole zurück.

Gutachten erst nach der Entscheidung gelesen
Der Frieden von Sèvres

Über das Schicksal des Osmanischen Reichs sollte auf der Friedenskonferenz in Paris entschieden werden. Doch statt eine Woche, wie Englands Premier David Lloyd George vorausgesagt hatten, brauchten die Alliierten 20 Monate – eine lange Zeit, in der sich die Lage in der Türkei grundlegend änderte. Der Grund für die Verzögerung lag zum einen darin, daß sich die Konferenz anfangs hauptsächlich mit Deutschland befaßte, sodann mit Österreich und Ungarn. Vielleicht noch wichtiger war, daß nur eine Handvoll Politiker auf dieser größten Friedenskonferenz aller Zeiten über das Schicksal von 250 Millionen Menschen entschieden, obgleich mehr als 10000 Diplomaten und Sachverständige, Bittsteller und Fürsprecher teilnahmen. Ein Zehnerrat bildete das höchste Gremium, doch eigentlich entschieden nur vier Personen, zum Schluß nur noch zwei.

Ihr Star war der amerikanische Präsident Woodrow Wilson, der im Dezember 1918 als erster amerikanischer Präsident während seiner Amtszeit sein Land verließ und ein halbes Jahr in Paris verbrachte, mit dem Ergebnis, daß er den Kontakt zur Innenpolitik völlig verlor und später nichts von dem durchbringen konnte, was er auf der Friedenskonferenz zugesagt hatte. Das betraf vor allem die Durchsetzung seiner mit hohem Anspruch verkündeten politisch-moralischen Prinzipien, die er in mehreren programmatischen Reden und Deklarationen verkündet hatte: die 14 Punkte (8. Januar 1918), die vier Prinzipien (11. Februar 1918), die vier Ziele (4. Juli 1918) und die fünf Besonderheiten (27. September 1918).

Woodrow Wilsons Anspruch wurde noch übertroffen von seiner Naivität, in der ihm nur noch die Italiener nahe kamen. Blieben die beiden wirklichen Chefs der Konferenz, die einander in punkto Ausgebufftheit nicht nachstanden: Türkenhasser David Lloyd George, der die Konferenz mehr als Basarhandel zur Vergrößerung des britischen Empire betrachtete (mit Erfolg, denn am Ende fügte er ihm fast drei Millionen Quadratkilometer hinzu), und Frankreichs Regierungschef Georges Clemenceau, der auch kein Freund der Türken war, vor allem aber die Deutschen klein halten wollte.

Lloyd Georges erster Coup bestand darin, die Italiener auszubooten, als die sich anschickten, die ihnen vertraglich zugesprochenen Territorien in Anatolien zu besetzen. Der britische Premier hetzte Wilson auf die Südländer, denn in Anatolien gab es keine Italiener zu befreien, die nach den Prinzipien des amerikanischen Präsidenten eine Intervention gerechtfertigt hätten. Als die Italiener sahen, daß sie keine Rückendeckung der Alliierten bekamen, schickten sie ihre Flotte im März 1919 in die südtürkische Stadt Adalia, das heutige Antalya, und besetzten das Land. Nun drohte der amerikanische Präsident den Italienern sogar mit Krieg. Als die Briten Wind davon bekamen, daß die Italiener auch Smyrna, das heutige Izmir, mit Schiffen anliefen, ermutigte Lloyd George die Griechen zum Eingreifen und versprach Flottenschutz. Prompt setzten die am 15. Mai ihre Truppen dort ab. Smyrna war zu jener Zeit mehrheitlich von Griechen bewohnt, und damit konnte Wilson die Landung mit seinen Prinzipien vereinbaren.

Weil aber den Italienern die gleichen Gebiete versprochen worden waren, versuchten die drei Großen, die italienischen Verbündeten von ihren Eroberungen abzubringen. Wilson, indem er die Italiener ihrer »imperialistischen Ambitionen« wegen beschimpfte, Lloyd George, indem er mit so viel Pathos an das Ehrgefühl der Römer appellierte, daß Italiens Regierungschef Vittorio Emanuele Orlando vor Rührung ans Fenster ging und laut schluchzte. Er hätte sich selbst beweinen sollen, denn kurze Zeit darauf mußte er wegen seiner Mißerfolge auf der Friedenskonferenz zurücktreten.

Kritischer wurde es da schon mit dem Nahen Osten, den die Briten für sich behalten wollten. Jedoch Clemenceau übers Ohr zu hauen war für Lloyd George ungleich schwieriger als den blauäugigen Wilson oder den großherzigen Orlando. Lloyd George gelang auch das. Er brachte einfach Englands Besitzungen am Persischen Golf gar nicht in die Konferenz ein und auch nicht das Protektorat Ägypten und Mesopotamien. Mossul und Palästina hatte Clemenceau schon im Vorfeld Lloyd George abgetreten, um ihn zum harten Vorgehen gegen Deutschland zu bewegen. So blieb vom ganzen Nahen Osten nur noch Syrien.

Lloyd George versuchte es mit einem Trick: Wilson solle entscheiden zwischen Selbstbestimmungsrecht und Kolonialimperialismus, womit für den Präsidenten alles klar war, denn das Selbstbestimmungsrecht war der dickste unter seinen vielen Punkten. Clemenceau ärgerte sich so heftig über Lloyd George, daß er ihn einmal einen »Betrüger« nannte und ein andermal zum Duell aufforderte und vor die Wahl stellte: Schwert oder Pistole.

Um die Entscheidung über den Nahen Osten vorzubereiten, entschied Wilson sich für eine fact-finding-Kommission vor Ort und beauftragte damit den Präsidenten des Oberlin College im Bundesstaat Ohio, Henry King, und den Geschäftsmann Charles Crane. Die Franzosen beschlossen wütend, ihrerseits keinen Vertreter zu benennen, und die Briten verzichteten aus angeblicher Kollegialität auch darauf. Konnten sie auch, denn ihre Leute waren ja vor Ort und trafen die Auswahl für die Amerikaner. Was King & Crane als

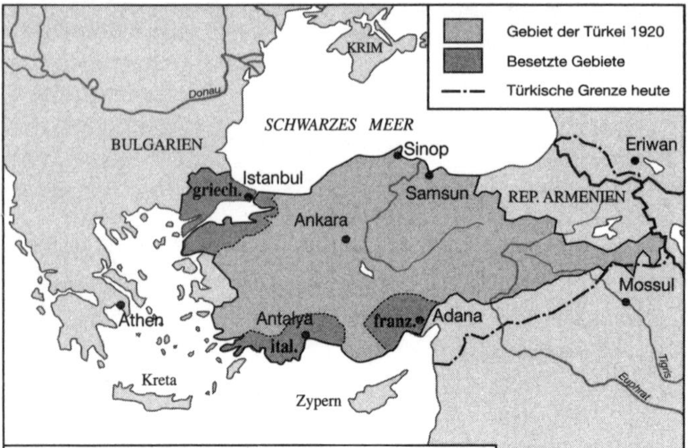

Die Türkei nach dem Friedensvertrag von Sèvres 1920

Lösungsvorschläge für den Nahen Osten erarbeiteten, gehört zum Besten, was für die Friedenskonferenz vorbereitet worden ist. Nur las es der amerikanische Präsident erst, und auch nur in einer Kurzfassung, als alles bereits entschieden war. Und veröffentlicht wurde der Bericht erst drei Jahre nach dem Ende der Pariser Veranstaltung.

So wurde das syrische Problem gelöst oder nicht gelöst, wie so vieles im Gefolge des osmanischen Niedergangs – durch Zeitablauf und Zufall. Denn den Briten gingen die Soldaten aus, weil es mit der Wirtschaft des Königreichs rapide bergab ging und England die Stationierungskosten nicht mehr aufbringen konnte. Lloyd George mußte mitansehen, daß die Franzosen in Syrien einmarschierten. Selbst ihre sicher geglaubten Territorien Ägypten und vor allem Mesopotamien mußten die Briten gegen Aufständische verteidigen. Immer häufiger zeigte sich ein diffuser arabischer Nationalismus, der allerdings noch stark von Stammesinteressen überlagert war.

Die noch immer nominell über Nahost herrschenden Osmanen fragte in Paris niemand mehr. Sie durften ihren Standpunkt nur einmal vertreten und auch nur sehr kurz. Dafür debattierten die Delegierten lange über die verschiedenen Mandate, die den Vereinigten Staaten zufallen sollten – besonders jene über die Meerengen, Konstantinopel und die armenischen Provinzen, in denen nach dem Völkermord vor allem eines fehlte: Armenier. Doch dann kippten die amerikanischen Parlamentarier die Pläne ihres Präsidenten, und die Vereinigten Staaten zogen sich auf die Festung Amerika zurück.

In verschiedenen Pariser Vororten schlossen die Weltkriegssieger die Friedensverträge mit den Unterlegenen. Nachdem sie das Deutsche Reich in Versailles gestutzt hatten, zerschlugen sie im Vertrag von Saint-Germain Österreich-Ungarn und schufen die Konföderation der Serben, Kroaten und Slowenen, aus der bald das Königreich Jugoslawien entstand. Im Trianon-Vertrag verlor Ungarn Siebenbürgen und den größten Teil des Banats an Rumänien. In San Remo erhielt Frankreich Syrien, England Palästina und den Irak – jedoch nur als Mandat, bis die Araber die Gebiete zu übernehmen in der Lage wären.

Den Vertrag über die osmanischen Kernlande unterzeichnete ein Vertreter des Sultans am 10. August 1920 im Pariser Vorort Sèvres. Darin trat er weitere Regionen in Europa sowie die Gegend um Smyrna an die Griechen ab, stimmte der Entmilitarisierung der Meerengen-Territorien zu sowie einem Staat Armenien im Osten, dessen genaue Grenzen der amerikanische Präsident festzulegen habe. Ferner sollten die Kurden über ein freies Kurdistan verfügen. Doch der Vertrag war nur eine Farce. Denn im August 1920 gab es schon kein Osmanisches Reich mehr, wohl aber bereits ein Türkisches.

Zu spät – der Vogel ist ausgeflogen
Der Aufstieg Mustafa Kemals

In London bereitete eine Konferenz die Übernahme der osmanischen Gebiete im Nahen Osten vor, als am 28. Februar 1920 die Nachricht eintraf, eine türkische Armee von 30 000 Mann habe die Franzosen bei Marasch in Südanatolien geschlagen. Da kam Freude auf bei den britischen Teilnehmern. Doch dann stutzten die Engländer: Wieso siegte da eine türkische Armee von 30 000 Mann, wo doch im ganzen Land nur 20 000 erlaubt waren? Kein Agent hatte irgend etwas vom türkischen Aufmarsch gemeldet. »Unser militärischer Geheimdienst (auf Englisch: »intelligence«)«, schrieb Premier Lloyd George in seinen Memoiren, »war niemals zuvor so absolut unintelligent.« Den Europäern war weitgehend verborgen geblieben, was in der Zwischenzeit in Anatolien geschehen war: Mustafa Kemal hatte einen türkischen Staat aufgebaut, der militärisch stärker war als der alte osmanische.

Der spätere Atatürk stammte aus Saloniki, wo sein Vater einen Briefmarkenhandel betrieben hatte und früh gestorben war. Gegen den Willen seiner Mutter war Mustafa zur Militärschule gegangen und hatte sich, altem türkischen Brauch folgend, als Zweitnamen den seines Lehrers Kemal zugelegt. Über die Militärakademie von Saloniki kam er zur Kriegsakademie nach Konstantinopel, wo er in der geheimen Opposition mitarbeitete. 1904 verließ er als Hauptmann die Kriegsschule, wurde aber – wegen seiner bekannt gewordenen illegalen Tätigkeit – nach Damaskus versetzt.

Im Orient hatte Mustafa Kemal auch mit den Jungtürken zusammengearbeitet, ohne daß die Verbindung besonders eng war. Nach der Revolution von 1908 wandte er sich ganz von der Politik ab und übersetzte militärische Werke. Nach seinen Erfolgen bei der Verteidigung der Halbinsel Gallipoli beförderte ihn sein späterer Intimfeind Enver zum Brigadegeneral, und Kemal kämpfte im Kaukasus und in Syrien. Im August 1918 übernahm Kemal die 7. Armee in Palästina. Das Kriegsende erlebte er nördlich von Aleppo und kehrte am 13. November 1918 endgültig nach Istanbul zurück, am gleichen Tag, an dem die britische Flotte die Hauptstadt anlief.

Bis Mitte Mai 1919 hielt sich Mustafa Kemal in Konstantinopel auf. Dort hatten sich verschiedene Nachfolgeorganisationen der Jungtürken gebildet. Wichtiger aber war, was im Innern Anatoliens passierte und schon mit langer Hand vorbereitet war. Eine hoch geheime »Spezialorganisation«, die mit der Durchführung des Völkermords an den Armeniern betraut war, hatte zur Vorbereitung auf den Widerstand gegen die Alliierten Waffenlager in Anatolien aufgebaut, und viele ihrer inkriminierten Mitglieder flohen nach Kriegsende ins unbesetzte Innere des Landes. Mit ihnen arbeitete Kemal zusammen, wobei ihm nicht entgangen sein konnte, wie belastet seine neuen Freunde waren.

Zwar haßte Kemal einige der Jungtürkenführer – besonders den Deutschenfreund Enver –, aber er befürwortete weitgehend deren Ziele. »Das kemalistische Programm ist im Grunde eine Fortführung des jungtürkischen«, schreibt der türkophile deutsche Historiker Kurt Ziemke, »die Stabilisierung der absoluten Vorherrschaft des türkischen Elements nach jungtürkischen Methoden wurde mit gewaltsamen Mitteln und gewollter Rücksichtslosigkeit gegen die andersstämmigen Rassen, Armenier, Griechen und später gegen die Kurden durchgeführt.« Das einzige, was Kemal von den Jungtürken unterschied, war sein Verzicht auf pantürkische Ziele, und auch das mehr der Not gehorchend, denn die Bolschewisten versperrten ihm den Weg ins Fabelreich Turan.

Und auch die nach außen zur Schau gestellte Frontstellung zum alten Regime war keineswegs eindeutig. Die alte Elite, Sultan eingeschlossen, arbeitete in Wahrheit mit der neuen zusammen, wenn auch nicht offen. Kemals vorrangiges Ziel war, im Inneren Anatoliens und weit weg von den Besatzungsmächten Truppen auszuheben und eine neue Verteidigung aufzubauen. Dazu brauchte er ein hohes militärisches Amt, zu dem ihm seine angeblich ententehörigen Freunde verhalfen. Am 30. April 1919 ernannten die Osmanen ihn zum Inspekteur der in Ostanatolien stehenden 9. Armee mit Weisungsbefugnissen auch über die zivilen Stellen. Seine Mission war von allen guten Wünschen der Konstantinopler Regierung begleitet.

Der damalige Kriegsminister Mehmed Schakir bin Numan Tahir habe ihm, berichtete Kemal, sein Siegel zugeworfen und gesagt: »Eine Unterschrift ist nicht notwendig. Drücken Sie nur das Siegel drauf.« Freunde aus dem Verteidigungsministerium gaben Kemal den Chiffrierschlüssel mit, den die Alliierten nicht knacken konnten. »Es scheint klar«, schreibt Shaw, »daß er nach Anatolien geschickt wurde, weil seine Vorgesetzten im Kriegsministerium und vielleicht auch der Großwesir und selbst der Sultan davon überzeugt waren, daß er den Widerstand organisiert.«

Im Yildiz-Palast habe er, so Kemal, »Knie an Knie« mit dem Sultan – der ihm sogar seine Tochter Sabiha als Frau angeboten hatte – zusammengesessen und auf die Besatzungsflotte geschaut. »Der Dienst, den Sie jetzt leisten werden, ist wichtiger als alle anderen«, habe der Sultan ihm gesagt und:

»Mein Pascha, Sie können den Staat retten.« Erst nach seiner Abfahrt entdeckte ein britischer Offizier Kemals Namen auf einer Liste gesuchter Unruhestifter. Als der britische Militärattaché daraufhin den Großwesir aufsuchte, beschied der ihn höflich: »Zu spät Exzellenz, der Vogel ist ausgeflogen.«

Am 19. Mai 1919 – heute Nationalfeiertag der Republik – kam Mustafa Kemal im Schwarzmeerhafen von Samsun an, den die Engländer kontrollierten. Doch die dortigen Briten waren noch nicht über den explosiven Besucher informiert worden. Sehr bald nach seiner Ankunft begab sich Kemal ins freie Landesinnere, empfangen und beschützt von sogenannten patriotischen Gesellschaften der untergetauchten Jungtürken. Das alles blieb den Briten zwar nicht ganz verborgen, doch ahnten sie kaum die Tragweite der Vorbereitungen im Innern. Immerhin verlangte der britische General George F. Milne nach einer Inspektionsreise von der Regierung die Rückkehr des Inspektors nach Konstantinopel. Deshalb schickten fast einen Monat lang die osmanischen Regierungsstellen pro forma Schreiben ins Landesinnere mit Rückkehrbitten, die aber so verfaßt waren, daß Kemal aus ihnen die weitere Unterstützung durch Konstantinopel herauslesen konnte.

Auf nochmaliges Drängen der Alliierten verbot das Innenministerium seinen Untergebenen jeden weiteren Verkehr mit Kemal. Wieder vergingen Wochen, ohne daß sich mehr bewegte als eine Flut ungenauer Anweisungen. Erst als die Briten mit einer bewaffneten Aktion drohten, entbanden die Osmanen den heimlichen Führer der Resttürkei am 8. Juli 1919 von seiner Funktion. »Ich bleibe in Anatolien«, antwortete Kemal, »bis zur völligen Unabhängigkeit der Nation.«

Er hatte die Zeit genutzt, um in der inneranatolischen Stadt Amasya wichtige Verbündete für einen förmlichen Vertrag zu gewinnen. In der Nacht vom 21. zum 22. Juni 1919 unterzeichneten die wichtigsten Generäle im Innern das sogenannte Amasya-Protokoll. Darin einigten sich die Unterzeichner auf ein Nationalkomitee, das die Verteidigung koordiniert. Alle Militärbefehlshaber erhielten die Anweisung, Befehle aus Konstantinopel zu mißachten und keinerlei ausländische Besatzung zuzulassen. Wichtigster Partner im neuen Spiel war der im Krieg gegen die Russen erfahrene General Kazim Karabekir, den die Regierung ersucht hatte, Kemal zu verhaften, wofür sie ihm den Posten des Generalinspekteurs anbot. Doch der General schloß sich Kemal an und organisierte Ende Juli in Erzurum den ersten Kongreß der zum Widerstand bereiten Delegierten Ostanatoliens. Am 4. September fand dann der erste gesamttürkische Kongreß der Opposition im zentralanatolischen Sivas statt, »dem sichersten Platz in Anatolien für diesen Zweck«, so Kemal. Wie schon in Erzurum wurde Kemal von den nur 39 Delegierten zum Vorsitzenden gewählt, und wie in der Vergangenheit verwischten die türkischen Vertreter die Verantwortlichkeit, indem sie dem Sultan bei allen Gelegenheiten ihre Treue versicherten und der osmanischen Regierung ihre Verachtung aussprachen.

Der Sultan wechselte seinen den Kemalisten feindlich gesonnenen Großwesir Damad Ferid Pascha gegen Ali Riza Pascha aus, der mit den Rebellen verhandelte und Neuwahlen für das Parlament ausschrieb, die mit einem Sieg der Kemalisten endeten. Es war das letzte osmanische Parlament. Als es am 12. Januar 1920 in Konstantinopel zur konstituierenden Sitzung zusammentraf, wurde erst eine Rede des Sultans verlesen, sodann ein Begrüßungswort Mustafa Kemals. In einer geheimen Sitzung überlegten die Abgeordneten, ob sie den Widerstandschef nicht am besten zum Parlamentspräsidenten wählten. Schließlich nahmen die Abgeordneten offiziell den in Erzurum und Sivas beschlossenen sogenannten »nationalen Pakt« an, in dem die Türkei ihre territoriale Integrität und nationale Unabhängigkeit erklärte und strikt gegen jeden griechischen oder armenischen Staat auf anatolischem Boden votierte. Nun war auch den britischen Kommissaren klar, daß sie das Geschehen in der Türkei nicht mehr im Griff hatten.

»Die Briten waren empört«, schreibt Shaw, »denn die Wahl war ihnen als Mittel verkauft worden, eine landweite Unterstützung für das Parlament zu bekommen. Nun aber förderte das Parlament jenen Mann, den sie als den Hauptunruhestifter der Zeit ansahen.« Am 16. März 1920 besetzten britische Soldaten die wichtigsten Gebäude Konstantinopels sowie das Kriegsministerium, verhafteten 150 Jungtürken und deportierten die bekanntesten unter ihnen nach Malta. Daraufhin löste sich das Parlament selbst auf, und Kemal rief zum 23. April 1920 die sogenannte Große Nationalversammlung nach Ankara ein, zu der mehr als 400 Delegierte anreisten, darunter etwa 100 aus Istanbul geflohene Abgeordnete.

Auf Druck der Briten erwirkte der Sultan ein religiöses Gutachten, das die Bekämpfung der Nationalisten zur religiösen Pflicht eines jeden Moslems machte, und ein Militärgericht in Istanbul verurteilte Kemal in Abwesenheit zum Tode. Die Kemalisten rächten sich, indem der Mufti von Ankara, unterstützt von weiteren 152 regionalen Religionschefs, das Konstantinopler Gutachten für null und nichtig erklärte, weil es von einem »Kalifen in Gefangenschaft« ergangen sei. Es kam zu einigen Scharmützeln zwischen sultantreuen Türken der nunmehr aufgebotenen Kalifen-Armee, wie sie hieß, und den Nationalisten. Gefährlich konnten diese Gruppen Mustafa Kemal jedoch nicht werden, der Sondergerichte einsetzte, die »Verbrechen gegen die Nation« aburteilten und die Strafen sofort vollstreckten. Der neue Held verstand es vorzüglich, sich der Religiösen zu versichern, obgleich er später rigoros den Islam bekämpfte. Die erste Nationalversammlung, an der viele Turbanträger teilgenommen hatten, war erst nach feierlichem Gottesdienst eröffnet worden, und Kemal wurde, wie der deutsche Türkeiforscher Gotthard Jäschke schrieb, »als Glaubenskämpfer bis nach Indien und Marokko verehrt«.

Jeder fünfte verhungerte oder erfror
Krieg gegen Armenien

Die Kemalisten hatten das Innere Anatoliens unter Kontrolle. Doch wo endete ihre Macht? Besonders im Nordosten war alles völlig unklar, auch die Grenzen. Klar war, daß Mazedonien, der Ausgangspunkt für die jungtürkische Revolte, für das Reich verloren war und damit der Balkan. Kein Balkanstaat würde den unterlegenen Türken einen Quadratkilometer abtreten. Andererseits schien die Stadt Istanbul mit ihrem europäischen Umland für die Türken gesichert zu sein, denn selbst dem Sultan hatten die Alliierten die Hauptstadt garantiert, da mochten die Griechen schmollen wie sie wollten.

Auch Nordafrika inklusive Ägypten war definitiv verloren und der südliche und südöstliche Nahe Osten fest in britischer Hand. Teile Syriens freilich beanspruchten die Türken für sich, besonders die Region um das antike Antiochia, und auch die Ölmetropole Mossul. Dort siedelten hauptsächlich Kurden, die die Nationalisten gern für sich reklamierten, wenn es um die Expansion der Türkei ging. Vorerst jedoch waren beide Regionen von Briten oder Franzosen besetzt, deren Orientlegion hauptsächlich aus Armeniern bestand.

Die Armenier aber sah auch Mustafa Kemal sehr bald als seine Hauptfeinde an. Sie hatten im Friedensvertrag mit dem Sultan einen Staat zugesprochen bekommen, den sie nach dem Aderlaß des Völkermords ohne ausländische Hilfe niemals besetzen oder auch nur halten konnten. Die Vorzugsfreunde der Armenier, die Amerikaner, waren zu keinem militärischen Engagement bereit, und die Briten zogen sich zuerst aus einer Region zurück, wo sie keinerlei Interessen hatten: im Nordosten Anatoliens und im Kaukasus, wo die Reste der Armenier mehr hausten als siedelten.

Denn als sich die Türken nach dem Waffenstillstand aus dem Transkaukasus zurückziehen mußten, hatten sie zerstört, was noch zu zerstören war. Etwa 200 000 Armenier, das war jeder fünfte, verhungerten oder erfroren im folgenden Winter. »Für die Armenier«, schreibt der armenisch-amerikanische Historiker Richard Hovannisian, »vollendete der Winter 1918/1919 die Dezimierung, die mit den Deportationen und Massakern 1915 begonnen hatte. Armenien war wirklich ein Land des Todes.« In der Region Karabach hätten die Türken die Hälfte der Bevölkerung massakriert, berichtete der Bolschewist Orschonikidse seinem Kompagnon Lenin am 12. Oktober 1918. Und auch in den übrigen Teilen hatten die türkischen Besatzer schrecklich gehaust. »Die Berichte der Opfer füllten unzählige Seiten«, schreibt Historiker Hovannisian, »aber die Aussagen, wie erschütternd auch immer, konnten nicht das Ausmaß an Terror und Zerstörung beschreiben.«

Nach dem Waffenstillstandsvertrag mußten die Türken sich auf die Vorkriegsgrenze zurückziehen, also auch aus den – vor dem Kaukasusfeldzug – hauptsächlich von Armeniern bewohnten Provinzen Batum, Kars und Ardahan. Zwar rückten armenische Truppen nach, doch waren sie ohne britischen Schutz viel zu schwach, um sich auf Dauer halten zu können. Denn die Türken hatten den Transkaukasus zwar geräumt, ihn aber keineswegs aufgegeben. Karabekir hatte auf seinem Rückzug etwa 3000 türkische Offiziere als Berater und Ausbilder in Aserbaidschan und unter der moslemischen Bevölkerung Armeniens zurückgelassen. Diese türkischen Offiziere arbeiteten eng mit der Regierung Aserbaidschans zusammen, das auch, obwohl es dies niemals zugab, Delegierte zum Erzurumer Kongreß geschickt hatte, auf dem Mustafa Kemal sein neues Programm verkündete. »Die Schwierigkeit mit der aserbaidschanischen Regierung ist«, brachte der englische Außenminister Lord Curzon es auf den Punkt, »daß sie gewalttätig pro-türkisch und gewalttätig anti-armenisch ist.«

Die traditionellen Freunde der Armenier aber, die Russen, hatten praktisch das Lager gewechselt. Die Roten sahen in der im Kaukasus herrschenden armenischen Daschnakenpartei einen Hauptfeind. Und sie liebäugelten mit dem Nationalisten Mustafa Kemal, den sie als potentiellen Verbündeten gegen den kapitalistischen Westen ansahen. Besonders der für Kaukasien zuständige Volkskommissar Stalin hatte an dem türkischen Rebellen einen Narren gefressen.

Bereits im April 1919 hatte das sowjetische Regierungsorgan *Iswestija* die Unruhen in Anatolien »die erste sowjetische Revolution in Asien« genannt und einen Artikel mit dem Satz geschlossen: »Die türkische Revolution hat uns einen wichtigen Alliierten eingebracht.« Im Mai forderte die Dritte (Kommunistische) Internationale die türkischen Arbeiter, Soldaten und Bauern auf, eine eigene rote Armee zu bilden.

Das war natürlich nicht im Sinne Mustafa Kemals. Doch der Widerstandschef hatte selbst sofort nach seiner Ankunft in Anatolien Kontakt zu dem russischen Offizier Oberst Semen M. Budenny aufgenommen, der ihm versicherte, daß sich Sowjetrußland gegen die Abtrennung der Ostprovinzen von der Türkei aussprechen werde. Der bolschewistische Emissär schrieb einen für Kemal positiven Bericht an seine

Oberen, in dem er die Zusammenarbeit mit der nationalistischen Türkei empfahl. Doch auch die türkischen Nationalisten hatten ein Faible für die russischen Revolutionäre. Sie schickten vertrauenswürdige Genossen zu den Roten, und bald begrüßten die ersten türkischen Abgesandten die im Untergrund von Baku agierenden Kommunisten.

Nirgendwo konnte Kemal leichter Siege erringen als gegen die allein gelassenen Armenier. Doch das Idol der türkischen Soldaten war keineswegs der neue Nationalistenführer, sondern der General Kiazim Karabekir, dessen Rolle Kemal, der sich später von ihm trennte, systematisch herunterspielte.

Sein oberstes Ziel sei es, erklärte Karabekir, die drei aufgegebenen Regionen zurückzuerobern (»es gibt hier nichts Armenisches mehr, außer ein paar Kirchenruinen«) und darüber hinaus Armenien zu besetzen »als Faustpfand, damit wir die Friedensregelung bekommen, die wir wünschen«. Die ihm unterstehenden vier Divisionen mit insgesamt 18 000 Mann entsprachen etwa 40 Prozent der gesamten verbliebenen Streitmacht des Osmanischen Reichs.

Der Feldzug gegen die Armenier war eine erste Kostprobe der neuen türkischen Macht. Innerhalb kürzester Zeit hatte die Armee Karabekirs die kurz zuvor ausgerufene 1. Republik Armenien überrannt. Die Armenier verloren nicht nur die Provinzen Ardahan, Kars und Batum, sondern mußten im November 1920 auch einen Friedensvertrag unterzeichnen, mit dem die Türkei ihre Verschleierung des Völkermords begann. So besagte Artikel 3: »Wie die osmanischen und russischen und aller Welt Statistiken und die festgestellte gesellschaftliche Lage zeigen, so wird auch bei dieser Gelegenheit bestätigt, daß es innerhalb der osmanischen Grenzen kein Stück Land gibt, das eine armenischen Mehrheit aufweist.«

Der Vertrag trat praktisch nicht in Kraft, denn vier Tage später marschierte die Rote Armee in die armenische Hauptstadt Jerewan ein. Die Bolschewisten schlossen ihrerseits im März 1921 mit den türkischen Nationalisten einen Vertrag über »Freundschaft und Brüderlichkeit«, der den Türken die Provinzen Ardahan und Kars beließ. Allerdings mußte Kemal die Region Batum mit dem Schwarzmeerhafen Batumi abtreten.

Affenbiß mit Folgen
Der Einmarsch griechischer Truppen

Die kaum bewaffneten Armenier zu besiegen war ein Kinderspiel für kriegserfahrene Leute wie Karabekir und Kemal. Ganz anders sah das mit den Griechen aus. Die hatten Erfahrung im Kampf gegen die Türken, hatten Verbündete – allen voran die Briten – und eine hohen Anspruch: Sie wollten jene Gebiete wieder für Griechenland erobern, die ihre Vorfahren drei Jahrtausende lang besiedelt hatten. Nicht als Besatzer wollten die Griechen kommen, sondern als Besitzer. Ihr Ziel war nicht nur Smyrna, die größte Stadt Anatoliens, sondern zweifellos auch Konstantinopel, wenngleich die Griechen das nicht offen aussprachen.

Schon bald nach Kriegsende waren bei den alliierten Militärs Zweifel aufgekommen, ob sie in der Lage seien, die Waffenstillstandsbedingungen durchzusetzen. In dieser Lage bot sich ihnen ein Mann an, der den Politikern schon früh aufgefallen war. »In Kreta habe ich ein Phänomen kennengelernt, das viel interessanter ist als die Ausgrabungen«, hatte Georges Clemenceau nach der Rückkehr von der Insel einem Freund erklärt, »es ist ein junger Rechtsanwalt mit Namen Venezuelos oder so ähnlich. Ich weiß nicht mehr genau, wie er hieß, aber von ihm wird Europa noch einmal sprechen.«

Das junge Phänomen hieß Venizelos und trug den prophetischen Vornamen Elefterios – Freiheit. Innerhalb kürzester Zeit war Venizelos auf der Insel zum Freiheitshelden aufgestiegen und bestimmte seit 1910 auch in Griechenland die Politik. Als die Alliierten darüber nachgrübelten, wie sie die Türken kleinhalten konnten, bot Venizelos seine Griechen als Besatzungsmacht an. Zwar blieben die alliierten Militärs skeptisch, doch der Hauptfürsprecher des griechischen Premiers, Lloyd George, stimmte dem Plan des Hellenen zu: »Den Türken kann man nicht trauen, das ist eine dekadente Rasse, während die Griechen ein aufstrebendes Volk sind.«

»Die britische Regierung kann die Truppen im Osten nicht aufrechterhalten, um den Türken gegenüber Friedensbedingungen durchzusetzen«, begründete der englische Historiker und Augenzeuge Arnold J. Toynbee den Schritt seines

Premiers, »aber Griechenland kann diese Truppen stellen. Wenn die Türkei durch die Landmacht Griechenland beherrscht wird, und die Seemacht England Griechenland beherrscht, kann die britische Regierung ihre Ziele im Mittleren Osten erreichen, ohne britisches Geld und Leben zu opfern.«

Begleitet von alliierten Schiffen landeten die Griechen am 15. Mai 1919 – als Mustafa Kemal Konstantinopel Richtung Samsun verließ – in Smyrna. Am Tag zuvor hatten alliierte Kontroll-Offiziere die türkischen Truppen in der Stadt entwaffnet und die Offiziere im Regierungsgebäude zerniert. Entgegen den Absprachen landeten die Griechen genau im Stadtzentrum und nahmen die Türken gefangen. Mit erhobenen Händen mußten die Offiziere den Kai entlangmarschieren und auf Griechisch »Lang lebe Venizelos« oder »Lang lebe Griechenland« rufen. Wer sich weigerte oder auch nur stolperte, wurde von den griechischen Soldaten mit Bajonetten erstochen und in das Meer geworfen, nur wenige Meter von den dort ankernden alliierten Schiffen entfernt, deren Offiziere zwar lautstark protestierten, aber nicht intervenierten. Die Griechen machten Jagd auf alle, die einen Fez trugen – nicht wissend, daß auch Juden, Armenier und vor allem Griechen diese Kopfbedeckung bevorzugten. Historiker Toynbee, der selbst vor Ort war und Recherchen anstellte, berichtete, daß allein in Smyrna mindestens 200 Türken umgebracht wurden, die griechischen Invasoren hingegen keinerlei Verluste erlitten.

Als in der Nacht vom 14. zum 15. Juni 1920 Kemals Truppen ein britisches Bataillon in der Nähe von Konstantinopel angriffen, bat der örtliche englische Kommandant seine Regierung in London um die Entsendung weiterer Truppen. Doch der englische Generalstab meldete, daß keine eigenen Soldaten zur Verfügung stünden und schlug vor, eine griechische Division nach Konstantinopel zu schicken. Lloyd George stimmte einem begrenzten Vorstoß der Griechen von Smyrna aus zu. Innerhalb kürzester Zeit besetzten die Hellenen den Südwesten Kleinasiens bis hinauf zum anatolischen Hochplateau. »Die Türkei gibt es nicht mehr«, jubelte Lloyd George.

Venizelos und Lloyd George beschlossen ein weiteres

Vorrücken. Sie hofften, die türkische Armee zu zerschlagen, ehe die in Griechenland – wie auch in den anderen Besatzerländern – immer lauteren Forderungen nach einer Heimkehr der Armee diese zum Rückzug zwingen würden. In dieser kritischen Situation biß den griechischen König Alexander ein Affe. Am 25. Oktober 1920 starb der Monarch an der Vergiftung, und fast gleichzeitig fanden Neuwahlen zum Parlament statt mit einem – zumindest für die Westmächte – völlig unerwarteten Ausgang: Venizelos verlor, und zurück kehrte der von den Franzosen im Weltkrieg vertriebene deutschfreundliche und entente-feindliche Demetrios Gunaris. Als Nachfolger des totgebissenen Königs Alexander kam sein – ebenfalls abgesetzter – Vater Konstantin (der Schwager des deutschen Kaisers Wilhelm II.) zurück. Die neue griechische Regierung hatte keinerlei Unterstützung bei Franzosen und Italienern und nur sehr geringe bei den Engländern, und das hatte für die Griechen Kleinasiens bittere Folgen. »Es ist vielleicht nicht übertrieben zu behaupten«, schrieb der damalige englische Heeres- und Luftwaffenminister Winston Churchill in seinen Memoiren, »daß ein Affenbiß einer Viertel Million Menschen den Tod brachte.«

Freilich brachte nicht der Tod des griechischen Königs seine kleinasiatischen Landsleute in größte Not, sondern der blinde Haß Lloyd Georges und seines Getreuen Venizelos auf die Türken. »Für die Menschheit«, tönte Venizelos, »war das wichtigste Ergebnis des großen Krieges nicht die Auflösung Österreich-Ungarns und die Beschränkung Deutschlands, sondern das Verschwinden des türkischen Reichs.« Den Engländern war überhaupt nicht klar, daß kein Feind die Türken mehr zusammenrücken ließ als die Griechen. Ohne die von Briten und Franzosen auch militärisch unterstützte Landung der Griechen hätte Mustafa Kemal womöglich nie eine nennenswerte Opposition zustande gebracht. Erst nach dem Einmarsch der Griechen, schreibt Toynbee, sei der Glaube an die Westmächte zusammengebrochen.

Frankreich und Italien – das heimlich den Kemal-Türken schon vorher geholfen hatte – beschlossen, mit Mustafa Kemal Verhandlungen aufzunehmen. Und auch Winston Churchill, schon damals ein strammer Antikommunist, stellte sich auf die Seite der türkischen Nationalisten, um

»eine türkische Barriere gegen die russischen Ambitionen« aufzubauen.

Zum 21. Februar 1921 hatten die Briten die Osmanen zu einem Round-Table-Gespräch nach London gebeten. Die Italiener setzten durch, daß Kemal und seine Leute – die sie mit einem Torpedoboot von Adalia nach Brindisi gebracht hatten – als Unterdelegation hinzugeladen würden. Zur Überraschung der Briten traten die Osmanen die Vertretung des Reichs ganz an die Kemalisten ab, die plötzlich als quasi-offizielle Delegierte mit den Alliierten verhandelten. Nicht nur die verbesserte militärische Situation führte die Kemalisten in London dazu, jede Konzession an die Griechen abzulehnen. Sie fühlten sich dazu auch durch Frankreich und Italien ermutigt, die ihnen separate Verhandlungen zusagten. »Das war der Höhepunkt des französischen Verhaltens gegen England«, schreibt Nahost-Autor David Fromkin, »und wurde von den Briten als Verrat angesehen.«

Der privat nach London angereiste Venizelos wiederum war sich mit seinem Freund Lloyd George darin einig, um keinen Preis griechische Interessen aufzugeben. Für den Fall, daß sich die neue griechische Regierung aus Kleinasien zurückziehen würde, hatte Venizelos bereits an die Ausrufung einer unabhängigen Republik Smyrna gedacht. Er würde sich, ließ Lloyd George ihm mitteilen, den Griechen nicht in den Weg stellen, wenn diese Mustafa Kemal attackierten. Die Griechen sahen darin eine Aufforderung zum Weiterkämpfen und griffen am 23. März die Türken an. Doch bei dem Dorf Inönü schlug Kemals Freund Ismet die Griechen vernichtend und nannte sich fortan Inönü. Unter diesem Namen sollte er später Nachfolger Kemals als türkischer Staatspräsident werden.

Vier Monate später schlugen die Griechen zurück und schienen erfolgreich zu sein. Sie eroberten den Eisenbahnknotenpunkt Eskisehir. Kemal rief die Nationalversammlung zu einer geheimen Sitzung ein und bat die Delegierten, ihn für drei Monate zum Diktator zu wählen. Wenn er als Oberbefehlshaber scheitere, argumentierte er, fiele alle Schuld auf ihn. Die Abgeordneten nahmen seinen Vorschlag an, einige auch schon deshalb, weil sie hofften, ihn loszuwerden. Kemal zog seine Truppen bis auf 50 Kilometer vor Ankara zurück und legte dem Land schwere Lasten auf: 40 Prozent aller häuslichen Waren und Einkünfte mußten zur Verteidigung bereitgestellt werden. Mitte August 1921 kam es zum Kampf und Kemals Reiterei gelang es, die Nachschublinien der Griechen zu kappen, die sich Mitte September wieder nach Eskisehir zurückziehen mußten. Die Nationalversammlung machte Kemal zum Feldmarschall und gab ihm den alttürkischen Ehrentitel »Ghasi«.

Eine griechische Delegation suchte Hilfe in London, wo Lloyd George sie empfing. »Persönlich bin ich ein Freund der Griechen«, versicherte der Premier, dem seine Parteifreunde immer mehr wegen der unhaltbaren Türkeipolitik zusetzten, »aber meine Kollegen sind alle gegen mich. Ich kann für Sie nichts mehr tun.« Auch Frankreich und Italien hatten die Griechen fallengelassen und mit den Nationalisten im Sommer 1921 separate Verträge abgeschlossen: Die Franzosen traten die östlich der kilikischen Tiefebene gelegenen Gebiete um Aintab, Urfa und Mardin an die Türkei ab (wo 30000 wieder aus dem Nahen Osten zurückgekehrte Armenier, die zum Teil als französische Soldaten den Weg erst freigekämpft hatten, erneut fliehen mußten), die Italiener übergaben Antalya und Umgebung.

Im August 1922 zog der griechische König Konstantin Truppen aus Anatolien ab und ließ sie von der europäischen Seite aus auf Konstantinopel marschieren, in der Hoffnung, so den Krieg zu beenden. Aber nun versperrten die alliierten Truppen den Hellenen den Weg. Daraufhin griffen die Türken die nunmehr geschwächten Griechen in Anatolien an. Auch ein Kommandowechsel änderte nichts am Zusammenbruch der griechischen Armee, denn die Kommunikationsschwierigkeiten waren so groß, daß der neue griechische Oberbefehlshaber seine Ernennung von Kemal persönlich erfuhr, der ihn inzwischen gefangengenommen hatte.

»Der Hellenismus in Kleinasien und die ganze griechische Nation werden jetzt zur Hölle fahren«, schrieb der Erzbischof von Smyrna an Venizelos, »wir sind zum Opfer und Märtyrertum bereit.« Als der griechische Ex-Premier den Brief las, hatte der Briefschreiber bereits die Hölle hinter sich: Der türkische Kommandant der am 9. September in Smyrna einmarschierten Kemalisten hatte den Bischof einigen hundert messerschwingenden Moslems übergeben, die ihn in einen Frisörladen schleppten und verstümmelten, bevor sie ihn töteten. Die bedeutendste Christenminderheit der größten Stadt Anatoliens verschwand für immer. Unter ihnen waren etwa 30 000 Armenier, die als einzige Gemeinde – neben der Konstantinopels – den Völkermord überstanden hatte, weil der deutsche Kommandant die Verfolgung untersagt hatte. Am 13. September 1922 brannte Smyrna fast völlig herunter, nur das türkische Viertel blieb verschont: Kemals Soldaten hatten das Feuer gelegt.

1,5 Millionen Griechen mußten die Türkei verlassen. Ernest Hemingway, der als Kriegsreporter dabei war, berichtete von 35 Kilometer langen Deportationszügen, die ihm nicht wieder aus dem Sinn gehen wollten. Hunderttausende von Christen waren bei Massakern oder auf der Flucht umgekommen. Griechische Schiffe versuchten, Flüchtlinge zu evakuieren. Auch britische und amerikanische Schiffe nahmen welche auf, aber nur Briten und Amerikaner. Die Franzosen waren schon großzügiger, denn ihnen genügte, wenn die Fliehenden – auf Französisch – rufen konnten, sie seien Franzosen. Nur die Italiener nahmen alle, die ihre Schiffe erreichten.

Kemals Türken machten sich daran, den Bosporus und die Dardanellen zu überschreiten, um auch Ostthrazien wieder in Besitz zu nehmen. Während die Franzosen und Italiener ihre Truppen zurückzogen, hielten die Briten stand. »Wenn die Türken die Halbinsel Gallipoli und Konstantinopel nehmen«, warnte Churchill, »dann haben wir alle Früchte des Sieges verloren.« Lloyd George nannte Gallipoli »die wichtigste strategische Position in der Welt«. Die Briten dachten an einen neuen Krieg gegen die Türkei, doch fehlten ihnen die Soldaten. Am 15. September 1922 schickte der englische Premier ein verschlüsseltes Telegramm an alle Regierungschefs der britischen Kronländer mit Bitte um militärische Hilfe für einen neuen Waffengang gegen die Türken, gab aber den unverschlüsselten Text sofort an die Presse. So lasen die meisten Premiers des englischen Imperiums das Telegramm in der Zeitung und rebellierten – oft auch in Hinblick auf die eigenen Moslems. Nur Neuseeland und Neufundland waren zu Truppensendungen bereit. »Im britischen Empire hatte eine

Revolution stattgefunden«, schreibt David Fromkin, »denn zum ersten Mal weigerten sich die Dominions, dem Mutterland in den Krieg zu folgen.«

In Paris fand sich Englands Außenminister nach Gesprächen mit dem französischen und italienischen Premier damit ab, daß der Türkei Ostthrazien, Konstantinopel und die Dardanellen zurückgegeben würden, wenn vor der Öffentlichkeit nur der praktisch bedingungslose Rückzug verschleiert werden könnte. Sieger Kemal gab sich großzügig, beließ den Briten bis zum Friedensvertrag ein symbolisches Truppenkontingent am Goldenen Horn und stimmte der Internationalisierung der Meerengen zu. Diesmal war es an dem englischen Außenminister Lord Curzon, ans Fenster zu gehen und hemmungslos zu weinen.

Mustafa Kemal hatte weniger als zwei Jahr gebraucht, das Osmanische Reich vom Rand einer totalen Niederlage auf eine sehr lange nicht mehr gewohnte Siegerstraße zu bringen. Doch dem neuen Helden ging es nicht um die Auferstehung alter Herrlichkeit, sondern um die Errichtung eines neuen Staates.

Vor dem Aufruf zum Gebet die Koffer gepackt
Das Ende des Sultanats

Kemals Truppen zogen am 19. Oktober 1922 in Istanbul ein. Dann diskutierte die Große Nationalversammlung über die Zukunft des Sultanats und Kalifats. Selbst enge Mitarbeiter drängten Kemal, zwar den gegenwärtigen Sultan zu vertreiben, nicht aber das Sultanat aufzulösen, dem sich auch viele Offiziere verbunden fühlten. Ziemlich brutal erzwang Kemal eine Entscheidung. Weil eine namentliche Abstimmung möglicherweise nicht die Mehrheit gebracht hätte, bestand der Ghasi auf öffentlicher Abstimmung. Etwa 40 Abgeordnete votierten für die Abschaffung des Sultanats, und der Präsident erklärte dieses Minderheitsvotum für »einstimmig«.

Am Freitag, dem 10. November, rief der Muezzin zum Gebet auf, doch nur noch für den Kalifen, nicht mehr für den Sultan. Sultan Mehmed war erschüttert und schwor sich, einen solchen Freitag nicht noch einmal zu erleben. Am 15. November 1922 meldete sich der Kapellmeister des Kaiserlichen Palastes beim englischen Hochkommissar und bat um Fluchthilfe für den Sultan. Der hatte »um Verbringung von Konstantinopel an einen anderen Ort« gebeten und sein Schreiben mit »Mehmed Vahdettin, Kalif der Muslime« unterschrieben.

Am Freitag darauf, noch vor Sonnenaufgang und damit dem Aufruf zum Gebet, hielt eine Ambulanz der Briten vor einer Geheimtür des von Kemals Leuten bewachten kaiserlichen Palastes und holte den Sultan, seinen Sohn und einen Eunuchen ab, der in einem Handkoffer das goldene Kaffeeservice und die Juwelen des osmanischen Herrschers schleppte. Erst jetzt erkannte ein türkischer Offizier den Herrscher, der vor Aufregung seinen Schirm in der Wagentür verklemmte. In Pantoffeln eilte der Späher ins Hauptquartier, doch seine Meldung kam zu spät.

Die Briten brachten ihren Gast zum Schlachtschiff »Malaya«, das bereits unter Dampf stand. Ob er mit Malta als Ziel einverstanden sei, wollte der britische General Tim Harington noch wissen, aber der Sultan hatte ganz andere Sorgen: Fünf seiner Ehefrauen hätte er im Palast zurücklassen müssen, darunter eine Neunzehnjährige, mit der der 60jährige Sultan die kritischen Monate verbracht hatte, als zum letzten Mal ein handelnder osmanischer Sultan gefragt war. Ob die Briten sie ihm nachschicken könnten, wollte er nur wissen. Die Engländer versprachen es. Als der Muezzin zum zweiten Mal nur im Namen des Kalifen zum Gebet rief, war der letzte Sultan bereits auf hoher See.

Er ging schließlich nach San Remo an der italienischen Riviera ins Exil und ließ nur noch einmal aufhorchen, als er eine Pilgerfahrt nach Mekka unternahm. Aber auch dort zeigte er kein Format. Als er davon erfuhr, daß sein einstiger Vasall, König Hussein, das Amt des Kalifen anstrebte, verzichtete er auf die obligatorischen sieben Umrundungen der Kaaba und den bußfertigen Kuß des schwarzen Gesteins, um nicht in den Verdacht zu geraten, sich in die arabische Politik einzumischen.

Vier Tage nach der Flucht des Sultans begannen in Lausanne die nunmehr endgültigen Friedensverhandlungen, doch schon in Vorgesprächen zwischen Türken, Sowjets und

Franzosen waren die Grenzen gezogen. Der türkische Verhandlungsführer und Kemal-Vertraute Ismet Inönü spielte nach alter Osmanentradition geschickt die einzelnen Verhandlungspartner gegeneinander aus, und die Türkei erhielt in dem am 24. Juli 1923 unterzeichneten Friedensvertrag fast alle Gebiete in Kleinasien zurück, mit Ausnahme des Südostzipfels um die Stadt Alexandrette, den die Franzosen noch bis 1937 besetzt hielten, sowie die Region Mossul, die die Engländer später an den Irak abtraten.

Nur in einem Punkt widersetzten sich alle Westmächte den Türken Mustafa Kemals: in der Frage der Meerengen, die sie entmilitarisierten und dem Völkerbund unterstellten. Erst im heute noch gültigen Abkommen von Montreux 1936 hoben sie diese Bevormundung wieder auf. In einem anderen Punkt gaben alle Westmächte nach: Die Kapitulationen, das jahrhundertealte klassische europäische Mittel zur Einmischung in die Angelegenheiten der Türkei, verschwanden in Artikel 28 der Friedensbestimmungen »unwiderruflich«. Am 2. Oktober 1923 räumte das letzte alliierte Kontingent die Türkei.

Der Islam ist ein in Fäulnis übergegangener Kadaver
Das Ende des Kalifats

Was er nach dem Friedensvertrag zu machen gedenke, fragte die türkische Romanschriftstellerin Halide Edib den Ghasi. Kemal daraufhin: »Zu unserer Zerstreuung werden wir uns gegenseitig auffressen.« Es wurde ein einseitiges Gastmahl, bei dem der Ghasi seine inneren Feinde, zu denen sich auch der eigentliche Kaukasus-Sieger Karabekir und der Waffenstillstandsverhandler Rauf gesellt hatten, verschlang.

Während die meisten Mitglieder der Nationalversammlung den übermäßig ehrgeizigen Kemal eher auf einen dekorativen Posten abschieben wollten, verlangte der Ghasi alle Macht. Um sie zu sichern, reiste er erneut durchs Land und organisierte die ihm ergebenen örtlichen Verteidigungskomitees zu einer Partei, die sich erst »Türkische« und später »Republikanische Volkspartei« nannte. In jedem Ort sollte sie die Macht übernehmen und Bürgermeister, Priester, Lehrer und Polizeichef bestimmen. Kemal: »Es darf nur eine einzige Partei im Staat geben«, und: »Für mich ist es Ehrensache, zugleich Präsident der Nationalversammlung und Führer der einzigen, der Türkischen Volkspartei zu sein. Die übrigen Parteien existieren für mich nicht.«

Wie später einmal Charles de Gaulle zog sich Kemal vor den entscheidenden Sitzungen der Nationalversammlung in sein Haus in Çankaya zurück und organisierte von dort aus ein Chaos im Parlament. Auf dem Höhepunkt der Auseinandersetzungen bot er sich dann mit einem glänzend inszenierten Auftritt erneut als Retter der Nation an. Nur wenn seine Entscheidung, wie immer sie aussähe, nicht diskutiert würde, sei er bereit, als Schiedsrichter zurückzukehren, ließ er dann mitteilen. Und diese Lösung formulierte der herbeigeschaffte Retter dann so: »Ich habe entschieden, daß die Türkei eine autoritäre Republik ist, die von einem mit der umfassendsten Exekutivvollmacht ausgestatteten Präsidenten regiert wird.« Keine Diskussion auch darüber, daß dieser Präsident nur einer sein konnte: Mustafa Kemal.

So rief die Nationalversammlung, in der sich 40 Prozent der Abgeordneten der Stimme enthielten, am 29. Oktober 1923 die Republik aus und ernannte Mustafa Kemal zum Präsidenten. Der neue Staatschef bekleidete gleichzeitig die Ämter des Präsidenten der Republik, des Präsidenten des Ministerrats, des Präsidenten der Nationalversammlung, des Führers der Volkspartei, die sehr bald einzige politische Kraft des Landes werden sollte, und das des obersten Chefs der Armee. Der neue demokratische Herrscher hatte mehr Macht als der absolutistische Sultan unter der Verfassung.

Das Osmanische Reich war nach Kemals Inthronisation auch formell mausetot, nur eine seiner schillerndsten Institutionen noch nicht: das Kalifat.

Gleich nach der Flucht Mehmeds setzte ihn der Minister für Religiöse Angelegenheiten als Kalifen ab, und die Große Nationalversammlung wählte den letzten noch lebenden Sohn des Sultans Abdul Aziz, Abdul Medschid, zum neuen geistlichen Oberhaupt. »Kemal hätte sich selbst zum Kalifen aufschwingen können«, schreibt der französische Militärschriftsteller Jacques Benoist-Méchin in seiner Atatürk-Biographie, »das Volk hätte es hingenommen.« Einige Abgeordnete hatten es ihm sogar angetragen. Aber der Ghasi haßte den Islam, nicht nur, weil sein oberster Vertreter ihn einmal abgelehnt hatte, sondern auch, weil er einer Verwestlichung im Wege stand, die der Türkei die Moderne bringen sollte. »Wir streben nach der Zivilisation und nach der Wissenschaft«, predigte er, und: »Der Islam, diese absurde Theologie eines unmoralischen Beduinen, ist ein in Fäulnis übergegangener Kadaver, der unser Leben vergiftet.« Eine solche Religion tauge »allenfalls für die verweichlichten Araber, aber nicht für siegesbewußte, männliche Türken«. Ein Politiker, der nur mit Hilfe dieser Religion regieren könne, wütete er, sei ein »Schlappschwanz«.

Kemal machte Front gegen das geistliche Amt. »Das Kalifat ist nichts als ein Überbleibsel der Geschichte«, belehrte er den Kalifen, der um einige Privilegien gebeten hatte: »Ich betrachte die Tatsache, daß Sie es gewagt haben, an meinen Sekretär zu schreiben, als eine Ungehörigkeit und eine Beleidigung.« Als der Scheich ul-Islam bei Kemal vorsprach, warf der ihm einen Koran an den Kopf.

Der sehr kultivierte Abdul Medschid, der als einziger osmanischer Herrscher einmal mit einem selbstgemalten Bild in einem Pariser Salon vertreten war und der dereinst in der heiligen Stadt des Islam, Medina, in der auch der Prophet ruhte, begraben werden sollte, konnte Kemal politisch nicht gefährlich werden. Er hatte keine Ambitionen über sein geistliches Amt hinaus und beschäftigte sich am liebsten mit der Rosenzucht und seiner Sammlung persischer Miniaturen.

Doch ein Kalif in Istanbul, nachdem Ankara zur Hauptstadt der Türkischen Republik erklärt worden war, ebne ausländischem Einfluß neue Wege, befand Kemal. In Wahrheit ärgerte ihn die Flüster-Propaganda der Muftis und Mönche, die nunmehr über den Ungläubigen an der Spitze der Politik herzogen, seinen übermäßigen Alkoholkonsum anprangerten und seine Spielleidenschaft. Über die durch eine venerische Krankheit, die sich Kemal in Sofia zugezogen hatte, immer wiederkehrenden Schwächeanfälle wurde in den Teestuben getratscht, und über seinen hohen Frauenverbrauch.

Gefährlicher schien ein Anliegen, das zwei indisch-muslimische Fürsten, Aga Khan und Ameer Ali, nach einem Kongreß zur Stützung des Kalifats an Mustafa Kemal richteten.

Der türkische Staatspräsident solle dem Kalifat einen besonderen internationalen Status geben, denn er besäße »das Vertrauen und die Achtung der muslimischen Völker«. Die Konstantinopler Presse veröffentlichte den Brief, bevor Mustafa Kemal ihn erhielt. Daraufhin erklärte der Ghasi die Inder schlicht für Agenten des britischen Geheimdienstes und boxte im Parlament ein Gesetz durch, wonach jeder Widerstand gegen die Republik mit dem Tod bedroht wurde. Als die Mehrheit der Abgeordneten dem durch Handzeichen zugestimmt hatte, verlangte Kemal sofort die Anwendung gegen jene Abgeordnete, die das neue Gesetz nicht mittragen wollten. Die Zeitungsverleger, die den Brief veröffentlicht hatten, ließ er zu Zwangsarbeit verurteilen.

Am 3. März 1924 beschloß die Nationalversammlung auf Kemals Druck hin die Abschaffung des Kalifats. Die Mitarbeiter Medschids bekamen die Order, das Land innerhalb von zwei Tagen zu verlassen. Doch dem Grobian war das nicht schnell genug. Früh am Morgen des 4. März, noch bevor die Zeitungsverkäufer die Neuigkeit vom Ende des Kalifats ausrufen konnten, ließ er Abdul Medschid in seinem Palast abholen. Die Staatsdiener chauffierten den höchsten Repräsentanten des Islam zum westlich von Konstantinopel gelegenen Städtchen Çatalca an der Eisenbahnstrecke Konstantinopel-Sofia.

Wie immer rauschte am Abend der Orientexpreß heran, doch zum Erstaunen der Einwohner hielt er. Ein Leutnant schubste den Kalifen in ein Abteil, warf ein Bündel Kleidungsstücke hinterher und auch einige Pfundnoten, damit Abdul Medschid die Fahrt ins Exil bezahlen konnte.

So verabschiedete sich das große Osmanische Reich, das den Vergleich mit den anderen Imperien dieser Welt nicht zu scheuen braucht, mit einem ganz kleinen Bahnhof aus der Geschichte.

Anhang

Die Sultane und die Zeit ihrer Herrschaft

Osman I.	1281 - 1326
Orhan	1326 - 1359
Murad I.	1359 - 1389
Bayasid I.	1389 - 1402
Interregnum	1402 - 1413
Mehmed I.	1413 - 1421
Murad II.	1421 - 1451
Mehmed II.	1451 - 1481
Bayasid II.	1481 - 1512
Selim I.	1512 - 1520
Suleiman II. (osmanische Zählung: I.)	1520 - 1566
Selim II.	1566 - 1574
Murad III.	1574 - 1595
Mehmed III.	1595 - 1603
Achmed I.	1603 - 1617
Mustafa I.	1617 - 1618
Osman II.	1618 - 1622
Mustafa I. (zweite Thronbesteigung)	1622 - 1623
Murad IV.	1623 - 1640
Ibrahim	1640 - 1648
Mehmed IV.	1648 - 1687
Suleiman III. (osmanische Zählung: II.)	1687 - 1691
Achmed II.	1691 - 1695
Mustafa II.	1695 - 1703
Achmed III.	1703 - 1730
Mahmud I.	1730 - 1754
Osman III.	1754 - 1757
Mustafa III.	1757 - 1774
Abdul Hamid I.	1774 - 1789
Selim III.	1789 - 1807
Mustafa IV.	1807 - 1808
Mahmud II.	1808 - 1839
Abdul Medschid I.	1839 - 1861
Abdul Aziz	1861 - 1876
Murad V.	1876
Abdul Hamid II.	1876 - 1909
Mehmed V.	1909 - 1918
Mehmed VI.	1918 - 1922
Abdul Medschid II. (nur Kalif)	1922 - 1924

Auswahlbibliographie

Gesamtdarstellungen der Geschichte des Osmanischen Reichs

Joseph von Hammer-Purgstall: Geschichte des Osmanischen Reiches. 10 Bände. Pest, 1827 bis 1835.

Nicolae Jorga: Geschichte des Osmanischen Reiches nach den Quellen dargestellt. Gotha, 1908 bis 1913. Reprint: Frankfurt/M., 1990.

Lord Kinross: The Ottoman Centuries – the Rise and Fall of the Turkish Empire. New York, 1977.

Ferenz Majoros/Bernd Rill: Das Osmanische Reich (1300 - 1922) – Die Geschichte einer Großmacht. Regensburg, Graz, 1994.

Robert Mantran (Hg.): Histoire de l'Empire Ottoman. Paris, 1989.

Josef Matuz: Das Osmanische Reich – Grundlinien seiner Geschichte. Darmstadt, 1985.

Stanford J. Shaw: History of the Ottoman Empire and Modern Turkey. Volume I: Empire of the Gazis: The Rise and Decline of the Ottoman Empire, 1280 - 1808. Cambridge/Mass., 1976.

Stanford J. Shaw und Ezel Kural Shaw: History of the Ottoman Empire and Modern Turkey. Band 2: Reform, Revolution, and Republic: The Rise of Modern Turkey, 1808 – 1975. Cambridge, 1977.

Johann Wilhelm Zinkeisen: Geschichte des osmanischen Reiches in Europa. 7 Bände, Hamburg-Gotha, 1840 bis 1863.

Werke zu Einzelaspekten oder begrenzten Zeiträumen des Osmanischen Reichs

Franz Babinger: Mehmed der Eroberer und seine Zeit – Weltenstürmer einer Zeitenwende. München, 1953.

Jacques Benoist-Méchin: Mustafa Kemal – Begründer der neuen Türkei. Düsseldorf, 1955.

Donald C. Blaisdell: European Financial Control in the Ottoman Empire. New York, 1966.

Ogier Ghislain de Busbecq: Turkish Letters of Ogier Ghislain de Busbecq. Oxford, 1927.

Paul Coles: The Ottoman Impact on Europe. London, 1968.

Edouard Engelhardt: La Turquie et le Tanzimat – L'Histoire des Reformes depuis 1826. Paris, 1882.

David Fromkin: A Peace to End all Peace: The Fall of the Ottoman Empire and the Creation of the Modern Middle East. New York, 1989.
Wolfgang Gust: Der Völkermord an den Armeniern – Die Tragödie des ältesten Christenvolks der Welt. München, 1993.
Joan Haslip: Der Sultan. München, 1968.
Richard G. Hovannisian: Armenia on the Road of Independence. Berkeley and Los Angeles, 1967.
H. Inalcik: The Ottoman Empire – The classical age 1300 – 1600. London, 1973.
Henry Laurens: L'Expéditions d'Égypte 1798 - 1801. Paris, 1989.
Henry Laurens: Le Royaume impossible – la France et la genèse du monde arabe. Paris, 1990.
Bernard Lewis: The Emergence of Modern Turkey. London, 1961.
Peter Mansfield: The Ottoman Empire and its Successors. London, 1973.
Hans Miksch: Der Kampf der Kaiser und Kalifen (3 Bände). Koblenz 1986 - 1992.
William Miller: The Ottoman Empire 1801 - 1913. Cambridge, 1913.
Alan Palmer: Verfall und Untergang des Osmanischen Reichs. München, Leipzig, 1992.
Steven Runciman: Die Eroberung von Konstantinopel 1453 (The Fall of Constantinople). München, 1967.
Arnold J. Toynbee: The Western Question in Greece and Turkey – A Study in the Contact of Civilizations. London, 1922.
Gerhard Schweizer: Die Janitscharen – Geheime Macht des Türkenreichs. Salzburg, 1984.
Ernst Werner: Die Geburt einer Großmacht – die Osmanen (1300 - 1481). Weimar, 1985.

Chroniken und ältere Berichte in deutscher Sprache

Endre von Ivanka (Hg.): Die letzten Tage von Konstantinopel – aus dem »Chronicon Maius« von Georgios Sphrantzes. Graz, 1954.
Friedrich Kornauth/Richard F. Kreutel: Zwischen Paschas und Generälen – Bericht des 'Osman Aga aus Temeschwar über die Höhepunkte seines Wirkens als Diwandolmetscher und Diplomat. Graz, 1966.
Richard Kreutel (Hg.): Vom Hirtenzelt zur Hohen Pforte – Frühzeit und Aufstieg des Osmanenreiches nach der Chronik »Denkwürdigkeiten und Zeitläufe des Hauses Osman« von Derwisch Ahmed, genannt 'Asik-Pasa-Sohn. Graz, 1959.

Richard Kreutel (Hg.): Im Reiche des Goldenen Apfels – Des türkischen Weltenbummlers Evliya Celebi denkwürdige Reise in das Giaurenland und in die Stadt und Festung Wien anno 1665. Graz, 1957.
Richard F. Kreutel/Otto Spieß (Hg.): Der Gefangene der Giauren – Die abenteuerlichen Schicksale des Dolmetschers Osman Aga aus Temeschwar, von ihm selbst erzählt. Graz, 1962.
Richard F. Kreutel (Hg.): Leben und Taten der türkischen Kaiser – die anonyme vulgärgriechische Chronik Codex Barberinianus Graecus 111 (Anonymus Zoras). Graz, 1971.
Richard F. Kreutel (Hg.): Kara Mustafa vor Wien – Das türkische Tagebuch der Belagerung Wiens 1683, verfaßt vom Zeremonienmeister der Hohen Pforte. Graz, 1976.
Richard F. Kreutel (Hg.): Der fromme Sultan Bayezid – Die Geschichte seiner Herrschaft (1481 - 1512) nach altosmanischen Chroniken des Oruç und des Anonymus Hanivaldanus. Graz, 1978.
Erich Prokosch: Molla und Diplomat – Der Bericht des Ebû Sehil Nu'mân Efendi über die österreichisch-osmanische Grenzziehung nach dem Belgrader Frieden 1740/41. Graz, 1972.
Erich Prokosch (Hg.): Krieg und Sieg in Ungarn – Die Ungarnfeldzüge des Großwesirs Köprülüzâde Fâzil Ahmed Pascha 1663 und 1664 nach den »Kleinodien der Historien« seines Siegelbewahrers Hasan Aga. Graz, 1976
Johannes Schiltberger: Als Sklave im Osmanischen Reich und bei den Tataren 1394 - 1427. Stuttgart, 1983.
Karl Teply/Richard F. Kreutel (Hg.): Der Löwe von Temeschwar – Erinnerungen an Ca'fer Pascha den Älteren, aufgezeichnet von seinem Siegelbewahrer 'Alî. Graz, 1981.

Der Balkan und das Osmanische Reich

Georges Castellan: Histoire des Balkans (XIV. – XX. siècle). Paris, 1991.
Edgar Hösch: Geschichte der Balkanländer – von der Frühzeit bis zur Gegenwart. München, 1988.
Peter F. Sugar: Southeastern Europe under Ottoman Rule, 1354 - 1804. Seattle und London, 1977.
Leften S. Stavrianos: The Balkans since 1453. New York, 1958.
Barbara Jelavich: History of the Balkans (2 Bände). New York, 1983

Deutschland (Österreich-Ungarn) und das Osmanische Reich

Hajo Holborn: Deutschland und die Türkei 1878 - 1890. Berlin, 1926.

Reinhard Hüber: Die Bagdadbahn. Berlin, 1943.

Wilhelm van Kampen: Studien zur deutschen Türkeipolitik in der Zeit Wilhelms II. Dissertation der Philosophischen Fakultät der Christian-Albrecht-Universität zu Kiel. Kiel, 1968.

Helmuth von Moltke: Briefe über Zustände und Begebenheiten in der Türkei. Berlin, 1893.

Joseph Pomiankowski: Der Zusammenbruch des ottomanischen Reiches – Erinnerungen an die Türkei aus der Zeit des Weltkriegs. Wien, 1928.

Jehuda L. Wallach: Anatomie einer Militärhilfe – Die preußisch-deutschen Militärmissionen in der Türkei 1835 - 1919. Düsseldorf, 1976.

Kartenverzeichnis

Kartenherstellung: Huber Computerkartographie, München.